Lore Miedaner

Gemeinsame Erziehung behinderter und nichtbehinderter Kinder

Materialien zur pädagogischen Arbeit im Kindergarten

DJI Materialien

Reihe: Integration behinderter Kinder

Das Deutsche Jugendinstitut e.V. (DJI) ist ein zentrales sozialwissenschaftliches Forschungsinstitut auf Bundesebene mit den Abteilungen Familiale Sozialisation, Vorschulerziehung, Jugendhilfe/Jugendpolitik, Jugend und Arbeit sowie Dokumentation/Information. Es führt sowohl eigene Forschungsvorhaben als auch Auftragsforschungsprojekte durch.
Die Finanzierung erfolgt überwiegend aus Mitteln des Bundesministeriums für Jugend, Familie, Frauen und Gesundheit und im Rahmen von Projektförderung aus Mitteln des Bundesministeriums für Bildung und Wissenschaft. Weitere Zuwendung erhält das DJI von den Bundesländern und Institutionen der Wissenschaftsförderung.
Das Projekt ‚Integration von Kindern mit besonderen Problemen' wird vom Bundesminister für Bildung und Wissenschaft gefördert.

Das Umschlagfoto von G. Reichle, R. Behrends, Darmstadt, entstand im integrativen Montessori-Kindergarten des Kinderneurologischen Zentrums in Mainz, ebenso die Fotos auf den Seiten 76, 77, 195. Die Fotos auf den Seiten 43, 72, 185, 190, 192, 193, 201, 238, 242, 245, 246 wurden von Birgit Schirmeier im Karl-Reimann-Kindergarten in Fürth aufgenommen.

Umschlagfoto: G. Reichle, R. Behrends, Darmstadt
Satz: Johanna Sausse
Druck: Maro Druck, Augsburg
Alleinauslieferung: Juventa Verlag Weinheim und München
Printed in Germany
ISBN 3-87966-251-7

INHALTSVERZEICHNIS

I EINLEITUNG

1. Verbreitung gemeinsamer Erziehung behinderter und nichtbehinderter Kinder im Elementarbereich

In der Bundesrepublik wurde in den letzten Jahren die Integration behinderter Menschen zu einem immer häufiger diskutierten Thema. Wesentliche Anstöße dazu kamen aus dem Ausland (z.B. den skandinavischen Ländern, Italien, den USA) durch das Bekanntwerden sozialpolitischer Überlegungen, gesetzlicher Veränderungen, Erfahrungen mit z. T. langjähriger integrativer Praxis in Kindergärten und Schulen sowie im Arbeits- und Freizeitbereich. Allerdings trug auch die zunehmende Unzufriedenheit mit dem bestehenden System der Behindertenhilfe in der Bundesrepublik (Existenz isolierter und zentralisierter Sondereinrichtungen) zu einer eingehenden Diskussion der Integrationsfrage bei.

Da die Weichen für die Prozesse der Aussonderung – also der Desintegration oder Segregation – bei institutioneller Erziehung oder Bildung bereits früh gestellt werden und Kinder in den ersten Lebensjahren Grunderfahrungen machen, aus denen sich ihre Einstellung zu sich selbst und gegenüber der Umwelt erst aufbaut, befaßte sich eine Projektgruppe, die 1979 am Deutschen Jugendinstitut eingerichtet wurde, im Auftrag des Bundesministeriums für Bildung und Wissenschaft mit den Möglichkeiten und Grenzen einer sozialen Integration behinderter Kinder im Elementarbereich.

Bei Projektbeginn 1979 waren nur vereinzelt integrativ arbeitende Kindergärten ***bekannt***, die sich als Bewegung von unten[1] entwikkelt hatten, die aber nur als jeweils punktuelle Aktivitäten gewer-

---

1) Dürr: Anstöße, 1983, S. 13-16. Die Literatur wird im folgenden mit Namen des Verfassers, Kurztitel und Erscheinungsjahr zitiert, die vollständigen Angaben sind der Literaturliste zu entnehmen.

tet werden konnten und von deren Existenz andere ähnliche Einrichtungen nur selten wußten. Wir stellten dann im Verlaufe unserer Forschungsarbeiten fest, daß es weit mehr integrativ arbeitende Kindergärten gab, als von uns zunächst angenommen worden war. In diesen Einrichtungen wurden jedoch zumeist lediglich informell, kaum abgesichert durch entsprechende Regelungen mit Trägern und Behörden, behinderte und nichtbehinderte Kinder gemeinsam betreut, zumindest versuchte man aber immer wieder, gezielte Kontakte zwischen behinderten und nichtbehinderten Kindern herbeizuführen.

Die Anzahl der integrativ arbeitenden Kindergärten stieg in den folgenden Jahren ständig. So gab es Anfang 1985 145 solcher Einrichtungen, wobei uns sicher nicht alle bekannt sind. Auch sind in diese Zahl Regeleinrichtungen, die einzelne behinderte Kinder aufnehmen, nicht eingerechnet.

Besonders bemerkenswert ist die inzwischen auf seiten der Träger[2)], Fachgremien für Elementarerziehung und staatlicher Administration eingetretene Entwicklung.[3)] Es scheint sich demnach langsam das Bewußtsein durchzusetzen, daß Integrationsbemühungen nicht an den Strukturen unserer gesellschaftlichen Arbeitsteilung scheitern dürfen. Allerdings verbreiten sich integrative Erziehungsformen trotz dieser Anzeichen bisher langsam, sie haben erst in wenigen Bundesländern und regional unterschiedlich nur bei einigen Kindergartenträgern eine abgesicherte Verankerung gefunden. Es werden zwar von vielen Seiten immer wieder befürwortende Willenserklärungen abgegeben, aber die Voraussetzungen für die Durchführung lassen doch oft lange auf sich warten.

---

2) In den letzten Jahren haben unterschiedliche Gremien der Evangelischen Kirche verschiedentlich zur gemeinsamen Erziehung behinderter und nichtbehinderter Kinder aufgefordert. Vgl. Dürr: Anstöße, 1983, S. 13-16. Auch in nahezu allen anderen Trägerverbänden für Elementarerziehung fanden Auseinandersetzungen mit dieser Frage auf sehr unterschiedlichen Ebenen statt, selbstverständlich führten sie zu unterschiedlichen Stellungnahmen.

3) Vgl. Abschlußbericht Teil I „Formen gemeinsamer Erziehung behinderter und nichtbehinderter Kinder im Elementarbereich", 1985, S. 83f.

2. Durchführung einer Bestandsaufnahme über integrative Erziehung im Elementarbereich

Zu den wesentlichen Arbeiten während unserer ersten Projektphase gehörte eine Bestandsaufnahme über integrative Erziehungsansätze in Einrichtungen des Elementarbereichs. Aufgrund einer Umfrage bei den Bezirksregierungen in der Bundesrepublik waren uns 60 Einrichtungen bekannt geworden, die die gemeinsame Erziehung behinderter und nichtbehinderter Kinder in ihrem Konzept verankert hatten oder sie einfach ohne große konzeptionelle Festlegung praktizierten. Von diesen 60 Einrichtungen wurden für eine Befragung 30 ausgewählt und von uns besucht.

Bei den Interviews standen Fragen nach dem Einzugsgebiet, der sozialen Herkunft der Kinder, den räumlichen Bedingungen der Einrichtung, der Situation der Mitarbeiter, den Finanzierungsmodi, dem pädagogischen Konzept, der Elternmitarbeit und der Erfahrung mit Integration im pädagogischen Alltag im Mittelpunkt. Wir wollten damit Aufschluß darüber gewinnen, ob Integration nach Erfahrung der Beteiligten möglich und sinnvoll ist, und wenn ja, unter welchen Bedingungen (personell, räumlich, organisatorisch) sie geschehen sollte und wie sie beschrieben werden kann. Außerdem wollten wir klären, auf welchen Ebenen sich etwaige Probleme abzeichnen (auf der administrativen, der organisatorischen, der pädagogischen, der des unmittelbaren Kontaktes bzw. des langfristigen Zusammenlebens der Kinder, der Zusammenarbeit der Mitarbeiter). Zudem wollten wir Aufschluß darüber gewinnen, wo die Grenzen einer sinnvollen Integration liegen, das heißt u.a., ob eine Integration schwer- und schwerstbehinderter Kinder möglich und sinnvoll ist.
Aufgrund der beschränkten Anzahl der besuchten Einrichtungen und der dabei angewandten Methode der Befragung mittels eines offenen Frageleitfadens kann nicht der Anspruch erhoben werden, alle Aspekte integrativer Erziehung in ausreichender Weise klären oder beurteilen zu können, zumindest aber wurde auf diese Weise ein breiter Überblick gewonnen.

Bei der Durchführung der Interviews erwies sich die unterschiedliche Qualität der Fragen als besonderes Problem, das durch die nur begrenzt zur Verfügung stehende Zeit noch verstärkt wurde. So passierte es immer wieder, daß Fragen, bei deren Beantwortung Prozesse beschrieben oder Einstellungen wiedergegeben werden sollten, gegenüber der Beantwortung von Fragen, die mit einfachen Fakten möglich war, zu kurz kamen. Dies gilt in besonderem Maße für Fragen, mit denen sich der vorliegende Band auseinandersetzt.

Allerdings ergaben sich auch bei Fragenkomplexen, die zunächst leicht erhebbar schienen, unvorhergesehene Schwierigkeiten. Dies war insbesondere bei Fragen nach den Rahmenbedingungen der Fall, da gemeinsame Erziehung behinderter und nichtbehinderter Kinder damals häufig nicht in administrativ abgesichertem Feld geschehen konnte bzw. dies noch immer nicht kann. In einigen Einrichtungen waren Lösungen gefunden worden, die nicht öffentlich bekannt werden durften, so hatte man z.B., wenn sich Sonder- und Regeleinrichtungen unter einem Dach befanden, in verschiedenen Fällen die getrennten Gruppen von behinderten und nichtbehinderten Kindern der unterschiedlichen Einrichtungen in gemischte Gruppen umorganisiert und personelle Kapazitäten – auch von verschiedenen Trägern – zugunsten integrativer Erziehung eingesetzt.

Zudem fiel uns auf, daß wir bei unseren Informationsgesprächen zunächst viel über das Gelingen von Integration erfuhren, aber nur wenig von den Problemen. Wir haben uns oft nach den Ursachen dafür gefragt. Möchten Erzieherinnen die Darstellung von Problemen vermeiden,
– weil sie den Gedanken der Integration nicht gefährden wollen, oder
– befürchten sie, daß ihnen auftretende Probleme als persönliche Unfähigkeit angelastet werden, oder
– ist Integration im Kindergarten wirklich viel problemloser als von außen gemeinhin angenommen wird?

Um der Klärung dieser Fragen näher zu kommen, stellten wir bei den noch ausstehenden Interviews dezidiert die Frage nach den Schwierigkeiten und wenn möglich, führten wir Hospitationen in den Gruppen durch, dies jedoch leider eher in Einzelfällen und nur unsystematisch.

Unsere Interviewpartner/innen waren manchmal die Leiterinnen der Einrichtungen, in anderen Fällen mehrere Kolleginnen oder gar das gesamte Team, des weiteren Personen aus dem Umfeld des Kindergartens. Die Bereitschaft der Erzieherinnen zur Zusammenarbeit war sehr hoch, vielfach entsprang sie dem ausdrücklichen Wunsch, einen Beitrag zur Verbreitung von Integration zu leisten.

Die Gespräche in den Einrichtungen verliefen sehr befriedigend für uns, u.a. deshalb, weil vielfach Wünsche an unsere Arbeit geäußert wurden, die uns deutlich machten, wo wir unsere Arbeitsmöglichkeiten zur Verfügung stellen könnten, um die Arbeit in den Einrichtungen zu unterstützen.

Bei kurzen Begegnungen sowie bei längeren Hospitationen in den Gruppen waren wir immer wieder erstaunt, wie selbstverständlich behinderte und nichtbehinderte Kinder miteinander umgingen und wie engagiert und kompetent die Arbeit in den allermeisten Einrichtungen betrieben wurde.

3. Inhalt und Aufbau des vorliegenden Bandes

Im vorliegenden Band geht es vor allem um die pädagogische Gestaltung des Kindergartenalltags bei integrativer Arbeit. Es soll erörtert werden, welche Erfahrungen es mit den unterschiedlichen Gruppengrößen und -zusammensetzungen sowie mit Rahmenbedingungen hinsichtlich der pädagogischen Arbeit in den Gruppen gibt und wie sie unter dem Blickwinkel „Integration" zu beurteilen sind. Des weiteren werden verschiedene pädagogische Konzeptionen vorgestellt und vorsichtig bewertet, die wir in integrativ arbeitenden Einrichtungen vorfanden, und es wird dargestellt, welches Integrationsverständnis in den Einrichtungen vorhanden ist bzw. welche Erziehungsziele die Arbeit bestimmen sowie was bei pädagogischer Planung bedacht werden muß, wenn im Kindergartenalltag integrationsunterstützende Momente im Vordergrund stehen sollen.

Außerdem wird Fragen nachgegangen, die für die gesamte Entwicklung von Integration im Elementarbereich von besonderer Bedeutung sind, wie, ob z.B. eine Integration schwer- bzw. schwerstbehinderter Kinder möglich ist, welche Probleme bei integrativer Erziehung bislang auftraten, welche Veränderungen die Aufnahme integrativer Arbeit für alle Beteiligten mit sich gebracht hat und welche Perspektiven daraus abzuleiten sind.

Bei der folgenden Bearbeitung bildet das Material aus den Interviews und den Hospitationen den eigentlichen Kern. Da damit jedoch für die hier behandelte Fragestellung aus den im vorherigen Abschnitt genannten Gründen zu wenig Informationen vorlagen, wurden Konzeptionspapiere, Stellungnahmen und Erfahrungsberichte aus den interviewten und allen anderen Einrichtungen, die uns Unterlagen zur Verfügung stellten, hinzugezogen. Außerdem wurden einschlägige Literatur und Ergebnisse aus wissenschaftlichen Begleituntersuchungen ausgewertet.

Um integrative Arbeit, die sich vorwiegend auf interne Regelungen stützt, nicht zu gefährden, haben wir uns entschlossen, Informationen aus den Interviews eher anonym zu verwenden und nur in abgesprochenen Einzelfällen, oder wenn zugängliche Papiere vorlagen, auf die jeweiligen Einrichtungen hinzuweisen.

Die benützten Materialien werden problemorientiert nach Gesichtspunkten, die sich aus Fragen von Erzieherinnen, Therapeuten/innen, Eltern, Trägervertretern, Lehrenden an Aus- und Fortbildungsstätten und Angehörigen der Sozialadministration ergeben, aufbereitet und dargestellt. Dabei deuten sich bezüglich des Forschungsstandes immer wieder Defizite an, die genannt werden, und die mit Hilfe von weiteren systematischen Untersuchungen geklärt werden müßten. Trotz der noch offenen Fragen glauben wir aber, daß ein Materialienband zu Fragen der Gestaltung des Alltags in integrativ arbeitenden Einrichtungen auch mit den bisher vorhandenen Informationen bereits vielfältige Anregungen für die Praxis bieten kann.

Um größtmögliche Übersichtlichkeit zu erreichen und um die zur jeweiligen Praxis gehörenden Rahmenbedingungen wenigstens anzudeuten, werden im Teil II und der ersten Hälte des dritten Teils des vorliegenden Bandes eine Reihe von Fragestellungen zwar übergreifend für alle Einrichtungstypen gemeinsam bearbeitet, Aussagen zu den unterschiedlichen Organisationsformen integrativer Arbeit jedoch innerhalb der jeweiligen Gliederungspunkte deutlich voneinander abgesetzt. In der zweiten Hälfte des Teils III, in dem es um die unmittelbare Gestaltung der pädagogischen Arbeit geht, werden die einzelnen Einrichtungstypen zum Teil in getrennten Abschnitten behandelt. Um dabei die Charakteristika der unterschiedlichen Typen integrativer Erziehung erfaßbar zu machen, wurde eine jeweils unterschiedliche Darstellungsform gewählt. Daran anschließend werden die vorhandenen Quellen[1] unter dem Gesichtspunkt der Bedeutung

---

1) Hier sollen auch die Ergebnisse von wissenschaftlichen Begleituntersuchungen einfließen, sofern sie bereits vorliegen. Zugänglich sind:
Kniel: Regelkindergärten 1984.
Einzelintegration behinderter Kinder in Berliner Kindertagesstätten, Hg.: Der Senator für Schulwesen, Jugend und Sport, Berlin.
Wissenschaftliche Begleitung, Zwischenbericht 1983 (Kindergarten der evangelischen französisch-reformierten Gemeinde, Frankfurt).
Wissenschaftliche Begleitung, Bd. 3, 1984 (Kindergarten der evangelischen französisch-reformierten Gemeinde, Frankfurt).
Feuser: Zwischenbericht 1984 (Kindergarten der Dietrich-Bonhoeffer-Gemeinde in Bremen).
Abschlußbericht der wissenschaftlichen Begleitung des Modellversuchs Kindertagesstätte Adalbertstraße 23B, Berlin-Kreuzberg 1982 (unveröffentlicht).

integrativer Arbeit für behinderte und nichtbehinderte Kinder sowie für Eltern und Erzieherinnen ausgewertet. In den Teilen IV und V setze ich mich dann bezogen auf alle Einrichtungstypen mit der Frage auseinander, welche Veränderungen sich durch integrative Arbeit im Berufsfeld von Erzieherinnen ergeben haben und welche Perspektiven sich für die pädagogische Arbeit sowie für die Rahmenbedingungen abzeichnen.

Fortsetzung der Fußnote 1)

Behinderte im Kindergarten. 1. Zwischenbericht. Entwicklung der Förderung behinderter Kinder im Kindergarten und nichtbehinderter Kinder im Sonderkindergarten, Hg.: Rheinland-Pfalz, Ministerium für Soziales, Gesundheit und Umwelt.

In absehbarer Zeit ist vermutlich mit verschiedenen weiteren Ergebnissen zu rechnen:
- mit dem Endbericht der wissenschaftlichen Begleitung im Kindergarten der Dietrich-Bonhoeffer-Gemeinde in Bremen;
- mit den Ergebnissen des Modellversuchs „Gemeinsame Erziehung von behinderten und nichtbehinderten Kindern im Kindergarten – Entwicklung übertragbarer Konzepte unter Berücksichtigung unterschiedlicher Ausgangsbedingungen", der vom Sozialpädagogischen Institut für Kleinkind- und außerschulische Erziehung des Ministeriums für Arbeit, Gesundheit und Soziales in Nordrhein-Westfalen durchgeführt wird;
- mit den Ergebnissen einer Begleituntersuchung „Interaktionsprozesse in integrativen Kindergartengruppen mit behinderten und nichtbehinderten Kindern", die von einer Projektgruppe an der Universität Frankfurt im Auftrag des Hessischen Sozialministeriums durchgeführt wurde;
- mit den Ergebnissen eines Projekts „Gemeinsame Förderung behinderter und nichtbehinderter Kinder", das am Staatsinstitut für Frühpädagogik und Familienforschung des bayerischen Staatsministeriums für Unterricht und Kultus durchgeführt wird;
- mit den Ergebnissen aus einem Modellprojekt in Rheinland-Pfalz „Die Entwicklung und Förderung behinderter Kinder im Kindergarten und nichtbehinderter Kinder im Sonderkindergarten", das im Auftrag des Ministeriums für Soziales, Gesundheit und Umwelt durchgeführt wird. Nähere Informationen zum Stand von einigen dieser Projekte vgl. Gemeinsam Leben 1986, Heft 16, S. 17-29.

4. Zur Verwendung der Begriffe „nichtbehindert", „behindert", „verhaltensauffällig"

Auf die Definitions- und Abgrenzungsprobleme bei den Zielgruppen, um die es hier geht, wurde in der Literatur bereits vielfach hingewiesen[1], deshalb wird auf eine erneute Auseinandersetzung mit diesen Problemen verzichtet. Ich mache lediglich darauf aufmerksam, zu welcher Verwendung der Begriffe ich mich entschlossen habe:

a) Ich verwende die Begriffe nichtbehindert, behindert, verhaltensauffällig, wie sie der allgemein üblichen Sprachregelung entsprechen, obwohl es nach dem bestehenden Kenntnisstand nicht möglich ist, diese Gruppen aufgrund eindeutiger Definitionskriterien klar voneinander abzugrenzen.

b) Unter „verhaltensauffälligen" Kindern verstehe ich in erster Linie Kinder mit Beziehungsproblemen. Mit dem Begriff „Behinderung" meine ich nie ausschließlich körperliche Schädigungen, sondern er schließt auch Folgeprobleme mit ein, die sich in der Auseinandersetzung mit der Umwelt ergeben. Dabei sind in bezug auf beide Gruppen immer zugleich auch die Einschränkungen eingeschlossen, die sich zur Zeit noch aus dem gesellschaftlichen Umgang mit beeinträchtigten Menschen für diese ergeben. Der vorliegende Band ist darauf gerichtet, gerade diese Anteile von „Behinderung" bzw. „Verhaltensauffälligkeit" durch einen veränderten Umgang mit den betroffenen Menschen zu verringern.

c) Wenn im vorliegenden Band von behinderten oder verhaltensauffälligen Kindern gesprochen wird, so müßte das richtiger heißen: Kinder, die als behindert oder als verhaltensauffällig gelten. Wegen der Umständlichkeit dieser Formulierung wird jedoch die übliche Sprachregelung beibehalten. Es ist also dann in der Regel von behinderten und verhaltensauffälligen Kin-

1) Vgl. z.B. in Rauschenbach/Steinhilber/Späth: Verhaltensauffällige und behinderte Kinder, 1980.

dern die Rede, wenn sie Förderung nach § 39 BSHG erhalten bzw. erhalten könnten, oder wenn ihnen Sonderförderungsmaßnahmen aufgrund des JWG zuerkannt werden.

d) Unter pädagogischen Gesichtspunkten, um die es hier vor allem geht, orientiere ich mich an der Definition des Deutschen Bildungsrats. Danach gelten Kinder als behindert, „die in ihrem Lernen, im sozialen Verhalten, in der sprachlichen Kommunikation oder in den psychomotorischen Fähigkeiten so weit beeinträchtigt sind (aus welchem Grunde auch immer d.V.), daß ihre Teilhabe am Leben der Gesellschaft wesentlich erschwert ist"[2] und die deshalb einer besonderen pädagogischen Förderung bedürfen.

---

2) Deutscher Bildungsrat: Empfehlungen, 1973, S. 32

II. EINFÜHRENDE ASPEKTE

1. Integration behinderter Kinder – eine gesellschaftspolitische Alternative zur Aussonderung

1.1 Die Situation behinderter Kinder ist von früher Isolation gegekennzeichnet

Zu Beginn unserer Projektarbeit existierten im Vorschulbereich mit wenigen Ausnahmen getrennte Einrichtungen für behinderte und nichtbehinderte Kinder, die aufgrund der geltenden Finanzierungspraxis [1] nur schwer für die Kinder des jeweils anderen Personenkreises zu öffnen waren bzw. es noch immer sind. Solche gesellschaftlichen Strukturen können nicht als das Ergebnis von rein zufälligen Entwicklungen, z.B. im gesellschaftlichen Teilbereich Kindergarten, betrachtet werden, vielmehr drücken sich in ihnen vorhandene Normen und Werte aus.

Der Umgang mit behinderten Menschen in unserer Gesellschaft ist insgesamt von der immer differenzierter gewordenen Ausgrenzung dieser Personengruppe in spezialisierte und zentralisierte Sondereinrichtungen bestimmt. Schon im Elementarbereich trifft man auf Sonderkindergärten für Geistigbehinderte, Sprachbehinderte, Hörgeschädigte, Sehgeschädigte, Körperbehinderte, Verhaltensauffällige und sogar auch für Lernbehinderte. Im schulischen Bereich gliedert sich dieses System von Sondereinrichtungen noch weiter auf.

Diese Situation trat ein, weil Eltern sowie sozial- und bildungspolitisch Verantwortliche der Meinung waren, daß gerade durch den spezialisierten und differenzierten Ausbau des Sondererziehungswesens am ehesten eine effektive und angemessene Hilfe zu gewährleisten sei. Die Schaffung von Sondereinrichtungen, die bei uns – nach der Verfolgung „lebensunwerten" Lebens zur Zeit des Nationalsozialismus [2] – insbesondere in den sechziger

1) Vgl. Fußnote 1, S. 39

2) Vgl. Klee: „Euthanasie", 1983

und siebziger Jahren einen starken Boom erlebte, führte dann auch für Eltern von behinderten Kindern und für diese Kinder selbst zu großen Erleichterungen. Die prinzipielle Bildungsfähigkeit von behinderten Kindern — auch von geistigbehinderten — wurde anerkannt; sie erhielten in der Folge einen ***Anspruch*** auf Bildung und sonstige gesellschaftliche Unterstützung und zugleich akzeptierte man die Notwendigkeit der ***Entlastung*** von Familien mit behinderten Kindern.

Vielfach waren es die Eltern von behinderten Kindern, die mit Hilfe der von ihnen gegründeten Interessenverbände wohnortnahe Sondereinrichtungen erkämpft hatten (Kinder leben zu Hause, werden aber tagsüber in Einrichtungen, die zumeist über das BSHG finanziert werden, betreut). Dies war unzweifelhaft ein Fortschritt, der zur Verringerung von Heimaufenthalten der Kinder führte, andere Kinder aus der Isolation in den Familien löste — sie sogar oft vor dem Versteckt werden bewahrte — und gleichzeitig die Familien bei der Betreuung behinderter Familienangehöriger entlastete und den Kindern Bildungsmöglichkeiten eröffnete.

Die Grenzen dieses Fortschritts wurden jedoch inzwischen sichtbar, denn die bestehende Struktur der Behindertenhilfe ist zumindest hinsichtlich ihrer sozialen Folgen gravierend. Kinder im Kindergartenalter beispielsweise, die in Sondereinrichtungen gefördert werden, werden dadurch in der Regel noch immer aus ihren Lebenszusammenhängen und entsprechenden sozialen Bezügen gerissen, weil sie in zentrale Einrichtungen gebracht werden, die häufig weit von ihrem Wohnort entfernt liegen. Damit sind ungünstige Voraussetzungen für alltagsbezogene und lebensnahe Lernprozesse gegeben. Dies bedeutet eine weitgehende soziale Isolation mit all ihren Folgen für behinderte Kinder und ihre Angehörigen, aber auch für das gesamte Zusammenleben innerhalb einer Gesellschaft. Sondereinrichtungen konnten zudem — trotz kleiner Gruppen und viel therapeutischem Personal — die von ihnen angestrebte spätere Eingliederung behinderter Menschen in allgemeine gesellschaftliche Lebensvollzüge nicht erreichen.

Es hatte sich mit der Errichtung teilstationärer Institutionen also gegenüber früher – trotz der „wohnortnäheren Unterbringung" als es Heime waren – keine grundlegende Veränderung ergeben in bezug auf die isolierenden Traditionen der institutionellen Behindertenbetreuung: Behinderte werden noch immer getrennt von Nichtbehinderten in speziell für sie geschaffene Einrichtungen zusammengefaßt. Sondereinrichtungen für Kinder erfüllen damit nach wie vor eine Doppelaufgabe. Sie sind sowohl isolierende Verwahr- und Förderungsinstitutionen, die andere Institutionen entlasten, als auch Schonraum für die Behinderten selbst.

Die Behinderten sind damit zwar trotz ihrer „Besonderung" Teil der Gesellschaft, denn sie werden als ihre Mitglieder – zumindest solange sie Kinder sind – immerhin mit hohem finanziellem Aufwand an öffentlichen Mitteln in ***sonder***pädagogischen Einrichtungen gut versorgt, was die Absicht einschließt, sie möglichst „optimal" zu fördern, aber eben unter den isolierenden Bedingungen einer Sondereinrichtung.

Durch diese Isolation werden behinderten Menschen wesentliche Entwicklungschancen nicht gewährt, und zugleich erhält man die Voraussetzungen dafür aufrecht, daß sich gesellschaftlich tradierte Ängste, Vorurteile und abweisende Einstellungen der Nichtbehinderten gegenüber Behinderten immer wieder neu bilden, ohne Korrektur erhalten oder sich vielleicht sogar noch verstärken. Feuser schreibt:

„Die 'Besonderung' dient (. .) der Massierung einer 'bestimmten Elendsform' und durch massenhaftes Auftreten der Betroffenen in Zentren und Einrichtungen der Bestärkung der Ängste der Öffentlichkeit und deren Vorurteile, d.h. der Vertiefung der Kluft und des Widerspruchs zwischen Behinderten und Nichtbehinderten zu unüberwindbaren Gräben . . ." [3]

---

3) Feuser: Integration, 1982, S. 97

An den Einrichtungen für Behinderte zeigt sich also, daß es unserer Gesellschaft ernst ist mit der guten Betreuung behinderter Menschen, zumindest der Kinder, daß aber damit einhergehend auch das Bedürfnis groß ist, sie teilweise mit teurer und aufwendiger Förderung [4] vom übrigen Leben fernzuhalten. Es wäre an der Zeit, über die Entwicklung gesellschaftspolitischer Konzeptionen nachzudenken, mit denen wir in der Lage sind, die Isolationsprobleme, die durch die Trennung der Lebensrealität behinderter und nichtbehinderter Menschen entstanden sind, wieder aufzulösen, also die gegenseitige Isolation aufzuheben.

1.2 Integration soll behinderte und nichtbehinderte Menschen aus ihrer Isolation von Lern- und Erfahrungsmöglichkeiten befreien

Bei der in den letzten Jahren immer häufiger geforderten „Integration Behinderter" erscheint es oberflächlich betrachtet, als ob die verschiedenen gesellschaftlichen Gruppen, die diesen Begriff benutzen, einer Meinung wären. Betrachtet man jedoch den jeweiligen Verwendungszusammenhang des Begriffes, so fällt auf, daß mit ihm sehr Unterschiedliches bezeichnet wird. [1]

Wenn im vorliegenden Band von Integration gesprochen wird, so wird darunter die gemeinsame Teilhabe behinderter und nichtbehinderter Menschen an gesellschaftlichen Lebensvollzügen verstanden, und zwar unter Ausschöpfung der persönlichen Entwicklungsmöglichkeiten jedes Einzelnen ohne Über- oder Unterforderung. Mit Integration ist also die Schaffung prinzipiell gleichberechtigter Kooperationsmöglichkeiten für Behinderte und Nichtbehinderte gemeint. Sie wird damit als Aufforderung zur Weiterentwicklung in Richtung auf eine humanere Gesell-

---

4) Dies ist allerdings für erwachsene Behinderte, insbesondere für geistig behinderte und psychisch Kranke, keineswegs umfassend eingelöst. Vielfach sind diese noch immer in Anstalten, Landeskrankenhäusern und Heimen unter schlechten und entmündigenden Bedingungen untergebracht.

1) Vgl. dazu Bonderer: Integrationsbegriffe, 1980

schaft verstanden, oder wie Feuser sagt, als demokratische Alternative zum Bestehenden. [2]

Integration wurde bereits im Gutachten des Bildungsrates von 1973 als eine der vordringlichsten Aufgaben jedes demokratischen Staates bezeichnet. [3] Der Bayerische Jugendring drückt in einer Stellungnahme 1979 in Übereinstimmung damit Ähnliches aus:

„Eine Gesellschaft, die behinderte Menschen an den Rand drängt, ist nicht in umfassendem Sinne human. Dabei geht es nicht vor allem um mehr oder weniger bewußte Verdrängung, es geht vielmehr darum, daß die 'Normalität unserer Gesellschaft' den leistungsfähigen, anpassungsschnellen und beweglichen Menschen verlangt und somit für Behinderte in dieser Gesellschaft kein Platz ist." [4]

Integration als demokratische Alternative zum Bestehenden hat weder die einseitige Anpassung behinderter Menschen an die Welt der nichtbehinderten, noch ausschließlich den Zuwachs an Entwicklungsmöglichkeiten für behinderte im Auge. Gemeint ist vielmehr ein wechselseitiger Prozeß, in dem sich alle Beteiligten verändern. Integration würde damit nicht nur für Behinderte, sondern auch für Nichtbehinderte die Aufhebung ihrer psychischen Verkrüppelung, die sie durch die herrschende Normalitäts- und Leistungsorientiertheit erfahren haben, ermöglichen. [5] Oder wie Begemann sagt:

„Eine gleichwertige Partnerschaft der Nichtbehinderten mit den Behinderten und ihre Integration in die Gesellschaft würde nicht nur den Behinderten die volle menschliche Qualifikation erbringen, sondern auch die Normen der Nichtbehinderten relativieren. Die Nichtbehinderten würden sich in ihren Schwächen und Stärken erkennen können, in ihren Nöten und Hilfsbedürf-

---

2) Vgl. Feuser: Integration, 1982, S. 87

3) Vgl. Deutscher Bildungsrat: Empfehlungen, 1973, S. 16

4) Bayerischer Jugendring: Jugendpolitik, 1979, S. 24

5) Vgl. Feuser: Integration, 1982, S. 94

tigkeiten. Abhängigkeit, Mitmenschlichkeit und Dankbarkeit wie Toleranz dem Abweichenden gegenüber könnten dann eine Gesellschaft und das Selbstverständnis ihrer Mitglieder bestimmen." [6]

Daß Integration ohne Konflikte vor sich gehen kann, soll damit nicht gesagt werden. Insbesondere dort, wo ein Zusammenleben nicht von Anfang an möglich war, wird es immer wieder Reibungspunkte geben. Aber gerade durch diese Reibungen werden Probleme sichtbar und können bewußt aufgenommen und bearbeitet werden. Integration fordert von allen Beteiligten Formen sozialer Kompetenzen, die sich erst noch entwickeln müssen. Wenn dies stattfindet, kann — wie Feuser es ausdrückt — Behinderung als soziale Kategorie durch Integration überwunden werden. [7]

In Hinblick auf erforderliche Veränderungsprozesse bei der Integration behinderter Menschen — also auch behinderter Kinder —, die politische Entscheidungen erfordern, ist zu bedenken, daß behinderte Menschen nur dort voll akzeptiert werden, wo sie die zu ihrer Entfaltung notwendigen Bedingungen erhalten. Da Segregation jedoch — auch bei noch so guter Förderung — Kindern wesentliche Lern- und Erfahrungsmöglichkeiten vorenthält, bedeutet sie eine wesentliche Einschränkung von Entwicklungschancen. Integration dagegen bietet — wenn alle erforderlichen Unterstützungsmöglichkeiten zur Verfügung gestellt werden — bessere Bedingungen zur Entfaltung behinderter und nichtbehinderter Kinder. Sie ist damit, wenn sie bewußt vollzogen wird, ein besseres Hilfsangebot zu einer umfassenden Persönlichkeitsentwicklung für alle Kinder, als es die bisher betriebene Segregation sein kann. Dabei ist jedoch zu bedenken, daß die räumliche Nähe behinderter und nichtbehinderter Kinder die Chance von Integration zwar erhöht, sie aber nicht automatisch bewirkt,

---

6) Begmann: Chance, 1973, S. 164

7) Vgl. Feuser: Integration, 1982, S. 95f.

denn Integration im hier verstandenen Sinne meint den lebendigen Interaktionsprozeß zwischen Behinderten und Nichtbehinderten.

Integration ist auch bei günstigen Rahmenbedingungen kein abschließend zu erreichendes Ziel, sondern sie muß im Zusammenleben ständig neu vollzogen werden. [8] Damit ist gleichzeitig ausgedrückt, daß Integration keine neue Sozialtechnik ist, die sich den sonstigen Spielregeln unseres Zusammenlebens problemlos hinzuaddieren ließe. Integration – wie sie hier verstanden wird – stellt zentrale Normen und Werte unseres Zusammenlebens in Frage: [9] Das Leistungs- und Konkurrenzprinzip, die geltenden Sauberkeits-, Ordnungs- und Schönheitsnormen, die Haltung gegenüber Zeit und vieles mehr. Damit verbunden aber verlangt sie auch eine veränderte Gestaltung der gegenständlichen Umwelt und der Welt von Richtlinien und Gesetzen sowie veränderte Organisationsformen unseres gesellschaftlichen Zusammenlebens im Sozial-, Bildungs-, Arbeits- und Freizeitbereich.

Damit wird erneut die politische Dimension von Integration sichtbar, und es stellt sich die Frage, wie realistisch diese Forderungen unter den politischen Bedingungen einer freien Marktwirtschaft sind, in der der ,,Wert des Menschen'' vor allem durch seinen Gebrauchswert als Arbeitskraft bestimmt wird und die Einhaltung der geltenden Normen für das Überleben jedes einzelnen notwendig ist.

1.3 Normalisierung muß langfristig verfolgtes Ziel sein

In der Bundesrepublik wird die Forderung nach einer Integration Behinderter in dem hier dargestellten Sinne in neuerer Zeit zunehmend von den Behinderten selbst sowie von Eltern behinderter Kinder gestellt, aber auch von Wissenschaftlern und von

8) Vgl. Lindner/v. Taube: Thesenpapier, 1981, S. 62

9) Vgl. Dittmann/Haug: Integration und Diakonie, 1983, S. 141

Praktikern im Erziehungs- und Bildungsbereich, die unter der derzeitigen Struktur des Erziehungs- und Bildungswesens leiden, weil sie die einschränkenden Momente am eigenen Leibe erfahren. Vielfach wird Integration gerade von Erziehern und Lehrern aus Sonderkindergärten und Sonderschulen unterstützt und gefordert.

Zur gegenwärtigen Diskussion in der Bundesrepublik und zur Verbreitung von Integration im Elementarbereich trugen, wie bereits erwähnt, Erfahrungen und Ergebnisse aus anderen westlichen Industrieländern mit ähnlichen politischen und wirtschaftlichen Strukturen, wie sie in unserem Lande vorzufinden sind, maßgeblich bei. Integration ist dort zumindest für Teilbereiche gesetzliche und darüberhinaus auch praktizierte Realität geworden. [1]

Auch in der Bundesrepublik gibt es mittlerweile mancherorts deutliche Anzeichen, daß man sich nicht mehr einfach damit begnügen möchte, das bisherige System des Sondererziehungswesens fortzuschreiben, sondern daß man stattdessen eine Entwicklung einleiten möchte, die immerhin auf eine Integration behinderter ***Kinder*** abzielt.

Die Entwicklungen in der Bundesrepublik dürfen jedoch — gemessen an Integrationsvorstellungen als breiter sozialpolitischer Alternative zum gegenwärtig Bestehenden — nicht zu optimistisch beurteilt werden, da „gemeinsam leben" bisher in unserem Land weitgehend begrenzt bleibt auf den gesellschaftlichen Teilbereich Kindergarten. Bereits beim Wechsel in

---

1) Behinderte in ausländischen Schulen, 1982.
Bürli: Italien, 1984.
Dreyer/Göbel/Reile: Geistigbehinderte in Dänemark, 1981.
Gegen die Logik der Aussonderung, 1982.
Hössl: Schweden, 1982.
Miedaner: Dänemark, 1982.
Roser: Wer hat Angst, 1981.
Schöler: Von den anderen getrennt, 1984.

die Schule muß es jedoch in aller Regel wieder aufgegeben werden. Die breite Diskussion von Integrationsfragen im Schulbereich, und hier besonders von seiten der Grund- und Sonderschullehrer, die z. T. durch die Zunahme von integrativer Erziehung im Kindergarten forciert wurde, bietet allerdings Anlaß, langfristig wenigstens auf eine Fortsetzung gemeinsamer Erziehung in der Grundschule zu hoffen.

Nach Erfahrungen im Ausland kann jedoch eine befriedigende Fortsetzung von Integration über den Kindergarten hinaus in andere Lebensabschnitte und -bereiche nur dann gelingen, wenn sie in umfassende politische Veränderungsprozesse eingebettet ist, wie dies etwa beim dänischen Normalisierungsprinzip der Fall ist. [2)]

In Dänemark gilt Integration als Mittel, die Normalisierung der Situation behinderter Menschen zu erreichen. Normalisierung gilt aber erst dann als verwirklicht, wenn behinderte Menschen an den allgemeinen gesellschaftlichen Angeboten teilnehmen können, die auch für Nichtbehinderte zur Verfügung stehen.

Bei der Einschätzung der Bedeutung des Normalisierungsprinzips ist außerordentlich wichtig, daß es bei seiner Anwendung nicht darum geht, behinderte in „normale" Menschen verwandeln zu wollen. Es wird vielmehr bezweckt, normale, typische allgemeine Lebensverhältnisse auch für behinderte Menschen zu schaffen und ihnen alle für ihre Entwicklung und ihr Wohlbefinden notwendigen Hilfen zu gewähren. Normalisierung bedeutet also die Gleichstellung behinderter Bürger mit nichtbehinderten in allen erdenklichen Lebenslagen, d.h. konkret das Recht auf eine Wohnung, auf Bildung und Arbeit, das Wahlrecht, das Recht auf Eheschließung, das Recht, Kinder zu bekommen, das Recht auf Geschlechtsleben auch ohne Heirat usw. — bei Bereitstellung aller erforderlichen Unterstützung.

---

2) Vgl. Dreyer/Göbel/Reile u.a.: Geistigbehinderte in Dänemark, 1981, S. 55ff. Miedaner: Dänemark, 1982, S. 17ff.

An der Entwicklung in Dänemark läßt sich ablesen, daß man dort bereit ist, mit diesen Forderungen ernst zu machen. Zu ihrer Verwirklichung wurden in den vergangenen 30 Jahren Gesetze verändert, das Fürsorgewesen in seiner gesetzlichen und praktischen Ausprägung umgestaltet sowie Erziehungs- und Bildungseinrichtungen befähigt, integrative Aufgaben zu übernehmen u.v.a.m. Das Normalisierungsprinzip wurde dabei im Rahmen einer Gesellschaftskonzeption verankert, die darauf ausgerichtet ist, allen Menschen mehr Beteiligung an politischen Entscheidungen zu ermöglichen und auch die Lebensbedingungen benachteiligter Menschen zu verbessern. Damit wurde auf den Weg verzichtet, mit bloßen Appellen an die persönliche Hilfsbereitschaft von nichtbehinderten eine Veränderung für das Leben von behinderten Menschen erreichen zu wollen. Es wurden vielmehr mit umfassenden Änderungen die Ausgangsbedingungen für eine verbesserte Lebenssituation von behinderten Menschen geschaffen, die sich damit auf einen Rechtsanspruch berufen können.

In der Bundesrepublik scheint es allerdings zum gegenwärtigen Zeitpunkt wenig erfolgversprechend bzw. sinnvoll, Integration als gesetzliche Zwangsmaßnahme zu erlassen. Stattdessen wäre es wünschenswert, ähnlich wie es in Dänemark geschah, sich im Rahmen einer politischen Gesamtkonzeption auf einen langen Prozeß einzustellen, bei dem davon ausgegangen wird, daß Integration nicht einfach ***verordnet*** werden kann, sondern daß sie von den beteiligten Menschen ***vollzogen*** werden muß, daß sie sich also erst ihren Weg im individuellen und gesellschaftlichen Bewußtsein bahnen muß. Bei diesem Prozeß wäre es erforderlich, kontinuierlich administrative Veränderungen vorzunehmen, damit Integration unterstützt und nicht blockiert wird.

Erste Erfolge in dieser Richtung traten inzwischen ein, indem die Praxis integrativer Erziehung im Elementarbereich und die dabei gewonnenen positiven Erfahrungen in einigen Bundesländern Konsequenzen auf der Ebene der Umgestaltung von Richtlinien für Elementarerziehung nach sich zogen. [3] Dennoch wird ein langer Atem notwendig sein, um Integration in allen Lebensabschnitten und -bereichen zu verankern.

2. Einige strukturelle Ergebnisse integrativer Erziehung im Elementarbereich

2.1 Ständige Veränderung und Vielschichtigkeit – wesentliche Kennzeichen institutioneller Integration

Zunächst werden einige strukturelle Ergebnisse unserer Forschungsarbeiten zusammengefaßt, um den gegenwärtigen Rahmen für die pädagogische Arbeit bei integrativen Erziehungsformen im Elementarbereich wenigstens zu skizzieren. [1]

Eines unserer wesentlichsten Ergebnisse ist, daß von integrativer Erziehung kein einheitliches Bild gezeichnet werden kann. Die Situation im Hinblick auf Anzahl und Rahmenbedingungen der Einrichtungen ist ständig im Fluß; Kindergärten, die schon seit vielen Jahren gemeinsame Erziehung behinderter und nichtbehinderter Kinder zum Ziele haben, wurden zunehmend bekannter und setzten wesentliche Impulse zur Weiterentwicklung von Integration. Zudem bildeten sich seit Beginn unserer Arbeit viele neue integrativ arbeitende Kindergärten heraus. Gleichzeitig fällt allerdings auch auf, daß in einigen Einrichtungen, die bereits mehrere Jahre bestanden, integrative Arbeit aus unterschiedlichen Gründen wieder aufgegeben wurde. Ursachen dafür waren zum Beispiel das Ausscheiden engagierter Personen, die die Arbeit aufgebaut und wesentlich getragen hatten, pädagogische Probleme, verwaltungstechnische Schwierigkeiten sowie die Ver-

---

3) Vgl. Abschlußbericht Teil I „Formen gemeinsamer Erziehung behinderter und nichtbehinderter Kinder im Elementarbereich", 1985, S. 82 f.

1) Eine ausführliche Behandlung struktureller Bedingungen vgl. ebda., S. 20-84

schlechterung der finanziellen Bedingungen im Zusammenhang mit den Kürzungsmaßnahmen im sozialen Bereich.

Die Unterschiedlichkeit oder Vielfältigkeit der Gegebenheiten zeigt sich auch hinsichtlich der vorgefundenen Formen integrativer Erziehung. Diese lassen sich nach den Organisationsformen, die die Intensität möglicher Kontakte zwischen behinderten und nichtbehinderten Kindern bestimmen, unterscheiden. Die Reihenfolge bedeutet bereits eine Bewertung:

- Gelegentliche oder häufigere bewußt herbeigeführte Kontakte zwischen behinderten und nichtbehinderten Kindern bei der Unterbringung in entfernt voneinander liegenden Sonder- oder Regeleinrichtungen oder zwischen Sonder- und Regelgruppen, die sich auf demselben Geländer oder im selben Gebäude befinden. Im weiteren wird diese Form ***additive Einrichtung*** bzw. Erziehungsform genannt. Dieser Begriff faßt die in unseren sonstigen Veröffentlichungen verwendeten Bezeichnungen integrierte und kombinierte Einrichtungen zusammen, da diese Unterscheidung die Verwaltungsstruktur betrifft und unter pädagogischen Gesichtspunkten vergleichsweise unbedeutend ist.

- Gemischte Gruppen mit einigen behinderten und zumeist einer größeren Anzahl nichtbehinderter Kinder, im weiteren ***integrative*** Einrichtung bzw. Gruppe genannt. Diese Bezeichnung wird benutzt, obwohl in vielen Institutionen nur einzelne integrative Gruppen neben Regel- und Sondergruppen bestehen und obwohl sich in vielen Einrichtungen die Aufnahme integrativer Arbeit in keiner offiziellen Statusänderung niedergeschlagen hat, die Einrichtungen also verwaltungstechnisch weiter ihrer ursprünglichen Form entsprechend entweder als Sonder- oder Regeleinrichtungen geführt werden. In anderen Fällen, vielfach dann, wenn integrative Einrichtungen neu gegründet wurden, erhielten sie trotz ihrer ausdrücklich integrativen Konzeption offiziell den Status einer Sondereinrichtung.

– Regelgruppen, in die ein oder zwei behinderte Kinder zumeist aus dem Wohngebiet der Umgebung aufgenommen werden, im weiteren ***Einzelintegration*** im ***Regel***- oder ***Nachbarschaftskindergarten*** genannt.

Wie im Elementarbereich überhaupt gilt auch für alle Formen integrativer Erziehung im Vorschulbereich, daß sich bezüglich der Rahmenbedingungen, der angewandten pädagogischen Konzeptionen, der Gestaltung des pädagogischen Alltags, des Arbeitsstils, der Zusammenarbeit mit den Eltern sowie bei der Organisation von spezieller Unterstützung, z. B. in Form von Therapie, ein äußerst vielfältiges Bild ergibt. Das heißt: auch bei den in gleichen Rubriken zusammengefaßten Einrichtungen sind sehr unterschiedliche Bedingungen vorhanden.

2.2 Motive und Impulse für die Entwicklung integrativer Erziehungsformen

Der Anstoß zu integrativer Arbeit in ***additiven*** und ***integrativen*** Einrichtungen ging besonders häufig von Erzieherinnen in Sondereinrichtungen aus. In anderen Fällen gaben Personen aus Jugend-, Bezirks- oder Gesundheitsämtern oder Trägervertreter den Anstoß. In Einzelfällen waren auch Fachleute aus Kliniken, Schulen oder Universitäten maßgeblich beteiligt. Weit seltener kamen die entscheidenden Impulse in der Anfangszeit von Eltern, sie spielten vielfach erst später, wenn es darum ging, Einrichtungen weiterzuentwickeln oder gefährdete integrative Gruppen zu erhalten, eine entscheidende Rolle. In neuerer Zeit wird jedoch gerade die Nachfrage von Eltern zum wesentlichen Motor für die Verbreitung von Integration.

In ***Regelkindergärten*** ergibt sich hinsichtlich der entscheidenden Impulse für die Existenz integrativer Erziehung ein deutlich anderes Bild. Hier waren und sind es gerade die Eltern, die die Integration ihrer behinderten Kinder betreiben. Die Aufnahme behinderter Kinder entspricht zudem dem Selbstverständnis vieler Erzieherinnen und der Tatsache der Verankerung von Regeleinrichtungen in Wohngebieten.

Zusammengefaßt ist zu sagen, daß sich ***integrative Erziehung*** in allen ***drei*** Formen auf das Interesse von verschiedenen Personen mit sehr unterschiedlichen Motivationen zurückführen läßt,

- weil sie sich aus persönlichen, humanitären, religiösen, pädagogischen oder politischen Gründen dafür einsetzten,
- weil man den Arbeitsbereich in manchen Einrichtungen erweitern wollte,
- weil die Kinderzahlen sowohl in Sonder- wie auch in Regeleinrichtungen sanken und man sich damit mit neuen Aufgaben befassen konnte,
- weil Defizite bei der Versorgung behinderter Kinder vorhanden waren.

2.3 Verteilung auf die einzelnen Bundesländer

Die Verteilung der uns bekannten Einrichtungen auf die verschiedenen Bundesländer weist deutlich unterschiedliche Merkmale auf. Es zeigte sich z.B., daß sowohl ***additive*** wie ***integrative*** Einrichtungen in einigen Bundesländern gehäuft vertreten waren, in anderen dagegen kaum.

Besonders häufig waren sie in Bremen, Hamburg, Berlin, Hessen, Niedersachsen und Bayern, besonders selten im Saarland und in Baden-Württemberg. Dieses Bild schien zunächst durch die Schwierigkeiten bei der Informationsbeschaffung verursacht. So gingen z.B. die von uns angefragten Bezirksregierungen sehr unterschiedlich mit unseren Anfragen um. Einige führten selbst ausgedehnte Recherchen durch und teilten uns das Ergebnis mit, andere verwiesen uns an andere Behörden bzw. Trägerverbände oder teilten mit, daß sie über keine entsprechenden Informationen verfügen. Von vielen Einrichtungen erfuhren wir auch im Schneeballverfahren.

Inzwischen läßt sich jedoch sagen, daß wir zumindest hinsichtlich integrativer Einrichtungen einen annähernd vollständigen Überblick haben. Gründe für die auffallend abweichende Verteilung mögen damit in der unterschiedlichen Trägerlandschaft liegen, aber auch in der sehr heterogenen Situation des Behindertenbetreuungswesens in den einzelnen Bundesländern. So liegt der Schluß nahe, daß z.B. in Baden-Württemberg durch das stark ausgebaute Behindertenbetreuungswesen keine ,,Notwendigkeit" oder kein ,,Bedarf" bestand, weitere andere Einrichtungen zur Betreuung behinderter Kinder zu schaffen bzw. daß in vorhandenen Einrichtungen keine Motivation zur Änderung der Arbeit in Richtung auf Integration vorhanden war. Eine wesentliche Rolle spielt hier sicherlich auch, daß in Baden-Württemberg vorschulische Sondereinrichtungen häufig an Sonderschulen angebunden sind. Dies muß unter dem Gesichtspunkt des Bildungsanspruchs behinderter Kinder positiv bewertet werden, unter dem Gesichtspunkt anzustrebender integrativer Förderung bringt es jedoch Erschwernisse mit sich.

In einem anderen Flächenstaat dagegen, in Niedersachsen, sieht das Bild ganz anders aus. Hier sind Sondereinrichtungen weit seltener an Sonderschulen angebunden; zudem bestand bezüglich des Behindertenbetreuungswesens in einigen Regionen ein Defizit. Aus diesen Gründen konnten sich dort vermutlich additive und integrative Einrichtungen eher entwickeln als z.B. in Baden-Württemberg.

Wiederum eine deutlich andere Entwicklung fand in den Bundesländern Hessen, Bremen, Berlin und Hamburg statt. In diesen Bundesländern wurden in früheren Jahren aufgrund sozialpolitischer Planung Sonder- und Regeleinrichtungen bzw. -gruppen, zumindest für manche Behinderungsarten (in Bremen für geistig Behinderte, in Hamburg vor allem für Sprachbehinderte, in Hessen und Berlin für unterschiedliche Behinderungsarten), in unmittelbarer Nähe zueinander untergebracht. In Bremen fand dann in den letzten Jahren eine sprunghafte Weiterentwicklung hin zu integrativer Erziehung in gemischten Gruppen statt; in Berlin scheint der Aufbau integrativer Gruppen seit dem letzten Regierungswechsel (1981) eher zu stagnieren, wohingegen Einzelintegration in Regeleinrichtungen und in Elterninitiativgruppen in manchen Bezirken unterstützt wird; in Hamburg führten die Bemühungen der Sozialadministration zu Überlegungen für einen flächendeckenden Ausbau integrativer Erziehung.

Bezüglich der Anzahl von ***Regeleinrichtungen,*** die von einzelnen behinderten Kindern besucht werden, und ihrer Verteilung liegen erst aus einem Bundesland (Hessen) und einigen Regionen genauere Daten vor. Nach diesen Angaben schwankt der Anteil der Regelkindergärten, die einzelne behinderte Kinder aufnehmen, in verschiedenen Regionen zwischen 30 und 100 %. [1] Offensichtlich ist damit, daß dies eine recht häufig vorkommende Form integrativer Erziehung ist, bei der sich aber ebenfalls deutliche regionale Unterschiede abzeichnen.

Wollte man die Frage nach den Ursachen für die regional sehr unterschiedliche Verbreitung integrativer Erziehung exakt beantworten und nicht nur assoziativ mögliche Gründe andeuten, so bedürfte dies einer genauen Untersuchung der jeweiligen regionalen Bedingungen hinsichtlich der Situation des Behindertenbetreuungswesens der einzelnen Länder, ihrer Bildungs- und Sozialpolitik – einschließlich der Kindergartenpolitik – sowie der jeweiligen regionalen Verbands- und Trägerstrukturen und der Verbands- und Trägerpolitik. Des weiteren müßten die konkreten Gründe und Anlässe, die zur Entstehung integrativer Erziehung im Einzelfall führten, untersucht werden, wobei der „Zufälligkeit" besondere Beachtung geschenkt werden müßte, die durch die Initiativen einzelner Personen auftrat. Auch die bestehenden Rahmenbedingungen von Sonder- und Regelein-

---

1) Vgl. Abschlußbericht Teil I „Formen gemeinsamer Erziehung behinderter und nichtbehinderter Kinder im Elementarbereich", 1985, S. 17 ff.

richtungen in den einzelnen Bundesländern müßten in Untersuchungen bezüglich der Gründe für solche strukturellen Unterschiede einbezogen werden. Die Rahmenbedingungen in Regeleinrichtungen des Elementarbereichs in Baden-Württemberg z.B. waren zur Zeit unserer Befragung weit ungünstiger als in vielen anderen Bundesländern. Bei großen Gruppen, geringem Personalstand und ungünstigen räumlichen Bedingungen bleiben kaum Kapazität oder Energien, um an die Neuverteilung von Erziehungsaufgaben zu denken, geschweige denn, sie in die Tat umzusetzen.

2.4 Trägerstruktur

Bei den Einrichtungen, die integrative Erziehung betreiben, ist eine deutlich andere Trägerstruktur vorhanden als im übrigen Elementarbereich. Die größte Trägergruppe bei additiven und integrativen Einrichtungen sind ***Vereine*** mit ca. 37 %. Vielfach handelt es sich dabei um solche, die auch Einrichtungen für behinderte Kinder unterhalten, oder um Initiativen, die zu einem großen Teil dem DPWV und zu einem kleinen Teil der AWO angeschlossen sind.

Die den Vereinen folgende zweitgrößte Trägergruppe sind ***konfessionelle Verbände***, die zusammen ca. 32 % der additiven und integrativen Einrichtungen unterhalten. Davon entfallen ca. 18 % auf die evangelische und ca. 14 % auf die katholische Kirche. Bei den Einrichtungen in katholischer Trägerschaft handelt es sich jedoch in der Mehrzahl um additive Einrichtungen.

Die drittgrößte Trägergruppe mit ca. 21 % der Einrichtungen ist die ***öffentliche Hand***, und hier sind es besonders häufig die Kommunen, in Einzelfällen auch die Länder. In kommunaler Hand befanden sich anfänglich in einzelnen Regionen – besonders häufig in den Stadtstaaten Hamburg, Bremen und Berlin – vor allem additive Einrichtungen, die sich teilweise, in erster Linie in Bremen und Berlin, zu integrativen weiterentwickelt haben.

Auch die ***Wohlfahrtsverbände*** AWO und DRK erscheinen als Träger integrativ arbeitender Einrichtungen, wobei die AWO von diesen Verbänden derjenige ist, der die meisten Einrichtungen unterhält bzw. dem die meisten Einrichtungen angeschlossen sind (ca. 9 %).

Die deutlichsten Unterschiede zur sonstigen Trägerstruktur im Elementarbereich ergeben sich damit

- vor allem aufgrund der hohen Anzahl von integrativ arbeitenden Einrichtungen in der Trägerschaft von Vereinen mit ca. 37 % (sonst ca. 2 %),
- aufgrund der geringeren Präsenz kirchlicher Träger mit ca. 32 % (sonst ca. 60 %),
- aufgrund eines relativ hohen Anteils von Einrichtungen in der Trägerschaft der AWO mit ca. 9 % (sonst ca. 2 %).

Zur Haltung der Trägerverbände ist insgesamt zu sagen, daß integrative Erziehung vor allem aufgrund örtlicher Initiativen entstand, wobei fast alle großen Trägerverbände die Entwicklung zunächst nicht zur Kenntnis nahmen oder sich abwartend verhielten, obwohl Einrichtungen in ihrem Verband Integration z.T. seit geraumer Zeit praktizierten. Dieses Ergebnis erbrachte zumindest eine Trägerumfrage im Jahre 1981. Inzwischen aber fand in den meisten Verbänden eine Auseinandersetzung mit diesem „Thema" statt, und zum Teil lassen sich entsprechende Inhalte sogar in den Fortbildungsangeboten dieser Träger wiederfinden.

2.5 Verwaltungsmäßige bzw. finanzielle Absicherung

Bei ***additiven*** Einrichtungen war immer eine verwaltungsmäßige bzw. finanzielle Absicherung vorhanden, weil es sich entweder um getrennte Einrichtungen für behinderte und nichtbehinderte Kinder in unterschiedlicher Trägerschaft handelte — die auch getrennt abrechneten — oder um Regel- und Sondergruppen, die zwar demselben Träger und nur einer Leiterin unterstanden, was aber dennoch zumeist getrennte Abrechnungen erforderlich machte.

Bei Einrichtungen, die gemeinsame Erziehung betreiben, indem sie vorhandene Gruppen von behinderten und nichtbehinderten Kindern ***mischen*** (auch von verschiedenen Trägern), bestand zu Beginn unserer Projektarbeit nur in Einzelfällen eine ausgehandelte verwaltungsmäßige Absicherung dieser Praxis [1], Lösungen wurden häufig eher intern und informell gesucht und gefunden. Vielfach konnten Finanzierungsbedingungen nur über Hilfskonstruktionen wie z.B. eine formale Trennung in Gruppen für Behinderte und Nichtbehinderte mit den entsprechenden Behörden ausgehandelt werden, worin sich aber immerhin die Bereitschaft zur bewußten Duldung integrativer Gruppen ausdrückte.

In neuerer Zeit geriet im Hinblick auf die verwaltungmäßige Absicherung von integrativer Erziehung in den verschiedenen Bundesländern jedoch einiges in Bewegung. Die ersten bedeutenden Veränderungen der bestehenden Gesetze und Richtlinien wurden in Bremen und Hessen erreicht. Dort gehört integrative Erziehung nun immerhin vorläufig zum offiziellen öffentlichen Erziehungsangebot, für das auch die erforderlichen Rahmenbedingungen bereitgestellt werden, allerdings in sehr unterschiedlicher Weise. [2] In anderen Bundesländern gibt es ebenfalls erstes Interesse an einer rechtlichen Verankerung integrativer Erziehung, zum Teil will man aber vor einer etwaigen verwaltungsmäßigen Absicherung die Ergebnisse von wissenschaftlichen Begleituntersuchungen abwarten. [3]

---

1) Plätze für behinderte Kinder werden im allgemeinen nach dem BSHG finanziert, Plätze für nichtbehinderte nach dem JWG, wobei es erst in neuerer Zeit in manchen Regionen denkbar erscheint, daß bei gemeinsamer Förderung die Gelder aus dem einen Finanzierungsbereich indirekt auch den Kindern aus dem anderen Finanzierungsbereich zugute kommen dürfen.

2) Vgl. Abschlußbericht Teil I „Formen gemeinsamer Erziehung behinderter und nichtbehinderter Kinder im Elementarbereich", 1985, S. 82

3) Vgl. Fußnote 1, S. 17 f. dieser Arbeit

Wenn Einzelintegration in ***Regeleinrichtungen*** betrieben wird, so wurde dort bisher von den Erzieherinnen meistens keine besondere Unterstützung für diese Arbeit von den Behörden gefordert, die einer verwaltungsmäßigen Absicherung bedurft hätte (z. B. die Verkleinerung von Gruppen, bessere personelle Ausstattung). Vielfach befürchteten die Erzieherinnen, daß Integration dann eher verhindert anstatt unterstützt worden wäre, indem man von amtlicher Seite auf die bestehenden Sondereinrichtungen verwiesen hätte. Die behinderten Kinder im Regelkindergarten belegen also normalerweise einen nach dem JWG geförderten Kindergartenplatz, über das BSHG erhalten die Einrichtungen bisher nur in Einzelfällen Unterstützung, obwohl dies eigentlich generell möglich sein sollte.

2.6 Ausstattung der Kindergärten

Die wenigsten integrativ arbeitenden Einrichtungen wurden speziell unter diesem Gesichtspunkt konzipiert. In aller Regel mußte aus diesem Grund mit den vorhandenen Bedingungen vorlieb genommen werden. Die Ausstattung entspricht damit im allgemeinen auch bei integrativer Arbeit entweder der von Sonder- oder Regelgruppen.

Die Gebäude von Sondereinrichtungen, in denen integrative Erziehung stattfindet, zeichnen sich vor allem durch vorhandene Therapieräume aus, was integrativer Arbeit sehr zugute kommt. Manchmal verfügen sie auch über eine behindertenspezifische Ausstattung sowie über Turn- und Schwimmräume. Wenn Turn- und Schwimmräume nicht in den Einrichtungen selbst vorhanden waren, wurden vielfach Turnhallen von benachbarten Schulen und öffentliche Schwimmbäder benützt.

Von vielen Erzieherinnen wird darauf hingewiesen, daß es bei Integration üblicherweise keiner aufwendigen behindertenspezifischen räumlichen Ausstattung bedarf. So werden z. B. automatische Türöffner für entbehrlich gehalten, Kindergärten ohne Treppen werden ebenfalls nicht unbedingt gefordert – auch nicht bei der Integration körperbehinderter Kinder –, u.a. weil dies nach Meinung der Erzieherinnen dem Ziel der Integration eher entgegensteht als es fördert. Genügend Platz in den Räumen sowie direkt mit dem Gruppenraum verbundene Nebenräume für Therapie und die Arbeit mit kleinen Gruppen sowie Ruheräume und die Möglichkeit, eine Küche benützen zu können, wurden jedoch immer wieder als wesentlich für integrative Arbeit gewertet. Auch eine Wasserstelle im Gruppenraum selbst oder einen direkt an den Gruppenraum anschließenden Waschraum sowie beim Gruppenraum befindliche Toiletten wurden als sehr erleichternd empfunden.

Die Ausstattung mit Spiel-, Bastel- und Arbeitsmaterialien ist je nach verfolgter kindergartenpädagogischer Konzeption sehr unterschiedlich, wobei in vielen Einrichtungen einige Materialien, die häufig für die Arbeit mit behinderten Kindern verwendet werden (wie z. B. Montessorimaterialien) angeschafft wurden. Außerdem wurde bei bestimmten Behinderungsarten besonderer Wert auf die Ausstattung mit pädagogischen Materialien gelegt, die allgemein im Kindergarten verwendet werden, aber in Einzelfällen von besonderer Bedeutung sind. So legte man z.B. bei sprachbehinderten Kindern Wert auf Bilderbücher, die einfache Zusammenhänge logisch darstellen, „weil den Kindern Vorstellungen darüber oft fehlen". Befindet sich ein blindes Kind in der Einrichtung, so wird besonders auf Materialien Wert gelegt, die Inhalte über andere Sinne als Sehen erfaßbar machen. Sehr häufig wurden in den Einrichtungen auch spezielle Materialien für die einzelnen Kinder selbst hergestellt. Um behinderte Kinder leichter auf Ausflüge und Spaziergänge mitnehmen zu können, gehören auch Buggies und Sportkarren hin und wieder zur Ausstattung.

Insgesamt wurde eine vielseitige Innenausstattung angestrebt, die Kindern Anregungen gibt und ihnen die Möglichkeit läßt, Spiel- und Handwerkszeug selbst zu nehmen und wieder wegzustellen.

Außerdem sollte die Ausstattung den Kuschel- und Rückzugsbedürfnissen von Kindern entgegenkommen und ihnen Gelegenheit geben, vieles auszuprobieren, z. B. Mimik und Gestik vor dem Spiegel u.a.m. Für die unterschiedlich behinderten Kinder sollten darüberhinaus spezielle Hilfen vorhanden sein, dies wären beispielsweise:

- für blinde Kinder Orientierungshilfen durch unterschiedliche Materialverwendung bei Türen, Wänden und Fußböden.
- für körperbehinderte Kinder durch das Anbringen griffiger kleiner Leitern, an denen sich Kinder hochziehen können sowie Geländer, die Stütze bei Gehversuchen bieten,
- für hör- und sprachbehinderte Kinder durch eine stark schallleitende Bank u.v.a.m..

In bezug auf Gemütlichkeit, Gestaltungs- und Umgestaltungsmöglichkeiten waren große Unterschiede zwischen den Einrichtungen vorhanden. Die Bandbreite reichte von traditionell und relativ steril eingerichteten Kindergärten bis zu sehr wohnlich ausgestalteten Räumen mit Aktivitätsecken wie Friseurecke, Büroecke, Küchenecke, Werkstatt, Bauecke, Bibliotheksecke, Themenecke, Rollenspielecke mit vielen Möglichkeiten zur Verkleidung u.a.m.

In ***Regeleinrichtungen*** mit Einzelintegration hat sich die Ausstattung durch die Aufnahme behinderter Kinder kaum verändert, der Schwerpunkt liegt hier darauf, die üblichen Kindergartenmaterialien auch für die Arbeit mit behinderten Kindern einzusetzen und sie gegebenenfalls abzuwandeln. Für erforderliche Einrichtungsgegenstände, wie z. B. einen speziell präparierten Stuhl, sorgen zumeist die Eltern.

Gemütlich ausgestatteter Gruppenraum

2.7 Personelle Situation [1]

Die personelle Situation in ***additiven*** Einrichtungen entsprach der in den Bundesländern oder bei einzelnen Trägern üblichen Ausstattung für den jeweiligen Einrichtungstyp.

Bei ***integrativen*** Gruppen war die personelle Situation häufig wesentlich besser als in Regeleinrichtungen, aber gemessen an der Kinderzahl pro Gruppe ungünstiger als in Sondereinrichtungen (Vergleichsmaßstab sind immer die jeweiligen Bedingungen in den einzelnen Bundesländern). Eine bundesweit einheitlich geregelte Relation zwischen Gruppengröße und Anzahl des vorhandenen Personals bestand nicht. Vielmehr schien die personelle Ausstattung von verschiedensten Faktoren abzuhängen,

---

1) Genauere Angaben vgl. Abschlußbericht Teil I „Formen gemeinsamer Erziehung behinderter und nichtbehinderter Kinder im Elementarbereich", 1985, S. 53-58

wobei den Rahmenbedingungen, die in bestimmten Regionen bzw. bei den einzelnen Trägern gelten, die wesentlichste Bedeutung zukam, des weiteren spielten jedoch manchmal auch die Anzahl der ***behinderten*** Kinder pro Gruppe, die Schwere der vorhandenen Behinderungen u.a.m. bei der Festlegung der personellen Ausstattung eine wesentliche Rolle.

In über der Hälfte der Einrichtungen waren drei Erwachsene oder mehr in einer Gruppe, von denen im allgemeinen zwei über eine pädagogische Ausbildung verfügten. Die übrigen Gruppen waren mit zwei pädagogisch ausgebildeten Mitarbeitern besetzt, hierzu wurden auch Berufspraktikantinnen und Kinderpflegerinnen gezählt. Außerdem war je nach Behinderungsart therapeutisches Personal vorhanden. Manchmal sogar auch für Kinder, die offiziell als nichtbehindert gelten, besondere Betreuung aber dennoch nötig hatten. Solche Möglichkeiten waren jedoch eher die Ausnahme als die Regel.

Zur allgemeinen Unterstützung in der Gruppe oder auch zur Organisation der Fahrdienste standen vielen Einrichtungen zusätzlich zum eigentlichen Personalstamm noch Zivildienstleistende oder Praktikantinnen zur Verfügung. Manche Einrichtungen wurden auch stundenweise von Ärzten betreut.

In ***Regeleinrichtungen*** mit einzelnen behinderten Kindern waren teilweise eineinhalb bis zwei Erwachsene pro Gruppe tätig (manchmal zwei Erzieherinnen, manchmal eine Erzieherin und eine Praktikantin im Anerkennungsjahr). Oft war jedoch nicht einmal die dringend notwendige Unterstützung durch eine Hilfskraft vorhanden.

Hinsichtlich der ***Qualifikation*** des pädagogischen Personals war festzustellen, daß sowohl in additiven wie in integrativen oder Regelgruppen selten spezielle sonderpädagogische Kenntnisse bereits durch die erste Ausbildung vorhanden waren, daß aber das Qualifikationsniveau der Mitarbeiterinnen in additiven und integrativen Einrichtungen im allgemeinen höher lag als in üblichen Regeleinrichtungen. Dies war besonders häufig bei Kindergartenleiterinnen der Fall, aber auch bei Gruppenleiterinnen, die manchmal Sozialpädagoginnen waren oder Erzieherinnen, die berufsbegleitend an verschiedenen Formen von Fort- und Weiterbildung teilgenommen hatten oder teilnehmen. Sehr häufig waren dabei Ausbildungen in Montessoripädagogik, aber auch Sprachheilfortbildungen, Fortbildungen in Rhythmik und Psychomotorik.

Obwohl in einer Reihe von Einrichtungen ***Fortbildungswünsche*** der Mitarbeiter von Trägern unterstützt werden, wurden die vorhandenen Möglichkeiten allgemein als unzulänglich angesehen. Insbesondere Fragen integrativer Erziehung wurden zunächst nur in Einzelfällen in Fort- und Weiterbildungsangebote aufgenommen, erst in neuerer Zeit finden sie sich häufiger (vgl. S. 317 ff.). Aufgrund der unzulänglichen Fortbildungsangebote für integrative Erziehung bekamen andere Formen der Unterstützung eine große Bedeutung: der Austausch mit interessierten Fachleuten und Privatpersonen im Umfeld des Kindergartens, Supervision, Austausch im Team, der weit über übliche Mitarbeiterbesprechungen hinausgeht, Arbeitskreise mit Erzieherinnen aus anderen Einrichtungen, die ebenfalls behinderte Kinder betreuen, wissenschaftliche Begleitung, die Mitarbeit von Studenten, die Zusammenarbeit mit anderen Institutionen.

Erzieherinnen in ***Regeleinrichtungen*** hatten aufgrund der ungünstigen Rahmenbedingungen bisher besonders wenig Gelegenheit, an spezifischen, auf die Arbeit mit behinderten Kindern in Regeleinrichtungen zugeschnittenen Fortbildungsangeboten teilzunehmen.

2.8 Einzugsgebiete

Sowohl in ***additiven*** wie in ***integrativen*** Einrichtungen ist die Situation durch auseinanderfallende Einzugsgebiete gekennzeichnet. Die nichtbehinderten Kinder wohnen in der Regel im unmittelbaren Wohnumfeld, während die behinderten Kinder häufig aus einem sehr großen Einzugsgebiet kommen. Das hat Auswirkungen auf ihre Integrationschancen: behinderte Kinde haben weite Wege und lange, oft anstrengende Fahrzeiten, lange Abwesenheitszeiten von zu Hause und häufig andere Anwesenheitszeiten in der Einrichtung als nichtbehinderte Kinder. Damit sind die Voraussetzungen für die Entstehung von intensiveren persönlichen Beziehungen, die auch außerhalb des Kindergartens fortgesetzt werden könnten, ungünstig.

Aber nicht nur hinsichtlich der sozialen Kontakte zwischen den Kindern, sondern auch für die Begegnung von Eltern können auseinanderfallende Einzugsgebiete große Probleme mit sich bringen. Eltern behinderter und nichtbehinderter Kinder können unter diesen Bedingungen kaum Kontakte zueinander aufnehmen, weil sie sich – wenn überhaupt – nur bei Veranstaltungen treffen. Dies gilt auch für die Eltern behinderter Kinder untereinander. Zudem kommt es durch die auseinanderfallenden Einzugsgebiete häufig vor, daß Angehörige aus sehr unterschiedlichen sozialen Schichten aufeinandertreffen, was die Kontaktmöglichkeiten noch weiter erschwert (vgl. S. 315 f.).

Erzieherinnen weisen des weiteren darauf hin, daß die räumliche Entfernung zwischen Elternhaus und Einrichtung im allgemeinen auch über den Grad der Elternmitarbeit entscheidet. Bei größerer Distanz, die durch Buszubringerdienste überwunden wird, können keine täglichen, selbstverständlichen Kontakte beim Bringen und Holen der Kinder stattfinden und zugleich kann Interesse und Engagement der Eltern für die Arbeit in den Einrichtungen nur schwer aufkommen.

In *Regelkindergärten* mit Einzelintegration ist für behinderte und nichtbehinderte Kinder teilweise dasselbe Einzugsgebiet vorhanden, allerdings doch seltener, als man zunächst annehmen konnte. Denn trotz großer Bereitschaft von Erzieherinnen, behinderte Kinder aufzunehmen, finden viele Eltern oft erst nach längerem Suchen einen Kindergarten, in dem dieser Schritt gewagt wird. Recht häufig liegt diese Einrichtung dann in größerer Entfernung zum unmittelbaren Umfeld der Familie. Dennoch treten die vorher genannten Probleme in Regeleinrichtungen nicht in ähnlich massiver Weise auf wie in integrativen, weil die Einzugsgebiete einheitlicher sind und weil immer nur einzelne behinderte Kinder aufgenommen werden.

3. Aufnahmekriterien, Gruppengröße und Gruppenzusammensetzung sind von wesentlicher Bedeutung für die pädagogische Arbeit

3.1 Überblick über Gruppengrößen und das Mischungsverhältnis behinderter und nichtbehinderter Kinder

Gruppengröße und -zusammensetzung konnten in vielen Einrichtungen nicht nach eingehenden Überlegungen und Planungen festgelegt werden, sondern sie wurden meist von gegebenen Bedingungen bestimmt. Entscheidend war z.B., welchem Einrichtungstyp die entsprechende Gruppe bei ihrer Gründung zugerechnet wurde und welche Trägerauflagen, administrativen Bestimmungen, Finanzierungsmodi usw. vorhanden waren oder welche regionale Versorgungssituation bzw. Nachfrage bestand und welche räumlichen und personellen Voraussetzungen existierten.

In *additiven* Einrichtungen umfassen die *Sondergruppen* je nach Träger- und administrativen Auflagen zwischen sechs und 15 Kinder. Die *Regelgruppen* entsprechen üblicherweise ebenfalls den allgemeinen Länder- und Trägerrichtlinien in den verschiedenen Regionen. Es gibt nur wenige Ausnahmen, bei denen kleinere

Regelgruppen geschaffen wurden, damit eine Kontaktaufnahme zwischen behinderten und nichtbehinderten Kindern leichter ermöglicht werden kann (vgl. S. 162).

In ***integrativen Gruppen*** werden am häufigsten zwischen 12 – 15 Kinder betreut, von denen drei bis fünf als behindert gelten. Das Verhältnis behinderte/nichtbehinderte Kinder weist dabei jedoch eine sehr unterschiedliche Relation auf (vgl. S. 49). Die Gruppengrößen, die etwa in der Mitte zwischen der üblichen Größe reiner Sondergruppen (sieben bis zehn Kinder) und reiner Regelgruppen (20 – 28 Kinder) liegen, haben sich in der Praxis unter bestimmten Bedingungen (gute räumliche Ausstattung, mindestens zwei Erzieher pro Gruppe und sonstiges unterstützendes Personal, nicht zu schwer behinderte Kinder) als relativ günstig erwiesen. Aufgrund bisheriger Erfahrungen entstand allerdings in verschiedenen Einrichtungen der Wunsch, daß die Kindergruppen höchstens zwölf Kinder umfassen sollten, wovon drei behindert sein können, allerdings nicht mehr als eines schwerbehindert.[1)]

Eine wesentlich höhere Kinderzahl ist in einer Reihe von Montessori-Einrichtungen vorhanden, in denen sich oft 20 Kinder pro Gruppe befinden, darunter fünf unterschiedlich behinderte, allerdings keine schwerstbehinderten Kinder. Die hohe Kinderzahl wird in den Münchner Montessori-Einrichtungen, die als Halbtagseinrichtungen mit Vormittags- und Nachmittagsgruppen geführt werden, damit begründet, daß die Gruppen nicht zu klein sein sollten, damit eine vielfältige Mischung der Kinder mit unterschiedlichen Fähigkeiten, Möglichkeiten und Einschränkungen entstehen kann und damit immer mehrere Kinder gemeinsam in die integrative Schule überwechseln können. Nach Meinung der allermeisten Praktiker intergrativer Erziehung ist diese Kinderzahl pro Gruppe jedoch zu hoch, und zwar nicht nur, wenn Montessori-Einrich-

---

1) Vgl. Vorschläge für die gemeinsame Erziehung von behinderten und nicht-behinderten Kindern in Kindertagesstätten (Integrationsgruppen), Behindertenprojekt, Berlin, 1981, S. 1

tungen als Ganztagseinrichtungen geführt werden, sondern auch, wenn es sich um Halbtagsgruppen handelt.

Das Verhältnis behinderte/nichtbehinderte Kinder beträgt in den weitaus meisten integrativen Gruppen 1 : 2 oder 1 : 3, wobei Erzieherinnen immer häufiger ein Verhältnis von 1 : 2 unter pädagogischen Gesichtspunkten für nicht so sinnvoll halten, weil damit eine recht hohe Problemkonstellation vorhanden ist. Bei einer wesentlich geringeren Anzahl von integrativen Gruppen, häufiger bei solchen, die sich in Sondereinrichtungen gebildet haben, oder auch bei einigen Initiativen, bestehen kleinere Gruppen (acht bis zehn Kinder), wobei der Anteil der behinderten Kinder dort oft bis zu 50 % beträgt. Die wesentlich geringere Kinderzahl in diesen Einrichtungen ist durch den hohen Anteil schwer- bzw. schwerstbehinderter [2] Kinder begründet, die sonst nur selten in integrative Gruppen aufgenommen werden. Allerdings ist das Mischungsverhältnis unter dem Gesichtspunkt ,,Integration'' relativ ungünstig.

Die Gruppengröße in ***Regeleinrichtungen*** schwankt im allgemeinen je nach Länder- und Trägerauflagen zwischen 20 und 28 Kindern. Auch bei der Aufnahme einzelner behinderter Kinder fand üblicherweise keine offizielle Gruppenreduzierung statt. In den letzten Jahren war jedoch in manchen Einrichtungen etwas Spielraum vorhanden, weil die Gruppen wegen des ,,Kindermangels'' nicht immer voll belegt waren. Dies hat sich jedoch in der Zwischenzeit in einigen Ländern durch die seit Mitte 1981 wirksam gewordenen Kürzungsmaßnahmen wieder geändert. [3] In einigen Bundesländern wurden nicht nur nicht ,,vollbelegte'' Kindergartengruppen geschlossen, sondern die Belegzahlen wurden sogar zum Teil wieder erhöht. Diese Tatsache erschwert eine wohnortnahe Integration behinderter Kinder enorm.

---

2) Auf diese Termini wird noch näher eingegangen, vgl. S. 61 ff.

3) Vgl. Dittrich/Miedaner/Schneider (Hg.): Auswirkung des Sozialabbaus, 1982

3.2 Gruppenzusammensetzung – Diskrepanz zwischen vorhandenen Strukturen und erwünschter Praxis

Die Gruppenzusammensetzung wird in den verschiedenen Einrichtungen von sehr unterschiedlichen Kriterien bestimmt. So existieren zum einen gesetzliche Bestimmungen, Richtlinien und Trägervereinbarungen, zum anderen Festlegungen, die in den Einrichtungen selbst getroffen werden.

In ***Sonder***- wie in ***integrativen*** Gruppen ist für behinderte Kinder das wesentlichste Aufnahmekriterium das Vorhandensein einer drohenden oder bereits vorhandenen Behinderung nach § 39 BSHG. Diese Festlegung wird regional unterschiedlich durch niedergelassene Ärzte, den Amtsarzt oder auch z.B. durch Sprachheilbeauftragte des Landes getroffen. Nach einer solchen Festlegung können Kinder je nach vorhandener Struktur des Behindertenbetreuungswesens Sonderförderungsmaßnahmen in den jeweils zuständigen Sondereinrichtungen in Anspruch nehmen.

Die Einrichtungen, die spezielle Förderung gewähren, sind häufig auf die Aufnahme von Kindern mit ***bestimmten*** Behinderungsarten festgelegt, obwohl dies unter verschiedenen Gesichtspunkten wenig sinnvoll erscheint, u.a. deshalb, weil durch den Schweregrad einer Behinderung oft größere Unterschiede entstehen als durch Kategorisierung nach der Behinderungsart.

Die Festlegung auf „reine" Behinderungsarten bedeutet, daß behinderte Kinder sowohl in Sonder- wie in über der Hälfte der integrativen Gruppen danach sortiert werden müssen, welche Behinderung bei ihnen im Vordergrund steht. Dies ist jedoch häufig weder durch die vorhandenen Diagnosemöglichkeiten [1)]

---

1) Vgl. Rauschenbach/Steinhilber/Späth: Verhaltensauffällige und behinderte Kinder, 1980

noch wegen der realen Bedingungen behinderter Kinder (die meisten Kinder sind mehrfachbehindert) eine sinnvolle Grundlage für die pädagogische und therapeutische Förderung. Die Zuweisung der Kinder wird bei solchen Auflagen oft recht zufällig nach der einen oder anderen Behinderungsart vorgenommen. Vielfach sind unter diesen Bedingungen auch die zur Verfügung stehenden Sonderförderungsmaßnahmen auf die im Vordergrund stehende Behinderungsart zugeschnitten und tragen der Tatsache der Komplexität des Problems Behinderung kaum Rechnung. Es wird dabei oft auch zu wenig beachtet, daß der Adressat besonderer Fördermaßnahmen ein ***Kind*** mit allen Bedürfnissen von Kindern ist.

In vielen anderen Ländern wurde dieses Problem bereits vor geraumer Zeit erkannt und man war dort bestrebt, ihm durch eine veränderte Definitions- und Zuweisungspraxis zu begegnen, die stärker an der Förderung der Gesamtpersönlichkeit von Kindern orientiert ist als an seinen „Defiziten". [2)]

Daß die Festlegung auf reine Behinderungsart als Zuweisungs- und Aufnahmekriterium wenig sinnvoll ist, tritt auf der Ebene der praktischen Arbeit bei integrativer Erziehung besonders deutlich hervor. So wurde uns z.B. öfter berichtet, daß vor einem Amtsvertreter verborgen werden mußte, wenn Erzieherinnen nachträglich bei einem Kind eine Mehrfachbehinderung feststellten, dieses Kind aber in der Einrichtung behalten wollten, weil es Fortschritte machte und weil sie Eltern und Kind einen Einrichtungswechsel mit allen seinen Folgen ersparen wollten. Es kam auch vor, daß behinderte Kinder mit einer anderen Behinderungsart als der amtlich verlangten, zwar in den Kindergarten aufgenommen wurden, da sie im Einzugsgebiet der Einrichtung wohnten, aber als

---

2) Vgl. z.B. Miedaner: Dänemark, 1982, S. 26ff sowie Behinderte in ausländischen Schulen, 1984

„nichtbehindert" geführt werden mußten, weil die Aufnahme gegen die bestehenden Festlegungen verstieß.

In integrativen Gruppen, in denen die behinderten Kinder derselben Behindertenkategorie angehören, wurde als weiteres Problem unter pädagogischen Gesichtspunkten die Gefahr einer Polarisierung zwischen der Gruppe der behinderten und der nichtbehinderten gesehen:

„In einer Gruppe, in der Kinder mit der gleichen Behinderungsart vertreten sind, neigen diese dazu, sich untereinander zusammenzuschließen, oder sie steigern gegenseitig Verhaltensweisen, die für ihre Entwicklung und das Gruppengeschehen ungünstig sind; beides läuft Integrationsbemühungen zuwider."

Diese Beispiele zeigen, daß enge administrative Auflagen, die der Aufnahme unterschiedlich behinderter Kinder in integrative Gruppen entgegenstehen, unter pädagogischen Gesichtspunkten wenig sinnvoll sind. Die Begründung, daß behinderte Kinder bei einer solchen Aufnahmepraxis leichter zu fördern seien, wird von Erzieherinnen in aller Regel als nicht stichhaltig bezeichnet, da sowieso jedes Kind anders sei und eine Förderung benötige, die auf seine ganz speziellen Bedingungen zugeschnitten ist.

Der Erfahrung, daß ein Sortieren der behinderten Kinder nach Behinderungsart nicht sinnvoll ist, trägt die Tatsache Rechnung, daß man immerhin in einer Reihe von integrativen Gruppen ein begrenztes Spektrum von Behinderungsarten zuließ. So wurden in einer Einrichtung geistig, seelisch und körperbehinderte Kinder aufgenommen, in einer anderen Kinder aus dem Spektrum von Auffälligkeit und Entwicklungsverzögerung bis hin zur massiven Mehrfachbehinderung. In wieder anderen Einrichtungen, allerdings nur in relativ wenigen, ist es dem weit verbreiteten Wunsch entsprechend sogar möglich, verschiedenartig behinderte Kinder ohne vorherige Eingrenzung aufzunehmen.

Aber nicht nur der Wunsch, ***unterschiedlich*** behinderte Kinder in eine Gruppe aufnehmen zu können, sondern auch eine Mischung der Gruppen nach unterschiedlicher „Schwere" der Behinderung scheitert oft an den vorhandenen Strukturen, in diesem Fall vor allem an den Rahmenbedingungen, die eine Betreuung schwer- bzw. schwerstbehinderter Kinder in integrativen Gruppen häufig nicht zulassen (vgl. S. 72).

Mit einer vielfältigen Mischung der Gruppen nach Behinderungsart und Schweregrad der Behinderung wollen Erzieherinnen dem Entstehen eines Bildes von Behinderung bei den Kindern entgegenwirken, das andernfalls in einer Einrichtung so aussehen würde: behindert ist, wer nicht richtig sprechen kann, in einer zweiten: behindert ist, wer nicht richtig gehen kann oder wer auf Pflege angewiesen ist usw. Außerdem sollen durch ein breites Spektrum von Kindern mit sehr unterschiedlichen persönlichen Fähigkeiten und Beeinträchtigungen verschiedenste Alltagserfahrungen möglich werden. Die Kinder können auf diese Weise Anregungen unterschiedlichster Art erhalten und Erfahrungen mit der Vielfältigkeit menschlicher Erscheinungen und menschlichen Verhaltens machen. Wenn Verschiedenheit und Andersartigkeit zur Regel werden, so hoffen Erzieherinnen, werden auch starre Normalitätsvorstellungen aufgeweicht und soziale Vorurteile abgebaut. Erzieherinnen erwarten, daß die Kinder so mehr lebendiges Interesse und gegenseitiges Verstehen entwickeln können [3], als dies bei bisher üblichen Strukturen der Gruppenzusammensetzungen möglich ist. Zugleich könnte für alle Kinder die Erfahrung ermutigend sein, daß die Kinder in einer Gruppe sehr unterschiedliche Fähigkeiten und Einschränkungen haben, aber dennoch gemeinsam spielen können.

Auch unter dem Gesichtspunkt eines über die Einrichtung hinausgehenden Anspruchs an soziale Integration erweisen sich die Aufnahmekriterien ***Behinderungsart*** und ***Schwere der Behinderung*** als nicht sinnvoll. In den Mittelpunkt rückt unter diesem

---

3) Vgl. Kindergarten, bmbw-Werkstattbericht, 1982, S. 36

Gesichtspunkt stattdessen die Überlegung der bestmöglichen Anregung und Unterstützung tragfähiger sozialer Beziehungen. Unter diesem Blickwinkel wäre als Aufnahmekriterium die Wohnortnähe besonders bedeutsam. In einigen Einrichtungen, insbesondere in solchen, die aus Initiativen entstanden sind und damit häufig besondere Bedingungen aushandeln konnten, war es möglich, diesen Beobachtungen, Erfahrungen und Überlegungen Rechnung zu tragen. In anderen Einrichtungen dagegen ist eine Annäherung an eine solche Aufnahmepraxis im allgemeinen nur durch Unterlaufen bestehender Auflagen und Vereinbarungen möglich.

In ***Regelkindergärten*** mit Einzelintegration werden behinderte Kinder bisher nicht nach dem BSHG eingewiesen. Sie sind damit auch nicht an die Aufnahme von Kindern mit bestimmten Behinderungsarten gebunden. Die Erzieherinnen müssen hier aufgrund der oft recht großen Kindergruppen und der schlechten personellen Besetzung bei den Kindern einen gewissen Grad an Selbständigkeit voraussetzen. Die Aufnahme eines behinderten Kindes wird jedoch dennoch nicht in erster Linie an der Schwere der Behinderung festgemacht, sondern daran, ob es in der Gruppe „tragbar" ist oder nicht (vgl. S. 74 f.). Insgesamt werden in Regelkindergärten mit Einzelintegration aber – aus den genannten Gründen – wohl Kinder mit eher leichteren Behinderungen aufgenommen [4], obwohl viele Erzieherinnen von ihrem Ansatz her eigentlich alle Kinder aus dem Einzugsgebiet aufnehmen möchten.

Abschließend kann gesagt werden: Aufnahmekriterien und Kriterien für die Gruppenzusammensetzung, die von unterschiedlichen Stellen bzw. Personen festgelegt und angewandt werden und auf verschiedensten Ebenen liegen, sind eng miteinander verwoben; allerdings engen administrative Auflagen den Spiel-

---

4) Diese Annahme wurde auch in verschiedenen Untersuchungen bestätigt, vgl. z.B. Kniel: Regelkindergärten, 1984 sowie Projekt Integration: Versorgung behinderter Kinder in einer Region, 1984

raum in den Einrichtungen oft erheblich ein. Nach Aussagen der meisten Erzieherinnen wäre für die pädagogische Arbeit in integrativen Gruppen eine Gruppenzusammensetzung von wesentlicher Bedeutung, bei der die behinderten Kinder deutlich in der Minderzahl sind und bei der eine Mischung der Kinder nach Behinderungsarten und Schweregraden der Behinderung vorhanden ist,

- da dies eher dem Anteil und der Streuung der behinderten Menschen in der Gesellschaft entspricht, also eine realistische Erfahrungsbasis vermittelt,
- damit das Zusammenleben nicht von behinderten Kindern dominiert wird, weil die Erfahrungsmöglichkeiten für nichtbehinderte dann zu sehr eingeschränkt werden könnten,
- damit die fördernde Wirkung der Kindergruppe mit Animation und Nachahmungslernen und den vielfältigen Interaktionsmöglichkeiten zwischen behinderten und nichtbehinderten Kindern größtmögliche Bedeutung gewinnt.

Des weiteren wird bei der Gruppenzusammensetzung zumeist auf eine breite Mischung nach Alter und Geschlecht der Kinder, Sozialverhalten und sozialer Herkunft geachtet, aber auch darauf, ob ein Kind in die Gruppe paßt und ob sich Erzieherinnen die Arbeit mit diesem Kind zutrauen.

Mit einer vielfältigen Gruppenzusammensetzung sollen den Kindern also breite Kooperations- und Interaktionsmöglichkeiten erschlossen werden, außerdem möchte man Belastungen für Kinder und Erzieher in einem Rahmen halten, der Kindern Entwicklungsmöglichkeiten ***schafft*** und sie nicht beeinträchtigt.

3.3 Zur Diskussion ausgewählter Fragen

3.3.1 Gibt es Behinderungsarten, bei denen integrative Angebote nicht geeignet erscheinen?

Die Auseinandersetzung mit der Frage, ob integrative Angebote nur für bestimmte Behinderungsarten geeignet erscheinen oder für alle, wird von mir trotz der — unter bestimmten Gesichtspunkten — geringen Funktionalität des vorhandenen Kategorisierungssystems [1] nach den üblichen Behindertenkategorien vorgenommen, da diese derzeit noch für die Zuordnung behinderter Kinder zu Einrichtungen mit Sonderförderungsmaßnahmen bestimmend sind. Dabei darf jedoch nicht übersehen werden, daß in allen Behinderungsgruppen eine große Heterogenität hinsichtlich Ursachen und Erscheinungsbildern vorhanden ist, daß es sich also keineswegs um homogene Gruppen handelt, wie durch die Begriffsverwendung suggeriert wird.

Besonders offensichtlich wird dies bei den Kategorien Sprachbehinderung, Entwicklungsverzögerung und Verhaltensauffälligkeit. Bei allen drei Kategorien drängt sich der Eindruck auf, daß es sich um Sammelgruppen handelt, zwischen denen die Abgrenzung oft relativ zufällig ist und bei denen nicht einmal immer klar ist, welche Auffälligkeiten der jeweiligen Zuordnung zugrundegelegt werden. So scheint z.B. unter „Entwicklungsverzögerung" sehr Unterschiedliches verstanden zu werden; manchmal sind Kinder mit relativ geringen Retardierungen gemeint, die nach anderen Definitionen als „von Behinderung bedroht" eingestuft werden und die man mit dem Begriff „Entwicklungsverzögerung" vor einer zu frühen Stigmatisierung schützen möchte. In anderen Fällen verbergen sich jedoch dahinter Kinder mit schweren geistigen Behinderungen, bei denen dieser Begriff einer Verschleierung der Behinderung Vorschub leistet.

---

1) Vgl. Rauschenbach/Steinhilber/Späth: Verhaltensauffällige und behinderte Kinder, 1980

Im folgenden werden die in den Einrichtungen, mit denen wir Kontakt hatten, am häufigsten auftauchenden Behinderungskategorien und die Aussagen von Erzieherinnen über ihre Erfahrungen mit Kindern, die diesen Kategorien zugeordnet werden, in Beziehung zueinander gesetzt. Für die Einschätzung der Möglichkeiten und Schwierigkeiten integrativer Arbeit bei verschiedenen Behinderungsarten spielen neben den vorhandenen Strukturen der Behindertenhilfe und der unterschiedlichen gesellschaftlichen Bewertung einzelner Behinderungsarten vor allem persönliche Erfahrungen von Erzieherinnen eine Rolle.

Darüber hinaus ist festzustellen, daß die Häufigkeit von integrativer Erziehung bei bestimmten Behinderungsarten nicht ohne weiteres mit der Bewertung gleichzusetzen ist, daß integrative Erziehung für diese Gruppe problemlos sei. Vielmehr hängt sie neben den bereits genannten Gründen auch mit den Belastungen, die die Arbeit mit einer bestimmten Behindertengruppe in reinen Sondergruppen mit sich bringt, sowie mit der statistischen Häufigkeit einiger Behinderungsarten zusammen [2]. So ist es zum Beispiel nicht verwunderlich, daß integrative Angebote für körper- und geistigbehinderte Kinder besonders häufig vorhanden sind, obwohl die Schwierigkeiten bei integrativer Arbeit unter pädagogischen Gesichtspunkten für beide Gruppen unterschiedlich bewertet werden.

Am problemlosesten wird meist die Integration von ***körperbehinderten*** Kindern eingeschätzt. Viele Erzieherinnen weisen darauf hin, daß sie lediglich eine personelle Frage ist:

„Es müssen so viele Erwachsene zur Verfügung stehen, daß bei Spaziergängen usw. je ein Kinderwagen geschoben, ein Kind an die Hand genommen oder auch einmal ein Stück getragen werden kann, ohne daß die anderen Kinder vernachlässigt werden müssen."

---

2) Vgl. Abschlußbericht Teil I, „Formen integrativer Erziehung behinderter und nichtbehinderter Kinder im Elementarbereich", 1985, S. 39

Auch die Integration ***sprachbehinderter*** Kinder wird häufig nicht als allzu großes Problem angesehen, wenngleich sie aufgrund von bestehenden Richtlinien eher in additiver als in integrativer Form praktiziert wird. Überraschenderweise wurde aber gerade bei Integrationsversuchen mit dieser Gruppe neben positiven Bewertungen auch relativ häufig von Problemen berichtet, die auf ganz unterschiedliche Ursachen zurückzuführen sind (vgl. dazu S. 168 ff. sowie S. 301 ff.).

Die Integration ***blinder*** Kinder scheint nach Berichten aus der Praxis ebenfalls nicht schwierig zu sein, zumindest, solange keine weitere schwere Behinderung hinzukommt. Diese Gruppe ist zahlenmäßig sehr klein, die geschätzte Häufigkeit beträgt 0,012 % eines Jahrgangs [3]. Sowohl in integrativen als auch in Regeleinrichtungen trafen wir immer wieder einzelne blinde Kinder an.

Als wesentlich problematischer wurde die Integration geistig behinderter, gehörloser und verhaltensauffälliger Kinder bezeichnet.

Bezüglich der Integration ***Geistigbehinderter*** weisen Erzieherinnen immer wieder darauf hin, daß der Integrationserfolg hier — gemessen an Idealvorstellungen — (Beteiligung, Aufnahme sozialer Beziehungen) schwerer zu erreichen ist als bei vielen anderen Behindertengruppen. Dies habe seinen Grund in der geringeren intellektuellen Ansprechbarkeit und Verarbeitungsfähigkeit sowie in der langsameren Entwicklung der Kinder und in der starken Notwendigkeit, gemeinsame Aktivitäten zwischen den Kindern anzuleiten und zu unterstützen. Ein weiteres Problem bei der Integration geistig behinderter Kinder liege in der geringeren Chance, den nichtbehinderten Kindern diese Behinderungsart nahezubringen, „da man den Kindern eine geistige Behinderung oft nicht ansieht und die anderen deshalb auf normales Verhalten eingestellt sind". Daß aber dennoch auch bei dieser Behinderungsart integrative Erziehung angezeigt ist, beweisen viele Praxisbeispiele.

---

3) Deutscher Bildungsrat: Empfehlungen, 1973, S. 36

In der Beurteilung des Werts integrativer Erziehung für ***hörgeschädigte*** und ***gehörlose*** Kinder wurden große Unterschiede gemacht. Während die Integration von leichter hörgeschädigten Kindern als unproblematisch empfunden wurde, sah ein Sonderschullehrer diejenige von gehörlosen als sehr schwierig an,

„denn viele dieser Kinder könnten schon ganz normalen Tätigkeiten wie Erzählungen, Liedeinführungen usw. nicht folgen und gleichzeitig würde die intensive Spracharbeit in einer gemischten Gruppe die hörenden Kinder stören."

Im europäischen Ausland befaßte man sich eingehender mit dieser Frage, dadurch hat sich z.B. in Schweden bei Pädagogen und Wissenschaftlern zunehmend die Erkenntnis verbreitet, daß — im Gegensatz zur früheren Auffassung — eine Integration tauber Kinder nicht empfehlenswert sei, weil die Kinder bei integrativer Erziehung einen zu geringen Wortschatz ausbilden würden. In der Bundesrepunlik wäre daher eine eingehende Untersuchung dieser Frage angezeigt, zumindest wäre es jedoch erforderlich, die Untersuchungsergebnisse aus dem Ausland zugänglich zu machen.

Hinsichtlich der Integrationschancen von ***verhaltensauffälligen*** [4] oder seelisch behinderten Kindern — wie verhaltensauffällige Kinder in anderen Regionen auch genannt werden — weisen Erzieherinnen immer wieder darauf hin, daß die Integration dieser Gruppe oft weit größere Probleme aufwirft als diejenige von im engeren Sinne behinderten Kindern. Verhaltensauffällige Kinder sind

---

4) In Hinblick auf diese Gruppe von Kindern ist darauf hinzuweisen, daß die Definitions- und Zuweisungspraxis der Tatsache nicht Rechnung trägt, daß Verhaltensauffälligkeiten in starkem Maße durch die sozialen und ökonomischen Bedingungen verursacht werden, in denen Kinder leben, oder sogar von den Institutionen, die für Kinder geschaffen wurden (z.B. Kindergarten und Schule). Hier wäre das Bemühen um eine Definitionspraxis sinnvoll, die Verursachungszusammenhänge mit einbezieht und aufzeigt. Damit würden Kinder von der Definition als Problemkinder entlastet und gleichzeitig würden solche Definitionen Handlungshinweise für Sozialpolitik enthalten.

häufig in ihrer Persönlichkeits- und Sozialentwicklung grundlegend beeinträchtigt. Ihre Bedürfnisse und Verhaltensweisen stehen vielfach im Widerspruch zum sozialen Geschehen der Gesamtgruppe und werden oft von Kindern, Eltern und Erzieherinnen als Ungezogenheit und Böswilligkeit gedeutet. Des öfteren fühlen sich Erzieherinnen im Umgang mit diesen Kindern auch überfordert, zumindest wenn sie keine Unterstützung erhalten.

Das Engagement für eine Integration dieser Kinder ist häufig von seiten der Eltern „nichtauffälliger" Kinder weit geringer als bei der Integration von Kindern mit anderen Beeinträchtigungen, weil sie befürchten, daß ihre Kinder unter schlechten Einfluß geraten könnten. Diese Haltung verstärkt sich manchmal bis zur deutlichen Ablehnung, wenn die Kinder aus sogenannten Problemfamilien kommen.

Für verhaltensauffällige Kinder wird von einigen Erzieherinnen – zumindest als Übergangsform – die Betreuung in Sondergruppen mit einem gezielten punktuellen Kontaktangebot zu nichtauffälligen Kindern vorgeschlagen. Andere Erzieherinnen vertreten dagegen vehement die Meinung, daß eine Integration dieser Kinder nicht über eine vorherige Segregation und eine zusammenfassende Massierung erreicht werden kann, sondern daß der sinnvolle Weg darin besteht, diese Kinder in kleinen überschaubaren Gruppen mit „nichtauffälligen" Kindern zusammenzuführen und ihnen unter diesen „normalisierenden" Bedingungen gezielte Hilfen zu geben. Mit diesem Vorgehen wurden gute Erfolge erzielt.

Aufgrund der Erfahrungen der Mitarbeiter in integrativ arbeitenden Einrichtungen kann ***zusammenfassend*** gesagt werden, daß sich wegen der Behinderungart eines Kindes kein Ausschluß von integrativen Angeboten rechtfertigen läßt. Allerdings ergeben sich je nach Behinderungsart sehr unterschiedliche Anforderungen an die tägliche pädagogische Arbeit. Mit körperbehinderten, sprachbehinderten, hörgeschädigten und blinden Kindern wurde integrative Arbeit für leichter gehalten als mit geistig behinderten, gehörlosen und verhaltensauffälligen. Die Erzieherinnen weisen jedoch ausdrücklich darauf hin, daß eine pauschale Beurteilung für alle Kinder einer bestimmten Behindertengruppe nicht möglich ist, sondern daß Entscheidungen nach Abwägung der Bedingungen in jedem Einzelfall getroffen werden müssen. Mit der Frage, ob eine Integration von schwer- und schwerstbehinderten Kindern möglich und sinnvoll ist, befaßt sich der folgende gesonderte Abschnitt.

3.3.2 Ist Integration auch für schwer- und schwerstbehinderte Kinder möglich bzw. sinnvoll?

a) Die Frage der Integration schwer- und schwerstbehinderter Kinder hat hohe sozialpolitische Brisanz

Mit der sozialpolitisch brisanten Frage nach der Integration von schwer- und schwerstbehinderten Kindern wird man im Rahmen der Integrationsdiskussion unausweichlich konfrontiert.

Vertreter von Behindertenverbänden, die zum Teil auch Träger von Sonderkindergärten sind, befürchten, daß mit dem Schlagwort „Integration" den bestehenden Sondereinrichtungen die leichter behinderten Kinder zur Förderung in anderen Einrichtungen, z.B. in Regel- oder integrativen Kindergärten, entzogen werden, während in den Sondereinrichtungen die sehr schwer behinderten Kinder als „Rest" verbleiben würden. Damit wäre in den Sondereinrichtungen die Betreuung dieser Kinder sehr erschwert.

In den Gruppen würde ein reizarmes Klima entstehen, die Kinder könnten sich unter solchen Bedingungen kaum gegenseitig anregen und auch gemeinsames Spiel wäre, wenn überhaupt, nur mit Anleitung und Strukturierung durch Erwachsene möglich. Dies würde Erzieherinnen eine hohe Verantwortung aufbürden und sie neben einer hohen psychischen Belastung durch die intensiven pflegerischen Anforderungen auch einer starken physischen Überforderung aussetzen [1]. In vielen Sondereinrichtungen, in denen solche Probleme entstanden sind, weil sehr schwer behinderte Kinder in speziellen Sondergruppen zusammengefaßt wurden, ist man inzwischen wegen der Nachteile dieser Organisationsform wieder dazu übergegangen, „Integration" innerhalb der Einrichtung zu praktizieren, indem man die speziellen Sondergruppen für Schwerstbehinderte wieder auflöste.

Wegen der befürchteten Probleme für schwer- und schwerstbehinderte Kinder wird die Integrations-Diskussion von seiten mancher Vertreter von Behindertenverbänden so geführt, daß sie fordern, entweder eine Integration für alle Kinder zu realisieren oder überhaupt keine. Eine Integration behinderter Kinder wird demnach nur dann die Unterstützung von Behindertenverbänden finden, wenn auch schwer- und schwerstbehinderte Kinder bei gleichzeitiger gezielter Förderung einbezogen werden. Ob dies möglich und sinnvoll ist, blieb bisher jedoch auch für viele Eltern und Erzieher umstritten.

Um einer Beantwortung der Frage nach den Möglichkeiten und Grenzen der Integrierbarkeit von schwer- und schwerstbehinderten Kindern näherzukommen, sind zunächst verschiedene Ebenen zu betrachten:

- Welcher Personenkreis ist überhaupt gemeint, wenn man von schwer- und schwerstbehinderten Kindern spricht?

- Welche Meinung vertreten Paktiker integrativer Erziehung?

- Wie sieht die derzeitige Praxis hinsichtlich der Integration von schwer- und schwerstbehinderten Kindern aus?

---

1) Vgl. Buch/Heinecke/Baesler u.a.: An den Rand gedrängt, 1980, S. 53

b) Welcher Personenkreis ist gemeint, wenn von schwer- und schwerstbehinderten Kindern gesprochen wird?

Verwendet man die Begriffe schwer- und schwerstbehindert in Dikussionen und nimmt die Assoziationen der Gesprächspartner zur Kenntnis, so ist augenfällig, daß die vielfältigsten persönlichen Definitionen vorgenommen werden. In manchen Fällen wird darunter eine sehr schwerwiegende Behinderung innerhalb der jeweiligen Behinderungskategorie verstanden; z.B. wenn ein körperbehindertes Kind sich nicht selbständig fortbewegen oder andere Kinder nicht sehen oder hören können. In anderen Fällen werden unter dem Begriff „Schwerbehinderte" Menschen mit schweren Mehrfachbehinderungen einschließlich einer geistigen Retardierung oder sogenannte „Pflegefälle" verstanden. Solche Menschen werden von anderer Seite wiederum als schwerstbehindert bezeichnet.

Vielfach hängt das, was Diskussionspartner unter schwer- oder schwerstbehindert verstehen, von den jeweiligen persönlichen Erfahrungen ab. Auf diese Tatsache wird u.a. in der Konzeption des Kinderhauses Friedenau anhand des Gebrauchs des Begriffes „schwerbehindert" hingewiesen:

„In den einzelnen Institutionen existieren offensichtlich unterschiedliche Meinungen darüber, welche Kinder als 'schwerbehindert' zu gelten haben. Die Definition hängt weitgehend davon ab, welcher Schweregrad der Behinderung in der Institution der Durchschnitt (Norm) ist." 2)

Außerdem wird sie davon geprägt, welche Behinderungsart die Kinder haben, die in die jeweilige Einrichtung aufgenommen werden.

---

2) Integrative Erziehung von Kindern mit und ohne Behinderung. Das Kinderhaus Friedenau e.V. in Berlin-West, S. 24

Sichtet man Literatur zu diesem Thema, so stößt man ebenfalls auf erhebliche definitorische Schwierigkeiten [3]. Übereinstimmung besteht bei den einschlägigen Quellen aber immerhin darin, daß bei der amtlichen Verwendung der Begriffe Schwer- und Schwerstbehinderung in erster Linie eine Aussage über die zu erwartende oder bereits eingetretene Einschränkung der beruflichen Leistungsfähigkeit eines Menschen und damit über seine geringere Verwertbarkeit gemacht wird. Da dieses Kriterium unter dem Gesichtspunkt optimaler pädagogischer Förderung von Kindern bzw. hinsichtlich der Frage, ob eine Integration schwer- oder schwerstbehinderter Kinder in Einrichtungen des Elementarbereichs möglich oder sinnvoll ist, keine Bedeutung hat, andererseits aber beide Begriffe bei Kindern verwendet werden, ist eine Klärung der Definitionsgrundlage erforderlich.

Befragt man Literatur der Sonderpädagogik hinsichtlich angewandter Kriterien für die Benennung des betroffenen Personenkreises, so entsteht in vielen Fällen der Eindruck, daß mit dem Begriff Schwerbehinderung meistens eine schwere Behinderung in einer Kategorie gemeint ist, wie z.B. schwer geistig behindert oder schwer körperbehindert, daß aber bei der Verwendung des Begriffs schwerstbehindert nicht mehr der „Defekt" gekennzeichnet wird, sondern daß die Pflegebedürftigkeit im Vordergrund steht.

Bei einer telefonischen Befragung von einigen Amtsärzten, die behinderte Kinder zu diagnostizieren haben und damit auch über deren weitere Förderungmöglichkeiten entscheiden, zeichnete sich die Tendenz ab, daß sie Kinder, bei denen mehrere Funktionen — auch soziale — gravierend beeinträchtigt sind und keine grundlegende Besserung zu erwarten ist, als ***schwerst***behindert einstufen. Als schwerbehindert gelten dagegen vielfach die

---

3) Tromeler: Problematik des Schwerbehindertenbegriffes, 1983
Fröhlich (Hrsg.): Dokumentation, 1978
Becker: Probleme, 1978, S. 105 - 109
Ruoff: Schwerstbehinderte, 1979, S. 43 - 55

Kinder, die in einer Funktion wesentlich beeinträchtigt, aber dennoch sozial integrierbar sind.

Damit deutet sich bei der Verwendung der Begriffe im Gebrauch der befragten Ärzte eine Unterscheidung nach den Kriterien „graduelle Schwere der Behinderung" und „soziale Integrierbarkeit" oder „Nichtintegrierbarkeit" an. Beides wird zum wesentlichen Teil an der Anzahl und dem Ausmaß der betroffenen Funktionen festgemacht, wobei von manchen Ärzten soziale Komponenten ausdrücklich mit einbezogen werden.

Die Lage bei der Verwendung dieser Begriffe wurde von den befragten Ärzten als sehr unbefriedigend bezeichnet, weil derzeit ein hohes Maß an Zufälligkeit im Spiel sei und vieles von der spezifischen Beurteilungsskala des einzelnen Arztes abhänge. Die Ärzte vertraten übereinstimmend die Meinung, daß hier dringend eine Weiterentwicklung im Sinne einer vereinheitlichenden präzisierenden Fassung notwendig sei, bei der genauere Kriterien für eine Entscheidung angegeben werden können.

Außerdem wiesen die Ärzte darauf hin, daß die übliche Verwendung der Begriffe, die sich an der zu erwartenden beruflichen Leistungsfähigkeit orientiert, bezogen auf die Integrierbarkeit von Kindern in den Kindergarten, nur wenig Aussagekraft hat. Da es im Kindergarten um die Entwicklung der Gesamtpersönlichkeit von Kindern einschließlich ihrer sozialen Fähigkeiten geht, müßten auch solche Definitionskriterien angewandt werden, nicht Kategorien, die sich auf ganz andere Dinge beziehen.

Eine zusätzliche Schwierigkeit bei der Verwendung dieser Begriffe ergibt sich noch aus der Art und Weise, wie Diagnosen von amtsärztlicher Seite vorgenommen werden müssen. So wird z.B. immer wieder darauf hingewiesen, daß eine ganzheitliche medizinisch-psychologisch-pädagogisch-therapeutische Diagnose im Rahmen amtsärztlicher Untersuchungen nicht möglich ist. Die Diagnose stützt sich zumeist lediglich auf anamnestische Angaben der Erziehungsberechtigten und auf eine Routineuntersuchung mit sehr einfachen Mitteln sowie auf Beobachtungen der Ärzte während der Vorstellung und Untersuchung des Kindes[4]. Aufschluß über die für die Aufnahme in einen Kindergarten wesentlichen Kriterien bieten solche Diagnosen kaum, sie besagen z.B. im allgemeinen sehr wenig über die Kommunikationsfähigkeit eines Kindes, wenn man ihm Zeit läßt, sich an bestimmte Bedingungen zu gewöhnen. Auch über Entwicklungsmöglichkeiten kann so kaum etwas ausgesagt werden.

Es wurde also deutlich, daß die Begriffe schwer- oder schwerstbehindert in der Verwendung durch Amtsärzte bei Kindern zwar eine gewisse Aussagekraft hinsichtlich Integrierbarkeit haben könnten, wenn die Kriterien offengelegt würden und ein einheitlicher Gebrauch vorhanden wäre. Gleichzeitig zeigte sich aber auch, daß durch die genannten Probleme derzeit eine solche Aussagekraft nicht von vornherein unterstellt werden kann. Offensichtlich wurde außerdem, daß für eine Entscheidung über die Integrationsmöglichkeit einzelner Kinder abstrakte Definitionen wenig sinnvoll sind. Definitionen sollten daher beim augenblicklichen Stand der Möglichkeiten keinen Zuweisungsautomatismus nach sich ziehen, sie sollten eher das Verfahren festlegen, mit dem die notwendigen und bestmöglichen Förderungsbedingungen für das jeweilige Kind gefunden werden können, zumeist wird hierzu eine Förderdiagnostik erforderlich sein, die nicht mit einer einmaligen Untersuchung abzuschließen ist.

Bei den Interviews in den Einrichtungen fiel auf, daß man vielfach zu einer ähnlichen Einschätzung gekommen war und die Begriffe schwer- und schwerstbehindert nicht abstrakt verwendete. In verschiedenen Einrichtungen wurde ausdrücklich auf die Unbrauchbarkeit der bisher gängigen Definitionen verwiesen und es wurde gefordert, die Integrierbarkeit vor allem aufgrund der sozialen Möglichkeiten eines Kindes zu bestimmen. In einer Einrichtung z.B. wiesen die Erzieherinnen auf die Problematik

4) Kibelksties: Situationsbeschreibung, 1980, S. 5

der vorhandenen Definitionen am Beispiel eines Kindes hin, das nach dem Schwerbehindertenausweis als 80 % behindert gilt, nach Ansicht der Erzieherinnen jedoch als schwerstbehindert in dem Sinne anzusehen ist, daß es im Augenblick nahezu keine Chance hat, am normalen Alltagsleben im Kindergarten teilzunehmen. Im Vergleich dazu ist ein mongoloides Kind (100 % behindert nach Ausweis), das zwar kaum die Chance hat, ein selbständiges Leben zu führen, das aber in seinem Sozialverhalten die Möglichkeit hat, sich in der Gruppe mit anderen Menschen auseinanderzusetzen und darin zu existieren, nach Auffassung der Erzieherinnen lange nicht so behindert wie das Kind, das aufgrund seiner Schwierigkeiten keine Möglichkeit hat, sich für dieses Leben zu entfalten und sein Leben gemeinsam mit anderen zu gestalten.

In vielen anderen Einrichtungen hält man es wegen ähnlicher Erfahrungen ebenfalls für wenig sinnvoll, sich bei der Entscheidung über die Aufnahme oder Ablehnung eines Kindes an festen Definitionen zu orientieren; stattdessen beschreibt man die Situation der Kinder oder benennt Minimalvoraussetzungen, die die Kinder für eine Aufnahme in den Kindergarten mitbringen müssen.

Die Kriterien, die in den Einrichtungen angelegt werden, orientieren sich damit an den Fähigkeiten und Möglichkeiten des Kindes, an den Erfordernissen des pädagogischen Alltags, an der Unterstützung, die ein Kind benötigt sowie an den vorhandenen bzw. benötigten Rahmenbedingungen; mit überwiegend medizinischen Diagnosen sind diese Fragen nicht zu lösen.

Im weiteren Text werden die Begriffe schwer- bzw. schwerstbehindert von mir so verwendet, daß unter ***schwerbehinderten*** [5] Kindern Kinder verstanden werden, die in einer oder einigen Funktionen wesentlich beeinträchtigt sind, aber über eine gute soziale Handlungsfähigkeit verfügen. Als ***schwerstbehindert*** bezeichne ich Kinder eher dann, wenn es sich um schwer mehr-

5) Wenn ich die Aussage anderer wiedergebe, verwende ich selbstverständlich die vorgefundenen Begriffe.

fachbehinderte Kinder handelt, die auch in ihrer sozialen Handlungsfähigkeit gravierend beeinträchtigt sind und/oder gleichzeitig starker pflegerischer Hilfe bedürfen. Es handelt sich dabei um Kinder, zu deren angemessener Betreuung ein hoher Personalbedarf erforderlich ist. Damit wird zugleich ausdrücklich auf die Förderungsfähigkeit und -bedürftigkeit dieser Kinder hingewiesen, und es wird betont, daß schwerstbehinderte Kinder noch stärker auf intensive Unterstützung angewiesen sind als Kinder, die sich Anregungen zumindest teilweise selbst verschaffen können oder von der Anwesenheit anderer Kinder schon ohne besondere Anleitung profitieren.

c) Welche Meinung vertreten Praktiker?

Die prinzipiellen Positionen hinsichtlich der Integrierbarkeit schwer- und schwerstbehinderter Kinder in den Einrichtungen umfaßten ein breites Spektrum sehr unterschiedlicher Aussagen. Sie reichten von der selbstverständlichen Bejahung bis zum deutlichen Hinweis, daß sie nicht möglich sei. Dabei ergaben sich zwischen den verschiedenen Einrichtungstypen keine starken Unterschiede. Als Beispiel für die recht häufig vertretene Meinung, daß eine Integration schwer- und schwerstbehinderter Kinder nicht möglich bzw. nicht sinnvoll ist, können die folgenden Aussagen gelten:

„In bestimmten Fällen, bei bestimmten Graden der Behinderung, ist es sowohl für behinderte wie für nichtbehinderte Kinder besser, wenn die behinderten Kinder in eine Sondergruppe kommen.“

„Ein stark körperbehindertes Kind, das sich nicht bewegen kann, aber geistig rege ist, ist für eine Integrationsgruppe nicht geeignet. Situationen, bei denen dieses Kind auf einer Matte liegt und die anderen Kinder um es herumtoben, sind zu frustrierend. Dagegen ist der Spielraum bei geistig behinderten Kindern wesentlich größer. Normalerweise werden jedoch die schwerer behinderten Kinder von der Lebenshilfe aufgenommen. Dort ist eine wesentlich intensivere Betreuung möglich, wogegen es im integrativen Kindergarten auch möglich sein muß, daß sich ein Kind 15 - 20 Minuten allein beschäftigt und keine Bedenken bestehen, daß in dieser Zeit irgend etwas mit dem Kind passiert oder daß es dies seelisch nicht verträgt."

Diese und andere ähnliche Aussagen wurden vielfach auf dem Hintergrund gemacht, daß Erzieherinnen befürchteten, eine Integration aller Kinder würde auf Kosten der Entwicklungsmöglichkeiten der behinderten wie auch der nichtbehinderten gehen.

Im Gegensatz zu diesen Positionen (und auch zu einer entsprechenden Praxis) gibt es eine große Zahl von Aussagen anderer Erzieherinnen, die besagen, daß Integration ohne erneute Aussonderung nach Schweregraden der Behinderung ermöglicht werden muß. Eine Einteilung der Kinder in integrierbare und nichtintegrierbare würde nach Meinung dieser Erzieherinnen den Gedanken der Integration in Frage stellen. Stellvertretend für die vorhandenen befürwortenden Positonen sollen folgende Aussagen wiedergegeben werden:

„Es muß darum gehen, alle geistig Behinderten in Einrichtungen aufzunehmen, auch schwer- und schwerstbehinderte. Es kann nicht darum gehen, Kinder nach und für bestehende Bildungseinrichtungen auszuwählen."

„Die Anzahl der integrativen Einrichtungen wächst, wir nehmen diese Entwicklung mit Freude wahr, dennoch nehmen wir auch wahr, daß schwerer behinderte Kinder, bei denen zu erwarten ist, daß sie sich trotz umfangreicher Bemühungen nur langsam entwickeln werden und deren Situation weit davon entfernt ist, später so etwas wie eine gesellschaftliche ‚Lebensstellung' zu erreichen, weniger bzw. gar nicht in die integrativen Bemühungen miteinbezogen werden . . .
Wir sind zu dem Entschluß gekommen, daß wir uns den Erfordernissen, die diese Kinder an das Haus stellen, anpassen müssen. Wir sind der Meinung, daß alle Kinder aller Schweregrade der Behinderung das Recht haben, mit nichtbehinderten Kindern gemeinsam aufzuwachsen." [6)]

---

6) Integrative Erziehung von Kindern mit und ohne Behinderung. Das Kinderhaus Friedenau e.V. in Berlin West, S. 24

„Es darf keine prinzipielle Grenze zwischen integrierbaren und nichtintegrierbaren Kindern gezogen werden. Es gibt keinen Menschen, der nicht entwicklungsfähig ist und keine Möglichkeit zur Kontaktaufnahme hat. Denn er wäre in dem Moment tot, in dem er keine Möglichkeit mehr hat, Kontakt aufzunehmen und sei es über die Augen oder über das Anfassen . .
Im Grunde gibt es keine Alternative zur Integration. Denn was soll man z.B. mit einem Kind machen, das bewegungsunfähig ist und nur Kontakt mit den Augen aufnehmen kann. Wenn man meint, daß man weder dem behinderten Kind noch anderen Kindern einen Aufenthalt im Kindergarten zumuten kann, soll es dann in eine Hängematte ganz weit weg, damit es niemand sieht?
Wird dem Kind wirklich geholfen, wenn man ihm diese Belastung aus dem Umgang mit nichtbehinderten Kindern nicht zumutet? Wie soll sich ein Kind überhaupt noch entwickeln, wenn is isoliert ist. Ist Isolation nicht unmenschlich?"

In einer Reihe weiterer Einrichtungen hatte man sich jedoch über die prinzipielle Beantwortung der Frage nach der Integrierbarkeit schwer- und schwerstbehinderter Kinder noch keine Gedanken gemacht, man hatte vielmehr aufgrund der jeweils vorhandenen Bedingungen pragmatische Lösungen gesucht. In einer solchen Einrichtung berichteten die Erzieherinnen, daß die schwerbehinderten Kinder bei ihnen zwar bisher meist in der Sondergruppe verbleiben, daß ihre Integration unter bestimmten Rahmenbedingungen aber durchaus denkbar und sinnvoll sein könnte, wenn man die folgenden Erfahrungen bedenkt:

„Ein schwerbehindertes Kind, das die Sondergruppe besucht und weder sitzen noch sich selbständig fortbewegen kann und nur auf Hautkontakt oder Geräusche reagiert, bekommt häufig von den nichtbehinderten Kindern aus der Nachbargruppe Besuch. Die nichtbehinderten Kinder fragten zunächst immer wieder, warum Heike sich nicht bewegen kann. Wir erklärten es ihnen und sagten gleichzeitig, daß Heike selbst nichts tun kann, daß sie aber merkt und es schön findet, wenn sie gestreichelt wird oder wenn man ihr Lieder vorsingt. Das schwerbehinderte Kind reagierte stark auf die Zuwendung, es strahlte."

Die nichtbehinderten Kindern schauten den Erzieherinnen auch ab, wie und mit welchen Materialien sie mit Heike spielten und wiederholten im Laufe des Tages immer wieder ähnliches mit ihr. Von den Gruppenerzieherinnen wurde dies als sehr hilfreich erlebt, weil sie nicht die Zeit hatten, sich mehrmals am Tag ausführlich mit einem Kind zu beschäftigen. Aufgrund dieser Erfahrungen überlegten die Erzieherinnen, daß es vielleicht leichter möglich ist „als man zunächst denkt", schwer- oder schwerstbehinderte Kinder in eine Integrationsgruppe aufzunehmen:

„Vielleicht bekommt es in einer Integrationsgruppe mehr selbstverständliche Kontakte als in einer ganzen Gruppe mit Geistigbehinderten. Da kümmert sich keines der Kinder um ein schwerbehindertes, weil sie durch ihre eigene Behinderung viel zu sehr daran gehindert werden. In einer Integrationsgruppe kommt öfter jemand vorbei und nimmt Kontakt auf."

Die Erzieherinnen in dieser Einrichtung waren also aufgrund ihrer Erfahrungen der Meinung, daß auch ein schwer- oder schwerstbehindertes Kind in einer Gruppe von den nichtbehinderten Kindern akzeptiert wird:

„Ich kann mir vorstellen, daß es da keine Probleme gibt. Viele Kinder bemuttern ja sehr gerne jemanden. So ein Schwerbehindertes kann man streicheln und man kann mit ihm schmusen."

Einige der Erzieherinnen vertraten sogar die Meinung, daß die behinderten Kinder häufig Zärtlichkeiten von anderen Kindern lieber annehmen als von Erwachsenen.

Zusammenfassend läßt sich also sagen, daß sich bezüglich der Integration von schwer- und schwerstbehinderten Kindern verschiedene Positionen von Erzieherinnen unterscheiden lassen:

- Man lehnte die Aufnahme schwer- oder schwerstbehinderter Kinder ab.
- Man hatte sich über diese Frage noch keine grundlegenden Gedanken gemacht, sondern in jedem Einzelfall über Aufnahme oder Ablehnung eines Kindes pragmatisch entschieden.
- Man befürwortete eine Integration aller Kinder.

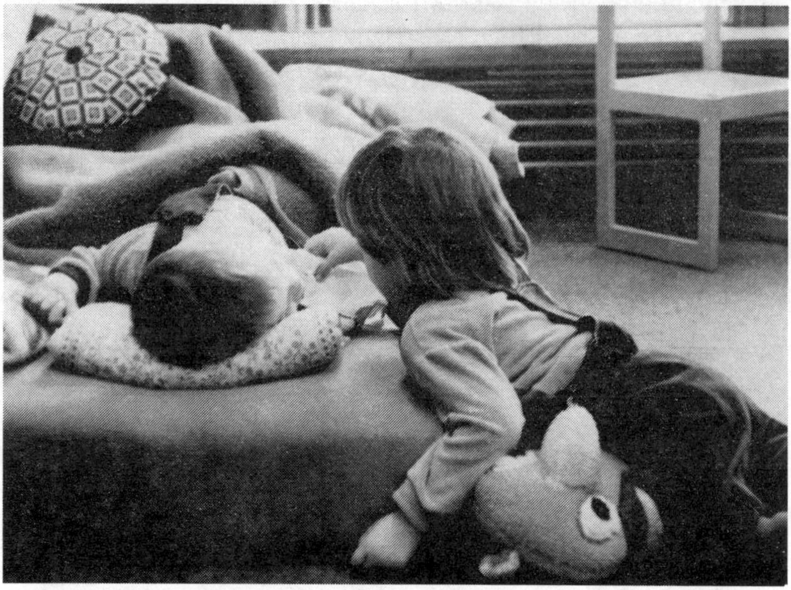

Zum schwerstbehinderten Jürgen nehmen im Kindergartenalltag immer wieder einzelne Kinder Kontakt auf, obwohl er nicht mehr aktiv handeln kann.

d) Wie sieht die derzeitige Praxis aus?

Entsprechend den unterschiedlichen Positionen über die Integrierbarkeit schwer- und schwerstbehinderter Kinder wies auch die Ebene der konkreten Arbeit eine erhebliche Spannbreite auf. Selbst in Einrichtungen, in denen die Integration aller Kinder befürwortet wurde, wich die unmittelbare Praxis teilweise deutlich von den formulierten Optimalpositionen ab. Dafür waren in den meisten Fällen die vorhandenen Organisations- und Rahmenbedingungen ausschlaggebend. Bei einer Systematisierung der Einrichtungen unter dem Gesichtspunkt der Integration bzw. Nichtintegration schwer- und schwerstbehinderter Kinder lassen sich innerhalb der Rubriken von gleichen Einrichtungstypen deutlich voneinander unterscheidbare Gruppen bilden.

In einigen ***additiven*** Einrichtungen, häufig in solchen, bei denen Sonder- und Regelgruppen weiter entfernt voneinander untergebracht waren oder in denen man Integration aus behindertenpädagogischen Gesichtspunkten ablehnte, aber Begegnungen zwischen behinderten und nichtbehinderten Kindern anstrebte, wurden im allgemeinen eher leichter behinderte Kinder für solche Begegnungen und Kontakte ausgewählt. Man wollte damit behinderten und nichtbehinderten Kindern Belastungen ersparen, und gleichzeitig sollten Bedingungen geschaffen werden, die gemeinsames Handeln der Kinder begünstigen.

In anderen additiven Einrichtungen dagegen, hauptsächlich in solchen, in denen behinderte und nichtbehinderte Kinder unter einem Dach leben, wurden Begegnungen ohne erneute Auslese angestrebt. Aus diesen Einrichtungen berichtete man, daß es zu mehr oder minder guten Kontakten zwischen nichtbehinderten und schwer- und schwerstbehinderten Kindern gekommen war, daß diese Kontakte jedoch vielfach nicht den ursprünglichen Erwartungen entsprachen, weil sie aufgrund der Bedingungen häufig sehr punktuell bleiben mußten. Diese Beobachtung trifft jedoch nicht nur auf die Beziehungen zwischen nichtbehinderten und schwer- sowie schwerstbehinderten, sondern auch auf die Begegnung nichtbehinderter Kinder mit behinderten unter den Organisationsbedingungen additiver Einrichtungen zu (vgl. S. 164 ff.).

In einigen wenigen Einrichtungen dieses Typs stellte man im Gegensatz dazu fest, daß schwer- und schwerstbehinderte pflegebedürftige Kinder oft sogar zu den bevorzugten Spielpartnern nichtbehinderter Kinder gehörten. Die nichtbehinderten Kinder „lassen sich auch nicht durch Speichelfluß und Windelgestank abstoßen, sondern für sie stehen andere, eher emotionale Momente im Vordergrund."

Bei einer genaueren Betrachtung der Praxis in ***integrativen*** Kindergärten lassen sich Einrichtungen wenigstens vage nach verschiedenen Merkmalen voneinander unterscheiden:

- In Einrichtungen, in denen man sich noch keine Gedanken über die Aufnahme schwer- und schwerstbehinderter Kinder gemacht hatte, bzw. in denen man sie ablehnte, bestanden im allgemeinen neben integrativen auch noch Sondergruppen.

- Unter den Einrichtungen, die eine Integration behinderter Kinder ohne Aussonderung nach Schweregrad praktizierten, befanden sich auffallend viele Sondereinrichtungen.

- In verschiedenen Einrichtungen, u.a. auch in solchen, die direkt zum Zwecke integrativer Erziehung gegründet worden waren und zum Teil nur integrative Gruppen führen, fand je nach Einstellung der Erzieherinnen und je nach vorhandenen Rahmenbedingungen eine unterschiedliche Praxis bei der Integration schwer- und schwerstbehinderter Kinder statt.

In fast allen Einrichtungen, die eine Integration schwer- und schwerstbehinderter Kinder praktizierten oder sie zumindest befürworteten, wurde betont, daß die Grenzen für eine Integrierbarkeit nicht an den Kindern festgemacht werden dürfen, sondern daß sie im allgemeinen in den Rahmenbedingungen liegen. Deshalb wurde die Frage nach der Integrierbarkeit oder Nichtintegrierbarkeit von Kindern auch für irreführend und falsch gehalten, die „richtige" Fragestellung müßte nach Meinung der Erzieherinnen vielmehr lauten: Welche Rahmenbedingungen müßten geschaffen werden, um ***alle*** Kinder integrieren zu können?

In den verschiedenen Beiträgen aus Einrichtungen deuten sich Lösungsmöglichkeiten an, die jedoch hohe Flexibilität erfordern. So wurde z.B. aus einem Kindergarten berichtet, daß man nicht alle Kinder „über einen Kamm scheren" darf, sondern daß für jedes einzelne Kind der passende Weg gefunden werden muß:

„Dazu braucht man Erfahrungen, Einfühlungsvermögen und Phantasie, und es müssen auch die entsprechenden Voraussetzungen in der Einrichtung gegeben sein. Wichtig ist natürlich auch, daß man in jedem Einzelfall die Belastbarkeit für alle Beteiligten in gemeinsamer Absprache und über gemeinsame Erfahrungen abklärt, denn diese konkrete Belastbarkeit läßt sich nicht einfach formal anhand der Anzahl der behinderten Kinder und der Behinderungsdefinitionen festlegen."

In diesem Kindergarten war man einmal falsch vorgegangen, indem man ein sehr aggressives Kind, das eine stundenweise und intensive persönliche Betreuung benötigt hätte, ganztags aufnahm. Heute würde man dies anders machen und ein solches Kind anfangs eine halbe Stunde am Tag im Matschraum mit einer Person betreuen und daraus dann allmählich weitere Kontakte aufbauen. Dies würde aber gute und flexible Rahmenbedingungen erfordern. Ein solches Vorgehen wäre in einer Einrichtung, die nur über die normale Personalausstattung verfügt und keine zusätzlichen Kräfte hat, nicht möglich. Wenn die entsprechenden Voraussetzungen erfüllt sind, könnten nach Auffassung der Erzieherinnen dieser Einrichtung alle Kinder, die jetzt in Sonderkindergärten sind, in eine integrative Einrichtung übernommen werden.

Eine ähnliche Orientierung ist auch bei der folgenden Aussage zu erkennen:

„Prinzipiell gibt es keine Beschränkung bei der Aufnahme von behinderten Kindern. Auch der Schweregrad ist nicht entscheidend als Aufnahmekriterium, sondern wird lediglich als eine Frage von Arbeitseinteilung und Organisation betrachtet. Zum Beispiel sollten bei einem Spaziergang nicht alle Erwachsenen damit beschäftigt sein, Karren und Rollstühle zu schieben."

Da jedoch häufig die ***Rahmenbedingungen*** nicht flexibel gestaltbar sind, griff man in einigen Einrichtungen zu der Lösung, ***Minimalvoraussetzungen*** hinsichtlich des Entwicklungsstandes der Kinder als Aufnahmekriterien festzulegen. In einer Einrichtung formulierte man z.B., daß die Kinder „kommunikationsfähig" sein sollten, d.h. „sie sollten andere Kinder wahrnehmen und auf sie reagieren, z.B. lächeln können."

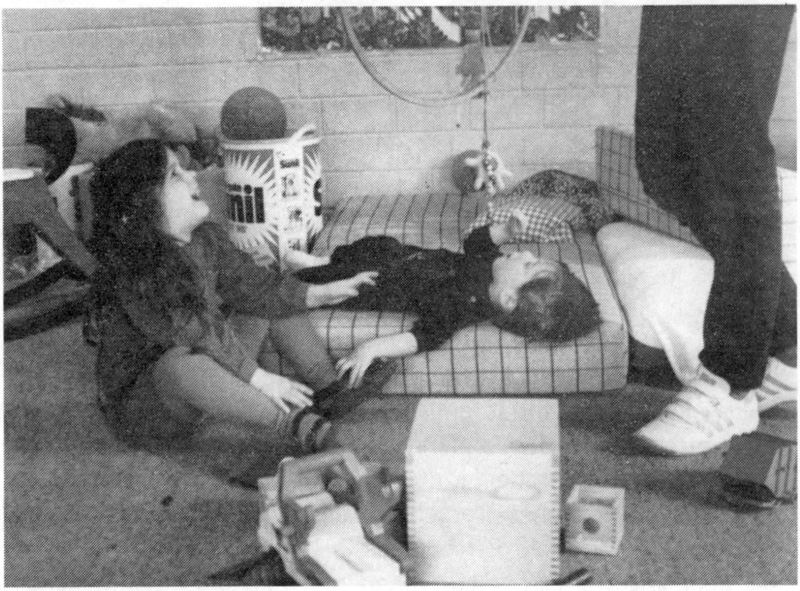

Der schwerstbehinderte Martin und die nichtbehinderte Ines nehmen Kontakt zueinander auf.

Ines bietet Martin anstatt ihres Fußes einen Baustein zum Greifen an.

Martin fällt der Baustein aus der Hand. Ines unterstützt Martin, damit er den zweiten Baustein fassen kann.

Daraus wird ein länger andauerndes Spiel

In immer mehr Einrichtungen möchte man in neuerer Zeit jedoch auch auf die Formulierung von solchen Mindestvoraussetzungen verzichten und strebt stattdessen ausdrücklich die Aufnahme aller behinderten Kinder aus dem ***Einzugsgebiet*** an. In diesen Einrichtungen müssen sich die Erzieherinnen oft vehement für eine Verbesserung der Rahmenbedingungen einsetzen.

Sind günstige Rahmenbedingungen vorhanden, werden die Erfahrungen mit der Integration schwer- bzw. schwerstbehinderter Kinder im allgemeinen positiv bewertet, wie das folgende Beispiel zeigt:

„Die Erzieher berichteten, daß gerade die schwerstbehinderten Kinder zu den 'Lieblingen' der nichtbehinderten werden und sie ihnen gegenüber eine pflegerische und liebevolle Haltung einnehmen. Auch Fördereffekte, wie Bestärkung von Verhaltensweisen, werden von den nichtbehinderten Kindern den behinderten gegenüber nach dem Vorbild der Erzieher praktiziert. Zum Beispiel, wenn das erste Lächeln eines behinderten Kindes spontan von der Erzieherin gelobt wird, findet die Gefühlsäußerung auch Beachtung durch die nichtbehinderten Kinder. Bei einem Kind wurde das Lächeln beim gemeinsamen Singen ausgelöst. Wenn das Kind weinte, wurde es von den anderen durch Singen getröstet."

Erzieherinnen machten zugleich immer wieder die Erfahrung, daß eine Integration verhaltensauffälliger Kinder oft eine höhere Belastung innerhalb der Gruppe darstellt, als diejenige von schwer- oder schwerstbehinderten Kindern im oben genannten Sinn.

In ***Regelkindergärten*** können derzeit kaum schwer- oder schwerstbehinderte Kinder aufgenommen werden, da dies die Rahmenbedingungen nicht zulassen. Dennoch fällt auch an den Berichten aus Regeleinrichtungen auf, daß keine Entscheidung über Aufnahme oder Ablehnung eines Kindes anhand abstrakter Definition getroffen wird. Vielmehr bemüht man sich, danach zu entscheiden, ob eine Aufnahme für das Kind, die Gruppe und die Erzieherinnen in Anbetracht der Aufgabe des Kindergartens möglich und sinnvoll ist.

e) Zusammenfassende Bewertung

Die bisherige Definitionspraxis für schwer- und schwerstbehinderte Kinder bietet wenig Hilfen für die Beantwortung der Frage, ob eine Integration dieser Kinder möglich bzw. sinnvoll ist. Die Entscheidung muß in jedem Einzelfall in den Einrichtungen selbst getroffen werden.

Bei den prinzipiellen Positionen hinsichtlich der Integrierbarkeit von schwer- und schwerstbehinderten Kindern finden sich in allen Einrichtungstypen sowohl Zustimmung als auch Skepsis. Auffallend ist jedoch, daß nicht in allen Einrichtungen, in denen Zustimmung vorhanden war, auch eine entsprechende Praxis bestand. Die Gründe dafür sind vor allem in administrativen Festlegungen sowie in ungünstigen, wenig flexiblen Rahmenbedingungen zu suchen, die als Grenzen der Institutionen angesehen werden müssen und sich als Auslesefaktor für die Kinder erweisen.

Insgesamt werden von den Erzieherinnen, die eine Integration schwer- und schwerstbehinderter Kinder unter guten Rahmenbedingungen praktizierten, die Erfahrungen positiv bewertet. Dabei wird jedoch immer wieder darauf hingewiesen, daß bei einer solchen Praxis auf allgemeingültige Maßstäbe, wie gelungene Integration auszusehen habe, also welches Maß sozialer Interaktion und aktiver Partizipation schwer- und schwerstbehinderte Kinder am Gruppengeschehen erreichen müssen, zu verzichten ist. Vielmehr müßten im Gegenteil – gerade wenn der Anspruch formuliert wird, jedes Kind nach seinen Fähigkeiten und Möglichkeiten zu integrieren – sehr unterschiedliche Grade der Teilnahme akzeptiert werden. Vergleichskriterien für die Beurteilung der Erfolge integrativer Erziehung müßten hier aus der Situation schwer- und schwerstbehinderter Kinder in Sondergruppen und nicht aus der Situation nichtbehinderter Kinder in Regelgruppen gewonnen werden, wie es Kritiker integrativer Erziehung häufig tun.

Dennoch wäre es sinnvoll, bevor grundsätzliche sozialpolitische Entscheidungen in diesem Bereich getroffen werden, beide in der Praxis vorgefundenen Positionen – auf der einen Seite diejenige, alle Kinder seien integrierbar, wenn nur die Rahmenbedingungen stimmen sowie auf der anderen Seite die, die besagt, eine Integration schwer- bzw. schwerstbehinderter Kinder sei nicht immer sinnvoll – einer genauen Überprüfung hinsichtlich des Personenkreises, der gemeint ist, sowie hinsichtlich des jeweiligen Hintergrundes, auf dem sie getroffen wurden, zu unterziehen.

So wäre zu klären, ob Erzieherinnen verneinende Positionen auf dem Hintergrund der derzeitigen Realität in den Einrichtungen formuliert haben oder ob sie bereits wesentlich verbesserte, flexible institutionelle Bedingungen einbezogen haben, wie sie von den Befürwortern der Integration schwer- bzw. schwerstbehinderter Kinder in ihren Aussagen vorausgesetzt wurden (Schaffung kleinerer Gruppen, Erhöhung des Personalstandes, Bereitstellung von Raum und Personal zur langsamen Eingewöhnung und dem langsamen Aufbau von Kontakten, ausreichende Einbeziehung von Spezialisten in das pädagogische Förderungsarrangement). Außerdem wäre zu fragen, ob die befürwortenden bzw. ablehnenden Aussagen über eine Integration schwer- und schwerstbehinderter Kinder auf Erfahrungen mit solchen Kindern basieren oder ob sie aus relativer Distanz gemacht werden und so auch Unsicherheit und Angst vor dieser Aufgabe beinhalten oder aber abstrakte Euphorie.

Wesentlich wäre im Rahmen einer solchen Überprüfung auch die genaue Klärung, unter welchen Rahmenbedingungen die Integration schwer- und schwerstbehinderter Kinder bisher realisiert worden ist und welche Erfahrungen dabei gemacht wurden bzw. ob es möglich ist, Rahmenbedingungen zu schaffen, die es zulassen, daß eine umfassende Integration zum Vorteil aller Kinder realisiert werden kann. Wenn eine vollständige Integration mancher Kinder nicht sinnvoll erscheint, wäre zu prüfen, ob Lösungsmöglichkeiten in der Bildung von sehr kleinen Sondergruppen mit schwer- und schwerstbehinderten Kindern in enger räumlicher Anbindung an Regel- oder integrative Gruppen zu sehen sind.

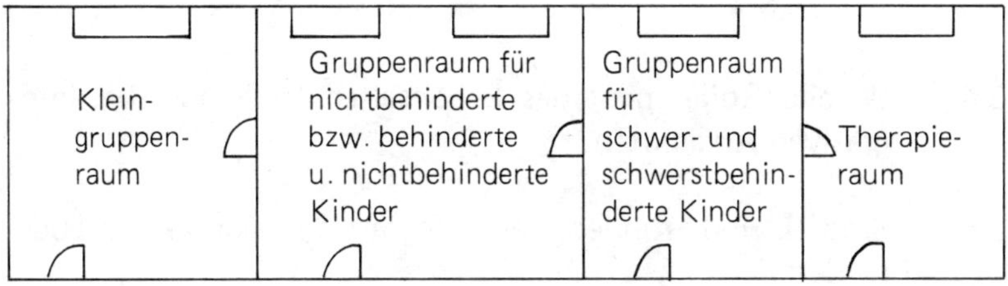

Aber auch bei guten Rahmenbedingungen wird die teilweise oder völlige Integration schwer- und schwerstbehinderter Kinder eine Aufgabe bleiben, die hohe Anforderungen an das Personal einer Einrichtung stellt. Ermutigend ist jedoch die hohe Bereitschaft vieler Erzieherinnen zur Integration aller Kinder.

Abschließend soll noch einmal die anfangs dargestellte Position einiger Vertreter von Behindertenverbänden aufgenommen werden, die besagt, daß eine Integration behinderter Kinder von ihnen nur dann befürwortet wird, wenn sie schwer- und schwerstbehinderte Kinder einschließt. Über die prinzipielle Richtigkeit dieser Forderung besteht kein Zweifel. Allerdings sollte dort, wo eine solche umfassende Integration im Augenblick nicht durchführbar ist, die Integration leichter behinderter Kinder nicht verhindert werden, man würde diese Kindergruppe andernfalls funktionalisieren. Vielmehr sollten Behindertenverbände mit dem ganzen Gewicht, das sie haben, fordern, daß bei Bedarf überall Rahmenbedingungen geschaffen werden können, die eine Integration aller Kinder zulassen.

Dabei ist zu bedenken, daß schwer- und schwerstbehinderte Kinder im hier verstandenen Sinn eine vergleichsweise kleine Gruppe sind, für deren Bedürfnisse in einem so reichen Land wie der Bundesrepublik bei entsprechendem Willen eigentlich zu sorgen sein müßte. Um dieser Frage die politisch-polemische Komponente zu entziehen, wäre es dringend erforderlich, die bisher vorhandene Datenlücke über Häufigkeit und Ausmaß von Schwer- und Schwerstbehinderung bei Kindern im Vorschulalter zu schließen.

3.4 Welche Rolle spielt das Lebensalter der Kinder bei integrativen Angeboten?

3.4.1 Sind kleine Kinder bei integrativen Kontakten überfordert?

Von manchen Eltern und von Verantwortlichen in der Sozialadministration wurde zumindest zu Beginn der Verbreitung integrativer Erziehung die Meinung vertreten, integrative Erziehung überfordere kleinere Kinder, weil sie sie seelisch belaste und ihnen überlegte Reaktionen abverlange, zu denen sie noch nicht fähig seien.

Diese Postionen werden von Integrationspraktikern nicht geteilt, sie machten im Gegenteil die Erfahrung, daß Integration umso besser gelingt, je jünger die Kinder bei ihrem ersten Aufeinandertreffen sind. Allgemein wurde festgestellt, daß drei bis vierjährige nichtbehinderte Kinder in der Regel ebenso spontan auf behinderte Kinder zugehen wie auf nichtbehinderte und eine leichtere Behinderung kaum bemerken. Auch erschrecken sie weder vor Behinderungen noch empfinden sie sie als Hinderungsgrund für gemeinsame Aktivitäten. Ebensowenig entsteht – wie von mancher Seite vermutet – eine spontane Abwehrhaltung gegenüber Behinderten, und auch eine seelische Überforderung kleiner, nichtbehinderter Kinder tritt nicht ein. Kinder betrachten und werten nicht mit den „normativen Augen" eines Erwachsenen. Erwachsene seien es, die Probleme mit Behinderung hätten, nicht Kinder, sagen Erzieherinnen. Kleine Kinder gingen mit Neugier und Interesse auf andere zu, Unterschiede würden sie geradezu selbstverständlich akzeptieren.

Solche Aussagen, die ähnlich in nahezu allen Einrichtungen getroffen werden, lassen sich durch die Beschreibung konkreter Ereignisse noch unterstreichen:

„Eigentlich meinten die Eltern, man dürfe nur integrieren, wenn die behinderten Kinder äußerlich angenehm aussehen. Da jeder eine Abscheu vor Unansehnlichem habe, müsse auch das nichtbehinderte Kind mit Abscheu reagieren. Das sei eine normale Reaktion, und jeder noch so gute Wille der Erzieher könne daran nichts ändern ..."

Die Erzieherinnen erlebten dann jedoch folgendes:

„Wenn die Kinder als dreijährige kommen, ist das nicht so und war es auch nicht so! Bei ihnen steht die gemeinsame Tätigkeit im Vordergrund, das Erkennen der Behinderung kommt eigentlich erst später: Die krabbeln eben mit den anderen, ihnen fällt nicht auf, daß das eine Kind ***nur*** krabbelt. Bei den Schwerstbehinderten wird es zwar deutlich, aber die akzeptieren sie dann eigentlich auch."

Im Gegensatz dazu hatte man mit den fünf- bis sechsjährigen, die anfänglich in dieser Einrichtung aufgenommen werden mußten, ganz andere Erfahrungen gemacht:

„Die Kinder brachten zum Teil von zu Hause schon so eine Mitleidshaltung mit in den Kindergarten, daß von Integration keine Rede war. Man hatte das Gefühl, daß sie alles schon abstrakt bewußt praktizierten und eben nur sehr nett und freundlich zu den behinderten Kindern waren, aber eben überhaupt nicht gemeinsam spielen konnten. Es hat ziemlich lange gedauert, bis wir das Gefühl hatten, die Kinder haben jetzt wirklich Kontakt zueinander, von Kind zu Kind und nicht von Nichtbehindertem zu Behindertem."

Ein weiteres Beispiel weist in die gleiche Richtung:

„Je älter ein Kind wird und je mehr sich sein Wahrnehmungs- und Erkenntnisvermögen entfaltet, umso bewußter eignet es sich seine Umwelt auch mit ihren Problemen an. Wenn Kinder also erst im Alter von fünf oder sechs Jahren aufeinandertreffen, haben sie es aufgrund ihres Entwicklungsstandes und wegen der bereits von den Erwachsenen übernommenen Vorurteile und Befangenheiten wesentlich schwerer, selbstverständlich Beziehungen zu Kindern aufzubauen, die sich anders bewegen als sie, nicht so reden können, anders aussehen usw."

Allgemeines Fazit – das jedoch keine Garantie für jeden Einzelfall sein kann – ist also, daß Integration umso besser gelingt, je jünger die Kinder bei ihrem ersten Aufeinandertreffen sind.

3.4.2 Sollten integrative Gruppen altersgemischt oder altershomogen zusammengesetzt werden?

Nahezu alle Kindergartengruppen, in denen integrative Ansätze verfolgt wurden, waren altersgemischt zusammengesetzt, wenn auch die Altersspanne von drei bis sechs Jahren nicht immer ausgeschöpft wurde. In einigen Fällen wurde bei unterschiedlichen Vor- und Nachmittagsgruppen die Vormittagsgruppe von fünf- bis siebenjährigen und die Nachmittagsgruppe von drei- bis fünfjährigen Kindern besucht, wobei die behinderten Kinder manchmal etwas älter waren. Dies war relativ oft in Regelkindergärten sowie in Montessori-Einrichtungen der Fall. In wenigen Kindergärten bestand eine getrennt geführte Vorschulgruppe für nichtbehinderte Kinder. In einigen Einrichtungen befanden sich neben altersgemischten integrativen Gruppen auch altershomogene Regelgruppen.

In einem Kindergarten war wegen der Aufnahme integrativer Erziehung die Führung altershomogener Gruppen zugunsten altersgemischter umgestellt worden. Nur in einer integrativen Tagesstätte waren altershomogene Gruppen Bestandteil der Konzeption. Diese Festlegung geschah aus der Überlegung heraus, daß die Kinder während ihres Kindergartenaufenthaltes, der hier bereits im Säuglingsalter beginnt, so eng zusammenwachsen sollen, daß ein gemeinsamer Übergang in den anschließenden integrativen Schulversuch für Eltern und Kinder selbstverständlich ist, notfalls aber auch von ihnen gegenüber Schule oder Sozial- und Schulverwaltung durchgesetzt wird. Aber selbst in dieser Einrichtung wird in begrenztem Rahmen Altersmischung praktiziert, um die Nachteile altershomogener Gruppen zu mildern: Die behinderten Kinder sind aufgrund ihrer Retardierung oft ein oder zwei Jahre älter als die nichtbehinderten, außerdem wird eine sehr offene gruppenübergreifende Arbeit betrieben, bei der die Kinder aus den unterschiedlichen, nach Alter gestaffelten Gruppen, viele gemeinsame Begegnungs- und Spielmöglichkeiten haben.

Die Entscheidung, ob Gruppen altersgemischt oder altershomogen zusammengesetzt werden, ist unter pädagogischen Gesichtspunkten keineswegs eine untergeordnete, rein organisatorische Frage. In der Entscheidung für die eine oder andere Möglichkeit drückt sich zumindest eine pädagogische Konzeption aus, wenn nicht sogar eine umfassende gesellschaftspolitische Vorstellung daran deutlich wird. Mankiewicz sagt dazu:

„In solchen organisatorischen Fragen steckt eine Botschaft ... Was nehmen z.B. Kinder (unbewußt) in ihre Lebenserfahrung auf, die von Jahr zu Jahr eine Stufe höher steigen (z.B. ‚kleine' – ‚mittlere' – ‚große' Gruppe) und auf jeder Stufe einer Erzieherin begegnen, die gewissermaßen auf diese Stufe festgelegt, mit ihr identifizierbar ist? Welche Erfahrungen machen Kinder bei solcher Organisation ihres Alltags mit Rangordnungen (Hierarchie) unter Erwachsenen? Und welche Erfahrungen entgehen ihnen, wenn sie hauptsächlich Kameraden haben, die mit ihnen ‚auf gleicher Stufe stehen' und die mit erheblich anderem Entwicklungsstand' ‚die anderen', außerhalb der eigenen Gruppe sind?"[1)]

Die Umwandlung von altershomogenen in altersgemischte Gruppen war im Rahmen kindergartenpädagogischer Reformen in den siebziger Jahren gefordert worden und wurde in den vergangenen Jahren in verschiedenen Bundesländern und bei einigen Trägerverbänden weitgehend durchgesetzt. Die Absicht, die mit der Einrichtung alters***homogener*** Gruppen verbunden gewesen ist, war die Verstärkung des kognitiven Lernens, wobei man gleichzeitig die Organisation solcher Lernprozesse erleichtern wollte. Dabei geriet die Bedeutung sozialer und emotionaler Lernprozesse jedoch weitgehend in den Hintergrund.

1) Mankiewicz: Vorwort, 1982, S. 1

Alters***gemischte*** Gruppen werden heute besonders von den Erzieherinnen für sinnvoll gehalten, die die Bedeutung des Zusammenhangs von sozialen, emotionalen und kognitiven Lernprozessen kennen und die ausdrücklich soziales Lernen in den Vordergrund der Kindergartenarbeit stellen. Einer solchen Orientierung kommt bei integrativer Kindergartenarbeit besondere Bedeutung zu (vgl. z.B. S. 99 ff.).

Im vorliegenden Kontext soll nicht ausführlich auf Vor- und Nachteile altersgemischter bzw. altershomogener Gruppen eingegangen werden, da hierzu ausreichend Literatur existiert.[2] Es sollen vielmehr, auch wenn es für viele Verantwortliche integrativer Erziehung schon eine Selbstverständlichkeit ist, vor allem die Punkte herausgegriffen und aufgelistet werden, die zum Teil bereits während der Reformphase im Elementarbereich zugunsten der Errichtung altersgemischter Gruppen genannt wurden und die unter dem Gesichtspunkt integrativer Erziehung besonders hervorzuheben sind:

- Es bieten sich in altersgemischten Gruppen wechselseitige und unterschiedliche Erfahrungs- und Lernmöglichkeiten für kleine und große, behinderte und nichtbehinderte Kinder. Dabei wirken die Lernmöglichkeiten der Kinder ***untereinander*** der starken Erzieherzentriertheit entgegen, die besonders in Sondergruppen vorhanden ist. Außerdem kann auf diese Weise das altersangemessene Nachahmungslernen einen großen Raum einnehmen.

- Über- und Unterforderung können in altersgemischten Gruppen leichter vermieden werden. Es entsteht weniger Leistungsdruck, Konkurrenz und Rivalität, weil unterschiedliche Fähigkeiten als gegeben hingenommen werden. Kinder, deren Ent-

---

2) Arbeitsgruppe Vorschulerziehung u.a.: Curriculum Soziales Lernen: Didaktische Einheit „Große und kleine Kinder", 1980
Sobczack: Altersgemischt leben, 1982
Maar: Untersuchung, 1977
Maar: Tagesbetreuung, 1979

wicklungsstand vom Alter abweicht, werden damit nicht zwangsläufig zu Außenseitern, sondern sie können länger „klein" bleiben und finden leichter Spielpartner, die ihrem Entwicklungsstand entsprechen. Behinderte Kinder sind somit nicht bei allen Aktivitäten die letzten, die schlechtesten und die ungeschicktesten. Damit verliert der altersgemäß normale Leistungsstand an Bedeutung, und die gesamten Persönlichkeitsmerkmale von Kindern gewinnen an Relevanz. Außerdem kann die Vielfältigkeit der Aktivitäten eine bessere und umfassendere Förderung für alle Kinder mit sich bringen.

– In altersgemischten Gruppen können ältere Kinder – auch ältere behinderte Kinder – Selbstwertgefühl entwickeln, weil sie Kenntnisse an andere „kleinere Kinder" weitergeben können. Außerdem ist es für kleinere und behinderte Kinder möglich, eine Steigerung ihres Selbstwertgefühls durch die Teilnahme am Spiel anderer – auch älterer Kinder – zu erfahren.

– Zur Bildung von Toleranz und Achtung vor den Unterschieden im Äußerlichen, in Verhaltensweisen, in Weltanschauungen und Ansichten bieten sich in altersgemischten Gruppen gute Voraussetzungen, da die Kinder ein breites Spektrum menschlichen Daseins kennenlernen. Für Kinder, die solche Gruppen besuchen, ist es außerdem leichter, Verständnis und Sensibilität im Zusammenleben mit Schwächeren zu entwikkeln, was auch dem Zusammenleben mit Behinderten zugute kommt. Die Kinder können somit früh erfahren, daß es Menschen mit sehr unterschiedlichen Bedürfnissen gibt, mit denen man sich auseinandersetzen muß. Kinder können auf diese Weise frühzeitig selbständiges und kooperatives Verhalten entwickeln, und zugleich ist es für sie möglich, Fürsorglichkeit und Zärtlichkeit auszuleben.

– Kinder erleben in altersgemischten Gruppen einen sehr vielfältigen Umgang der Erzieherinnen mit sehr unterschiedlichen

Kindern, sie können durch dieses „Modell" das Spektrum für ihr eigenes Verhalten weiter ausdehnen.

- In altersgemischten Gruppen gibt es stabilere Gruppenbeziehungen, weil die Kinder mehrere Jahre in derselben Gruppe, mit denselben Erzieherinnen zusammenbleiben können. Das ist für Eltern behinderter Kinder, sowie für die Kinder selbst, die oft in ihrer Kontaktaufnahmefähigkeit eingeschränkt sind, von besonderer Bedeutung.

Alle diese Punkte lassen erkennen, daß für Kinder – auch für behinderte – in altersgemischten Gruppen positive und weit umfassendere Erfahrungs- und Lernprozesse möglich sind als in altershomogenen.

Vieles von dem, was in altersgemischten Gruppen zwangsläufig gelernt wird, entzieht sich der Vermittlung in bewußt organisierten Lernprozessen, es kann nur durch das Zusammenleben mit anderen Menschen erfahren und entwickelt werden. Daran wird die besondere Bedeutung altersgemischter Gruppen für integrative Erziehung offensichtlich. Auf diese Weise wird im pädagogischen Alltag die Voraussetzung für vielfältige Lernprozesse geschaffen, die auf Toleranz und gegenseitige Akzeptanz ausgerichtet sind sowie für ganzheitliche Förderung, die auf einseitiges Funktionstraining oder einseitiges kognitives Training verzichtet.

An diesen Prämissen wird jedoch, wie bereits erwähnt, nicht nur ein pädagogischer Standpunkt sichtbar, der alle Kinder trotz unterschiedlicher Fähigkeiten, Möglichkeiten und Einschränkungen zu einem Zusammenleben befähigen soll, sondern auch eine gesellschaftspolitische Haltung, die sich an den im ersten Kapitel erwähnten Prinzipien demokratischen Zusammenlebens orientiert (vgl. S. 21 ff.).

III. ASPEKTE PÄDAGOGISCHER ARBEIT BEI INTEGRATIVER ERZIEHUNG

1. Pädagogische Konzeptionen legen den Rahmen integrativer Erziehung fest

1.1 Unterschiedliche konzeptionelle Ansätze bestimmen die Landschaft bei integrativer Erziehung

In Einrichtungen, in denen integrativ gearbeitet wurde, fanden wir sehr unterschiedliche konzeptionelle Orientierungen vor. In einer Reihe dieser Kindergärten lehnte man sich an bekanntere, weiter verbreitete pädagogische Konzepte an. Es wurde nach folgenden konzeptionellen Ansätzen gearbeitet:

- Montessori-Pädagogik,
- Situationsansatz bzw. Curriculum Soziales Lernen,
- Kindergartenpädagogische Ansätze entsprechend der Aneignungstheorie,
- Waldorf-Pädagogik,
- Psychotherapeutisch orientierte Konzeptionen.

Die weitaus meisten Erzieherinnen wollten sich jedoch nicht auf bestehende Konzeptionen festlegen. Sie hielten es stattdessen für richtiger, eigene Ansätze zu entwickeln, die den ganz spezifischen Bedingungen der jeweiligen Einrichtungen, den Wünschen der Erzieherinnen, der Eltern und des Trägers sowie den Bedürfnissen der Kinder Rechnung tragen. Daneben fanden wir vereinzelt Einrichtungen vor, in denen die Arbeit eher durch Bewahr- und Beschäftigungspädagogik bestimmt wird, wie sie Teilen der deutschen Kindergartentradition entspricht.

Bei Einrichtungen, die sich bewußt an bekanntere Konzeptionen anlehnten, handelte es sich besonders häufig um Kindergärten, die durch Initiativen entstanden waren. Dadurch war auch eine gewisse Exklusivität vorhanden, die sich besonders deutlich in Einrichtungen, in denen nach Waldorf- oder Montessori-Pädagogik gearbeitet wurde, zeigte, aber auch bei Einrichtungen, in denen man sich an psychoanalytischen Elementen orientierte.

Zudem fiel in einzelnen Einrichtungen auf, daß ganz bewußt, je nach Standpunkt und Persönlichkeit der Erzieherinnen, unterschiedliche Schwerpunkte bei den konzeptionellen Ansätzen in den verschiedenen Gruppen einer Institution praktiziert werden. In anderen Fällen dagegen nahm man Elemente verschiedener Konzeptionen in die Arbeit einer Gruppe auf.

Bevor die uns vorliegenden frei erarbeiteten Konzeptionen aus den einzelnen Einrichtungen auf ihre Erziehungsziele hin untersucht werden, sollen die weiter verbreiteten konzeptionellen Ansätze, die bei integrativer Arbeit vorgefunden wurden, eine kurze Betrachtung erfahren. Dabei wird es jedoch nicht möglich sein, die verschiedenen Konzeptionen eingehend darzustellen und hinsichtlich der Tragfähigkeit für integrative Erziehung abschließend zu bewerten. Dies ist u.a. deshalb nicht möglich, weil dazu eine eingehende Auseinandersetzung mit jedem dieser Ansätze erfolgen müßte und zugleich Kriterien zu ihrer Bewertung zu erarbeiten wären.

Außerdem müßten die Konzeptionen hinsichtlich des hinter ihnen stehenden Menschenbildes, aber auch in bezug auf gleiche oder unterschiedliche Elemente sowie deren jeweilige Gewichtung und Einbindung geprüft werden. Denn es wäre weder angemessen noch sinnvoll, den jeweiligen Konzeptionen in erster Linie Unterschiedliches, Anderes, Trennendes unterschieben zu wollen. Tatsächlich verbergen sich hinter den einzelnen Konzeptionen neben verschiedenen oft ähnliche Elemente, auch wenn sie nicht ausdrücklich benannt sind. So ist z.B. soziales Lernen sehr wohl anerkannter Bestandteil vieler — vielleicht sogar aller — Konzeptionen, obwohl es einen sehr unterschiedlichen Stellenwert einnimmt.

Als noch schwieriger erscheint, daß die Konzeptionen auch in ihren praktischen Erscheinungsformen und Wirkungsweisen erfaßt und bewertet werden müßten. Dabei wäre es erforderlich, ihren Stellenwert für das Gelingen der angestrebten Integration zu prüfen. Dies ist jedoch auf der Basis schriftlich vorliegender Konzeptionen kaum möglich, weil in ihnen zwar Inhalte und Orientierungen festgelegt werden, die gute pädagogische Arbeit entweder ermöglichen und unterstützen oder aber verhindern und beeinträchtigen können, sie aber nicht wirklich schaffen. Weit entscheidender für die Gestaltung der pädagogischen Arbeit sind die Personen, die in einer Einrichtung zusammenleben und -arbeiten, wobei sie auch bei der Anlehnung an die gleiche Konzeption eine völlig unterschiedliche Atmosphäre schaffen können. Der Stellenwert der verschiedenen Konzeptionen für das Gelingen von Integration könnte also – wenn überhaupt – nur aufgrund eingehender Untersuchungen in Theorie ***und*** Praxis geklärt werden.

Keiner dieser Punkte konnte im vorliegenden Bericht befriedigend bearbeitet werden, da sich die Arbeit des Projekts bisher vor allem mit dem strukturellen Rahmen von integrativer Erziehung befaßte. In den folgenden Ausführungen kann es deshalb nur darum gehen, die Vielfältigkeit der vorgefundenen Konzeptionen zu verdeutlichen und einige sich spontan aufdrängende Fragen, Vorzüge und Probleme, die teilweise auf sehr verschiedenen Ebenen liegen, sichtbar zu machen und eventuell eingehendere Untersuchungen in diesem Bereich anzuregen. Vielleicht kann diese kurze Darstellung auch dazu dienen, die Auseinandersetzung mit den verschiedenen konzeptionellen Ansätzen in den einzelnen Einrichtungen vertiefend zu führen und zwar im Hinblick auf Anregung, Befruchtung und Weiterentwicklung der integrativen Arbeit.

Kriterien für die von mir vorgenommenen Überlegungen und Bewertungen gewinne ich aus meiner Auffassung über die Entwicklung von Kindern und Kindergartenpädagogik. Sie sollen mit folgenden Stichworten angedeutet werden:

– Kinder haben ein Interesse, sich mit ihrer Umwelt auseinanderzusetzen und sie sich handelnd zu erschließen; in diesem Prozeß bedürfen sie jedoch der Anregung und Unterstützung durch andere Kinder und durch Erwachsene.

– Die Ausbildung von Selbständigkeit kann nur unter Bedingungen erfolgen, in denen selbstbestimmtes Handeln möglich ist.

– Bezogen auf Kindergartenpädagogik bedeutet dies, daß dem Wechselverhältnis, einerseits Anregungen bewußt bereitzustellen und zu geben, andererseits dem Kind Raum zu selbständigem Erproben, Erfahren, Vertiefen und Weiterentwickeln zu lassen, eine wesentliche Bedeutung zukommt.

1.2 Montessori-Konzeption

In verhältnismäßig vielen integrativ arbeitenden Einrichtungen orientierten sich die Erzieherinnen zunächst an Montessori-Pädagogik, da diese insbesondere durch die langjährigen und häufig publizierten Erfahrungen in einer der ersten integrativen Einrichtungen – dem Kinderzentrum in München von Prof. Hellbrügge – sehr bekannt wurde.[1] Auch die im Kinderzentrum durchgeführte Ausbildung in Montessori-Pädagogik wirkte in starkem Maße steuernd und normierend. Umgesetzt wurde Montessori-Pädagogik jedoch bei integrativer Arbeit nach unserer Kenntis nur selten in orthodoxer Weise, sondern nahezu immer in modifizierter Form. Dies hatte verschiedene Gründe:

– In vielen Einrichtungen war zwar Montessori-Material angeschafft worden, jedoch z.T. ohne den Erzieherinnen eine entsprechende Ausbildung zu gewähren.

---

1) Hellbrügge: Montessori-Modell, 1977

– Erzieherinnen, die eine Montessori-Ausbildung absolvierten, üben Kritik an der Anwendung reiner Montessori-Pädagogik, da sie einem Menschen- und Persönlichkeitsbild verpflichtet ist, das von Erzieherinnen vielfach in dieser Form nicht geteilt wird.

– Erzieherinnen halten einige der grundlegenden pädagogischen Implikationen der Montessori-Pädagogik für falsch.

– Erzieherinnen sind der Meinung, daß Montessori-Material in orthodox angewandter Weise häufig nicht den Interessen und Fähigkeiten behinderter Kinder entspricht.

Es kann hier nicht darum gehen, die Montessori-Pädagogik im einzelnen darzustellen und zu beurteilen, da dies an anderer Stelle bereits vielfach geschehen ist[2)], vielmehr sollen die Vorteile und Probleme angedeutet werden, die Erzieherinnen für den Einsatz von Montessori-Pädagogik bei integrativer Arbeit nennen:

Als Vorteil wird immer wieder angegeben, daß Montessori-Pädagogik – sofern man sie beherrscht – Anregungen und Hilfen bietet, um Kinder ihrer Entwicklungsstufe und ihren momentanen Interessen entsprechend individuell zu fördern und dabei Über- oder Unterforderung zu vermeiden. Mit folgendem Beispiel machten Erzieherinnen auf einer Tagung deutlich, wie bei Montessori-Pädagogik versucht wird, am Entwicklungsstand

---

2) z.B. sind im Sozialmagazin im Januar 1979 verschiedene Aufsätze von Böhm, Gerhard, Renner zu diesem pädagogischen Ansatz erschienen, die Montessori-Pädagogik überwiegend positiv bewerten. Außerdem sind die gut lesbaren Schriften von Maria Montessori zur Auseinandersetzung mit diesem Ansatz zu empfehlen, sowie Montessori/Schneider-Henn: Schulbank, 1983 und im Sinne eines kritischen Korrektivs Muchow: Allgemeine Würdigung, 1927. Nach Fertigstellung des Manuskripts zu diesem Band erschien Grah/Horn/Zimmer/Weiß-Zimmer/Trescher: Acht Fragen zu vier Ansätzen der Pädagogik im Kindergarten, 1985, S. 242 - 257. In dieser Synopse wird auf Montessori-Pädagogik, den Situationsansatz, Waldorfpädagogik und psychoanalytische Pädagogik eingegangen. Zur Anwendung von Montessori-Pädagogik bei integrativer Erziehung vgl. Hellbrügge: Montessori-Modell, 1977. Eisele/Pechstein: Modell eines Montessori-Kindergartens, 1981. Zur vertiefenden theoretischen Auseinandersetzung, z. B. Elkind: Piaget und Montessori, 1978 sowie eine Reihe von Aufsätzen in Schulz-Benesch: Montessori, 1970.

der Kinder anzusetzen: Wenn ein Kind z.B. schneiden lernen möchte, ihm dies aber große Schwierigkeiten verursacht, so gibt man ihm zunächst Papierstreifen, denn es ist leichter, Streifen durchzuschneiden, als Papierblätter. Wenn es aber die Schere noch nicht richtig halten kann, macht es ihm vielleicht Spaß, erst einmal mit einer Zange zu gabeln.[3)]

Eine weitere besondere Motivation für die Anlehnung an die Montessori-Methode liegt darin, daß vom Erzieher gefordert wird, die Selbständigkeit des Kindes zu achten und zu fördern sowie seine Interessen für bestimmte Materalien und Inhalte zu erkennen und ihm Hilfen zur Entwicklung eigener Handlungsfähigkeiten zu geben, nach dem Motto „Hilf mir, es selbst zu tun". Dies soll geschehen, indem der Erzieher dem Kind bei sichtbar werdendem Interesse eine Einführung zur richtigen Verwendung des entsprechenden Materials — im Sinne Montessoris — gibt und dann wieder in den Hintergrund tritt und das Kind selbständig über Auswahl der Materalien und Dauer der Tätigkeit mit ihnen entscheiden läßt. Das Material hat — wenn es wie vorgesehen verwendet wird — eine ihm innewohnende Fehlerkontrolle, so daß das Kind ohne Eingriff des Erziehers selbst überprüfen kann, ob es erfolgreich war oder nicht.

Der Erzieher muß sich bei all dem nach den „sensiblen Perioden" des Kindes richten und nach dessen Möglichkeiten und nicht nach üblichen altersgemäßen Leistungsnormen. Montessori ging bei der Entwicklung ihrer Pädagogik von der selbsttätigen Entwicklung des Kindes aus, die sich nach einem im Kinde angelegten göttlichen Bauplan des Menschen vollzieht. Die Entfaltung dieses Bauplanes hat der Erzieher zu unterstützen. Erziehung ist für sie jedoch nicht in erster Linie der bewußte, planmäßige, vom Erzieher organisierte und bestimmte Prozeß, vielmehr soll Erziehung ihrer Meinung nach „nicht mehr als Entwicklungshilfe" sein.[4)]

---

3) Vgl. Bericht auf einer Fachtagung. In: Projektgruppe Integration: Gemeinsame Betreuung, 1981, S. 28

4) Barow-Barnstorff: Vorschulerziehung, 1974, S. 281

In Dänemark bezeichnet man die Montessori-Pädagogik (sowie die Waldorf-Pädagogik) als Wachstumspädagogik, weil der Erzieher bei den Kindern vor allem das aufgreifen soll, was aufgrund der Wechselwirkung zwischen Individuum und Welt ***gereift*** ist. Er soll die Hindernisse für Lernvorgänge aus dem Weg räumen und das Kind entsprechend seiner erkennbaren Interessen anregen. Dabei soll er aber als Lehrender möglichst wenig eingreifen, um dem Kind nicht seinen Stempel aufzudrücken.

Eine solche Orientierung kann im Bereich der Behindertenpädagogik, im Gegensatz zu der dort zumeist vorherrschenden Erzieher- und Therapeutenzentriertheit, sehr wohltuend sein.

In der Montessori-Pädagogik lassen sich jedoch eine Reihe von Widersprüchen feststellen, die gerade am Vergleich der pädagogischen Postulate von Selbständigkeit, Selbsterziehung und Freiheit mit dem engen Rahmen, in dem Montessoro-Materialien verwendet werden sollen, zu Tage treten. [5] So formulierte Brumme in bezug auf die orthodoxe Anwendung von Montessori-Pädagogik:

„Die Disziplin im Kinderhaus beruht theoretisch auf der 'Freiheit' der Kinder. In der Praxis gibt es jedoch eine Fülle von Beschränkungen. Theoretisch haben die Kinder die Freiheit, ihre Beschäftigung zu wählen; diese Freiheit ist jedoch auf die Auswahl im Rahmen des Montessori-Materials eingeengt, von dem jedes Stück in der Regel nur einmal vorhanden ist. Hat das Kind also etwas ausgewählt, was bei seiner Ankunft im Kinderheim frei war, dann ist es – und darin besteht eine weitere Einschränkung der Freiheit – streng an die zur Übung festgesetzte Regel gebunden. Jegliche Abweichung wird von der die Kinder beobachtenden Lehrerin sofort korrigiert." [6]

Diese Kritik trifft aufgrund der allerorten vorgenommenen Modifizierung der Montessori-Pädagogik nicht mehr in dieser scharfen Form zu, denn das Material in Montessori-Einrichtungen wurde

---

5) Vgl. Montessori: Kinder, 1980

6) Brumme: Montessori, 1974, S. 285 f., vgl. auch Montessori/Schneider-Henn: Schulbank, 1983, S. 26

nahezu überall mit anderen Materialien ergänzt. Zudem entspricht auch die Erzieherhaltung zumeist nicht mehr den orthodoxen, vielfach widersprüchlichen, Montessori-Forderungen. Zu fragen wäre auf diesem Hintergrund allerdings, ob Montessori-Pädagogik in den vielfältig abgewandelten Formen ihrer heutigen Existenz noch Montessori-Pädagogik genannt werden kann oder ob in diesen Fällen nicht vielmehr eher von der Übernahme von Montessori-Elementen gesprochen werden müßte.

Ein weiterer Kritikpunkt ist von seiten der Erzieherinnen, die neben anderem mit Montessori-Material arbeiten, daß ein Teil dieses Materials in der konzeptionierten Verwendungsart nur auf geringes Interesse bei Kindern, insbesondere bei behinderten, stößt und daß die Kinder das Material häufig völlig anders (innerhalb ihres Spielgeschehens) verwenden, als dies von Maria Montessori vorgesehen und festgelegt worden war.

Es wurde also festgestellt, daß viele behinderte Kinder nicht in der Lage sind, das Material selbsttätig aufgrund ihrer körperlichen und geistigen Einschränkungen so zu gebrauchen, wie es der Einführung durch den Erzieher entsprechen würde. Dies trifft besonders stark auf geistig behinderte Kinder zu.

Diese Erfahrung mit Teilen des üblichen Montessori-Materials wurde auch im Kinderzentrum München selbst gemacht und auf folgenden Nenner gebracht:

„Das Material entspricht nicht den kognitiven Entwicklungsstufen des behinderten Kindes. Dieselbe Handhabung und Darbietung ist nicht immer auf das behinderte Kind übertragbar." 7)

Im Kinderzentrum zog man daraus den Schluß, daß das Montessori-Material den behinderten Kindern anzupassen sei:

---

7) Deschle: Montessori-Materialien, 1977, S. 2

„Durch die Beobachtung des behinderten Kindes erkannten wir die Notwendigkeit, einiges Montessori-Material den Behinderungen anzupassen, denn das behinderte Kind zeigt Folgeerscheinungen seiner Behinderung, die sich nicht nur auf das Sozialverhalten auswirken können . . . , sondern auch auf das Arbeitsverhalten. Das behinderte Kind unterscheidet sich vom nichtbehinderten Kind durch:

1. Störung, Rückstand oder Fehlen von organischen oder geistigen Fähigkeiten
2. Unmotiviertheit
3. Kompensation." [8]

Man nahm also im Kinderzentrum eine sogenannte Materialanpassung hinsichtlich der Bedürfnisse unterschiedlich behinderter Kinder vor. Ziel dabei war es, zu erreichen, daß ein benutztes und dargebotenes Material auf die speziellen Bedürfnisse jedes Kindes zugeschnitten ist; z. B. wird beim blinden Kind das Visuelle durch das Taktile ersetzt, oder beim tauben Kind wird das Wort teilweise durch Gestik ersetzt, für körperbehinderte Kinder sind manche Materialien zu vergrößern. [9]

Ein weiteres Problem, das wiederum in besonderem Maße für geistig behinderte Kinder gilt, aber möglicherweise auch die Motivation vieler anderer Kinder betrifft, ist die ***Vorgehensweise*** bei der Arbeit mit Montessori-Material. So wird entsprechend den Prinzipien des Montessori-Materials – Isolierung der Schwierigkeiten, Isolierung der Sinne, Fehlerkontrolle, logische Reihenfolge, Kontraste [10] – von der Übung am abstrakten Material im Raum, das nur jeweils einen Sinn schulen soll, zur Übung in der Umgebung weitergeführt. Eine Mitarbeiterin aus dem Kinderzentrum München erläuterte bezüglich ihres Vorgehens beispielsweise, daß sie die Begriffe rauh und glatt zuerst an Tasttafeln erarbeitet, danach werden rauhe oder glatte Gegenstände, ein glatter Stein, eine rauhe Rinde in die Einrichtung geholt und anschließend übt man die

8) ebda., S. 1

9) vgl. ebda., S. 3

10) vgl. ebda., S. 2

Begriffe in der äußeren Umgebung. Aufgrund dieser Vorgehensweise drängt sich die Frage auf, warum die Begriffe nicht zunächst in ihren Zusammenhängen, also an den entsprechenden Gegenständen erfahren werden, um dann zum Abstrakten überzugehen und sie in immer neuen Zusammenhängen zu üben, wie es dem häufig sehr geringen Abstraktionsvermögen beispielsweise geistig behinderter Kinder vermutlich angemessener wäre. Im Hinblick auf behinderte Kinder wird also noch deutlicher zu fragen sein als sonst, ob die „Lebensfremdheit des Materials" sowie die „Abstraktheit" und „Sinnfremdheit der Aufgaben" das Kind wirklich befähigen, konkrete Lebenssituationen außerhalb des Kindergartens zu bewältigen.

Ein weiterer Kritikpunkt ist, daß orthodoxe Montessori-Pädagogik das Schwergewicht auf Einzelarbeit legt und damit wenig Raum für soziale Kooperation bietet, gerade sie ist jedoch bei integrativer Erziehung von besonderer Bedeutung. Die Methode beruht darauf, Rücksicht zu nehmen und den anderen zu respektieren — insofern fördert sie zwar durchaus soziale Fähigkeiten — dann aber weitgehend alleine, ruhig und versunken zu arbeiten. [11] Es wird auch relativ wenig Wert auf gemeinsames Gespräch gelegt, das Material, mit dem konzentriert gearbeitet werden soll, ist das zentrale. So können Fragen und Probleme der Kinder bei der orthodoxen Umsetzung dieses Ansatzes schwer zum Thema werden. Zudem haben Phantasie und freies Spiel wenig Raum, wenn sie auch nicht völlig ausgeklammert werden. [12]

Als auffallend hat sich des weiteren ein Phänomen erwiesen, das zwar nicht die Montessori-Pädagogik selbst, sondern lediglich ihren Verwendungszusammenhang — zumindest im Kinderzentrum München — betrifft. So wurde auf einer Tagung festgestellt, daß in den Montessori-Einrichtungen in München sehr häufig Kinder betreut werden, deren Eltern spezifische Motivationen mit der Betreuung ihrer Kinder in diesen Einrichtungen verbinden.

---

11) Montessori: Kinder, 1980, S. 158ff.

12) Vgl. dazu z.B. Muchow: Allgemeine Würdigung, 1927, S. 118 ff.

„Bei der in Montessori-Einrichtungen vertretenen Elternschicht wurde insgesamt eine höhere Leistungsorientierung und Leistungsmotivation als in der übrigen Gesellschaft vermutet. Beide bieten nach Erfahrung einiger Teilnehmerinnen für eine große Gruppe der Eltern von behinderten wie auch von nichtbehinderten Kindern den Hauptanreiz, ihre Kinder in eine Montessori-Einrichtung zu geben. Denn viele bildungsbewußte Eltern sind mit der herkömmlichen Arbeit in Kindergärten und Schulen unzufrieden, wollen aber nicht auf gezielte Förderung ihrer Kinder verzichten. Sie erwarten von einer Montessori-Einrichtung, daß dort 'ohne Druck ein Superkind aus ihrem Kind gemacht wird!' " [13]

Wenn dieses Phänomen in allen Einrichtungen zu beobachten wäre, die nach Montessori-Pädagogik arbeiten, so müßte dies als sehr problematisch angesehen werden.

Insgesamt läßt sich vermuten, daß viele Elemente der Montessori-Pädagogik für integrative Arbeit geeignet sind. Wenn jedoch eine orthodoxe Umsetzung stattfinden würde, wäre dies aus verschiedenen, bereits angedeuteten Gründen, wohl eher zum Nachteil als zum Vorteil der Kinder, wobei besonders gravierend das isolierte „Funktionstraining" wäre, bei dem wenig Verbindung zum Lebenszusammenhang vorhanden ist und die sehr bedeutungsvollen sozialen Komponenten zu wenig Beachtung finden.

1.3 Curriculum „Soziales Lernen" – ein Beispiel für Kindergartenarbeit nach dem Situationsansatz

In einer Reihe von Kindergärten, die integrative Erziehung praktizieren, entstand die Motivation zur Aufnahme von Kontakten zwischen behinderten und nichtbehinderten Kindern durch die Auseinandersetzung mit dem Situationsansatz [1] und innerhalb

13) Aussage auf einer Fachtagung, bei der mehrere Mitarbeiterinnen aus Montessori-Einrichtungen anwesend waren. In: Projektgruppe Integration: Gemeinsame Betreuung, 1981, S. 26

1) Wenn in den Einrichtungen angegeben wird, daß situationsorientiert gearbeitet wird, ist allerdings nicht immer sicher, daß dies auch wirklich ein Vorgehen nach den theoretischen Prämissen des Situationsansatzes bedeutet. Manchmal werden diese Begriffe nur benützt, um einen konzeptionellen Mangel nicht offensichtlich werden zu lassen.

dieses Ansatzes u.a. mit dem Curriculum „Soziales Lernen" [2], das vom DJI entwickelt wurde und hier als Beispiel für integrative Kindergartenarbeit nach dem Situationsansatz vorgestellt wird.

Beim Curriculum „Soziales Lernen" wurden zum Teil alltägliche Situationen zu aufwendigen Projekten hochstilisiert. Dies kommt auch bei der Erprobungsfassung der didaktischen Einheit „Behinderte Kinder" zum Ausdruck.[3] Die Einheit trug zum Zeitpunkt ihrer Entwicklung in starkem Maße den Charakter einer ***didaktischen*** Einheit, mit einigen derjenigen Probleme, die der Begriff selbst schon nahelegt. Dieser Eindruck konnte trotz der Hinweise nicht vermieden werden, daß die didaktischen Einheiten nicht als Rezepte, sondern als Anregungen zu verstehen seien und daß die Festlegung der jeweiligen konkreten Ziele sowie die Planung der Aktivitäten immer erst nach einer Situationsanalyse in den Gruppen erfolgen darf, wobei diese durch die jeweils unterschiedlichen Situationen in jeder Gruppe zu verschiedenen Aktivitäten führen muß.

Trotz dieser Vorgaben, und obwohl in der Einheit auch damals schon die gemeinsame Erziehung behinderter und nichtbehinderter Kinder gefordert wurde, stand eher das außergewöhnliche solcher Kontakte als das selbstverständliche Zusammenleben im Mittelpunkt, das Voraussetzung für soziales Lernen in der Lebenssituation ist. In manchen Teilen konnte sogar der Eindruck einer Funktionalisierung behinderter Kinder zum Zwecke „sozialen Lernens" für nichtbehinderte Kinder entstehen.

Lebenssituationen in dieser Art zum Thema zu machen, ist aus der Situation heraus zu verstehen, daß das Curriculum selbst Anfang der siebziger Jahre entwickelt wurde, als die Forderung nach Orientierung der Kindergartenarbeit am „Sozialen Lernen" ihre

---

2) Weiterführende Informationen über diesen Ansatz: Vgl. Colberg-Schrader/Krug: Lebensnahes Lernen, 1980

3) Vgl. Arbeitsgruppe Vorschulerziehung u.a.: Didaktische Einheit „Behinderte Kinder", Erprobungsfassung, 1976

Bedeutung aus der Auseinandersetzung mit den damaligen pädagogischen Strömungen erhielt. Diese postulierten eher ein an schulischen Lernzielen orientiertes Lernen für die angestrebte Neugestaltung des Elementarbereichs. Dabei verlor man vielfach ganzheitliche Entwicklungsangebote für Kinder aus dem Auge, es wurde im Gegenteil vor allem die Förderung kognitiver Fähigkeiten angestrebt, wobei man soziale und emotionale Lernprozesse vernachlässigte.[4] Außerdem war zur Zeit der Entwicklung des Curriculum die Diskussion um Integration nicht sehr weit verbreitet. Es stand in der Sozialpolitik für Behinderte vielmehr der flächendeckende Ausbau von teilstationären und wohnortnahen Institutionen an, als Alternative zu Heimen.

Bei der Überarbeitung der Didaktischen Einheit zehn Jahre später [5] wurde dem veränderten Diskussionsstand hinsichtlich der Verankerung von Integration und den inzwischen gewonnenen Erfahrungen Rechnung getragen. Die Ausrichtung verschob sich dabei vom Sozialen Lernen in einzelnen begrenzten Situationen bei eigens herbeigeführten punktuellen Begegnungen während eines gewissen Zeitraums zum Zusammenleben behinderter und nichtbehinderter Kinder mit allen Konsequenzen. Dabei verliert die Begegnung von behinderten und nichtbehinderten Kindern ihre Exklusivität, und die Selbstverständlichkeit des gemeinsamen Umgangs gewinnt an Bedeutung.

Trotz der in der didaktischen Einheit „Behinderte Kinder" zunächst enthaltenen Probleme und eines gravierenden theoretischen Defizit [6] haben sich die Prinzipien des Curriculum „Soziales Lernen" für die gemeinsame Erziehung behinderter und nichtbehinderter Kinder als sehr tragfähig erwiesen.

---

4) Vgl. Hemmer/Obereisenbuchner: Reform, 1979, S. 28 ff.

5) Vgl. Arbeitsgruppe Vorschulerziehung u.a.: Didaktische Einheit „Behinderte Kinder", 1980

6) Vgl. dazu S. 108 dieser Arbeit

Der Situationsansatz legt im Gegensatz zu vielen anderen Konzeptionen seine sozialpsychologischen und gesellschaftspoltischen Wertentscheidungen offen. Er bestimmt seine Erziehungsziele ***Autonomie, Kompetenz*** und ***Solidarität*** aus der Beschreibung und Analyse der gegenwärtigen Gesellschaftsstruktur hinsichtlich der herrschenden Macht- und Abhängigkeitsverhältnisse sowie der ungleichen Chancenverteilung. Keines der drei genannten Ziele ist nach den Prämissen des Situationsansatzes für sich alleine erstrebenswert. Es kommt vielmehr darauf an, sie gerade in Verbindung miteinander zu sehen und auch bei ihrer Umsetzung auf die unmittelbare Handlungsebene alle drei gleichermaßen zu bedenken. Diese Zielsetzung enthält zugleich eine Zukunftsorientierung, die auf ein bewußt gestaltetes Zusammenleben in gegenseitigem Verständnis bei größtmöglicher Selbständigkeit abzielt.

Einige wenige Überlegungen im Zusammenhang mit den Erziehungszielen des Curriculum „Soziales Lernen" können vielleicht als Anregung für die vertiefende Diskussion von geeigneten Erziehungszielen für die Arbeit mit behinderten und nichtbehinderten Kindern in den Einrichtungen dienen:

Mit dem Erziehungsziel ***Selbstbestimmung/Autonomie*** ist die Entwicklung weitgehender Selbstbestimmungsmöglichkeiten in angemessener Auseinandersetzung und Abstimmung mit der Umwelt gemeint.

Im Hinblick auf die institutionelle Betreuung behinderter Kinder hat dieses Ziel bisher nur wenig Gewicht erhalten. Die Gestaltung des Tagesablaufes z.B., aber auch einzelner pädagogischer Inhalte nach den Wünschen und Bedürfnissen behinderter Kinder, steht in Sondereinrichtungen kaum im Mittelpunkt pädagogischer Überlegungen. Zudem herrscht dort zumeist eine starke Erzieherzentriertheit vor. Um aber auch behinderte Kinder Autonomie im Rahmen ihrer Möglichkeiten ausbilden zu lassen, müßte das Augenmerk in den Einrichtungen in besonderer Weise auf die Einlösung dieses Zieles ausgerichtet sein. Dies scheint jedoch in Sondergruppen sehr viel schwerer möglich zu sein als in integrativen. Als autonomes Verhalten könnte das, was in integrativen Gruppen immer wieder als Erziehungsziel angegeben wird, beschrieben werden: Autonomes Verhalten ist dann erreicht, wenn behinderte Kinder z.B. gelernt haben, um Hilfen zu bitten, die sie benötigen, damit sie in angemessener Auseinandersetzung mit anderen die Dinge selbständig ausführen können, für die sie sich entschieden haben.

Mit dem Erziehungsziel ***Kompetenz*** ist das Entwickeln und Erwerben von Fähigkeiten in Lebenszusammenhängen gemeint. Es ist jedoch nicht mit einer Anhäufung von Qualifikationen gleichzusetzen, die beliebig und unabhängig von der jeweiligen Situation des Individuums eingesetzt werden können, sondern Kompetenz kann nur einem autonomen Individuum zugesprochen werden, das seine Fähigkeiten in Verantwortlichkeit nützt. [7)]

Auch die Forderung nach „Lernen im Lebenszusammenhang" und nicht in isolierten (isolierenden) Situationen hat bisher für behinderte Kinder weit weniger Gültigkeit erlangt als für andere. Bei integrativer Erziehung wird diese Forderung jedoch zumindest teilweise eingelöst. Sie strebt soziales Lernen nicht nur bei punktuellen Begegnungen vorwiegend über Appelle und kognitive Erklärungen an, sondern über das konkrete Zusammenleben in gemischten Gruppen. Dabei können Kinder die Erfahrung machen, daß es Menschen mit ganz verschiedenen Fähigkeiten und Möglichkeiten gibt, mit denen man aber dennoch spielen kann, auf deren Bedingungen aber ganz spezifisch reagiert werden muß.

Ein anderer Aspekt des Erwerbens von Kompetenzen im Lebenszusammenhang ist, daß für die therapeutische Arbeit mit behin-

---

7) Vgl. Arbeitsgruppe Vorschulerziehung: Anregungen I, 1977, S. 9ff.

derten Kindern nur selten der Anspruch formuliert wird, daß Therapie an den Wünschen und Interessen der Kinder anzusetzen hat. Stattdessen orientieren sich Förderungs- und Therapieziele im allgemeinen nahezu ausschließlich an den Wünschen, Interessen und Zielsetzungen der Erwachsenen. Zudem findet Therapie im allgemeinen als isoliertes Funktionstraining statt, die Therapieziele werden weder aus den unmittelbaren Lebensbedingungen des Kindes erschlossen, noch werden sie im täglichen Lebenszusammenhang angewandt und geübt. So findet vielfach Eßtherapie oder Toilettentraining zu festgelegten Therapiezeiten statt, aber nicht im Zusammenhang des Tagesablaufs der Einrichtung. Integrative Erziehung, die sich am Situationsansatz orientiert, versucht, eine bewußte Alternative zu diesem Vorgehen zu schaffen.

Das dritte Erziehungsziel ***Solidarität*** geht davon aus, daß die Entwicklung von Autonomie und Kompetenz die Fähigkeit zu solidarischem Handeln einschließen muß, denn Lebensbewältigung heißt u.a. auch, Lebensumstände gemeinsam mit anderen zu gestalten oder zu verändern. Dieses Erziehungsziel muß bei einem Verzicht auf segregierende Praxis noch ernster genommen werden als unter der Prämisse bereits vorhandener Aussonderung. Auf einer ganz konkreten Ebene kann das bedeuten, daß z.B. in der Kindergartenarbeit nicht das fertige Produkt im Mittelpunkt steht, sondern der Weg seiner Entstehung und wie sich die Kinder dabei verhalten.

Die Umsetzung der Ziele des Curriculum „Soziales Lernen" „Autonomie, Kompetenz und Solidarität" auf die konkrete Handlungsebene im Kindergarten erfordert bestimmte Rahmenbedingungen wie altersgemischte Gruppen und mehrere Erwachsene pro Gruppe, aber auch eine bestimmte Rolle des Erziehers (vgl. S. 278).

Für die Planung der pädagogischen Arbeit ist zunächst eine genaue Situationsanalyse und -erschließung erforderlich. In diesem Prozeß ist zu bestimmen, welche für alle Kinder wichtigen Lebenssituationen, also welche „Themen", Fragen und Probleme in der nächsten Zeit im Mittelpunkt stehen sollen und wie diese in methodisches Vorgehen umzusetzen sind.

Bei der konkreten Umsetzung wird im allgemeinen auf das früher in den meisten Kindergärten gültig gewesene Schema für den Tagesablauf (Freispiel, Morgenkreis, Frühstück, gezielt angeleitete Beschäftigungen) verzichtet, weil die Arbeit mit altersgemischten Gruppen Individualisierung und Differenzierung erfordert. In vielen Einrichtungen, die nach diesem Ansatz arbeiten, wurden deshalb lange Freispielphasen mit gleitendem Frühstück eingeführt, wobei zugleich gezielt angeleitete Angebote zum Projektthema gemacht oder Anregungen, Fragen und Ideen von Kindern (insbesondere zum Thema) aufgegriffen und weitergeführt werden. Verbindliche gleiche Angebote an die gesamte Kindergruppe traten in den Hintergrund. Von verschiedenen Erzieherinnen wird allerdings bezweifelt, daß ein weitgehend offener Tageslauf für die Arbeit mit gemischten Gruppen immer sinnvoll ist (vgl. S. 181 ff.).

Planung bedeutet in diesem Ansatz zugleich ***Offenheit***, denn es findet gerade nicht – wie es der Planungsbegriff vielleicht nahelegt – eine minutiöse Verplanung des Kindergartenalltags und der einzelnen Kinder statt. Vielmehr wird Planung hier verstanden als Befassen mit dem Thema, Beschaffen von entsprechenden Materialien und Bereitstellen situationsangemessener Angebote an die Kinder, über deren spezielle Situation genaue Kenntnisse vorhanden sein müssen.

Abschließend ist noch auf eine weitere Absicht hinzuweisen, die mit dem Curriculum „Soziales Lernen" verbunden ist. Es will die Begrenzung der Kindergartenarbeit auf die Institution Kindergarten durchbrechen, was mit den Stichwörtern „Öffnung des Kindergartens", „Gemeinwesenorientierung" und „generationsübergreifendes Lernen" gefaßt wird. Hinsichtlich integrativer Erziehung bekommen diese Stichwörter vor allem unter drei

Gesichtspunkten besondere Bedeutung:

– Aufhebung von Isolation: Durch integrative Erziehung konnte in einer ganzen Reihe von Einrichtungen die Isolation behinderter Kinder und ihrer Familien verringert werden. Durch den Kindergarten verstärkt oder sogar vermittelt, konnten Kontakte zwischen behinderten und nichtbehinderten Kindern und ihren Familien entstehen, die nicht nur auf die Institution begrenzt blieben, sondern sich im sonstigen Lebenszusammenhang fortsetzen ließen.

– Mitgestaltung der Umwelt: Integration hat nicht nur bei den Kindern, sondern auch bei den Erzieherinnen und Eltern Erfahrungs- und Lernprozesse bewirkt. Vielfach hat sich erwiesen, daß im Rahmen des Ausbaus integrativer Kindergartenarbeit sehr bewußte Entscheidungen von Eltern und Erzieherinnen getroffen wurden, die auch eine politische Dimension hinsichtlich der Verbreitung von Integration oder des Erhalts insbesondere gefährdeter Integrationsmodelle hatten.

– Nutzung von Angeboten im Umfeld: Bei integrativer Erziehung erwies es sich in besonders starkem Maße als notwendig, Angebote im Umfeld zu nutzen, wie Turnhallen benachbarter Schulen, öffentliche Schwimmbäder, Spielplätze. Aber auch Kontakte zu Ärzten, Therapeuten und Beratungsstellen mußten vielfach aufgenommen werden. Aus verschiedenen Einrichtungen wurde des weiteren berichtet, daß Kontakte zu behinderten Erwachsenen insbesondere in der Anfangszeit integrativer Erziehung eine hohe Bedeutung erhielten. Je nach Schlüsselsituation in der Kindergruppe standen z.B. als Ausgangspunkt für die pädagogische Arbeit Themen wie „Mein Körper", „Ich muß zum Arzt" usw. im Mittelpunkt. In diesem Zusammenhang fanden dann auch Besuche der Kindergruppe in einer Arztpraxis, in der Beratungsstelle usw. statt.

Neben sehr positiven Erfahrungen mit dem Situationsansatz bei integrativer Erziehung [8] wurde aus einzelnen Einrichtungen auch berichtet, daß er sich als zu „hoch angesetzt" für die Arbeit mit behinderten Kindern erwies. Diese Kritik kann wohl nicht die Ebene der grundsätzlichen Ziele und Planungsanforderungen betreffen, sondern eher die der Einlösung dieser Vorgaben im Kindergartenalltag. Hierbei ist zu vermuten, daß die in den Didaktischen Einheiten bereitgestellten Materialien dem weit auseinanderfallenden Entwicklungsspektrum bei Kindern in integrativen Gruppen insofern nicht in ausreichendem Maße Rechnung tragen, als unter diesem Gesichtspunkt zu wenig konkrete Hilfen für Erzieherinnen angeboten werden. Erzieherinnen müssen damit wesentliche Schritte der Umsetzung ohne weitere Unterstützung leisten, was nur bei Teamarbeit und mit ausreichenden kinderfreien Zeiten für Planung und Diskussion im Team möglich ist. Gerade die selbständige Planung von Erzieherinnen und das Vermeiden einer Rezeptologie war jedoch erklärtes Ziel, das mit dem Curriculum „Soziales Lernen" verbunden war; eine entsprechende Umsetzung erweist sich jedoch nur dann als möglich, wenn der Kindergartenträger die erforderlichen Rahmenbedingungen dazu bereitstellt.

Zusammenfassend kann gesagt werden, daß eine Orientierung am Curriculum „Soziales Lernen" mit seinen Erziehungszielen Autonomie, Kompetenz und Solidarität sehr günstige Voraussetzungen für integrative Erziehung bietet. Auch andere Merkmale dieser Konzeption, wie „Lernen in Lebenszusammenhängen, nicht in isolierten Situationen", „Öffnung des Kindergartens", „Gemeinwesenorientierung" erwiesen sich als sehr sinnvoll. Weiter ist die Forderung, erst nach einer eingehenden Situationsanalyse die genauen Inhalte der pädagogischen Arbeit festzulegen, bei integrativer Arbeit von entscheidender Bedeutung. Damit ist sichergestellt, daß die Lebensbedingungen jedes einzelnen Kindes, seine Fähigkeiten, Möglichkeiten und Interessen, die Situation in der

---

8) Überlegungen und Erfahrungen dazu sind auch enthalten in Lackmann: Möglichkeiten und Grenzen des Curriculums, Diplomarbeit

Gruppe u.a.m. den Ausgangspunkt für differenzierte pädagogische Angebote bilden.

Probleme können bei diesem Ansatz möglicherweise in einem Theoriedefizit liegen, da für das Curriculum „Soziales Lernen" nicht hinreichend ermittelt wurde, inwieweit und auf welche Weise „die vielschichtige gesellschaftliche Bedingtheit realer Handlungsfelder für kleine Kinder aufgeschlüsselt werden kann und muß, damit ihnen Erfahrungen und Erkenntnisse möglich werden, über die sie wirklich verfügen können." [9]

Auf der Ebene der Gestaltung des Kindergartenalltags könnten Schwierigkeiten darin liegen, daß die für die „normale" Kindergartenarbeit entwickelten Materialien den weit auseinanderfallenden Entwicklungsstand in integrativen Gruppen nicht in ausreichendem Maße berücksichtigen. Des weiteren könnte es möglich sein, daß die relativ grobe Strukturierung des Tagesablaufs manche behinderten Kinder überfordert und daß sie damit zu wenig in die Gesamtgruppe eingebunden werden können. Außerdem kann die Gefahr bestehen, daß behinderte Kinder zu wenig gezielte Förderung erfahren, wenn Erzieherinnen sie nicht ausdrücklich in ihrer Planung und in der praktischen Arbeit berücksichtigen.

Aufschluß über die Frage, ob sich der Situationsansatz bei integrativer Arbeit bewährt bzw. wie er gegebenenfalls modifiziert werden müßte, ist von einer Untersuchung in Modelleinrichtungen zu erwarten, die vom Sozialpädagogischen Institut für Kleinkind- und außerschulische Erziehung in Nordrhein-Westfalen durchgeführt wird und die sich ausdrücklich mit der Umsetzung des Situationsansatzes bei integrativer Erziehung befaßt. [10]

---

9) Bambach/Gerstacker: Situationsansatz, 1973, S. 156

10) Vgl. Fußnote 1, S. 17 f.

1.4 Kindergartenpädagogische Ansätze nach der Aneignungstheorie

In den kindergartenpädagogischen Ansätzen nach der Aneignungstheorie sind viele Momente enthalten, die auch bestimmend für das Curriculum „Soziales Lernen" sind, wie z.B. das Ansetzen an den Fähigkeiten und Möglichkeiten des Kindes, die Forderung nach Emanzipation bzw. Selbstbestimmung und Selbsttätigkeit, die Förderung der Gesamtpersönlichkeit, weitgehender Verzicht auf reines Funktionstraining, d.h. stattdessen Förderung in Lebenszusammenhängen und nicht in isolierten Situationen, die prinzipielle Gleichwertigkeit von Erzieher und Kind, der Anspruch des gemeinsamen Lernens aller Beteiligten, das Ansetzen an den Lebensbedingungen der einzelnen Kinder u.a.m. Die beiden Konzeptionen sollen jedoch nicht im einzelnen miteinander verglichen werden, vielmehr sollen einige gravierende Unterschiede in den theoretischen Aussagen und in der praktischen Arbeit herausgestellt werden, die möglicherweise von entscheidender Bedeutung bei integrativer Erziehung sind. Dazu soll zunächst angedeutet werden, in welcher Situation sich viele behinderte Menschen befinden.

Behinderte Menschen haben unter den gegenwärtigen Bedingungen in den meisten Fällen nur sehr eingeschränkte Möglichkeiten der Teilhabe an der sie umgebenden Umwelt, sie sind – verglichen mit nichtbehinderten – weitgehend von ihr isoliert (vgl. 21 ff.). Diese Isolation kann vielfältige Ursachen haben, sie kann in biologischen (z.B. ein Kind kann nicht sehen) sowie in sozialen Bedingungen liegen; im allgemeinen liegt ihr aber eine Koppelung aus beidem zugrunde. Isolation unter primär sozialen Gesichtspunkten entsteht nach Jantzen durch

– ***Unterforderung:*** Wenn Kindern nur Handlungsmöglichkeiten in der Zone der bereits von ihnen beherrschten Entwicklung angeboten werden, so können sie nur im Rahmen ihrer bereits vorhandenen Fähigkeiten tätig werden, können aber keine neuen Erkenntnisse und Erfahrungen gewinnen. (Die Folge extremer Bedingungen in dieser Art ist Hospitalismus).

- *Überforderung:* Werden Kinder ständig überfordert, d.h. wird bei ihrer Förderung nicht an Bekanntem angeknüpft und von hier aus die Handlungsfähigkeit in die nächste Zone der Entwicklung weitergeführt, sondern werden Handlungen verlangt, für die keine Voraussetzungen vorhanden sind, so entsteht ebenfalls Isolation. (Aufgrund solcher unangemessenen Ansprüche an ein Kind kann möglicherweise Autismus entstehen).

- *Widersprüchliche Informationen:* Werden Kindern verbal andere Inhalte vermittelt, als z.B. über Mimik, Gestik usw., so entstehen double-bind-Situationen, die Isolation erzeugen, denn da sich das Kind nicht orientieren kann, ist es auch nicht in der Lage, klare Handlungsmöglichkeiten auszubilden [1]. Zu Desorientierung kann ebenfalls führen, wenn Anweisungen nicht klar und in der richtigen Reihenfolge gegeben werden (vgl. S. 281 f.).

Jantzen beschreibt des weiteren sehr eindrucksvoll, daß die Verhaltensstrategien eines Menschen, der sich in einer isolierten Situation befindet, aus der Wahrnehmung des Individuums heraus hoch zweckmäßig sind [2]. Nicht das Individuum als solches ist demnach zu ändern, vielmehr müssen die Bedingungen verändert werden, die zu seiner Isolation führen, damit eine der Handlungsfähigkeit des betreffenden Menschen adäquate Wahrnehmungstätigkeit möglich wird. Will man behinderten Kindern also „optimale" Entwicklungsmöglichkeiten bieten, so ist die entscheidende Prämisse, zusätzlich zur bereits vorhandenen Isolation aus biologischen Gründen, jede weitere — soziale — Isolation zu vermeiden. Um die pädagogischen Konsequenzen, die sich nach der Aneigungstheorie hieraus ergeben, erfassen zu können, soll zunächst verkürzter Form dargestellt werden, wie Sozialisationsprozesse laut Aneignungstheorie vor sich gehen:

---

1) Vgl. Jantzen: Behindertenpädagogik, Persönlichkeitstheorie, Therapie, 1978, S. 58 f.

2) Vgl. Jantzen: Materialistische Behindertenpädagogik und Therapie, S. 87 ff.

Sozialisation findet durch Wechselwirkung zwischen den individuellen biologischen Möglichkeiten und den gesamten Umweltbedingungen, die das Kind umgeben, statt. Im Verlauf ihres Sozialisationsprozesses erschließen sich Kinder die Welt durch Tätigsein in der Begegnung mit Gegenständen, die im Verlaufe der Geschichte von Menschen entwickelt wurden, wie z.B. mit Werkzeugen (Löffel, Sandschaufel u.a.m.) sowie mit Personen und deren Emotionen. Das Kind muß sich die jeweils spezifischen Merkmale und Qualitäten der materiellen und ideellen Umgebung erschließen, um sie sich entsprechend dem Stellenwert, den diese Gegenstände in seiner unmittelbaren Lebenswelt haben, nutzbar machen zu können. [3] In diesem Aneignungsprozeß bildet das Kind sein Verhältnis zur Umwelt vor allem über soziale Beziehungen aus, indem ihm durch andere Menschen z.B. der Gebrauch von Gegenständen vermittelt wird.

Der Verlauf von Aneignungsprozessen war und ist Gegenstand eingehender wissenschaftlicher Analysen, die Grundlage der kindergartenpädagogischen Ansätze nach der Aneigungstheorie sind. Hier liegt ein deutlicher Unterschied zum Curriculum „Soziales Lernen", in dem eine entsprechende Theorie der Wirkung gesellschaftlicher Bedingungen bei der Persönlichkeitsentwicklung ebensowenig erarbeitet wurde, wie z.B. eine entwicklungspsychologische Fundierung für die Durchführung von Kindergartenpädagogik. [4]

Die Persönlichkeitstheorie des Aneignungskonzeptes dagegen ist als Theorie der gesellschaftlichen Strukturen der Menschen eine soziologische Theorie; sie befaßt sich ausführlich mit den Voraussetzungen, Bedingungen und Ergebnissen individueller menschlicher Lernprozesse innerhalb einer Gesellschaft. [5]

---

3) Vgl. Jantzen: Menschliche Entwicklung, 1980, S. 12ff.
Vgl. Feuser: Zwischenbericht, 1984, S. 100ff.

4) Vgl. Bambach/Gerstacker: Situationsansatz, 1973, S. 156

5) Vgl. Dormagen-Kreutzbeck: Persönlichkeit, 1977, S. 341

In der Bundesrepublik bemühen sich vor allem Jantzen und Feuser darum, die Erkenntnisse der Aneignungstheorie auch auf die Förderung behinderter Kinder oder vielmehr auf integrative Erziehung zu beziehen und sie für eine differenzierte pädagogische und therapeutische Arbeit zu erschließen, bei der das Entstehen oder die Aufrechterhaltung von Isolation verhindert wird. Dazu werden von beiden die aufeinanderfolgenden Phasen der Tätigkeiten und des Lernens von Kindern sehr eingehend und differenziert beschrieben, zugleich verweisen sie auf die vielfältigen neurophysiologischen Vorgänge, die dabei im Körper vor sich gehen, sich ausbilden und festigen. Auch Kompensationsmöglichkeiten bei Behinderungen werden aufgezeigt, wenn den Kindern entsprechend frühe Förderung gewährt wird.

Bezüglich der Lernvorgänge behinderter und nichtbehinderter Kinder wird in den Materialien einer integrativen Einrichtung, die nach den Prämissen der Aneignungstheorie arbeitet, festgestellt:

„Im Lernen des behinderten und nichtbehinderten Kindes besteht kein prinzipieller Unterschied, sondern beides unterscheidet sich lediglich in der graduellen Abstufung der notwendigen und erforderlichen Hilfe." [6]

Pädagogische Hilfen werden grundsätzlich als Bereitstellung von Mitteln für Aneignungsprozesse der Kinder angesehen, wobei Voraussetzung dafür eine umfassende Analyse der Situation des Kindes ist. Es wird jedoch ausdrücklich betont, daß Gegenstand pädagogischen Handelns nicht das behinderte Kind ist, auch nicht

„Objekte, Ziele u.a., sondern die Analyse und der Aufbau der Struktur des jeweiligen Aneignungsprozesses, des Lernprozesses selbst, . . . Ziel des pädagogisch-therapeutischen Handelns ist, ansetzend an den gegenwärtigen Fähigkeiten und Fertigkeiten – unter Berücksichtigung der Biographie des Kindes –, neue Möglichkeiten des Handelns für das Kind zu schaffen . . ." [7]

---

6) Alpers/Holste/Meier u.a.: Integration, o.J., S. 14

7) Alpers/Biermann/Dalldorf u.a.: Personelle Voraussetzungen, o.J., S. 1

Die Panung der pädagogischen Arbeit geht aus von kontinuierlichen Beobachtungen der Kinder in unterschiedlichen Alltagssituationen und bei verschiedenen Tätigkeiten, u.a. beim Spielen und Lernen, dann wird das Beobachtete analysier und interpretiert und zwar unter den Kriterien von

„1. Fähigkeit, Fertigkeit und Kenntnissen,
2. Interaktion, Kommunikation und Kooperation,
3. Bedürfnisse, Interessen und Motivation und
4. der häuslichen und familiären Situation." [8]

Hinsichtlich der erforderlichen pädagogischen Angebote erfolgt zudem eine ***Analyse der Sachstruktur***. Dabei werden Spiel- und Lerngegenstände nach Qualitäten, d.h. nach ihrem (Bildungs-) Gehalt, bezogen auf die Zugangsmöglichkeiten der Kinder ausgewählt. Dabei richtet man sich nach der Wahrnehmungstätigkeit der Kinder und danach, wie die Kinder die ansehbaren, hörbaren, tastbaren Merkmale der Gegenstände verändern können, wenn z.B. aus einem Tonklumpen während der Bearbeitung eine Maske wird. [9]

Hierzu erfolgt eine ***Handlungsstrukturanalyse***; dabei steht die ***Weiterführung*** der bereits beherrschten Tätigkeiten der Kinder zu Tätigkeiten in der nächsten Zone der Entwicklung im Rahmen von Spiel- und Lernangeboten im Vordergrund. Diese Zielvorstellungen sollen für die pädagogische Arbeit bezogen auf die Gruppe sowie die einzelnen Kinder im Sinne konkreter Tätigkeiten und Verhaltensweisen – und was dabei bewirkt wird bzw. bewirkt werden soll – von den pädagogisch und therapeutisch Zuständigen beschrieben werden. [10]

---

8) Feuser: Zwischenbericht, 1984, S. 143

9) Vgl. ebda., S. 143f.

10) Vgl. ebda., S. 144

Bei der Umsetzung der Aneigungstheorie für integrative Erziehung ist die von Feuser erarbeitete Definition von Integration von wesentlicher Bedeutung. Integration bedeutet demnach alle Kinder spielen/lernen auf ihrem Entwicklungsniveau in Kooperation miteinander an/mit einem gemeinsamen Gegenstand. [11] Alle in einer Einrichtung tätigen Personen haben eine entsprechend differenzierte Vorbereitung zu leisten, um dies einzulösen und den Kindern die Weiterführung in die nächste Zone ihrer Entwicklung zu ermöglichen.

Als wesentlicher Bestandteil integrativer Kindergartenarbeit nach der Aneignungstheorie gilt auch die integrierte Therapie. Bei ihrer Aufgabenbestimmung wird darauf hingewiesen, daß sie dieselben Ziele zu verfolgen hat wie die Pädagogik. Demzufolge ist eine gemeinsame Planung von Pädagogen und Therapeuten unabdingbar. Dabei dürfen die spezifisch therapeutischen Handlungsmöglichkeiten nicht verwässert werden, Planung muß vielmehr gewährleisten, daß die spezifischen Zielsetzungen verschiedener therapeutischer Handlungsmöglichkeiten sich

- inhaltlich in Orientierung an der kindlichen Entwicklungslogik dem Gesamtziel unterordnen,
- thematisch einem Projekt/Vorhaben und dessen Teilinhalten anschließen,
- von der Durchführung her räumlich und sozial nicht aus dem kooperativen Gesamtprozeß absetzen oder herauslösen. [12]

Durch die systematische Analyse von Aneignungsprozessen und die Reflexion, was diese Erkenntnisse für die pädagogische und therapeutische Arbeit mit behinderten und nichtbehinderten Kindern bedeuten, füllt dieser Ansatz zumindest auf der theoretischen Ebene ein wesentliches Defizit einer Reihe anderer pädagogischer Konzeptionen. Auf der Ebene der praktischen Umsetzung im Kindergarten werden jedoch einige gravierende

---

11) Vgl. ebda., S. 18

12) Vgl. ebda., S. 136

Probleme sichtbar, die zwar nicht zwangsläufig als grundlegende Probleme dieses Ansatzes definiert werden müssen, dies aber sein können.

In einem der vorliegenden Praxisberichte fällt z.B. auf, daß trotz der Betonung von Zielen wie Selbstbestimmung des Kindes usw. der Pädagoge eine stark strukturierende Rolle einnimmt:

„. . . das, was die Kinder kognitiv und emotional bewältigen ***sollen***, strukturieren wir so, daß sie es leicht wahrnehmen, behalten und wiedererkennen können. Die Kinder sollen eine eigene Handlungskompetenz in Bezug zu den ***ihnen gestellten Aufgaben*** entwickeln (Hervorhebung d. V.)." 13)

Obwohl diese Aussage noch nicht ohne weiteres im oben angedeuteten Sinne bewertet werden muß, verstärkt sich der entstandene Eindruck, wenn man den Tagesablauf betrachtet, der in dieser Einrichtung besteht. An ihm wird eine starke Strukturierung durch Pädagogen und Therapeuten sichtbar; Zeit für selbstbestimmtes Tun der Kinder, das im Curriculum „Soziales Lernen" und in vielen anderen pädagogischen Konzeptionen für Kindergartenerziehung ausdrücklich viel Raum einnimmt, fehlt hier weitgehend. Freispielangeboten scheint kein eigener Wert zugedacht zu sein, vielmehr erfüllen sie eher Pufferfunktionen. In diesem Zusammenhang stellt sich die Frage, ob das, was bei diesem Ansatz erreicht werden soll, bei der dominierenden Strukturierung durch Erwachsene tatsächlich eintreten kann, z.B. Emanzipation, wie Jantzen sie fordert, oder Selbstbestimmung und Selbsttätigkeit. Nach diesen ersten Eindrücken, die freilich erst durch Teilnahme an der praktischen Kindergartenarbeit überprüft werden könnten, scheint ein Widerspruch darin zu liegen, Kinder mit Methoden zu Selbstbestimmung und Emanzipation führen zu wollen, die eben dies wenig zulassen.

Durch die verschiedenen Aussagen von Vertretern der Aneignungstheorie ist anzunehmen, daß dabei von der Vorstellung

---

13) Vgl. Alpers/Biermann/Dalldorf u.a.: Personelle Voraussetzungen, o.J., S. 12

ausgegangen wird, Selbstbestimmung komme erst zustande, wenn Kinder eine bestimmte Stufe der Tätigkeit und des Wissens erreicht haben. Dabei scheint mir aber zu wenig berücksichtigt, daß eine adäquate Aneignung immer aus einem Ineinandergreifen von Neuem Kennenlernen und — u.a. auch selbstbestimmten — Erproben besteht, wobei gleichzeitig neue Erfahrungen gemacht und neue Interessen entwickelt werden können. In den Praxisberichten wird zwar immer wieder auf diese Wechselwirkung verwiesen [14], bei den konkreten Erläuterungen bleibt aber dennoch der Eindruck bestehen, daß dieser theoretischen Aussage bei der Gestaltung des Kindergartenalltags nicht ausreichend Rechnung getragen wird. Es zeichnet sich demnach zumindest auf der Ebene der Umsetzung der Ziele der Aneignungstheorie in die praktische Kindergartenarbeit ein deutlicher Unterschied zu dem ab, was im Situationsansatz unter dem Erwerben von Autonomie und Kompetenz verstanden wird und wie dies im Kindergartenalltag erreicht werden soll.

Diese Kritik an der praktischen Arbeit nach der Aneignungstheorie gilt insbesondere dann, wenn es sich um eine eher „normale Kindergartenpopulation" handelt. Befinden sich jedoch — was ungünstig wäre (vgl. S. 49) — mehrere schwer- und schwerstbehinderte Kinder in einer Gruppe, so müßte sie möglicherweise abgeschwächt werden, weil damit ohne Zweifel eine sehr starke Strukturierung der Angebote erforderlich wird. Allerdings würde sich dann in diesen Gruppen die Frage stellen, ob nichtbehinderten Kindern solche Bedingungen zugemutet werden dürfen, oder ob man ihnen damit nicht wesentliche Entwicklungsmöglichkeiten nimmt.

In einem zweiten Praxisbericht aus einer Einrichtung, in der ebenfalls nach der Aneignungstheorie vorgegangen wird, fällt dieser Punkt nicht so stark ins Gewicht, hier wird mehr zusam-

---

14) Vgl. Feuser: Zwischenbericht, 1984, S. 126

menhängender Raum für „selbstbestimmtes" Tun gegeben. Es bleibt jedoch auch in diesem Kindergarten auf der Ebene der praktischen Umsetzung der Eindruck von stark kognitiv ausgerichteter lernpsychologisch orientierter Pädagogik erhalten, die wesentliche Bereiche sonstiger Kindergartenpädagogik vernachlässigt. Gleichzeitig fällt am Bericht aus dieser Einrichtung positiv auf, daß verschiedene ganz konkrete Elemente überlegt wurden, die im pädagogischen Alltag wesentliche Erleichterungen für Kinder und Erzieherinnen bringen können. So sollen von Erzieherinnen und Therapeuten für immer wiederkehrende gleiche Hinweise und Aufforderungen neben der Sprache auch bestimmte Signale, Mimik, Gesten und Gebärden eingesetzt werden. Dies ist besonders sinnvoll bei der Integration von Kindern, die Schwierigkeiten bezüglich des Sprachverständnisses haben. Des weiteren sollen Erzieherinnen und Therapeuten widersprüchliche Informationen dadurch vermeiden, daß sie sich darum bemühen, Anweisungen klar und in der richtigen Reihenfolge zu geben und daß Sagen und Tun mit ihrem Handeln übereinstimmt. So ist es z.B. sinnvoll, daß Erzieherinnen nicht mehr im Raum herumgehen, sondern sich setzen, wenn sie die Kinder dazu aufgefordert haben.

Abschließend läßt sich sagen, daß viele Aspekte, die die kindergartenpädagogischen Ansätze nach der Aneignungstheorie ausmachen, als sehr positiv für integrative Arbeit bewertet werden können, so. z.B.

- das ausführliche Förderdiagnoseverfahren,
- das umfassende Ansetzen an der Situation des Kindes bei der pädagogischen und therapeutischen Planung,
- die integrierte Therapie,
- die Disziplin, die sich Erzieherinnen und Therapeuten auferlegen, z.B. indem sie eine bewußte Ansprache der Kinder wählen und die Kinder auch mit nonverbalen Ausdrucksmitteln ansprechen,
- der strukturierte Tagesablauf (wenn auch nicht in der kritisierten Form),

– die innere Differenzierung der Gruppenarbeit, mit dem Ziel, daß alle Kinder auf ihrem jeweiligen Entwicklungsniveau in Kooperation miteinander an/mit einem gemeinsamen Gegenstand arbeiten/spielen.

Gleichzeitig bleibt jedoch ein Unbehagen bezüglich der starken Erzieherzentriertheit und des Eindrucks von deutlich kognitiv ausgerichteter, lernpsychologischer Orientierung. Dieser Eindruck entsteht vor allem durch die starke Segmentierung von komplexen Handlungsabläufen; insbesondere soziale und emotionale Prozesse lassen sich jedoch nur begrenzt auf diese Weise erschließen. [15)]

---

15) Wenn folgende Auflistung aus Feuser: Zwischenbericht, 1984, S. 167 nicht nur der systematischen Vorüberlegung dient, sondern auch in dieser Weise durchgeführt werden soll, so scheint mir diese Taylorisierung eines gemeinsamen zusammenhängenden Arbeits- und Lernprozesses äußerst problematisch.

„Die nachfolgende Sach- und Verlaufsanalyse des Vorganges ‚Füttern, Tränken und Ausmisten der Tiere' verdeutlicht in 72 Schritten den Arbeitsprozeß und zeigt durch die vorgestellten Großbuchstaben B, D, K und M, welches der Kinder der Kleingruppe welche aktuellen Tätigkeiten (entsprechend ihrer Handlungskompetenz bezogen auf die nächste Zone ihrer Entwicklung) im Handlungsablauf wahrnehmen werden.

Sach- und Verlaufsanalyse:

01 K	Frischfutter (Gemüse- und andere Abfälle) am zentralen Sammelort im KTH in bereitstehenden Eimer füllen und zum Hasenstall tragen
02 BDKM	Zum Schuppen gehen usw.
03 D	Schuppentür öffnen
04 D	Eimer und Handschaufel aus dem Schuppen holen
05 B	Gießkanne aus dem Schuppen holen
06 B	Sandschaufel aus dem Schuppen holen
07 M	Mistgabel und Schiebkarre aus dem Schuppen holen
08	Kiste für den Hasen aus dem Schuppen holen
09 D	Trockenfutter mit Handschaufel aus der Futtertonne in Eimer füllen
10 B	Wasser in Gießkanne füllen
11 BM	Mistgabel und Sandschaufel auf die Schiebkarre legen
12 D	Schuppentür schließen
13 D	Eimer mit Trockenfutter und Handschaufel zum Hasenstall tragen und dort abstellen
14 B	Mit Wasser gefüllte Gießkanne zum Hasenstall tragen und dort abstellen ..."

Problematisch erscheint auch die von Feuser entwickelte Fortbildungskonzeption. [16] An ihr fällt ebenfalls ein gewisser Widerspruch zu Prämissen der Aneignungstheorie auf, indem sie nicht am Wissen und Können von Erzieherinnen anzusetzen scheint, sondern im Gegenteil Erzieherinnen zunächst in erster Linie ihren ungenügenden Wissensstand deutlich macht, um sie dann mit einer Unmenge von kompliziertem Wissen anzufüllen, das sie angeblich als ***Voraussetzung*** für integrative Arbeit brauchen.

In Einrichtungen, die nach der Aneigungstheorie arbeiten, besteht der Anspruch, daß Pädagogen und Therapeuten über die Gesamtentwicklung des Menschen (Kindes) Bescheid wissen müssen, was anerkanntermaßen von großer Bedeutung bei integrativer Arbeit ist, da ja Kinder mit weit auseinanderfallendem Entwicklungsstand in einer Einrichtung sind. Aber der Erwerb solcher Kenntnisse müßte sich in Form eines umfassenden Aneignungsprozesses vollziehen, der davon ausgeht, was für die jeweiligen Erzieherinnen erforderlich ist und nicht in Form einer Lehrgangskonzeption, die den Eindruck eines übergestülpten kognitiven Programms macht. Dieser Eindruck wird durch Aussagen von Teilnehmerinnen bestätigt, die den Lehrgang einerseits als sehr anregend, zugleich aber auch als überfrachtet erlebten. [17]

1.5 Waldorf-Pädagogik

Ohne die anthroposophische Philosophie und die pädagogischen Prinzipien der Waldorf-Kindergärten [1] im einzelnen darzustel-

---

16) Vgl. Feuser: Zwischenbericht, 1984, S. 178 ff.

17) Vgl. Herzog: Integration, 1985, S. 97

1) Die Ausführungen über Waldorf-Pädagogik in Kindergärten sind weitgehend entnommen aus Plan und Praxis des Waldorf-Kindergartens, 1973[3]. Informationen über Waldorf-Pädagogik insgesamt vgl. Lindenberg: Waldorfschulen, 1975

len, sollen die Auswirkungen dieses Ansatzes auf die konkrete Erziehungsarbeit in integrativen Einrichtungen kurz beschrieben werden.

Erzieherinnen in Gruppen, die nach Grundsätzen der Waldorf-Pädagogik arbeiten, scheint es sehr wichtig zu sein, eine Umgebung und eine Atmosphäre zu schaffen, die Kinder als gestaltet erleben und in der viel Zeit und Spielraum für allmähliche Entwicklung zur Verfügung stehen. Man bemüht sich dabei um einen Rahmen, der „künstlerischem Qualitätsempfinden Rechnung trägt" [2] und zugleich überschaubar, schön und zweckmäßig gestaltet ist.

Die Ausstattung der Gruppenräume wird entsprechend diesen Überlegungen mit vielseitig verwendbaren Naturmaterialien wie unbearbeiteten Holz- und Rindenstücken, zersägten Ästen, Kernen, Muscheln und Steinen sowie Knetwachs, Wachsmalstiften, Tüchern und mit schönem Spielzeug, das aus Naturmaterialien gefertigt ist, vorgenommen. Das Spielzeug soll dabei nicht bis ins Detail, sondern nur andeutend gestaltet sein. Dadurch soll das Kind veranlaßt werden, an den Puppen, den Tieren usw. das, was nur in der Andeutung vorhanden ist, aufgrund seiner Erfahrungen und Phantasien in seiner Vorstellung zu ergänzen. Begründet wird diese Ausstattung so:

„Ein wesentliches Mittel für die Entfaltung des produktiven Denkens und der Intelligenz ist beim Spielen unter der Bedingung gegeben, daß die Kinder aus ihren bisherigen Erlebnissen reiche Anregungen haben und daß das Material, das ihnen zur Verfügung steht, ihre Tätigkeit nicht einschränkt. Wenn dann ein Kind nicht aus Würfeln oder anderen einfach geometrisch geformten Klötzen, die schon durch ihre Gleichförmigkeit ziemlich langweilig und in ihrer Verwendbarkeit vorgeprägt sind, sondern aus unregelmäßigen Hölzern und Klötzen, wie man sie bekommt, wenn man dicke Äste und kleine Baumstämme zersägt, einen Turm oder ein anderes Gebäude baut, so muß das Kind immer neue Probleme lösen. Es befindet sich da in einer interessanten Situation, weil nichts vorgegeben

---

2) Jaffke: Kultivierung durch Kunst, 1973[3], S. 43

ist. Wenn ein Kind mit solchen zum Teil recht unregelmäßigen Klötzen zu bauen anfängt, kommt es in immer neue Situationen, indem etwas abgestützt werden muß, indem etwas ausgesucht werden muß. Wenn das Kind ein Gebäude aus solchen Dingen aufbaut, muß es oft von Situation zu Situation neue Probleme produktiv lösen, ohne dafür Anleitungen zu haben. Es wird heute viel vom L e r n e n p r o b l e m l ö s e n d e r V e r f a h r e n gesprochen. Dieses ist die beste Möglichkeit, das Kind in eine Situation zu bringen, in der es im Tätigkeits- und Erlebniszusammenhang sein Denken und seine Intelligenz b e t ä t i g t . . ." [3]

„Man muß sich allerdings dazu entschließen, alles fertige Gerät weitgehend aus dem Kindergarten zu entfernen, damit die Kinder ihr Puppentheater, ihre Häuser usw. selbst aus einfachem Material herstellen können. Bei diesen Spielen entwickeln die Kinder ganz beiläufig eine Wachheit beim Auffassen und Unterscheiden der Formen." [4]

In Waldorf-Kindergärten wendet man sich gegen (zu frühe) Intellektualisierung. Die Phase bis zu sieben Jahren darf nicht vorrangig durch kognitive Lernprozesse in Anspruch genommen werden, sondern sie soll vor allem den physischen Wachstums- und Gestaltungsprozessen zur Verfügung stehen. Diese Lebensphase wird auch als die Phase bezeichnet, in der sich die Entwicklung der Kinder über Nachahmung vollzieht. Die Einteilung des Tagesablaufs bietet sehr viel Raum für freies Spiel, in das vom Erzieher möglichst wenig eingegriffen werden soll. Den Kindern soll wenig Zwang auferlegt werden, dagegen möchte man sie durch Anregungen zum Nachahmen veranlassen. Man gesteht ihnen dabei zu, daß sie dies in sehr unterschiedlicher Intensität tun; manche Kinder beteiligen sich unmittelbar und direkt, andere dagegen erst nach langem Beobachten. Die Kinder sollen ihren eigenen Rhythmus finden und dadurch innere Selbständigkeit entwickeln, denn Nachahmung kann nicht befohlen werden, sie kann nur auf unautoritäre Weise stattfinden. [5]
In der Waldorfpädagogik geht es also darum,

---

3) Kranich, Vorschulerziehung, 1973^3, S. 16

4) ebda., S. 17

5) Vgl. ebda., S. 13

„die Umgebung des Kindes so zu gestalten, daß das, was das Kind aus dieser Umgebung aufnimmt, seine Entwicklung fördert und im Einklang steht mit den Bedingungen für die spätere Entfaltung seiner Persönlichkeit.'' 6)

Erzieherinnen sollen demzufolge die auf ihrer Ebene erforderlichen Dinge tun, und wenn Kinder mittun wollen, sollen sie ihnen angemessene Möglichkeiten zum Mitmachen geben, z.B. sollen von den Erzieherinnen Tätigkeiten von Hand, nicht mit Maschinen, ausgeführt werden, wie waschen, backen, bügeln, stopfen, fegen, handwerkliche Tätigkeiten usw.

„Es geht hier nicht um eine romantische Handwerksideologie oder ähnliches, sondern um Anschauungen, an denen das Kind im Erfassen des Zusammenhanges in seinem Denken und in seiner Intelligenz angeregt wird.'' 7)

Es wird auch immer wieder betont, daß bei der Arbeit nach der Waldorf-Pädagogik darauf geachtet werden muß, daß „Denken und die Intelligenz nicht aus ihrer inneren Verbindung mit dem Erlebten . . . herausgelöst werden.'' 8)

In den Veröffentlichungen über Kindergartenarbeit wird von anthroposophischer Seite immer wieder hervorgehoben, daß dem Kindergarten gerade in der Vermittlung solcher Zusammenhänge eine wesentliche Bedeutung zukommt, weil in dem Maße, in dem unsere technische Zivilisation Handlungen durch Maschinen ersetzt, auch z.B. im Haushalt, die wahrnehmbare Umgebung sinnentleert wird. 9) Insgesamt sollen den Kindern in den ersten Lebensjahren im Kindergarten wohltuende, harmonische Sinneseindrücke vermittelt werden. Man ist bestrebt, einen Schonraum um das Kind zu schaffen, damit Kräfte heran-

6) ebda., S. 13

7) ebda., S. 16

8) ebda., S. 12

9) Vgl. ebda., S. 16

reifen können, die die Kinder im Erwachsenenalter zur Gestaltung ihres Lebens brauchen können. Die Rolle der Erzieherinnen soll die von liebevollen Eltern sein.

In der täglichen Arbeit wird auch einer rhythmischen, wiederholenden Gestaltung des Tageslaufs große Bedeutung zugemessen. [10]

Über die Erfahrungen mit Waldorf-Pädagogik in einer integrativen Gruppe des Kindergartens der evangelischen französisch-reformierten Gemeinde wird in einer wissenschaftlichen Begleituntersuchung berichtet. Dabei finden sich zum einen einige der theoretischen Aussagen über Waldorf-Pädagogik auf einer praktischen Ebene wieder, zum zweiten wird ein Eindruck hinsichtlich der Ausgestaltung und Bedeutung verschiedener Abschnitte im Tageslauf vermittelt, und zum dritten wird etwas über die Erfahrung mit dieser pädagogischen Konzeption in integrativen Gruppen ausgesagt.

In der wissenschaftlichen Begleituntersuchung wurden die Beobachtungen während des bei Waldorf-Pädagogik als sehr wichtig angesehenen ***Freispiels*** wie folgt beschrieben:

„Die Kinder spielen also in der Regel völlig selbständig, teilweise allein, häufiger zu zweit oder in kleinen, z.T. relativ beständigen Gruppen. Sie kennen sich sehr gut in ihrem Raum aus und wissen genau, wo das jeweils benötigte Material zu finden ist, oder sie lassen sich von etwas, was ihnen gerade in den Blick gerät, zu einem Spiel anregen." [11]

„Die stärker behinderten Kinder fielen während des Freispiels dadurch auf, daß sie nicht 'mit-taten'. Sie beschäftigten sich allein, sahen den anderen vom Rand aus zu, gingen auch einmal mitten in eine spielende Gruppe, etwa in der Puppenecke, und kamen wieder heraus, ohne daß eine Kon-

---

10) Vgl. Erziehung zur Freiheit, 1972, S. 36f. sowie Schöttner: Ein Kindergarten-Tageslauf, 1973, S. 28 f.

11) Wissenschaftliche Begleitung, Zwischenbericht, 1983, S. 87

taktaufnahme stattgefunden hätte, oder sie taten – rein äußerlich betrachtet – 'gar nichts'." [12]

Die Erzieherinnen sehen und beobachten das Verhalten dieser Kinder am Rande der Gruppe, bewerten es aber nicht negativ. Sie sind vielmehr der Ansicht, daß die behinderten Kinder in ihrer Gruppe auf einer sozialen Entwicklungsstufe von höchstens dreijährigen stehen, die noch mehr auf sich selbst bezogen leben und spielen, als Kinder mit höherem Entwicklungsalter. Die Erzieherinnen sind deshalb der Meinung, daß diese Kinder nicht durch zu starke Initiativen Erwachsener in eine spielende Gruppe hineingestupst werden sollten, sie halten es vielmehr für richtig, ihnen genügend Zeit für ihre individuelle Entwicklung zu lassen, sie wollen nichts erzwingen und nichts künstlich herbeiführen.[13]

Nach dem Freispiel erfolgt das gemeinsame ***Aufräumen***, auf das als Orientierungspunkt für alle Kinder von den Erzieherinnen Wert gelegt wird. Es soll spielerisch gestaltet werden, d.h. es richtet sich nach den vorausgegangenen Spielen, z.B. bringen die Mütter und Väter ihre Häuser in Ordnung, der Bäcker räumt seine Waren weg usw. Trotz spielerisch gebauter Brücken passiert es bei den Aufräumeterminen jedoch immer wieder, daß Kinder ein eben begonnenes Spiel oder eine intensive Spielphase abbrechen müssen. Da aber die gemeinsame Beendigung und der gemeinsame Beginn des nächsten Abschnitts des Tagesablaufs hoch bewertet wurden, werden diese Nachteile in Kauf genommen.

An das Aufräumen schließt in der beobachteten Gruppe der ***„Morgenkreis"*** (in anderen Einrichtungen „Rhythmisches" genannt) an; er wird folgendermaßen gestaltet:

„Im Morgenkreis fassen sich zunächst alle Kinder und die Bezugspersonen an den Händen und begrüßen sich nochmals. Es wird ein Lied zu dem jeweiligen Wochentag gesungen und Lieder, die zum Monat oder zur Jahres-

12) ebda., S. 84

13) Vgl. ebda., S. 85

zeit passen, meist von Gesten und Bewegungen begleitet. Oft – wenn die Zeit noch ausreicht – setzten sich dann noch alle im Kreis auf den Boden, es werden Gedichte und Verse von den Erzieherinnen vorgetragen und Fingerspiele vorgeführt.

Diese Gedichte etc. sind den Kindern in der Regel bekannt, nur von Zeit zu Zeit wird etwas Neues in das Repertoire aufgenommen. So stoßen die Kinder wie auch bei den Liedern immer wieder auf Bekanntes und Vertrautes, das sie nach meinen Beobachtungen immer wieder gerne hören, auch wenn – oder gerade weil – sie die Texte zum Teil schon auswendig können." [14)]

Anschließend an den Morgenkreis ***waschen*** sich die Kinder in gruppeneigenen Toiletten und Waschräumen ***die Hände***, dann findet das gemeinsame ***Frühstück*** statt. Zumeist wird es von einer Erzieherin und den Kindern, die Lust dazu haben oder die aus erzieherischen Gründen zur Beteiligung aufgefordert werden, am Ende der Freispielphase gemeinsam vorbereitet. Auf eine gemeinsame Zubereitung des Frühstücks wird in den meisten Waldorf-Kindergärten großer Wert gelegt, denn gerade dies gehört zu den Tätigkeiten im Tageslauf, bei denen sich die Sinnhaftigkeit besonders leicht vermittelt. Vor dem Frühstück wird zumeist eine Art Gebet gesprochen. Kinder und Erwachsene bleiben so lange am Frühstückstisch sitzen, bis alle fertig sind. Beim Abräumen und Geschirrabwaschen helfen die Kinder oder tun es ganz selbst.

Die anschließende ***Spiel- und Beschäftigungszeit*** wird vielfach genutzt, um im Garten zu spielen oder Spaziergänge zu machen, in der beobachteten Gruppe ist es auch die Zeit, in der verbindlich dreimal wöchentlich von den Erzieherinnen geplante Aktivitäten wie Turnen, Schwimmen und das in der Waldorf-Pädagogik bedeutsame Aquarellieren stattfinden.

Bevor der Kindergartentag für einen großen Teil der Kinder zu Ende geht, findet der ***Märchenkreis*** statt. Märchen wird in der Waldorf-Pädagogik ein hoher Bildungsgehalt für verschiedenste

---

14) ebda., S. 88

Bereiche der kindlichen Entwicklung zugesprochen. In der Gruppe des Kindergartens der französisch-reformierten Gemeinde wird der Märchenkreis folgendermaßen durchgeführt:

„Die Stühle werden in einen Kreis gestellt, die Vorhänge zugezogen und in der Mitte des Stuhlkreises auf einem kleinen Tisch eine Kerze angezündet. Dabei legen die Erzieherinnen Wert darauf, daß die Kinder auf passenden Stühlen sitzen, damit sie die Füße auf den Boden stellen und somit ruhig sitzen können. Der Märchenkreis hat einen festen ersten und einen wechselnden zweiten Bestandteil:

Zu Beginn wird von Erzieherinnen und Kindern ein längerer Vers gesprochen, der die Bedeutung der Hände, der verschiedenen Sinne und die verschiedenen Teile des Gesichts benennt bzw. erklärt. Das Sprechen wird von entsprechenden Gesten begleitet.

Den Abschluß dieses ersten Teils bildet folgendes Ritual: Jeweils ein Kind geht mit einem Körbchen im Kreis herum und gibt jedem eine Haselnuß in die zum Schälchen geformten Hände. Die Kinder sollen hierdurch für den zweiten Teil des Märchenkreises noch einmal versammelt und ruhig werden.

Der zweite Teil besteht aus einer Geschichte, die eine Woche lang nur erzählt, in der zweiten Woche erzählt und anhand von Naturmaterialien dargestellt und in der dritten Woche von den Kindern gespielt wird. Von dieser Planung gibt es allerdings immer wieder Abweichungen, wenn etwa die für den Märchenkreis zur Verfügung stehende Zeit zu knapp ist. In solchen Fällen werden kürzere Geschichten erzählt oder Verse vorgetragen." [15]

Beim anschließenden ***Mittagessen*** gilt im großen und ganzen das gleiche wie für das Frühstück, es wird darauf geachtet, daß die Kinder möglichst selbständig essen, einige der behinderten Kinder müssen jedoch dabei beaufsichtigt oder manchmal auch betreut werden. [16]

---

15) ebda., S. 90 f.

16) Vgl. ebda., S. 91

Versucht man, Vor- und Nachteile von Waldorf-Kindergartenpädagogik für integrative Erziehung zu benennen, so könnten Probleme möglicherweise sein, daß Kinder, die kaum zu selbständigem Handeln in der Lage sind oder die im Gruppengeschehen kaum zur Nachahmung motiviert werden können, wegen des großen Freispielraums zu wenig Anregung und Unterstützung durch die Erzieherinnen erfahren. Diesem Problem versucht man in der Gruppe, aus der berichtet wurde, zu begegnen, indem die Erzieherinnen den Kindern — insbesondere den behinderten — immer wieder vorsichtig Vorschläge für Beschäftigungen und gemeinsames Tun machen. Dabei wird auch eine spezielle pädagogische Förderung im Auge behalten, außerdem finden therapeutische Angebote statt.

Eine zweite Schwierigkeit könnte darin liegen, daß behinderte Kinder bei den relativ langen und täglich wiederkehrenden Märchenkreisen, die zunächst stark verbal betont sind, überfordert sein können, wenn nicht ganz speziell auf ihre Situation eingegangen wird. Zugleich kommt ihnen jedoch der starke Wiederholungscharakter und die atmosphärische Gestaltung gerade bei diesem Teil des Tagesablaufs vermutlich stark entgegen.

Ein weiteres Problem von Waldorfpädagogik könnte aufgrund der speziellen Ausgestaltung und Betonung (z.B. nicht vertraut werden mit techischen Geräten) darin bestehen, daß Kinder im Kindergarten eine ganz andere Welt erleben als etwa zu Hause oder auf der Straße, und daß insbesondere behinderte Kinder zu wenig Hilfen erfahren, um sich in der Umwelt außerhalb des Kindergartens zurechtzufinden. Deutlich wird damit auch, daß die Waldorf-Pädagogik im Gegensatz zu anderen Konzeptionen, die vorhandene Probleme aufnehmen und auf Lebenswirklichkeit bezogen sind, Harmonisierung betreibt.

Viele Elemente der Waldorf-Pädagogik hingegen, die ja auch auf intensives Erleben, Selbstbestimmung, Handeln, Wiederholung ausgerichtet sind, und bei denen bewußt auf eine ganzheitliche

Förderung geachtet wird, scheinen mir für die Förderung behinderter Kinder geeignet zu sein. Möglicherweise wären hier auch Elemente anthroposophischer Heilpädagogik sinnvoll und hilfreich, die jedoch in keiner der von uns interviewten Einrichtungen angewandt wurde. Allerdings wurde aus anderen integrativen Gruppen, in denen nach der Waldorf-Pädagogik gearbeitet wird, berichtet, daß dieses Konzept im Sinne anthroposophischer Heilpädagogik modifiziert wird. Dies bedeutet z.B., daß „Einzeltherapie-Heileurhythmie (Bewegungstherapie) und spezielle heilpädagogische Maßnahmen" regelmäßig durchgeführt und unter pädagogischen und therapeutischen Gesichtspunkten dem Verlauf des Vormittags sorgfältig eingefügt werden. [17]

Abschließend ist noch zu sagen, daß Außenstehende in anthroposophisch geführten Einrichtungen immer wieder davon beeindruckt sind, mit welcher Ernsthaftigkeit Behinderte dort als vollwertige Menschen akzeptiert werden. Dies hängt mit der gesamten anthroposophischen Lehre zusammen. In ihr gibt es keine „behinderten" Menschen – auch keine geistig behinderten –, da nach dieser Philosophie nicht der Geist eines Menschen behindert sein kann, sondern ein gesunder Geist in einem behinderten Körper wohnt. In diesem Fall bedarf es der Vermittlung zwischen Körper und Geist durch die Seele. Daher erklärt sich auch die von Anthroposophen benützte Benennung von Behinderten als seelenbedürftigen Menschen.

1.6 Psychotherapeutisch orientierte Konzeptionen

Über den Eingang psychotherapeutischer Elemente in die pädagogische Arbeit von Kindergärten lassen sich aus unserem Arbeitszusammenhang nur wenig Aussagen machen. Eine besondere Schwierigkeit ist hier, daß sich einzelne Kindergärten nur sehr selten darauf festlegen, nach einer bestimmten psychothe-

---

17) Gesellschaft zur Betreuung entwicklungsgestörter und seelenpflegebedürftiger Kinder e.V. Bremen, 1982, S. 4

rapeutischen Methode oder dem hinter einer solchen Methode stehenden Menschenbild pädagogisch zu arbeiten, daß aber Elemente verschiedener psychotherapeutischer Ansätze in die direkte praktische Arbeit, zumindest aber in die therapeutischen Bereiche, einfließen.

In den Einrichtungen, mit denen wir in Kontakt kamen, wurden vor allem zwei Ansätze genannt, die einen Orientierungsrahmen für die pädagogische und therapeutische Arbeit abgaben:

a) Verhaltenstherapeutisch orientierte Konzeptionen

Rein verhaltenstherapeutische Konzeptionen werden in den meisten Kindergärten abgelehnt, obwohl entsprechende Elemente in nahezu allen Einrichtungen bewußt oder unbewußt in mehr oder weniger systematisierter Art in die Arbeit einfließen. Vielfach darf das Vorhandensein solcher Elemente jedoch nicht überbewertet werden, sondern sie sind als Bestandteil 'normaler' Erziehung anzusehen. Man denke nur an die Verteilung von Lob und Tadel, an Übergehen unerwünschten Verhaltens, an Belohnungen erwünschter, vollbrachter Leistungen usw. Entscheidend ist also nicht die Existenz solcher Elemente, sondern das Ausmaß der Systematisierung.

Verhaltenstherapeutische Orientierungen fanden wir vor allem bei der Arbeit mit „verhaltensauffälligen Kindern", allerdings bestimmten sie im allgemeinen nicht den gesamten pädagogischen Alltag, sondern wurden eher als therapeutische Elemente aufgenommen. Aber nicht immer wurden mit dieser Orientierung zufriedenstellende Erfahrungen gemacht. So berichtete man aus einer Kindertagesstätte:

„Als therapeutisches Konzept wurde in der ersten Zeit des Bestehens der Gruppe nach den Prinzipien der Verhaltenstherapie gearbeitet. Hierbei traten einige Probleme auf. Besonders kam es bei Kindern, die längere Zeit in der Gruppe waren und noch sind, zu unerwünschten Verhaltensweisen. Diese waren auf die Anwendung der Verhaltenstherapie, im Zusammenhang mit den von den Eltern angewandten ähnlichen Techniken, zurückzuführen. Ursache war das therapeutisch punktuelle Ansetzen an bestimmten einzelnen oder mehreren Symptomen. Die Gefahr der Symptomverschiebung lag nahe, da die Beziehungszusammenhänge der Verhaltensweisen der Kinder viel komplexer und nicht monokausal sind." [1]

Verhaltenstherapeutische Methoden wurden bereits vielfach der Kritik unterzogen. Hier soll nur noch einmal darauf hingewiesen werden, daß dieser therapeutische Ansatz darauf ausgerichtet ist, Menschen erwünschtes Verhalten anzutrainieren, bzw. unerwünschtes Verhalten abzutrainieren, oft ohne nach den Ursachen der bestehenden Verhaltensweisen zu fragen. Häufig wäre es jedoch sinnvoller, die Bedingungen zu verändern, die problematisches Verhalten bei Kindergartenkindern hervorrufen, anstatt Kinder zu therapieren. Die vielfach kritisierten manipulierenden Momente dieser Therapieform dürfen also nicht übersehen werden. Sie bringen es mit sich, daß Kinder nur allzuleicht nicht als Partner akzeptiert werden, sondern daß man sie zum Gegenstand von Programmen macht. Erziehungsziele wie Emanzipation, Selbstbestimmung usw. treten hier in den Hintergrund, da die störenden Situationen überwiegend von außen definiert werden.

Neben der Arbeit mit Verhaltensauffälligen findet man diesen Ansatz auch relativ häufig bei der Arbeit mit schwer geistig Behinderten, mit denen vor allem Trainingsprogramme zur Selbstbesorgung durchgeführt werden. Solche Ansätze können meiner Meinung nach für diese Zielgruppe in Einzelfällen sinnvoll sein, die Verwendung müßte aber jeweils sorgfältig abgewogen werden.

Auf einen besonderen Aspekt soll noch hingewiesen werden, den der Einsatz von „Verhaltenstherapie" für Erzieherinnen haben kann, wenn sie für die Förderung behinderter Kinder im Sinne von Funktionstraining verwendet wird. In solchen Fällen ist es

---

1) Stamm/Scholz/Merkel: Modell „Fördergruppen für gemeinschaftschwierige Kinder in Kindergartentagesstätten", 1979/1982, S. 11

erforderlich, daß sich Erzieherinnen bei den Dingen, die sie behinderten Kindern beibringen wollen, zunächst selbst die Handlungsabläufe differenziert klarmachen und in Einzelteile zerlegen. Es passiert nicht selten, daß ihnen dadurch erst deutlich wird, wie viele und welch schwierige Einzelhandlungen z.B. zur Toilette gehen, essen, eine Flasche öffnen usw. erfordert, wieviel also ein Kind auf dem Weg zur Erlangung solcher Selbständigkeit erlernen muß. Solche Erfahrungen können bei Erzieherinnen zu mehr Verständnis für behinderte Kinder führen und zu differenzierten pädagogischen Angeboten, die von den Kindern zu bewältigen sind.

Insgesamt wird es für Erzieherinnen jedoch wichtig sein, sich nicht in erster Linie an verhaltenstherapeutischen Prinzipien zu orientieren, sondern ihre Aufgabe in der Gestaltung einer Gruppensituation zu sehen, die es den Kindern möglich macht, trotz unterschiedlicher Fähigkeiten zusammenleben zu können.

b) Psychoanalytisch orientierte Konzeptionen

Auch hier gilt, daß wir rein psychoanalytisch orientierten pädagogischen Konzeptionen nicht begegnet sind, wohl aber solchen Elementen. Die Entwicklung der Kinder wird nach psychoanalytischen Entwicklungstheorien unter den primären Aspekten der Triebwandlung und der begleitenden Affektbildung gesehen. Kognitive Variablen (Wahrnehmen, Denken, Urteilen, Sprechen) erfahren vergleichsweise wenig Beachtung. [2]

Psychoanalytische Elemente fanden auf der Ebene der institutionalisierten Kindererziehung vor allem Eingang in die in der Kinderladenbewegung angestrebte repressionsfreie Erziehung, die von der Studentenbewegung Ende der sechziger Jahre zur Überwindung der kapitalistischen Gesellschaft entwickelt wurde. [3] Als wesentlicher Ansatzpunkt dieser Überwindung diente

2) Vgl. Trautner: Entwicklungspsychologie, 1978, S. 275

3) Vgl. Hemmer/Obereisenbuchner: Reform, 1979, S. 36 ff.

die Infragestellung der bürgerlichen Familie, die man als Reproduktionsinstitution der Gesellschaft besonders durch die in ihr betriebene frühe Reinlichkeitserziehung und Lustfeindlichkeit für die Prägung autoritärer Persönlichkeiten verantwortlich machte. In den Kinderläden sollten die Kinder ihre Bedürfnisse und das Zusammenleben mit anderen weitgehend selbst regulieren. Der Tageslauf wurde deshalb bewußt unstrukturiert gelassen, und die Erzieher sollten insgesamt so wenig wie möglich eingreifen.

Die Erfahrung mit repressions- bzw. angstfreier Erziehung wurde in einem der ersten integrativen Kindergärten zunächst als sehr positiv bewertet:

„Es gibt viele Kinder, die zu Beginn ihrer Kindergartenzeit sehr wild und umtriebig reagieren, vor Erleichterung, daß sie zu nichts gezwungen werden. Da sie sich immer wieder vergewissern können, daß sie sich selbst entscheiden können und sogar dazu ermuntert werden, setzt sich nach einiger Zeit der Wunsch durch, mit anderen Kindern etwas gemeinsam zu tun und schöpferisch tätig zu werden. Auf allen Gebieten des Spiels war zu beobachten, daß die Beschäftigungen vom Temperamentvollen, Wilden, Dynamischen zum Geordneten, Differenzierten gehen." [4]

„Durch Ausschalten von Zwang und Anerkennung der kindlichen Wünsche, durch Ermutigung zur Selbstdarstellung, zeigte sich ein starker Entwicklungsprozeß. Die Kinder sind mehr und mehr dazu fähig, im Kindergarten und auch zu Hause ihre Konflikte offen auszutragen." [5]

Andererseits machte man bezogen auf integrative Arbeit in dieser Einrichtung die Erfahrung, daß Erzieherinnen sowie behinderte und nichtbehinderte Kinder in gemischten Gruppen mit der Umsetzung dieser Konzeption überfordert waren. Aus diesem Grund wurden die behinderten und nichtbehinderten Kinder in der folgenden Zeit in getrennten Gruppen in jeweils nebeneinanderliegenden Gruppenräumen zusammengefaßt. Nach eini-

---

4) Ullner: Repressionsfreie Förderung, 1973, S. 55

5) ebda., S. 54

gen Jahren getrennter Praxis ging man aufgrund der inzwischen gewonnenen Erfahrungen wieder dazu über, gemischte Gruppen zu bilden.

Diese Beschreibung aus der Einrichtung läßt als Begründung für die damaligen Schwierigkeiten eine ähnliche Interpretation zu, wie sie der Erfahrung in vielen anderen Einrichtungen entspricht: Man hatte festgestellt, daß die Kinder durch eine zu wenig strukturierte Gestaltung des Tagesablaufs überfordert waren. Die Kinder waren deshalb wenig konstruktiv, apathisch oder aggressiv.

Psychoanalytische Elemente fanden sich jedoch nicht nur in der pädagogischen Arbeit von Einrichtungen, die der Kinderladenbewegung zugerechnet werden können, sondern auch in Kindergärten mit therapeutischem Anspruch. In diesen Einrichtungen legte man in der pädagogisch-therapeutischen Arbeit vielfach besonderen Wert auf Rollenspiele, Handpuppenspiele und die Gestaltung von Spielen, in denen Konfliktsituationen und Wünsche ausagiert werden können. Dabei haben von den Kindern frei gestaltete und gewählte Spiele eine hohe Bedeutung. Handlungen von Kindern werden nicht in erster Linie als „gut" und „böse" bewertet, sondern sie werden als Ausdruck der Situation des Kindes aufgenommen, die es zu verstehen gilt. Den Kindern wird dabei zugestanden, sich ohne zu stark leitendes und strukturierendes Verhalten der Erwachsenen auszuagieren. Aufgabe der Erwachsenen ist es, die Kinder zu verstehen, ihre Probleme aufzunehmen und sie bei der Bewältigung zu unterstützen, sofern dies erforderlich erscheint. Insofern kann die Aufnahme solcher Elemente in integrative Kindergartenarbeit zum Vorteil der Kinder sein.

Psychoanalytische Elemente können auch im Hinblick auf Hilfen zur Verarbeitung der eigenen Behinderung sowie beim Umgang mit „Behinderungen", die durch die bestehenden Kommunikationsbedingungen verursacht oder verstärkt werden und wie geistige Behinderungen oder Lernbehinderungen erscheinen, nach Erfahrungen in Einrichtungen sehr hilfreich sein. Es ist jedoch zu bezweifeln, daß eine Pädagogik der Selbstregulierung, wie sie vor allem die Kinderladenbewegung propagiert hat, integrativer Förderung dienlich ist.

2. Konzeptionsentwicklung und Erziehungsziele, wie sie in Konzeptionspapieren, Erfahrungsberichten oder bei Interviews formuliert wurden

2.1 Konzeptionsentwicklung

Neben der Anlehnung an die bereits beschriebenen Konzeptionen und einer eher indifferenten pädagogischen Orientierung fanden wir insbesondere in der Anfangszeit sehr häufig Einrichtungen vor, in denen Konzeptionen für integrative Erziehung speziell erarbeitet worden waren, dabei müssen die verschiedenen Einrichtungstypen jedoch deutlich voneinander unterschieden werden. In den frei entwickelten Konzeptionen wurden meist die grundsätzliche Orientierung der pädagogischen Arbeit, der Tageslauf, die Erziehungsziele, das Verhältnis von Pädagogik und Therapie u.a.m. festgelegt.

Der *Personenkreis*, der die Konzeptionsentwicklung jeweils trug, war sehr unterschiedlich. In manchen Einrichtungen waren es die Mitarbeiter, in anderen Arbeitsgruppen aus Mitarbeitern und Trägervertretern, oft wurden auch von Anfang an die Eltern einbezogen. In einzelnen Fällen, insbesondere da, wo integrative Einrichtungen durch Elterninitiativen entstanden waren, kam der Elternmitarbeit eine wesentliche Bedeutung zu.

Die *Konzeptionsentwicklung* geschah vor allem in integrativen Einrichtungen zum Teil in Form langwieriger Diskussionen, wobei erst nach fertig erstellter Konzeption mit der Arbeit begonnen wurde bzw. werden durfte. In anderen Fällen (eher in additiven Einrichtungen) wurde teilweise bewußt der umgekehrte Weg gewählt, es wurden schrittweise erste Kontakte zwischen behinderten und nichtbehinderten Kindern aufgebaut und die konkreten Erfahrungen bildeten dann die Grundlage für die Konzeptionsentwicklung.

Bei der Konzeptionsentwicklung konnten Erzieherinnen, Eltern und Trägervertreter vor einigen Jahren noch kaum auf vorhandene Überlegungen und Konzepte zurückgreifen, da integrative Arbeit in verschiedenen Regionen der Bundesrepublik entstanden war und die Erzieherinnen nur selten von der Existenz anderer Kindergärten mit ähnlichen Zielsetzungen Kenntnis hatten. In den letzten Jahren, seit immer mehr integrativ arbeitende Einrichtungen bekannt werden, besuchen Erzieherinnen und Trägervertreter, die mit gemeinsamer Arbeit beginnen wollen, häufig zunächst Kindergärten, in denen bereits entsprechende Erfahrungen vorliegen, diskutieren Vorstellungen und Erfahrungen von und mit Integration mit den dortigen Erzieherinnen und hospitieren in den Gruppen, um auf dieser Grundlage Konzeptionen für die eigene pädagogische Praxis zu erarbeiten.

Mittlerweile liegen uns aus sehr vielen Einrichtungen Konzeptions*papiere* vor, wenn auch längst nicht aus allen. Sie wurden in erster Linie in ***integrativen*** Einrichtungen erarbeitet, da sie häufig entweder zur Durchsetzung oder Legitimation gegenüber Eltern, Trägern und amtlichen Stellen erforderlich waren oder um sich im Erzieher-Team das notwendige pädagogische Selbstverständnis zu erwerben.

In ***additiven*** Einrichtungen liegen konzeptionelle Vorstellungen für integrative Erziehung seltener in ausdrücklich schriftlicher Formulierung vor, obwohl auch hier vielfach ausführliche Diskussionen im Team und mit den Eltern stattgefunden haben. Üblicherweise knüpfte man bei dieser Form integrativer Erziehung sowohl in Sonder- wie in Regelgruppen zumeist an den jeweiligen Erziehungsvorstellungen in diesen Gruppen an; erst nach und nach wurden explizite Vorstellungen entwickelt, wie

Kontakte zwischen den Kindern angeregt und unterstützt werden können. In den weitaus meisten Fällen führten die Erfahrungen der Erzieherinnen dann jedoch dazu, die Bildung gemischter Gruppen anzustreben. Spätestens zu diesem Zeitpunkt wurden entweder Erfahrungsberichte oder konzeptionelle Überlegungen schriftlich abgefaßt.

Auch in ***Regeleinrichtungen*** mit Einzelintegration sind üblicherweise keine schriftlich formulierten Integrationskonzeptionen vorhanden. Die Betreuung behinderter Kinder in diesen Kindergärten findet im allgemeinen im Rahmen der in diesen Einrichtungen üblichen Kindergartenpädagogik statt. Während der Reformphase des Kindergartenbereichs erhielt die Kindergartenpädagogik jedoch vielfältige Impulse durch die Entwicklung verschiedener, recht gegensätzlicher kindergartenpädagogischer Curricula und die Auseinandersetzung, die in der Folge mit ihnen stattfand (vgl. S. 100 f.).

Daß sich Integration in Regeleinrichtungen mit Einzelintegration nur selten in schriftlich formulierten Konzeptionspapieren niederschlägt, muß kein Mangel sein. Dies wird u.a. daran deutlich, daß in Regeleinrichtungen häufig dieselben allgemeinen Zielsetzungen für behinderte und nichtbehinderte Kinder angegeben werden, wie in integrativen und additiven. Darüber hinaus waren vielfach explizite Vorstellungen über Möglichkeiten und Grenzen integrativer Erziehung unter den Bedingungen der jeweiligen Regeleinrichtungen vorhanden.

2.2 Integration als Zielsetzung wird von unterschiedlichen Standorten aus formuliert

In den drei Typen von Einrichtungen, die aufgrund ihrer Strukturbedingungen voneinander unterschieden werden, sind im Hinblick auf die allgemeinen Aussagen über Zielsetzungen der Kindergartenarbeit entweder in Konzeptionspapieren, Erfahrungsberichten oder bei Interviews kaum Unterschiede vorhanden.

In sehr vielen Einrichtungen wird die Notwendigkeit integrativer Arbeit aus der Kritik am Bestehenden begründet. Dabei wird bezüglich der Situation behinderter Menschen ihre Isolation in den Mittelpunkt gestellt, die durch die bestehende Struktur der Behindertenhilfe eher verstärkt anstatt verringert wird (vgl. S. 21 ff.). Als allgemeines Ziel wird daher in vielen Einrichtungen die Aufhebung der Isolation, also Integration formuliert, wenngleich die Begriffe Isolation und Integration nicht immer ausdrücklich erscheinen.

Dieser Anspruch wird in Konzeptionspapieren von verschiedenen Standorten aus formuliert: Viele der in irgendeiner Weise integrativ arbeitenden Einrichtungen befinden sich in konfessioneller Trägerschaft (vgl. S. 37 f.), sie beziehen sich damit explizit auf ***christliche Werte***, andere hingegen gehen vom ***Rechtsanspruch*** der Kinder aus oder von allgemeinen ***humanitären*** Positionen, wobei die Situation Behinderter in einigen Einrichtungen explizit in ihrem ***gesellschaftlichen*** Kontext zu fassen versucht wird. In einer Reihe von Konzeptionen wird der Anspruch auf integrative Erziehung sehr umfassend begründet. Im folgenden werden einige Beispiele für die unterschiedlichen Positionen genannt.

In einer ***additiven*** Einrichtung, die vor der Aufnahme integrativer Arbeit eine Konzeption vorlegen mußte, wird die Arbeit z.B. von der Aufgabe des christlichen Gemeindekindergartens aus formuliert:

„Das Zusammenleben behinderter und nichtbehinderter Menschen in unserer Gesellschaft zu fördern, ist eine vordringliche Aufgabe, der sich die ev. Kirchengemeinde Aplerbeck in besonderer Weise verpflichtet weiß.

Die evangelische Kirchengemeinde, die sich um die Förderung des Zusammenlebens auf der Grundlage christlicher Überzeugung bemüht, bindet den Kindergarten in dieses Bemühen ein.

Aufgabe dieses Kindergartens ist es daher, den bestehenden Isolationstendenzen entgegenzuwirken und für behinderte und nichtbehinderte Kinder ein Stück Lebensraum zu schaffen, in dem sie die Möglichkeit haben, miteinander zu leben und sich gegenseitig mit ihren verschiedenartigen Bedürfnissen zu akzeptieren.

Dieses Anliegen soll im Rahmen einer weitgehend gemeinsamen pädagogischen und lebenspraktischen Erziehung verwirklicht werden." 1)

In einem großen Behindertenzentrum mit *integrativen* Gruppen formulierte man den christlichen Leitgedanken für integrative Erziehung folgendermaßen:

„Eine möglichst umfassende Teilhabe am gesellschaftlichen, kulturellen und politischen Leben der Allgemeinheit ist erklärtes Ziel der Förderung behinderter Kinder.

Dieses Ziel soll erreicht werden auf der Basis einer vom christlichen Glauben geprägten Lebensanschauung, die den Menschen als Ebenbild Gottes sieht.

Es ist erwiesen, daß die Unkenntnis Nichtbehinderter über die andersgeartete Lebenssituation Behinderter dabei ein bedeutendes Hindernis darstellt, wie auch die Unwissenheit über die heute üblichen realen Lebensanforderungen bei Behinderten zu Fehleinschätzungen führt." 2)

Den Rechtsanspruch auf Erziehung – auch der behinderten Kinder – wie er im Jugendwohlfahrtsgesetz verankert ist, betont man in einer anderen Einrichtung:

„Menschen, die wir als behindert erleben, sind ein Produkt ihrer Entwicklung unter Ausschluß und Vorenthaltung von adäquaten pädagogischen und therapeutischen Maßnahmen und nicht nur ein Ergebnis z.B. einer Hirnschädigung. Hinzu kommt, daß nicht nur der Behinderte den sozialen und psychischen Folgeeinwirkungen unterworfen ist, sondern ebenso seine Familie. Vorurteile gegen Behinderte und ihre Familien können nur abge-

---

1) Evangelischer Kindergarten „Mark", Dortmund Aplerbeck: Konzept für die pädagogische Arbeit mit behinderten und nichtbehinderten Kindern, 1979, S. 1

2) Diakonisch Soziales Zentrum: Konzeption für die Arbeit im integrierten Kindergarten des Diakonisch Sozialen Zentrums in Coburg, 1981, S. 1

baut werden, wenn wir den Behinderten als Menschen in seiner Gesamtpersönlichkeit und nicht als Stigmatisierten erleben können. Dieses ist wiederum nur unter integrativen Bedingungen möglich . . . Oberstes Ziel unserer Arbeit in den Integrationsgruppen ist die Förderung der Gesamtpersönlichkeit eines jeden Kindes. ***Jedes Kind soll sein Recht auf freie Entfaltung der Persönlichkeit*** und auf Erziehung zur leiblichen, seelischen und gesellschaftlichen Tüchtigkeit einlösen können." [3]

In einer Einrichtung, in der geistigbehinderte Kinder gemeinsam mit nichtbehinderten betreut werden, wird die bisherige diskriminierende Praxis gegenüber behinderten Menschen von einem humanitären Standpunkt aus angegriffen:

„Behinderte Menschen ***sind*** Mitglieder unserer Gesellschaft und es ist für sie diskriminierend, isoliert und ausgesondert zu werden. Unter dem Vorwand, ihnen besser helfen zu können, entzieht man ihnen das Fundament, umweltbewußte Erfahrungen zu machen. Dies ist ein wichtiger Bestandteil ihres Lebens, gerade weil sie 'gehandicapt' sind. Deshalb geht es nicht an, Behinderte zu gettoisieren.

Wir bieten diesen Kindern Institutionen, die relativ optimal ausgestattet, personell gut besetzt, die aber so gestaltet sind, daß weder eine Anerkennung noch das natürliche Verständnis ihrer Umwelt gefördert werden kann. Ganz im Gegenteil: es unterstreicht das „Unnormalsein" des Behinderten. Die einfachen Lernmechanismen eines Kindes werden dem Behinderten vorenthalten. Das Spiel- und Lernangebot bestimmt ausschließlich ein Erwachsener. Wenn mit einem behinderten Kind gespielt wird, nennt man das 'Therapie'. Die Isolation der Kinder in den homogenen behinderten Gruppen führt immer mehr zu einer künstlichen Welt." [4]

Auf die nur eingeschränkt verwertbare Arbeitskraft behinderter Menschen und die damit zusammenhängende geringe Anerkennung ihrer Person sowie auf die Notwendigkeit, politische Lösungen als Voraussetzung für ein humaneres Zusammenleben zu

---

3) Kindertagesheim „Auf den Hunnen": Integration: Ja! Aber wie? Dietmar Benter für die Mitarbeiter der Integrationsgruppen des Kindertagesheimes „Auf den Hunnen" in Bremen, S. 7/8

4) Bericht über die Integrationskindertagesstätte Adalbertstraße, Berlin, S. 4 f.

schaffen, wird in einer Kindertagesstätte verwiesen, deren Schwerpunkt auf der Integration körperbehinderter Kinder liegt.

„Die Anerkennung eines Menschen bestimmt sich in unserer Gesellschaft in erster Linie danach, in welchem Maße seine Arbeitskraft verwertbar ist (oder voraussichtlich sein wird – wenn man an die Kinder denkt). Dies gilt für Behinderte und Nichtbehinderte gleichermaßen.

Die Eingliederung von Behinderten – oder besser: die Vermeidung der Ausgliederung – steht unter dem Gesichtspunkt der Vermenschlichung (Humanisierung) der Gesellschaft. Aufgabe der Eingliederung Behinderter kann nicht eine gleich hohe Verwertbarkeit ihrer Arbeitskraft wie bei Nichtbehinderten sein. Es müssen gesellschaftliche Maßstäbe entwickelt werden, die sich nicht nur an der Verwertbarkeit der Arbeitskraft, sondern vorwiegend an den Bedürfnissen der Menschen orientieren. Hiervon profitieren auch die unter Leistungsdruck stehenden Nichtbehinderten." [5)]

In einem der ersten integrativen Kindergärten der Bundesrepublik wird der umfassende Anspruch an Integration hervorgehoben:

„Integration ist (. . .) eine ethische, politische und nicht zuletzt christliche Forderung; es geht also nicht um die Frage, ***ob*** sie realisiert wird (dies ***muß*** möglich sein), sondern darum, ***wie*** sie am effektivsten verwirklicht werden kann." [6)]

In einem Konzeptionspapier desselben Kindergartens wird die Aufgabe, die man sich gestellt hat, weiter ausgeführt:

„Der Integrative Kindergarten der Evangelischen Französisch-reformierten Gemeinde setzte sich zur Aufgabe, behinderte und nichtbehinderte Kinder in einen gemeinsamen Prozeß sozialen Lernens zu führen, in dessen Verlauf zu vorurteilsloser und angstfreier Kommunikation befähigt werden soll.

---

5) Vorläufiges Konzeptionspapier aus dem Kinderhaus Friedenau e.V. in Berlin-West, S. 1

6) Erfahrungen, Heft 1, 1982, S. 5

Diese Aufgabe ergibt sich aus der Situation der Behinderten in unserer Gesellschaft.

Leistungsanforderungen, Wert- und Sinnvorstellungen werden ausschließlich von *Nicht*behinderten definiert.

Dies erschwert die Annahme der Behinderten durch Nichtbehinderte ebenso wie ihre Selbstannahme und führt zur sozialen Desintegration.

Integrative Erziehung verfolgt nicht das Ziel, den Behinderten unter allen Umständen an das Wertsystem und die daraus resultierenden Leistungsforderungen anzupassen. Dies würde den Leidensdruck für den behinderten Menschen in den meisten Fällen nur verstärken und die mit Vorurteilen belastete Beziehung zwischen Behinderten und Nichtbehinderten befestigen.

Integrative Erziehung hat vielmehr davon auszugehen, daß menschliches Leben nicht nach dem Grad seiner Anpassung an das herrschende Wertsystem zu bemessen und daß die vorfindlichen Werte und Normen überholungsbedürftig und veränderbar sind.

Für die konkrete Arbeit bedeutet dies, daß auch solche Behinderten miteinbezogen werden müssen, die aufgrund ihrer Behinderung nie den Anforderungen ihrer nichtbehinderten Umwelt entsprechen können. Gerade die Begegnung mit dem „Unheilbaren" macht den Integrativen Kindergarten zu einem Ort, an dem Nichtbehinderte und Behinderte gleichermaßen lernen können, daß auch unter den einschränkenden, nie oder nur teilweise aufzuhebenden Bedingungen der Behinderung ganzes, vollwertiges menschliches Leben vorhanden ist. Diese Zielsetzung erfordert allerdings auch, daß dem Behinderten die bestmögliche individuelle, therapeutische Förderung zuteil wird."[7]

In vielen anderen Einrichtungen, aus denen Konzeptionspapiere vorliegen, wird der weltanschauliche humanitäre oder gesellschaftspolitische Standort nicht ausdrücklich formuliert, sondern die Begründung für die Arbeit geht unmittelbar von der Bedeutung integrativer Erziehung für die Kinder aus; Erziehungsziele werden damit direkt auf dieser Ebene benannt.

---

7) Kindergartenordnung des integrativen Kindergartens der evangelischen französisch-reformierten Gemeinde, 1977, S. 1 f.

Aber auch in diesen Einrichtungen sind die Erziehungsziele nahezu immer von sehr weitgehenden Integrationsvorstellungen getragen, etwa in der Art, daß Erzieherinnen integrative Erziehung als ihren Beitrag für eine humanere gesellschaftliche Entwicklung verstehen, der in den folgenden Lebensabschnitten und in anderen Lebensbereichen der Kinder und späteren Erwachsenen seine Fortsetzung finden muß. Viele Erzieherinnen hoffen, daß die Erfahrungen, die von behinderten und nichtbehinderten Kindern bei gemeinsamer Erziehung gemacht werden, langfristig zu einer Veränderung des gesellschaftlichen Zusammenlebens beitragen, indem Vorurteile gegen Behinderte gar nicht erst entstehen.

In ***Regeleinrichtungen mit Einzelintegration*** wird die Aufnahme behinderter Kinder häufig eher mit christlicher Motivation begründet als mit gesellschaftspolitischen Zusammenhängen. Vielfach ist jedoch der Grund für die Aufnahme behinderter Kinder auch im Wunsch nach Erhaltung des Lebenszusammenhangs der Kinder oder im humanitären Engagement von Erzieherinnen zu suchen.

2.3 Die Schwerpunkte liegen auf der Förderung der Gesamtpersönlichkeit und dem sozialen Lernen

Die in den einzelnen Konzeptionen, Erfahrungsberichten oder Interviews angegebenen Erziehungsziele unterscheiden sich in den Einrichtungstypen und den einzelnen Einrichtungen nur unwesentlich voneinander, sie werden allerdings aus ganz verschiedenen Blickwinkeln formuliert. In einigen Fällen liegt die Betonung eher darauf, was mit integrativer Erziehung erreicht werden soll, in anderen werden vor allem die Aufgaben der Einrichtung oder der Erzieherinnen betont, in wieder anderen formuliert man die Erziehungsziele eher mit dem Blickwinkel auf das, was die Kinder lernen sollen. Oft wird für die Darstellung auch eine Mischform gewählt.

Die Schwerpunkte bei den angegebenen Zielen liegen auf der Förderung der Gesamtpersönlichkeit und dem sozialen Lernen, auch wenn diese Begriffe nicht immer direkt verwendet werden, sondern stattdessen konkrete Zielvorstellungen benannt werden, die darunter zu subsumieren sind.

Zur Verdeutlichung werden aus dem vorhandenen Material einige Beispiele ausgewählt:

„Bei der Arbeit mit Kindern steht immer die Gesamtpersönlichkeit des Kindes im Vordergrund, um nicht der Gefahr zu erliegen, nur Teilbereiche zu fördern. Ein erklärtes Ziel der Förderung behinderter Kinder ist dabei, ihre möglichst umfassende Teilnahme an gesellschaftlichem Leben ... Die gemeinsame Erziehung von behinderten und nichtbehinderten Kindern bietet die Möglichkeit, die Lebenssituation, Gefühle, Bedürfnisse und Schwierigkeiten der jeweiligen anderen ‚Gruppe' von Kindern kennenzulernen sowie der Initiierung von gegenseitigem Verständnis und eines unbefangenen Umgangs miteinander, um Vorurteile nicht aufkommen zu lassen."[1]

„Wir sehen Integration als einen sozialen Prozeß, bei dem gleichberechtigtes Zusammenleben die Grundlage für gemeinsame Erfahrungen und Erlebnisse ist ... Die bei uns betreuten Kinder sollen lernen, Hilfe selbstverständlich zu geben, zu nehmen, zu erbitten oder abzulehnen, wenn sie etwas selbst tun wollen. Die Eigenart jedes einzelnen sollte toleriert werden, soweit der einzelne und die anderen Gruppenmitglieder dieses verkraften können.
Behinderte sowie nichtbehinderte Kinder sollten ihre Grenzen erkennen, damit umgehen und akzeptieren lernen. Durch das gemeinsame Erleben wollen wir den Kindern Möglichkeiten eröffnen, den anderen zu sehen, zu erfahren, ihn zu mögen, durch den anderen zu lernen, Schwierigkeiten gemeinsam zu bewältigen und eine Behinderung als Gegebenheit hinzunehmen. Bejahen wir wirklich Integration, müssen Behinderte und Nichtbehinderte etwas geben, damit beide gemeinsam etwas Wesentliches und Grundlegendes gewinnen können: Kontakt, Umgang und Freundschaft zwischen Behinderten und Nichtbehinderten."[2]

---

1) Konzept für die Integrationsgruppe im AWO-Sozialzentrum Gevelsberg-Asbeck, 1982, S. 8

2) Ex/Strive: Integrierter Kindergarten, 1983, S. 38

„– Die Kinder sollen die Fähigkeit entwickeln, sich einzelnen Menschen und einer Gruppe gefühlsmäßig zuzuwenden. Sie sollen ferner soziale Kompetenz, speziell solidarisches Handeln und Verantwortungsbereitschaft erwerben.

– Jedes Kind soll eine seiner Persönlichkeit angemessene Konfliktfähigkeit entwickeln. Die Kinder sollen Selbständigkeit und Unabhängigkeit im Handeln und Denken erlernen.

– Das Selbstwertgefühl (Selbstbewußtsein, Selbstvertrauen) eines jeden Kindes soll entwickelt und unterstützt werden.

– Die Kinder sollen sich sinnvoll und kreativ mit ihrer Umwelt auseinandersetzen können.

– Sie sollen zur Realitätsbewältigung und Selbstbehauptung ermutigt und befähigt werden.

– Jedes Kind soll so lernen können, wie es seinen individuellen Fähigkeiten und Bedürfnissen entspricht."[3)]

Die Erziehungsziele haben neben der ***personenbezogenen*** Komponente oft auch eine allgemein ***humanitäre*** und ***politische*** Dimension, z.B. wenn zu Kooperation, Hilfsbereitschaft, Solidarität und Parteilichkeit für Schwächere sowie zu partnerschaftlichem Verhalten und zum Abbau von Konkurrenzverhalten und Leistungsorientierung erzogen werden soll:

„Ziele unserer integrativen Erziehung sind:

– Erziehung zur Kooperation, Hilfsbereitschaft, Solidarität und Parteilichkeit für Schwächere.

– Erziehung zu partnerschaftlichem Verhalten von Kind zu Kind, vom Erwachsenen zum Kind, Kritikfähigkeit und Selbständigkeit, Problemlösungsfähigkeit und Liebesfähigkeit.

---

3) Kindertagesheim „Auf den Hunnen": Integration Ja! Aber wie? Dietmar Benter für die Mitarbeiter der Integrationsgruppen des Kindertagesheimes „Auf den Hunnen" in Bremen, S. 9 f.

– Erziehung zur Durchsetzungsfähigkeit, zum Umgang mit eigener und fremder Behinderung.

– Abbau von Leistungsnormen, die ausschließlich am Individuum orientiert sind zugunsten von gemeinsamem Erledigen, Schaffen und Leisten (Kreativität)."[4]

In ***Regelkindergärten mit Einzelintegration*** ging man ebenfalls von der Förderung der Gesamtpersönlichkeit und von sozialem Lernen als wesentlicher Zielsetzung aus, wenn solche Ziele auch im allgemeinen nur indirekt durch die Anlehnung an kindergartenpädagogische Konzeptionen wie z.B. das Curriculum „Soziales Lernen" ausgedrückt werden.

Zusammenfassend ist festzustellen, daß in den einzelnen Konzeptionspapieren, Erfahrungsberichten und Interviews bezüglich der Festlegung von ***Erziehungszielen keine wesentlichen Unterschiede*** hinsichtlich des grundlegenden ***Integrationsverständnisses*** offenbar wurden, obwohl in Einzelfällen deutlich unterschiedliche Gewichtungen vorhanden sind.

Nach der Durchsicht aller vorliegenden Materialien kann gesagt werden, daß bei der Formulierung der Erziehungsziele die soziale und ganzheitliche Dimension der pädagogischen Arbeit in den Vordergrund gestellt wird und einseitigem Funktionstraining eine Absage – zumindest indirekt – erteilt wird, obwohl die Bedeutung spezifischer Förderung für behinderte Kinder immer wieder hervorgehoben wird. Es lassen sich einige Hauptstränge nennen, denen die in den Einrichtungen genannten Ziele im einzelnen zugeordnet werden können:

– Förderung der Gesamtpersönlichkeit der Kinder, nicht einzelner Teilbereiche,
– Erziehung zu Selbständigkeit und Unabhängigkeit,

---

4) Integrative Erziehung von Kindern mit und ohne Behinderung. Das Kinderhaus Friedenau e.V. in Berlin-West, 1981, S. 12

- Erleben und Akzeptierenkönnen der eigenen Person im Miteinander mit anderen,
- Förderung des Zusammenleben-Könnens trotz unterschiedlicher Fähigkeiten und Bedürfnisse sowie die Entwicklung der Fähigkeit zur gemeinsamen Lösung auftretender Konflikte.
- Erziehung zur Durchsetzungsfähigkeit in sozialer Verantwortung, was auch angemessene Rücksichtnahme gegenüber anderen bedeutet,
- Veränderung der Normen einzelner Menschen und damit langfristig der gesellschaftlichen Normen, die zur Aussonderung von Menschen, die weniger leisten können, mehr Zeit brauchen, nicht so schön anzuschauen sind, führen.

Insgesamt sind die von verschiedenen Standorten aus formulierten Erziehungsziele auf die gemeinsame Teilhabe von behinderten und nichtbehinderten Menschen an gesellschaftlichen Angeboten und Aufgaben ausgerichtet. An dieser Orientierung wird erneut die gesellschaftspolitische Dimension deutlich, die mit der Integration behinderter Menschen verbunden ist.

Wie und mit welchem Erfolg die angegebenen Erziehungsziele in der täglichen Arbeit in den Einrichtungen umgesetzt bzw. eingelöst werden können und welche Konzeptionen sich dabei als besonders tragfähig erweisen, bedürfte allerdings eingehender Untersuchungen. Aufschluß über diese Frage können möglicherweise in absehbarer Zeit die in verschiedenen Regionen bzw. Einrichtungen durchgeführten oder geplanten Begleituntersuchungen geben[5], wobei allerdings ein Vergleich im hier angedeuteten Sinne auch mit diesen Materialien nicht geleistet werden kann, da die Untersuchungen andere und jeweils unterschiedliche Schwerpunkte haben. Die hier gefragten Inhalte können also allenfalls indirekt erschlossen werden und sind, wenn überhaupt, nur einrichtungsimmanent zu beantworten.

---

5) Vgl. Fußnote 1, S. 17 f.

2.4 Gibt es unterschiedliche Erziehungsziele für behinderte und nichtbehinderte Kinder?

Wie im vorangegangenen Abschnitt schon deutlich wurde, gelten in vielen Einrichtungen die gleichen ***allgemeinen*** Erziehungsziele für behinderte und nichtbehinderte Kinder. In einer ganzen Reihe von Institutionen wird dies auch ***explizit*** ausgedrückt:

„Es erscheint uns nicht notwendig, ein besonderes Erziehungskonzept für die behinderten Kinder zu entwickeln. Grundsätzlich sollen für alle Kinder die gleichen Erziehungsziele angestrebt werden, wobei diese Ziele bei behinderten Kindern manchmal auf besondere Art und Weise, der Behinderung des Kindes angemessen, erreicht werden."[1]

„Unsere Zielvorstellungen gelten gleichermaßen für behinderte und nichtbehinderte Kinder."[2]

„Der Schwerpunkt unserer Arbeit liegt darin, daß nichtbehinderte und behinderte Kinder lernen, miteinander umzugehen."[3]

In anderen Institutionen wird dies nicht so explizit ausgedrückt, ***implizit*** ist jedoch vielfach dieselbe Intention erkennbar, wenn gesagt wird:

„***Die Kinder*** (Hervorhebung d.V.) sollen sich entsprechend ihren Bedürfnissen und Anlagen entwickeln, soziale Funktionen übernehmen und die Gemeinschaft verantwortlich mitgestalten. Bei entstehenden Konflikten kommt es darauf an, daß das Kind lernt, nicht einseitig seine Bedürfnisse durchzusetzen oder sich den Anforderungen von außen anzupassen, sondern daß es im Zusammenleben bestimmte Regeln und Rücksichtnahme auf andere Menschen sowie gemeinsam erarbeitete Konfliktlösungen als sinnvoll erlebt."

---

1) Integrative Erziehung von Kindern mit und ohne Behinderung. Das Kinderhaus Friedenau e.V. in Berlin-West, 1981, S. 11

2) Schriftliche Stellungnahme vom 15./16.1.1981 vom DRK-Kindergarten Emden

3) Integrativer Kindergarten der evangelischen französisch-reformierten Gemeinde, Frankfurt/Main 1, 1980, S. 8

„Oberstes Leitprinzip ist, die ***Kinder*** (Hervorhebung d.V.) durch integrative Arbeit zur Selbständigkeit zu erziehen, gemäß dem Montessori-Satz: ‚Hilf mir, es selbst zu tun'."

In ***Regelkindergärten*** mit Einzelintegration gelten für behinderte und nichtbehinderte Kinder ebenfalls die gleichen Erziehungsziele. Dies wird z.B. aus der Formulierung deutlich:

„Wenn ein behindertes Kind hierher kommt, hat es den Vorteil, als Kind behandelt zu werden und nicht als behindert, wie vielleicht in einem Sonderkindergarten oder Heim."

In den konzeptionellen Vorgaben einzelner Einrichtungen wird sehr häufig darauf verwiesen, daß die Teilung in zwei Gruppen von Menschen — Behinderte und Nichtbehinderte — vermieden werden muß und daß stattdessen von Persönlichkeiten ausgegangen werden soll, die hinsichtlich ihrer Merkmale mehr oder weniger stark variieren. An vielen Stellen wird auch der Versuch sichtbar, diese Vielfalt nicht als Einschränkung und Belastung o.ä. zu betrachten, sondern als Bereicherung.

Obwohl in vielen Einrichtungen für behinderte und nichtbehinderte Kinder die gleichen allgemeinen Erziehungsziele formuliert wurden, sind in einigen Konzeptionen darüber hinaus auch unterschiedliche Ziele für beide Gruppen angegeben. Dies ist jedoch meist nur dann der Fall, wenn die getrennt fomulierten Erziehungsziele eine Ausdifferenzierung allgemeiner Ziele sind, die für beide Gruppen gelten. In einer Einrichtung z.B. fand die konkrete Ausformulierung des allgemeinen Erziehungszieles, die Kinder sollen ein Bewußtsein über die eigenen Fähigkeiten entwickeln und Möglichkeiten des Zusammenlebens erproben, so statt:

„Wir streben an:

- daß behinderte und nichtbehinderte Kinder in gleicher Weise mit der Realität und den Forderungen der Umwelt vertraut gemacht werden und lernen, damit umzugehen;

– daß Behinderte soweit wie möglich selbständig denken und planen lernen, Hilfe als selbstverständlich annehmen, wo sie notwendig ist, aber sich nicht durch zu viel Hilfe entmündigen oder bedienen lassen;

– daß für nichtbehinderte Kinder sozial-orientiertes Verhalten von klein auf selbstverständlich und notwendig ist und wesentlich zur Individualitäts- und Identitätsfindung beiträgt."[4]

Oder, wenn auf der allgemeinen Ebene gesagt wird, „der Schwerpunkt unserer Arbeit liegt darin, daß behinderte und nichtbehinderte Kinder lernen, miteinander umzugehen", so kann das auf einer konkreten Ebene lauten:

„Genauso wie die nichtbehinderten Kinder es lernen müssen, Hilfen selbstverständlich zu geben und die behinderten Kinder als Partner zu akzeptieren, müssen die behinderten Kinder es lernen, Hilfen annehmen zu können und sich in einer Welt für Nichtbehinderte und nicht in einem Schonraum zu bewegen."[5]

Die allgemeine Zielsetzung, jedes Kind seinen Fähigkeiten und Möglichkeiten entsprechend zu fördern, kann auf der nächsten Konkretionsstufe die Forderung nach differenzierten pädagogischen und therapeutischen Angeboten beinhalten. Dies geschieht mit dem Hinweis auf die unterschiedlichen Bedürfnisse der einzelnen Kinder und die Betonung der Notwendigkeit spezieller Förderung für „behinderte" und, wo erforderlich, auch für „nichtbehinderte" Kinder, die besonderer Unterstützung bedürfen.

Wie das nachfolgende Beispiel zeigt, betont man in verschiedenen Einrichtungen auch ausdrücklich, daß der Aufforderung, alle einseitige Förderung zu vermeiden, nicht entgegensteht,

---

4) Integrative Erziehung von Kindern mit und ohne Behinderung. Das Kinderhaus Friedenau e.V. in Berlin-West, 1981, S. 12

5) Integrativer Kindergarten der evangelischen französisch-reformierten Gemeinde, Frankfurt/Main 1980, S. 8

„daß jedes Kind, vor allem jedes behinderte Kind, weil es aufgrund seiner Lerngeschichte, seiner Behinderung, seiner sozialen Umwelt usw. andere Voraussetzungen mitbringt, einer starken inneren Differenzierung der Gruppenarbeit und der damit gegebenen individuellen Förderung bedarf ... Differenzierung und Individualisierung erfordern von den Mitarbeitern eine intensive didaktische Planung und die Bereitstellung vielfältiger Spiel-, Lern- und Lehrmaterialien."[6]

Nur in ganz wenigen Konzeptionspapieren wird vor allem der Gewinn für behinderte Kinder durch integrative Erziehung hervorgehoben:

„1. In einer gutstrukturierten integrativen Gruppe wird das Sozialverhalten des autistischen Kindes in besonderem Maße gefördert.

2. Autistische Kinder lernen frühzeitig Lernangebote in Kleingruppensituationen aufzunehmen und zu verarbeiten.

3. In parallel laufenden Einzeltherapien werden besonders auffallende Verhaltensweisen behandelt sowie Verhaltensweisen, die dem Lernen in der Gruppe dienen, vorbereitet.

4. Durch die Kontaktbereitschaft des gesunden Kindes mit dem autistischen Kind hat das autistische Kind ein ständiges Modell für Sozialverhalten.

5. Das autistische Kind lernt Regeln in der Gruppe zu akzeptieren und selbst bei eingeschränkter Kommunikation den Menschen in seinem Blickfeld zu behalten."[7]

Es wurde deutlich, daß zumeist nicht die allgemeinen Erziehungsziele für behinderte und nichtbehinderte Kinder unterschiedlich gefaßt werden, sondern daß sie allenfalls auf bestimmten Stufen der Konkretisierung für die jeweilige Gruppe anders formuliert sind. Weiter deutete sich an, daß sich die Mittel und Wege bzw.

---

6) Diakonisch-Soziales-Zentrum: Konzeption für die Arbeit im integrativen Kindergarten des Diakonisch-Sozialen Zentrums in Coburg, 1981, S. 5

7) Integrationskindertagesstätte für autistische Kinder, Berlin 1978, S. 2

die Methoden zur Erreichung der Erziehungsziele für beide Gruppen voneinander unterscheiden können, zumindest aber unterschiedliche Differenzierungsgrade in der Arbeit erfordern.

Insofern läßt sich also sagen, daß trotz gleicher Erziehungsziele für behinderte und nichtbehinderte Kinder eine weitere Ausdifferenzierung sehr wohl unterschiedliche Angebote pädagogischer und therapeutischer Art erfordern kann, und daß die konkreten — auf jedes einzelne Kind bezogenen — Ziele in Hinblick auf Verhaltensanforderungen an die Kinder und die Verarbeitung der eigenen Situation unterschiedlich sein können.

2.5 Mittel und Wege zur Erreichung der angegebenen Erziehungsziele

Sichtet man die unterschiedlichen Konzeptionen, so fallen die Fülle und die unterschiedlichen Ebenen auf, auf denen ***Mittel*** und ***Wege*** zur Erreichung der angestrebten Erziehungsziele angegeben werden. In einer ganzen Reihe von Einrichtungen wird z.B. auf die Bedeutung der Organisationsform hingewiesen: So wird in wenigen Fällen die additive Form als „einzig richtige" angesehen, in anderen dagegen werden getrennte Gruppen eher als Durchgangsstadium für schwerer Behinderte gewertet, bis diese in der Lage sind, sich in integrativen Gruppen wohlzufühlen. In wieder anderen Einrichtungen wird hervorgehoben, daß die angegebenen Erziehungsziele nur in integrativen Gruppen erreicht werden können.

Weitere als relevant angegebene Mittel und Wege sind:

- Schaffung günstiger Rahmenbedingungen,
- Bildung altersgemischter Gruppen,
- Bereitstellung einer vielseitigen und anregungsreichen Ausstattung der Einrichtung,
- Entscheidung für eine bestimmte pädagogische Orientierung,

- Festlegung der zu fördernden Lebens- und Funktionsbereiche (z.B. dem geistig intellektuellen, dem sozial-emotionalen, dem motorisch-kreativen). Die Benennung der zu fördernden Bereiche war in den einzelnen Einrichtungen sehr unterschiedlich.
- Festlegung der zu unterstützenden Handlungsebenen wie z.B. freies Spiel, gelenktes Spiel, gebundenes Spiel. Auch hier ergaben sich deutliche Unterschiede zwischen den einzelnen Einrichtungen.
- bewußte Gestaltung des Tagesablaufs,
- Herbeiführung von Integration über gemeinsames Tun, und nicht vorwiegend über kognitive Prozesse,
- Planung der pädagogischen Angebote unter den Gesichtspunkten Differenzierung und Individualisierung,
- Bereitstellung spezieller Förderangebote,
- Betonung der Förderung innerhalb der Gesamtgruppe, der Kleingruppe oder von Einzelförderung,
- Verhinderung von Leistungsdruck,
- Beteiligung und Kooperation der Kinder im Alltag,
- Beteiligung der Kinder bei der Festlegung der Gruppenregeln,
- Erlernen von selbständigem Konfliktlösungsverhalten durch die Kinder,
- Aufgreifen der Initiativen und Fragen der Kinder,
- Unterstützung integrativer Kontakte außerhalb des Kindergartens,
- Notwendigkeit von Teamarbeit,
- intensive Zusammenarbeit mit den Eltern.

Bei der Zusammenstellung dieser Punkte aus den Konzeptionspapieren ist hervorzuheben, daß die einzelnen Konzeptionen aus ganz unterschiedlichen Blickwinkeln abgefaßt wurden und demzufolge nicht immer auf derselben Ebene liegen und auch nicht immer alle Aspekte enthalten. Außerdem erscheinen die einzelnen Punkte in verschiedensten Kombinationen.

3. Anbahnung integrativer Praxis bei additiven Erziehungsformen

3.1 Herbeiführung von Begegnungen zwischen behinderten und nichtbehinderten Kindern – erste Schritte zur Integration

3.1.1 Gründe für die Aufnahme integraviter Kontakte

Erzieherinnen in Einrichtungen, über die in diesem Abschnitt berichtet wird, führen bewußt häufige Kontakte zwischen behinderten und nichtbehinderten Kindern herbei. Dabei kann es sich sowohl um voneinander entfernt liegende Sonder- oder Regeleinrichtungen handeln als auch um Sonder- und Regelgruppen, die sich auf demselben Gelände oder im selben Gebäude befinden.

Für die Aufnahme integrativer Kontakte gab es sehr unterschiedliche Anlässe. Manchmal entstanden sie eher zufällig, weil entweder die Sonder- oder Regeleinrichtung wegen Überfüllung ihres Kindergartens Räume zur Auslagerung von Gruppen suchte und sie im Haus der anderen Einrichtung fand oder weil bei Neubauten vom Bauträger ein Gebäude für beide Einrichtungen gemeinsam erstellt wurde.

Manchmal hingegen wurden sie bewußt geschaffen, weil Erzieherinnen aus christlichem, humanitärem, gesellschaftspolitischem und sozialem oder pädagogischem Engagement integrative Kontakte anstrebten oder weil Träger eine gemeinsame Unterbringung behinderter und nichtbehinderter Kinder forcierten. Diese Situation ist im Bundesgebiet zwar eher selten, tritt aber in einigen Bundesländern gehäuft auf (vgl. S. 35 f.). In anderen Fällen suchten Erzieherinnen aus Sonder- und Regelbereich nach neuen Aufgaben, da ihre Einrichtungen wegen der rückläufigen Kinderzahlen nicht voll ausgelastet waren, oder Erzieherinnen, in deren Einrichtungen Räume frei waren, vermieteten diese bewußt an Eltern und Kinder der jeweils anderen Gruppe.

Häufig legte man dabei Wert auf Interessenten, die eine besondere pädagogische Konzeption bei der Arbeit mit „ihren" Kindern verfolgen wollten. In Einzelfällen wurden integrative Kontakte auch aufgenommen, weil Erzieherinnen aus Sonderkindergärten eine Ausgliederung ihrer Einrichtungen aus großen Behindertenzentren anstebten und Räume in Verbindung zu Regelkindergärten suchten, u.a. um Eltern mit behinderten Kindern die Angst vor der Anmeldung ihrer Kinder in einer Einrichtung zu nehmen, in der die Behindertenkarriere vorgezeichnet schien. Manchmal zeigte sich in solchen Fällen, daß die Anmeldungen in einem Kindergarten, der vorher unter Kindermangel litt, nach dem Umzug enorm zunahmen.

3.1.2 Zusammenarbeit von Sonder- und Regelgruppen bei entfernt liegenden Einrichtungen

Durch die Initiative von Erzieherinnen aus einzelnen Regelkindergärten kam es bereits früher oft vor Weihnachten zu Kontakten mit Sonderkindergärten, um Ansprüche an Nächstenliebe und soziale Erziehung einzulösen. Diese Praxis stieß z.T. auf erhebliche Kritik. Aber trotz der Unzulänglichkeit bedeuteten solche punktuellen Begegnungen bereits mehr, als wenn Kontakte nicht gesucht oder gar vermieden worden wären. Denn immerhin konnten daraus Gespräche zwischen den Erzieherinnen aus den verschiedenen Einrichtungen entstehen, bei denen die Erzieherinnen aus Sondereinrichtungen ihren Unmut äußerten und forderten, daß es, wenn behinderte Kinder ernst genommen werden, nicht bei einmaligen Besuchen, die in der caritativen Tradition stehen, bleiben darf. Damit wurde schon damals in Einzelfällen erreicht, daß es zum Aufbau längerfristig angelegter Begegnungsmöglichkeiten kam.

Im Zusammenhang mit einigen, während der Reformphase im Elementarbereich entwickelten kinderpädagogischen Ansätzen rückte dann soziales Lernen als leitende Prämisse in den Vordergrund. Damit war die Erkenntnis verbunden, daß vorhandene Abwehr gegenüber Menschen anderer Altersgruppen und Menschen, die aus irgendwelchen Gründen besondere Probleme haben, wie Ausländer, ältere Menschen und Behinderte, nicht durch bloße Informationsangebote und Appelle überwunden werden kann, sondern daß sie nur durch direkte kontinuierliche Begegnung im allgemeinen Umgang abzubauen ist.

In der Folgezeit wurden immer häufiger Rahmenthemen wie z.B. „behinderte Kinder", „Behinderte unter uns" in den Einrichtungen gewählt. In vielen Fällen entdeckte man erst dadurch, daß sich ein Sonderkindergarten in der Nähe des Regelkindergartens befindet, oder man nahm gezielte Kontakte mit entfernter liegenden Sondereinrichtungen auf. Die interessierten Erzieherinnen aus diesen Kindergärten überlegten dann gemeinsam, wie eine Kontaktanbahnung zwischen den Kindern stattfinden könnte und wie langfristige Kontakte daraus zu entwikkeln wären.

In einer Einrichtung z.B. entschied man sich für einen Besuch der Mitarbeiter der Sondereinrichtung im Regelkindergarten. Dabei machten sie die Kinder der Regeleinrichtung mit verschiedenen Hilfsmitteln vertraut, die die behinderten Kinder benötigen und bereiteten sie außerdem mit Fotos auf die besondere Situation der behinderten Kinder vor. Einige Tage später besuchten die ältesten Kinder der Regelgruppe eine Woche lang vormittags die Kinder der Sondergruppen. Dabei kam es jedoch nicht zu gemeinsamen Aktivitäten, weil die nichtbehinderten Kinder zunächst von den „ihnen neuen und häufig therapeutischen Spielsachen, Fahrzeugen und Hilfsmitteln" angezogen wurden, und die behinderten Kinder sich „in die von ihnen beim Auftauchen neuer Situationen praktizierte Rolle des passiven Beobachters" zurückzogen.[1] Bei umgekehrten Besuchen der Kinder aus den Sondergruppen in der Regeleinrichtung kam es ebenfalls nicht zu einem eigentlichen Zusammenspiel, aber

1) Jantsch/Nouisseur-Wiebe: Integration, 1981, S. 91

immerhin auch nicht zu ablehnendem Verhalten. Aus diesen ersten Kontakten wurde eine regelmäßige Zusammenarbeit in Form der Durchführung gemeinsamer Aktivitäten entwickelt. Die Erfahrungen dabei wurden von den Erzieherinnen nach einiger Zeit positiv bewertet:

„Beide Gruppen mischen sich, haben gelernt, aufeinander zuzugehen, sie beteiligen einander am gemeinsamen Spiel, sie beachten einander und haben sich so gut kennengelernt, daß sie die jeweiligen Bedürfnisse und die besonderen Lebensgegebenheiten des anderen zu respektieren wissen; Behinderung und ‚andersartiges' Verhalten wird nicht als anormal empfunden, sondern jeder wird so angenommen, wie er ist."[2)]

Bei einem anderen Integrationsversuch unter additiven Bedingungen machte man mit einem ähnlichen Vorgehen jedoch nicht so gute Erfahrungen. Nach Meinung der Erzieherin aus der Sonderkindertagesstätte wurde dies durch die gewählte Vorbereitung verursacht, die dazu führte, daß die nichtbehinderten Kinder von vornherein auf die Hilfsmittel für die behinderten Kinder fixiert waren, ohne daß Begegnungen zustande kamen. Dies hatte eine Abgrenzung von „kranken" und „gesunden" Kindern zur Folge, die von den behinderten Kindern anscheinend als „Abqualifizierung" empfunden wurde und zu Verunsicherung und Verwirrung führte. Gemeinsames Spiel fand anders als in der davor genannten Einrichtung trotz wöchentlicher Treffen auch in der Folgezeit weder auf Initiative der Erzieher noch spontan wirklich statt. Obwohl in dieser Einrichtung inzwischen eine integrative Gruppe besteht, sagte die Erzieherin, „das, was damals vermasselt wurde, hängt den Kindern noch immer nach."

Auch aus anderen Einrichtungen wurde auf Probleme hingewiesen, die die Vorbereitung der nichtbehinderten Kinder auf einen Besuch oder eine gemeinsame Aktivität mit behinderten Kindern unter den Bedingungen additiver Einrichtungen mit sich brachte. Andererseits wurde die Erfahrung gemacht, daß nicht auf eine

---

2) ebda., S. 94 f.

Vorbereitung verzichtet werden kann, weil eine plötzliche Begegnung mit relativ vielen behinderten Kindern, bei nichtbehinderten Ängste auslösen, oder zu Umgangsformen führen kann, bei denen behinderte Kinder abgelehnt, ausgelacht oder sogar gequält werden. Eine angemessene Vorbereitung, die den Kindern Verständnis und Kooperation möglich macht, erwies sich aber oft als nicht leicht.

Erzieherinnen machten die Erfahrung, daß es bei gegenseitigen Besuchen sinnvoller ist, wenn zuerst die behinderten Kinder zu Besuch in die Regeleinrichtung kommen, auf jeden Fall, wenn behinderte Kinder in großen Behindertenzentren untergebracht sind. Umgekehrt besteht die Gefahr, daß ein „Zirkus- oder Horroreffekt" entsteht, der nicht wirkliche Begegnung schafft, sondern sie verhindert.

Von Erzieherinnen wurde weiter festgestellt, daß ein Thematisieren der Situation behinderter Kinder mit dem Begriff „Behinderung" bei der Aufnahme integrativer Kontakte nicht sinnvoll ist, weil sich die Kinder darunter zumeist wenig vorstellen können und deshalb oft desinteressiert reagieren.

Möglicherweise ist es bei der Vorbereitung auf solche Begegnungen auch günstiger, wenn Erzieherinnen den nichtbehinderten Kindern nicht „Behindertenutensilien" ohne die Kinder, die sie benötigen, vorführen, sondern wenn die Erzieherin der Regeleinrichtung die behinderten Kinder zunächst kennenlernt und sich ein Bild von dem macht, was sie können. Ihre Erfahrungen kann sie dann den Kindern ihrer Gruppe vermitteln und gemeinsam mit ihnen überlegen, wie sie den Besuch ihrer Gäste gestalten wollen. Auf diese Weise ist das Interesse der Kinder auf die Personen gelenkt und nicht in erster Linie auf die Utensilien. Diese erhalten damit eher den Stellenwert einer Unterstützung der Kontaktanbahnung, indem die nichtbehinderten Kinder die behinderten Kinder fragen, warum sie diese Dinge brauchen, und ob sie sie auch einmal ausprobieren können. Erzieherinnen sollten den Kindern nach Möglichkeit solche Kontaktanlässe nicht durch eigene Übernahme von Erklärungen nehmen.

Die Anbahnung von Beziehungen zwischen behinderten und nichtbehinderten Kindern in voneinander entfernt liegenden Sonder- und Regeleinrichtungen wird jedoch nach Erfahrung von Erzieherinnen trotzdem zumeist schwierig bleiben; erfolgversprechender ist die Aufnahme von Kontakten bei Einrichtungen, die sich auf demselben Gelände oder gar im selben Gebäude befinden.

3.1.3 Zusammenarbeit von Sonder- und Regelgruppen bei Unterbringung auf demselben Gelände oder im selben Gebäude

Trotz der relativ günstigen Ausgangsbedingungen bestanden auch zwischen Sonder- und Regelgruppen, die sich auf demselben Gelände oder gar in einem Gebäude befinden, zunächst oft nur wenig Kontakte. Wenn sich die Erzieherinnen begegneten, war dies rein zufällig und führte nicht zu größerem Interesse aneinander. Kontakte zwischen Kindern entstanden häufig erst, nachdem sich Erzieherinnen entschlossen hatten, Begegnungen bewußt zu fördern und zu unterstützen.

Im allgemeinen bedurfte es dann für die Schaffung erster Begegnungsmöglichkeiten keiner großen Aktionen, sondern es genügte, die Interessen der Kinder aneinander aufzunehmen und vorhandene Barrieren abzuschaffen. So hatten Erzieherinnen beobachtet, daß in Sonder- und Regeleinrichtungen, die zwar in einem Gebäude, aber in abgetrennten Gebäudetrakten untergebracht waren und gegeneinander abgezäunte Hof- und Gartenteile besaßen, die Kinder oft am Zaun, an den Fenstern oder den verschlossenen Glaszwischentüren standen und zu den anderen Kindern hinüberschauten. In einer Einrichtung öffnete man dann zunächst die verschlossene Zwischentür, damit sich die Kinder in den Fluren begegnen konnten; in einer anderen schuf man einen Durchgang im Zaun, bevor man ganz auf den Zaun verzichtete.

In anderen Kindergärten wurde eine Kontaktanbahnung zwischen behinderten und nichtbehinderten Kindern zunächst mit den Eltern diskutiert. In den allermeisten Fällen wurden solche Absichten von den Eltern unterstützt, wenn auch sehr unterschiedliche Bedenken zur Sprache kamen. Nur selten stießen solche Vorhaben auf Abwehr wie z.B. in einem Regelkindergarten, in den Sprachheilgruppen aufgenommen wurden (vgl. S. 168).

Die Erfahrungen hinsichtlich der Begegnungen der Kinder waren in den einzelnen Einrichtungen sehr vielfältig und unterschiedlich. Bevor sie jedoch bewertet werden, wird auf die eingeschlagenen ***Wege*** bei der gezielten Kontaktanbahnung hingewiesen. In einigen Institutionen legte man sich vor allem auf ***eine*** Möglichkeit fest, in anderen probierte man nacheinander verschiedene aus, in wieder anderen schuf man eine Kombination unterschiedlichster Möglichkeiten, von denen nachfolgend einige häufig angewandte beschrieben sind:

a) Aufteilung der Räume

In verschiedenen Einrichtungen versuchte man schon allein durch die Aufteilung der Gruppenräume günstige Voraussetzungen für eine Kontaktanbahnung zu schaffen:

„Die Räume der Tagesstätte wurden so aufgeteilt, daß jeweils eine Gruppe nichtbehinderter Kinder ihre Räume im selben Gebäudeteil hat wie die behinderten, und den gleichen Flur und die gleichen Waschräume benutzten. Dadurch entstehen ohne große Organisation Begegnungen zwischen den Kindern aus den verschiedenen Gruppen."

b) Öffnung der Gruppen, Einbeziehung der Flure für Freispielaktivitäten

In manchen Einrichtungen öffente man die Gruppen zumindest während des Freispiels und richtete Spielecken und -angebote auch auf den gemeinsamen Fluren ein:

„Wir gehen davon aus, daß es für den Beginn unseres Vorhabens eine günstige Lösung ist, getrennte Gruppen zu haben. Das heißt, Integration findet hier zunächst über das Öffnen der Gruppe statt ... Einen ganz wesentlichen Stellenwert nimmt nach dieser Konzeption unser Flur ein. Er dient als Begegnungsfeld. Um wirkliche Begegnung zu ermöglichen, muß ein solcher Ort zur Begegnung einladen. Sehr hilfreich war es hier, daß sich Eltern und Mitarbeiter an Wochenenden bereit erklärten, Flur und Räume farblich neu zu gestalten. Vor allem der Flur wurde und wird in farblich-kindlich kreativer Art so ausgestaltet, daß er Motivation zum Verweilen hervorruft. Nicht nur durch die farbliche Gestaltung, sondern auch durch das Bereitstellen eines abwechslungsreichen Beschäftigungsangebotes wie z.B. Verkleidungsecken mit Spiegel, Küchenecke, Kaufmannsladen, Turnecke, usw. soll der Flur sich zu einem Ort entwickeln, wo behinderte und nichtbehinderte Kinder sich im Spiel kennenlernen, Freundschaften schließen und Konflikte austragen."[1)]

c) Gezielte Anregung von Besuchen

In einigen Einrichtungen versuchte man, Kontakte zwischen den Kindern durch gegenseitige Besuche einzelner Kinder in den anderen Gruppen systematisch aufzubauen. Dafür wurden ganz unterschiedliche Formen gewählt. In einer Einrichtung z.B. gab es die Regelung, daß täglich während des Freispiels immer wieder andere Kinder aus der Regelgruppe in die Sondergruppe kommen konnten. Da die Erfahrungen mit dieser Regelung nicht zufriedenstellend waren, ging man dazu über, in 14tägigem Wechsel zwei Kinder aus der Regelgruppe in das Freispiel der Sondergruppe zu integrieren. In einem anderen Kindergarten geht eine Erzieherin während des Freispiels immer wieder mit ein oder zwei Kindern aus der Sondergruppe in die benachbarte Regelgruppe, um zu schauen, was diese Kinder für Spielzeug haben, was sie spielen, wie sie spielen usw. ... Die Erzieherinnen verbinden damit die Hoffnung, daß trotz der vorhandenen räumlichen Trennung, die Entstehung von Beziehungen unterstützt werden kann, was eine Vorbereitung für die erneute Bildung[2)] integrativer Gruppen wäre.

1) Konzept des integrativen Kindergartens der Lebenshilfe e.V. Ringallee 64, 6300 Gießen, S. 6 f.

2) In dieser Einrichtung bestanden früher integrative Gruppen, die dann aufgelöst worden waren (vgl. S. 302 ff.).

In einer weiteren Einrichtung, in der behinderte und nichtbehinderte Kinder mit unterschiedlichen Behinderungsarten in getrennten Gruppen untergebracht sind, wurde zunächst ein regelmäßiger Besuchskontakt zwischen den nichtbehinderten Kindern und den Kindern des Hörbehinderten-Bereichs realisiert, und zwar besuchen einmal wöchentlich drei kleine Gruppen mit je vier nichtbehinderten Kindern die hörbehinderten und umgekehrt. Dazu wurden bewußt jüngere Kinder ausgewählt, weil bei einem Versuch mit Fünf- bis Sechsjährigen wenig positive Erfahrungen gemacht worden sind (vgl. S. 82 ff.). Nach guten Erfahrungen bei diesem erneuten Versuch wurde geplant, gleiche Besuchsregelungen auch auf die Gruppen der Geistig- und Körperbehinderten auszudehnen.

d) Schaffung von Kontaktgruppen

In einer Reihe von additiven Einrichtungen wünscht man sich feste Gruppenkontakte zwischen jeweils einer Gruppe behinderter und einer Gruppe nichtbehinderter Kinder. In einer Einrichtung sieht eine entsprechende Praxis folgendermaßen aus:

„Zu Beginn ließen wir die Kinder über die Besuche selbst entscheiden. Wir hatten im Mitarbeiterkreis Überlegungen angestellt, wie wir das ‚Miteinander' der Kinder ungezwungen erreichen könnten, es zeigte sich jedoch, daß die Kinder dieser Überlegungen nicht bedurften. Um die Kontakte intensiver zu gestalten, sind wir seit einiger Zeit dazu übergegangen, die pädagogische Planung jeweils mit einer Gruppe behinderter und einer Gruppe nichtbehinderter Kinder gemeinschaftlich durchzuführen. Dies wird so praktiziert, daß an bestimmten Tagen die geplanten Beschäftigungen mit zwei Gruppen oder zwei Teilgruppen gemeinschaftlich durchgeführt werden. Auch bei manchen Bastelangeboten wechseln die Kinder die Gruppe. Die zwanglosen Besuche bleiben außerdem bestehen. So wird das Zusammensein und das Umgehen miteinander selbstverständlicher."[3)]

In einer anderen Einrichtung, in der Regel- und Sondergruppen in getrennten Häusern, aber auf demselben Gelände untergebracht

---

3) Evang. Kindertagesstätte für behinderte und nichtbehinderte Kinder, Lerchenweg 2, 4019 Monheim. Integration, Möglichkeiten – Grenzen, S. 1

sind, entstanden erst nach fünfjährigem Bestehen aufgrund der persönlichen Initiative der Erzieher aus den Sondergruppen ständige Kontakte zu einer Regelgruppe: In dieser Kontaktgruppe, die mittlerweile eine geringere Kinderzahl hat als die übrigen Regelgruppen, arbeiten anstatt eineinhalb Mitarbeitern, wie sonst üblich, zwei pädagogische Fachkräfte. Die Kontakte zwischen den Kindern wurden anfänglich von den Erzieherinnen angeleitet, jetzt äußern die Kinder aber selbst den Wunsch, in die jeweils andere Gruppe zu gehen, die sich im benachbarten Haus befindet. Eine günstige Rolle übernimmt dabei die Erzieherin aus der Regeleinrichtung, die in den Sondergruppen Vertretung macht: sie nimmt „beiläufig" Kinder mit. Unternehmungen nach außen finden möglichst häufig von beiden Gruppen gemeinsam statt. Damit kontinuierliche Entwicklungen möglich sind, haben die Erzieherinnen der Sondergruppe darauf gedrungen, daß die „Kontaktgruppe" mindestens zwei Jahre von den gleichen Erzieherinnen geführt wird. Normalerweise wechselt das Personal jedes Jahr.

e) Anleitung gemeinsamer gezielter Aktivitäten

In einer Einrichtung, in der Regel- und Sondergruppen für sprachbehinderte Kinder im selben Gebäude untergebracht sind, ergeben sich Kontakte vor allem beim Freispiel auf dem gemeinsamen Spielplatz des Kindergartens. Alle zwei Wochen finden darüberhinaus Tage der offenen Tür statt. Sie werden durch Plakate mit grünen Männchen an den Türen angezeigt. Damit werden Kinder aus anderen Gruppen zu gemeinsamen Aktivitäten eingeladen, z.B. zu Singspielen in der Turnhalle, zu Rollenspielen usw. Zudem findet in der Woche dazwischen jeweils für die Sprachbehindertengruppe und eine Regelgruppe ein gemeinsamer Spiel- und Singkreis statt.

Aktivitäten wie Schwimmen, Turnen und Ausflüge werden in einer anderen Einrichtung so geplant, daß sie jeweils von behinderten und nichtbehinderten Kindern wahrgenommen werden. Außerdem können Kinder, die in anderen Gruppen Freunde gefunden haben, in der jeweiligen Gruppe spielen.

In einer Einrichtung mit Gruppen für hörgeschädigte Kinder finden integrative Kontakte hauptsächlich am Nachmittag statt, wenn weniger Kinder anwesend sind. Zum Beispiel treffen sich die Kinder in sogenannten Arbeitsgemeinschaften, in denen die Erzieherinnen Beschäftigungsangebote machen. Dazu gehen an einem Nachmittag in der Woche alle hörgeschädigten Kinder in eine Regelgruppe, an einem zweiten Nachmittag kommen die Kinder der Regelgruppe, die am Nachmittag noch in der Einrichtung sind, in die Sondergruppe, dann wird mit Ton oder Wolle gearbeitet, gekocht usw. Die Erzieherinnen versuchen, den hörenden Kindern dabei die besondere Situation der hörgeschädigten Kinder klarzumachen und ihnen Hinweise für den gemeinsamen Umgang zu geben, z.B. weisen sie die nichtbehinderten Kinder darauf hin, daß sie die hörgeschädigten anstoßen müssen, wenn sie etwas von ihnen wollen. Neben den regelmäßigen gemeinsamen Aktivitäten am Nachmittag werden auch gemeinsame Feste gefeiert.

In einem anderen Kindergarten geschah die gezielte Kontaktaufnahme neben zwanglosen Spielangeboten auf den Fluren, im Garten und in den Gruppenräumen in Form von monatlichen wechselnden, übergreifenden Kleingruppen von fünf bis acht Kindern, die aus zwei bis drei behinderten und drei bis vier nichtbehinderten Kindern gebildet wurden. Die Kleingruppenarbeit sollte laut konzeptioneller Festlegung ein bis zweimal in der Woche eine halbe bis eine Stunde stattfinden. Gemeinsame Beschäftigungen wurden z.B. in Form der Auseinandersetzung mit bestimmten Themen wie z.B. ‚Mein Körper' durchgeführt. Weiterhin wurde Kontaktanbahnung über

- gemeinsame Rhythmikstunden,
- gemeinsame Durchführung der Krankengymnastik,
- gemeinsame Spaziergänge,
- gemeinsame Gesellschaftsspiele oder Singen in den Gruppenräumen,
- den gemeinsamen Morgenkreis als Treffen auf dem Flur,
- gemeinsame Vorbereitung und Durchführung von Festen wie Karneval, Ostern usw.,

– gemeinsame Feste und Aktionen mit Kindern und Eltern angestrebt.[4]

3.2 Möglichkeiten und Grenzen integrativer Kontakte in additiven Einrichtungen

a) Bewertungen in Erfahrungsberichten aus Einrichtungen

Die positiven Erfahrungen, die in additiven Einrichtungen mit der Aufnahme integrativer Kontakte gemacht wurden, liegen auf sehr unterschiedlichen Ebenen. So wurde aus einem Kindergarten, in dem behinderte und nichtbehinderte Kinder im selben Haus untergebracht sind, bezüglich der allgemeinen ***pädagogischen Veränderungen*** berichtet, daß die frühere Situation des Sonderkindergartens als Schonraum empfunden wurde, den man rückblickend nicht als positiv für die Kinder wertet. Die Erzieherinnen machten durch die Zusammenführung der Kinder zudem die Erfahrung, daß das Funktionstraining, das in den Sondergruppen zwischen Erwachsenen und Kindern stattfand, in den Hintergrund trat, zugunsten einer stärkeren Beachtung von Persönlichkeitsentwicklung und sozialem Lernen. Man stellte weiter fest, daß das Zusammenleben auch die Kindergartenpädagogik für den Regelbereich positiv veränderte: „Durch die Aufnahme der behinderten Kinder öffnete man die Gruppen, und der ganze Kindergarten wurde in die integrative Arbeit einbezogen.“ Gleichzeitig nahm man einzelne Kinder differenzierter wahr und überlegte sich, welche besondere Unterstützung ihnen zukommen muß.

Häufig wurde auch auf die Bedeutung integrativer Kontakte für ***Motivation und Förderung behinderter Kinder*** hingewiesen, ein Beispiel soll dies verdeutlichen: „Ein Kind, das nicht stehen konnte, lernte innerhalb weniger Tage, sich am Tisch hochzu-

---

4) Vgl. Zwischenbericht zur pädagogischen Arbeit mit behinderten und nichtbehinderten Kindern und deren Eltern im evangelischen Kindergarten Dortmund-Aplerbeck-Mark, 1979, S. 5

ziehen und aufzurichten, weil es einem anderen Kind zeigen wollte, wie groß es ist."

Im Hinblick auf die Entwicklung ***sozialer Beziehungen*** zwischen behinderten und nichtbehinderten Kindern wurden ebenfalls positive Erfahrungen verzeichnet, z.B. stellten Erzieherinnen verschiedentlich hinsichtlich des Verhaltens nichtbehinderter Kinder bei der Begegnung mit behinderten fest:

„Wir konnten bei einigen Kindern ein vollkommen anderes Verhalten beobachten. Zum Beispiel Kinder, die in ihrer Gruppe aggressiv sind, verhalten sich den behinderten Kindern gegenüber sehr viel rücksichtsvoller und gehen liebevoll und behutsam mit ihnen um ... Die schulpflichtigen Kinder in unserer Einrichtung beschützen und behüten die behinderten Kinder fast zu stark und neigen dazu, ihnen alle Schwierigkeiten aus dem Weg zu räumen. Dies versuchen wir durch Gespräche vorsichtig abzubauen.,"[1)]

In einigen Einrichtungen machte man sogar die Erfahrung, daß behinderte — auch schwerstbehinderte Kinder — von nichtbehinderten häufig sehr viel Zuwendung erfahren, daß dies aber auch umgekehrt für nichtbehinderte gilt. Diese bekommen von behinderten Kindern Anerkennung und Zuwendung, die nicht an Leistung gebunden ist. In manchen Fällen konnten solch positive Erfahrungen allerdings erst gemacht werden, als sich die Kinder an die spezifisch neue Situation gewöhnt hatten:

„Die nichtbehinderten Kinder fangen z.B. nun auch in Gegenwart der hörbehinderten Kinder an, mehr gestikulierend zu reden. Die nichtbehinderten Kinder waren allerdings zunächst über die lautstarke Verständigung zwischen Erziehern und hörbehinderten Kindern erschrocken. Sie dachten spontan an einen Anpfiff ... Jetzt verstehen sie die ungewohnte Situation besser."

Es wurden also viele positive Erfahrungen mit integrativen Kontakten gemacht, vor allem, wenn sich Sonder- und Regelgruppen auf demselben Gelände oder im selben Gebäude befanden. Den-

---

1) Evang. Kindertagesstätte für behinderte und nichtbehinderte Kinder, Lerchenweg 2, 4019 Monheim. Integration, Möglichkeiten — Grenzen, S. 2

noch stießen Erzieherinnen auch immer wieder an ***Grenzen*** integrativer Kontaktmöglichkeiten unter dem Organisationsrahmen additiver Einrichtungen.

In einem Fall wurde z.B. von starker Ablehnung der behinderten Kinder durch die nichtbehinderten berichtet, wobei die behinderten Kinder nachgeäfft, gehänselt, gequält und geschlagen wurden. Dies kam jedoch anscheinend in dieser krassen Form nur in einer Einrichtung vor, in der die Eltern nichtbehinderter Kinder die Aufnahme behinderter Kinder anfänglich abgelehnt hatten.

In einigen anderen Einrichtungen hingegen wurde festgestellt, daß behinderte von den nichtbehinderten Kindern im allgemeinen toleriert wurden, daß es aber von einzelnen Kindern ausgehend auch immer wieder zu deutlicher Ablehnung kam. Diese schlug sich in einer Verweigerung von gemeinsamem Spielen nieder, konnte aber auch bis zu versteckten oder offenen Aggressionen gehen, die über das ,,normale'' Maß in Kindergruppen hinausgingen. In Einrichtungen, in denen solche Beobachtungen gemacht wurden, wurde häufig zugleich von großer Unsicherheit der Eltern behinderter und nichtbehinderter Kinder im Umgang miteinander berichtet.

Häufiger als die vorgenannten Probleme kam aber vor, daß bei den Begegnungen zwischen behinderten und nichtbehinderten Kindern, auch wenn sie über lange Zeit herbeigeführt wurden, keine wirklichen Kontakte zustandekamen, sondern eher ein Tolerieren und Nebeneinanderspielen. Dabei registrierten die nichtbehinderten die behinderten Kinder, wandten sich ihnen aber nicht zu, weil sie andere Bedürfnisse hatten. Dies war besonders häufig in Freispielsituationen der Fall, während bei angeleiteten Aktivitäten vielfach bereitwillig gemeinsam gespielt, gebastelt, gesungen wurde.

Des weiteren wurde verschiedentlich hervorgehoben,daß behinderte Kinder auf punktuelle Veränderungen, wie z.B. auf Begegnungssituationen mit anderen Kindern, desorientiert reagierten, da sie zu viele Sinnesreize, die auf sie zukamen, bei immer wieder veränderten Organisationsformen nicht verkraften und einordnen konnten.

Insgesamt wurde in Einrichtungen mit additiver Organisationsform die Anleitung durch Erwachsene in starkem Maße benötigt, besonders stark bei Begegnungen mit geistig behinderten und schwer hörgeschädigten Kindern.

Welche Faktoren die bisher genannten Probleme bei der Aufnahme sozialer Beziehungen bewirken und welche Bedeutung ihnen im einzelnen zukommt, müßte in eingehenden Untersuchungen geklärt werden. Hier spielen vermutlich die Behinderungsart, die Vorerfahrungen der Kinder, das Entwicklungsalter, die Einstellung von Eltern und Erzieherinnen, die Gestaltung der Kindergartenarbeit und der Räume, die Forderung nach ständiger Neuorientierung bei den Kindern durch wechselnde Organisationszusammenhänge, die Häufigkeit der Kontaktmöglichkeiten, das Eingebundensein in die jeweilige eigene Gruppe usw. eine wesentliche Rolle. Besonders bedeutungsvoll ist möglicherweise auch die in-group, out-group Situation, die beim Aufeinandertreffen von Kindern aus unterschiedlichen Gruppen entstehen kann.

Trotz auftretender Probleme ist jedoch sicher, daß bei allen Integrationsvorhaben ein hoher persönlicher Einsatz des Personals erbracht worden ist, denn unter den derzeitigen Rahmenbedingungen stellt eine Zusammenarbeit zwischen Sonder- und Regelgruppen meist eine hohe Belastung für die beteiligten Erzieherinnen dar. Sie erhalten wenig Unterstützung von außen, oft nicht einmal den allernotwendigsten zeitlichen Rahmen für eine entsprechende inhaltliche Vorbereitung und Planung, die erforderliche Abstimmung mit den Therapeuten sowie die zusätzlichen Aufgaben in der Elternarbeit. Die Belastung ist besonders bei Erzieherinnen in Regeleinrichtungen hoch, weil hier häufig sehr ungünstige personelle Bedingungen vorhanden sind. Viele der durchgeführten pädagogischen Angebote wären nur mit dem angestellten, ausgebildeten pädagogischen Personal nicht durchführbar gewesen. Sie waren nur möglich, weil in verschiedenen Einrichtungen Praktikanten und Zivildienstleistende zur Verfügung standen sowie Therapeuten, die diese Arbeit durch ihre Beteiligung unterstützten. In einigen Einrichtungen waren solche „Experimente" sogar nur durch Hilfe von außen möglich, durch Studenten und Dozenten von Fachhochschulen und Universitäten, die in den Gruppen mitarbeiteten und selbständige Angebote machten sowie die Erfahrungen gemeinsam mit den Erzieherinnen reflektierten.

Erschwert wurden integrative Kontakte nach Erfahrungen der Mitarbeiter außer durch die unzulängliche Ausstattung auch durch auseinanderfallende Öffnungszeiten der Einrichtungen bzw. Anwesenheitszeiten der Kinder in den kooperierenden Institutionen sowie durch die damit ebenfalls zu verschiedenen Tageszeiten liegenden Vorbereitungs- und Planungszeiten des Personals in den unterschiedlichen Gruppentypen.

b) Ergebnisse, die bei ersten Begleituntersuchungen gewonnen wurden.

Über die Zusammenarbeit von Erzieherinnen und Fachhochschulangehörigen liegen uns aus zwei additiven Einrichtungen ausführlichere Berichte vor. Im einen Fall wurden in eine Regeleinrichtung — wegen der Überfüllung der Sondereinrichtung desselben Trägers — zwei Gruppen sprachbehinderter Kinder aufgenommen. Die behinderten Kinder wurden von den nichtbehinderten abgelehnt und zwar wohl vor allem deshalb, weil sie die ablehnende Haltung ihrer Eltern übernommen hatten. Dem versuchte man vom Team zu begegnen, indem man über einen Zeitraum von über zwei Jahren immer wieder unterschiedlichste Möglichkeiten der Kontaktanbahnung bzw. -unterstützung für Kinder, Eltern und Erzieherinnen der verschiedenen Gruppen erprobte. Um einen Einblick in die Vielfältigkeit der Überlegungen und Ansätze, aber auch in die auftretenden Schwierigkeiten zu gewähren, soll aus dem Erfahrungsbericht dieser Einrichtung ausführlich zitiert werden:

„In den allgemeinen Wochenplan führten wir einen ‚Tag der offenen Tür' ab März 1977 ein. Alle Gruppenraumtüren waren während der Freispielphase von 8.00 bis 9.30 Uhr geöffnet, die Kinder hatten die Möglichkeit, andere Gruppen zu besuchen und dort zu spielen. Dieses Angebot wurde nur von wenigen Kindern genutzt. Der Flur forderte viele Kinder zum Toben auf, ein Spiel miteinander war nicht möglich.

Im Juni 1977 fand ein gemeinsames Sommerfest statt, das bei allen Beteiligten großen Anklang fand und daher jedes Jahr wiederholt wird. Auch hier fand keine Kommunikation zwischen Eltern der verschiedenen Gruppen statt.

Um die Gruppenarbeit für alle Mitarbeiter transparent zu machen, führten wir ab August 1977 eine Hospitationsphase ein, in der jeder Mitarbeiter die Gelegenheit hatte, in anderen Gruppen während der Sprachtherapie und Rhythmik die Kinder und Erwachsenen kennenzulernen.

Ab Januar 1978 wurden in 4 Gruppenräumen während der Spielphase der ‚Offenen Tür" gezielt interessante Angebote gemacht.

Im Frühjahr 1978 fand 1 x in der Woche, an einem Tag, zu einer bestimmten Zeit während des Freispiels eine Gruppenzusammenführung von jeweils einer Sprachheilgruppe und einer Regelgruppe statt. In dieser Zeit bildeten sich viele Kleingruppen während des gemeinsamen Freispiels, und es war zu beobachten, daß einige Kinder aus den Sprachheilgruppen kontaktfreudig auf die Regelkinder zugingen und zeitweise mit ihnen spielten. Dieses Angebot war für die Gesamtgruppe untragbar, da sich die Gruppenstärke auf ca. 35 Kinder erhöhte und sich für alle Beteiligten belastend auswirkte und für die gesamte Gruppe untragbar wurde. Die Beziehungen zwischen den nichtbehinderten und behinderten Kindern vertieften sich auch während der Freispielphase in unserem Garten.

Im April 1978 fand im Regelkindergarten ein Elternabend mit dem Thema „Sprachentwicklung des Kindes" statt, auf dem die Eltern über die allgemeine Sprachentwicklung, deren Probleme und die Arbeit in den Sprachheilgruppen eine ausführliche Information erhielten. Die Zusammenarbeit aller Gruppen wurde erwähnt und auf die Wichtigkeit des integrativen Handelns hingewiesen.

Im gleichen Zeittraum führten die verschiedenen Gruppen gemeinsame Ausflüge durch, wie z.B. Besuch eines Puppenspieles, Abenteuerspielplatz, Schwimmen etc.

Ab August 1978 wurde ein ‚Besuchtstag' für alle Kinder in der Freispielphase an einem Wochentag angeboten, d.h. wer von den Regelkindern in die Sprachheilgruppe wechseln wollte, konnte die Freispielphase dort verbringen und umgekehrt. Mit diesem Angebot stießen wir bei den Kindern auf keine Resonanz.

Ab Januar 1979 fand eine Hospitation einzelner Kinder mit ihrem bekannten Gruppenerzieher in einer anderen Gruppe statt. Dieses Angebot konnte langfristig nicht durchgeführt werden, da der Gruppenerzieher durch die geringe personelle Besetzung häufig nicht in der Lage war, seine Gruppe zu verlassen.

Ab Februar 1979 gingen regelmäßig einige Regelkindergartenkinder mit einer Sprachheilgruppe einmal wöchentlich zum Schwimmen; gemeinsame Ausflüge konnten wegen organisatorischer Schwierigkeiten nicht mehr regelmäßig durchgeführt werden ..."[2]

Nach diesen vielen verschiedenen Angeboten und Versuchen des Teams, die aus ganz unterschiedlichen Gründen nicht befriedigend verliefen, kam im Jahre 1979 eine Gruppe mit sechs Studenten und einem Dozenten von der Fachhochschule für Sozialpädagogik in die Einrichtung. Sie wollten den Aufbau integrativer Kontakte vor dem Hintergrund der Bedingungen der Kindertagesstätte entwickeln helfen und zugleich systematische Beobachtungen hinsichtlich der Qualität der entstehenden sozialen Beziehungen durchführen. Die Studentengruppe machte jeweils einmal wöchentlich für ca. vier behinderte und nichtbehinderte Kinder für die Dauer von etwa einer Stunde ein gezieltes Spielangebot. Die Zusammensetzung der Kleingruppen fand in der Anfangsphase spontan statt, später wählten die Gruppenleiterinnen die Kinder nach bestimmten Kriterien aus.

---

2) Konzeption und Erfahrungen aus der Praxis der Kindertagesstätte der AWO, Levester Straße 28, 3000 Hannover 91, S. 19f.

Weil die einzelnen Kinder aufgrund der insgesamt großen Kinderzahl zu selten an diesen Angeboten teilnehmen konnten, wurden zusätzlich wieder Besuchstage eingeführt. Die Intention war dabei, die in der Kleingruppenarbeit entstandenen Kontakte zu intensivieren. „An drei Tagen in der Woche konnten aus jeder Gruppe zwei Kinder während des Freispiels in eine andere Gruppe gehen, die sie sich selbst aussuchten." Dabei hielten die Erzieherinnen ihre Beobachtungen in von ihnen und den Studenten der Fachhochschule gemeinsam entwickelten Beobachtungsbögen fest. Es stellte sich heraus, daß die Bereitschaft der Kinder, in eine andere Gruppe zu gehen, in der ersten Zeit sehr groß war, später aber merklich nachließ. „Die Kinder der Sprachheilgruppe beschränkten sich darauf, nur noch in die andere Sprachheilgruppe zu gehen, und die Kinder der Regelgruppen besuchten sich auch nur noch gegenseitig." Die Tendenz ging sogar immer mehr dahin, daß die Kinder lieber in der eigenen Gruppe bleiben wollten. Man sah folgende Ursachen für dieses Verhalten:

„Wir vermuteten, daß die Kinder ihre eigene Parallelgruppe deshalb bevorzugten, weil sie die Kinder dort schon etwas besser kannten. Nachdem der Reiz des Neuen nicht mehr da war, wurde es den Kindern schnell zu langweilig, und sie blieben lieber in der eigenen Gruppe. Das hatte für sie auch den Vorteil, daß sie ein Spiel, das sie sich eventuell für diesen Morgen vorgenommen hatten, ungehindert durchführen konnten und nicht für den Besuch der anderen Gruppe abbrechen mußten. Außerdem werden die Kinder wahrscheinlich bemerkt haben, daß ihr eigenes bisheriges Verhalten in der neuen Gruppe nicht den gleichen Anklang fand. Sie mußten sich erst in die fremde Gruppenstruktur einfühlen. Vielleicht war es den Kindern zu unangenehm oder zu unbequem, sich selbständig eine neue Position aufzubauen.

Gründe für die Vermeidung der Besuche in unbekannten Gruppen könnten darin liegen, daß

- den Kindern der Sprachheilgruppen zu viele Kinder in den Regelgruppen waren. Der intensive Kontakt zum Erwachsenen wäre in einer so großen Gruppe nicht mehr so gewährleistet wie in der eigenen Gruppe.
- die Kinder der Regelgruppen im Altersdurchschnitt jünger sind und sich deshalb den meisten älteren sprachbehinderten Kindern gegenüber unsicher fühlen.

Die Sprachbehinderung der Kinder der Sprachheilgruppen als Anlaß für das Desinteresse konnten wir ausschließen, weil es keine Anhaltspunkte für eine derartige Vermutung gab."[3]

Aus diesen Überlegungen heraus wurde eine Umstrukturierung in der pädagogischen Arbeit der Einrichtung vorgenommen. In Zukunft sollte wieder eine Bezugsperson die Kinder in die andere Gruppe begleiten, um ihnen die Teilnahme am Gruppengeschehen zu erleichtern. Diese Umstellung wirkte sich günstig aus. Es war zu beobachten, daß die Unsicherheit der Kinder der Regelgruppen, die stärker war als die der sprachbehinderten Kinder, weitgehend aufgehoben werden konnte. Dennoch fand man die Ergebnisse, die zudem nur durch die intensive Mitarbeit von Studenten und Dozenten der Fachhochschule möglich waren, nicht befriedigend, weil aufgrund der unterschiedlichen Anwesenheitszeiten von behinderten und nichtbehinderten Kindern sowie durch die unterschiedlichen Tagesabläufe in den einzelnen Gruppen und durch die räumliche Trennung zu wenig selbstverständliche Kontaktmöglichkeiten vorhanden waren.

„Als Kompromißlösung wurden verschiedene Integrationsgruppen, z.B. von Sprachtherapeuten, der Motopädin, den Gruppenleitern und Projektstudenten angeboten. Durch dieses Angebot war es möglich, fast alle Kinder einmal wöchentlich zu einem integrativen Angebot zu erfassen."[4]

Eine dauerhafte Mischung beider Gruppen, wie man sie sich wünschte, war wegen der Tatsache, daß behinderte und nichtbehinderte Kinder verschiedenen Einrichtungen angehörten, bisher nicht möglich.

Insgesamt stimmen viele der Erfahrungen und Einzelbeobachtungen aus dieser Einrichtung mit den Ergebnissen überein, die von Prof. Neumann und einer Studentengruppe in einer weiteren additiven Einrichtung bei einer über einen längeren Zeitraum

---

3) ebda., S. 22f.

4) ebda., S. 24

angelegten Untersuchung[5] gewonnen wurden. Als Bewertungsraster dienten dabei die Erfahrungen in zwei integrativen Einrichtungen.

In dem Gemeindekindergarten, in den neben zwei Regelgruppen eine Gruppe mit körperbehinderten und mehrfachbehinderten Kindern aufgenommen worden war, stellte die Studentengruppe während eines längeren Beobachtungszeitraumes in Übereinstimmung mit den bereits vorgestellten Untersuchungsergebnissen fest, daß die spontane Besuchshäufigkeit der Kinder in einer anderen Gruppe relativ gering war. Dabei waren jedoch anders als bei den vorher zitierten Ergebnissen die Kontakte der Nichtbehinderten zur Gruppe der Behinderten noch am häufigsten, es war jedoch nur eine geringe personelle Kontinuität vorhanden.

Von den Erzieherinnen und der Studentengruppe wurde vermutet, daß die nichtbehinderten Kinder die behinderten vielfach wegen des interessanteren Spielzeugs und wegen der Ruhe im Gruppenraum besuchten, aber auch, weil sie in ihrer eigenen Stammgruppe keine festen Beziehungen hatten, sich dort also eher in einer Außenseiterposition befanden und nicht so sehr, weil sich persönliche Kontakte zu den behinderten Kindern entwickelt hatten. Zudem wurde festgestellt, „daß die wenigen Kinder, die häufiger die Behindertengruppe aufsuchten, das Spielen untereinander bevorzugten. Dies war besonders im Freispiel der Fall. Bei von Erzieherinnen vorstrukturierten Spielsituationen, z.B. Spielrunde, Basteln usw., spielten alle Kinder bereitwillig und gerne miteinander.[6]

Um die Kontakte zu intensivieren, boten in der Folgezeit Studenten und Erzieherinnen gemeinsam vorbereitete und eingeleitete größere Aktionen für behinderte und nichtbehinderte Kinder an. Bei diesen Angeboten wurde festgestellt, daß sich die Kinder ruhig und ausgeglichen begegneten, und daß die nichtbehinderten

---

5) vgl. Erfahrungsbericht über einen Integrationsversuch im Vorschulalter, 1982.
6) vgl. ebda., S. 3

Kinder weder durch das langsame Essen noch durch Längen, die während des Spiels aufgrund der Behinderung einzelner Kinder entstanden, ungeduldig wurden. Allerdings gelang es nicht immer mit gleichem Erfolg, Spiel- und Bastelangebote zu finden, bei denen die behinderten Kinder nicht überfordert und die nichtbehinderten nicht unterfordert waren. Trotz insgesamt positiver Erfahrungen

„kamen die Mitarbeiterinnen des Kindergartens und der Projektgruppe in gemeinsamen Analysen zu der Auffassung, daß auf Dauer die Organisation von regelmäßigen Großgruppenkontakten

a) nicht kontinuierlich durchzuhalten ist;
b) die entstehenden Kontakte zwischen den Kindern wegen der Art und Größe der Aktivitäten nicht sehr intensiv und stetig sein können."[7]

Aus diesem Grunde versuchte man in der folgenden Zeit, die Kontakte zwischen behinderten und nichtbehinderten Kindern durch Kleingruppenarbeit zu verstärken. Aber auch mit den Ergebnissen, die sich dabei ergaben, war man nicht ganz zufrieden:

„Die Auswertung der Kleingruppenarbeit erbrachte positive und negative Erkenntnisse:

positiv war zu vermerken, daß sich die Kontakte zwischen den beteiligten Kindern allmählich verbesserten und sich von großer Vorsicht und z.T. Zurückhaltung zu mehr vertrautem und unbefangenem Miteinander wandelten. Die Arbeit in der Kleingruppe war ausgefüllter als in der Großgruppe. Die Kinder wirkten gelöster.

Andererseits bemerkten wir aber auch, daß durch die Gruppenarbeit die ‚Sonderstellung der behinderten Kinder' z.T. indirekt verstärkt wurde, da es nach einiger Zeit unter den nichtbehinderten Kindern als etwas besonderes galt, in den gemeinsamen Kleingruppen mitzuarbeiten."[8]

---

7) ebda., S. 7

8) ebda., S. 6 - 7

Bei der Auswertung der pädagogischen Aktivitäten kam man insgesamt zu dem Schluß, daß die Voraussetzungen für Integration in einem Kindergarten mit der oben beschriebenen Organisationsform (getrennte Gruppen behinderter und nichtbehinderter Kinder) nur in sehr beschränktem Umfang gegeben sind. Dies ist so, weil

„– die Kinder spontane Beziehungen überwiegend in ihrer eigenen Gruppe aufgebaut haben,
– ein häufiger Gruppenwechsel sie automatisch in eine Randposition in der eigenen ‚Stammgruppe' bringt,
– sie weder in der Stammgruppe noch in der Bezugsgruppe der Behinderten voll integrierte Mitglieder sind,
– der Gruppenwechsel für viele Kinder die Überwindung einer ‚Schwellenangst' bedeutet, die ohne Hilfestellung der Erzieherinnen schwer zu leisten ist,
– die gelenkten gemeinsamen Spiel- und Turnaktivitäten trotz relativ langfristiger Vorplanung die ursprüngliche Gruppentrennung nur für begrenzte Zeiträume auflösen können,
– es im Charakter von gelenkten Aktivitäten liegt, daß spontane, gegenseitige Erfahrungen nur sehr begrenzt möglich sind.

Fazit: Die systematischen Beobachtungen haben gezeigt, daß die gelenkten Versuche zur Kontaktförderung zwischen behinderten und nichtbehinderten Kindern sehr rasch ihre natürlichen Grenzen in der Organisationsform des beschriebenen Kindergartens – nämlich dessen Gruppentrennungsprinzip finden ... Mir erscheint diese Lösung als eine Notlösung, die zwar besser als eine Nullösung ist, jedoch mit dem Begriff und dem Anspruch der ‚Integration' nur ansatzweise etwas zu tun hat."[9]

Die ersten Begleituntersuchungen in additiven Einrichtungen kommen also im wesentlichen zu dem Ergebnis, daß integrative Arbeit unter additivem Vorzeichen unzulänglich bleiben muß.

---

9) ebda., S .7 - 8

3.3 Hinweise auf notwendige Veränderungen

In Stellungnahmen von Trägern werden additive Erziehungsformen häufiger positiv bewertet als von Praktikern. Bei den von uns durchgeführten Interviews wurde sogar nur in einer Einrichtung die additive Erziehungsform als ideal bezeichnet und hier nicht von den Erzieherinnen, sondern vom Sprachheillehrer. Er begründete seine Bewertung damit, daß es für gehörlose und nichtbehinderte Kinder, die diese Einrichtung besuchen, eine Überforderung bedeute, in integrativen Gruppen zusammengefaßt zu werden. Die gegenwärtige Form getrennter Gruppen sei dagegen optimal; „man kann den Kindern spezielle Förderungsmöglichkeiten bieten, ohne sie von den anderen Kindern zu isolieren." Die Bewertung muß sicherlich unter dem Blickwinkel der speziellen Probleme von gehörlosen Kindern und den Anforderungen, die dadurch an nichtbehinderte Kinder entstehen, gesehen werden.

In den allermeisten anderen Einrichtungen hingegen wurden additive Erziehungsformen – trotz positiver Erfahrungen – unter dem Gesichtspunkt „Integration" als unbefriedigend eingeschätzt: Bewertungsmaßstab war dabei vor allem, daß das Entstehen von sozialen Beziehungen zwischen behinderten und nichtbehinderten Kindern unter solchen organisatorischen Voraussetzungen sehr erschwert wird. Dabei wurde jedoch im allgemeinen der Fortschritt einer solchen Erziehungsform gegenüber der bisherigen segregierenden Praxis anerkannt und zugleich auf mögliche bzw. notwendige Perspektiven verwiesen. Aufgrund dieser nahezu einhellig vertretenen Meinung können die folgenden Beiträge aus Einrichtungen, die verschiedene Ebenen ansprechen, stellvertretend für eine endgültige Bewertung integrativer Arbeit in additiver Form stehen:

„Die organisatorische Form der kombinierten[1] Einrichtung, wie sie in diesem Kindergarten besteht, gibt erst die Möglichkeit, mit integrativer

---

1) Entsprechend der hier verwendeten Terminologie handelt es sich dabei um eine additive Einrichtung.

Erziehung anzufangen, diese Form kann aber nur ein Anfang sein, der nicht als Integration bezeichnet werden kann. Wenn die Gruppen gemischt wären, könnte man auch auf die ablehnenden Reaktionen einiger Kinder gegenüber behinderten eingehen, weil sie sich dann – wie auch die Eltern – damit auseinandersetzen müßten, und sich nicht einfach entziehen könnten, wie dies bei kombinierten Einrichtungen der Fall ist."

„Für uns ist beim Vergleich des kooperativen[2] und integrativen Ansatzes wichtig, daß die Kooperation sicherlich ein notwendiger Schritt innerhalb des Sozialzentrums in Richtung Integration war. Im Tagesablauf des Kindergartens wurde die Kooperation einerseits von den Kindern ständig als ‚die Ausnahmesituation' (ähnlich wie Schwimmen, Reiten u.a.) erfahren und stellte andererseits eine zusätzliche organisatorische Belastung dar. Eine ständige Umstrukturierung der übergreifenden Maßnahmen (Krankengymnastik, Sprachtherapie, heilpädagogische Maßnahmen, Reiten, Schwimmen u.a.) wurde notwendig, wodurch teilweise die Gruppenarbeit massiv eingeengt war. Die Erfahrungen führten schließlich zu der Schlußfolgerung, weitere integrierte[3] Erprobungsgruppen aufzubauen."[4]

Die Meinung der Leiterin einer Kindergartentagesstätte mit getrennten Regel- und Sondergruppen für sprachbehinderte Kinder geht in eine ähnliche Richtung; sie kann folgendermaßen zusammengefaßt werden: Die integrative Praxis mit getrennten Gruppen behinderter und nichtbehinderter Kinder ist ein erster Beitrag zur Integration, jedoch ein unzulänglicher. Deshalb sollte als kurzfristige Perspektive die Einführung integrativer Gruppen angestrebt werden, wobei aber auch diese Form nach Ansicht der Leiterin nur ein Übergangsmodell sein kann, das das repräsentiert, was augenblicklich möglich ist. Als ideal bezeichnete sie hingegen den Stadtteil-Kindergarten, der von allen Kindern im Umfeld besucht werden kann. Dazu wäre allerdings eine entscheidende Verbesserung der Rahmenbedingungen in Regeleinrichtungen erforderlich sowie der Aufbau von ambulanten therapeutischen Diensten.

---

2) Siehe Anmerkung 1, S. 176
3) Nach der in diesem Band angewandten Terminologie handelt es sich dabei um integrative Gruppen.
4) Erfahrungsbericht Gevelsberg-Asbek, S. 5

Hinsichtlich allgemein anzustrebender Perspektiven muß jedoch derzeit davon ausgegangen werden, daß additive Einrichtungen trotz vorhandener Kritik aus sehr speziellen Gründen auch Befürworter finden. So werden in Einzelfällen getrennte Gruppen unter pädagogischen Gesichtspunkten für sinnvoller gehalten. In anderen Fällen trauen sich Erzieherinnen die Arbeit mit gemischten Gruppen noch nicht zu, oder die Rahmenbedingungen bieten keine positiven Voraussetzungen für die Bildung integrativer Gruppen. Hin und wieder streben auch die Träger eine Pluralität des Angebots an, also die Existenz verschiedener Einrichtungstypen nebeneinander, weil sie einen eventuellen Konkurrenzkampf zwischen den verschiedenen Einrichtungen vermeiden wollen.

Diese Gründe verweisen darauf, daß hinsichtlich perspektivischer Überlegungen einmal die Ebene der Verbesserung von Bedingungen in additiven Einrichtungen reflektiert werden müßte, um die Arbeit in der Gegenwart dort, wo sie für richtig gehalten wird oder wo es keine andere Möglichkeit gibt, trotz ihrer Begrenztheit zu erleichtern. Zum zweiten wäre über eine Langzeitperspektive nachzudenken, die die grundlegende Veränderung bestehender Einrichtungen unter dem Blickwinkel „Sicherstellung von Integration" im Auge hat.[5)]

4. Pädagogische Arbeit in Einrichtungen oder Gruppen, die von behinderten und nichtbehinderten Kindern gemeinsam besucht werden

4.1 Begründung des Vorgehens

Sowohl integrative wie Regelgruppen, in die einzelne behinderte Kinder aufgenommen werden, sind integrative Erziehungsformen, sie weisen allerdings sehr unterschiedliche Merkmale und

---

5) Weitere Aussagen unter dem Gesichtspunkt Perspektiven, vgl. S. 329 ff.

einen deutlich anderen Standard auf: In integrativen Gruppen sind bei Erzieherinnen im allgemeinen hohe Ansprüche an die Qualität integrativer Erziehung vorhanden sowie bewußt gestaltete Rahmenbedingungen zur Unterstützung dieser Zielsetzungen, während sich gemeinsame Erziehung bei Einzelintegration häufiger eher naturwüchsig aus dem Lebenszusammenhang entwickelt, ohne spezielle Reflexion integrativer Zielsetzungen und unter den üblichen Rahmenbedingungen in Regeleinrichtungen.
Um aber weder die Spezifika zu unterschlagen, noch eine ganzheitliche Darstellung vollständig einer analytischen Aufbereitung zu opfern, aber auch, weil uns leider bisher wenig Informationen über die konkrete pädagogische Arbeit bei Einzelintegration vorliegen, wird bei der folgenden Darstellung eine teilweise Trennung beider Einrichtungstypen vorgenommen. Der erste Teil des folgenden Kapitels befaßt sich wegen der besonderen Bedeutung, die diese Frage für ***integrative*** Gruppen hat, mit der Gestaltung des Tagesablaufs. Dabei werden durchaus auch Elemente angesprochen, die in Regeleinrichtungen eine Rolle spielen, aber in integrativen Gruppen ein deutlich anderes Gewicht erhalten. Der zweite Teil hingegen wird eher ganzheitlich von den Erfahrungen in einer Regeleinrichtung berichten und dabei gleichzeitig auf erforderliche Rahmenbedingungen bei Einzelintegration hinweisen. Im weiteren Verlauf werde ich zusammengefaßt auf grundlegende pädagogische Fragen und Probleme eingehen, die sich in beiden Einrichtungstypen in ähnlicher Weise stellen sowie auf Erfahrungen, die die Beteiligten mit Erziehung in gemischten Gruppen machten.

4.2. Charakteristika integrativer Einrichtungen oder Gruppen

Von integrativen Einrichtungen oder Gruppen wird im vorliegenden Zusammenhang dann gesprochen, wenn mehrere behinderte und zumeist eine größere Anzahl nichtbehinderter Kinder in derselben Gruppe betreut werden. Dies trifft allerdings nur in knapp der Hälfte der Fälle auf alle Gruppen einer Einrichtung zu, in anderen Kindergärten bestehen neben integrativen Gruppen auch Sonder- oder Regelgruppen oder beides. Integrative Einrichtungen entwickelten sich aus unterschiedlichen Wurzeln:

- aus Regeleinrichtungen,
- aus Sondereinrichtungen,
- aus Regel- und Sondereinrichtungen bzw. -gruppen, die sich zufällig oder beabsichtigt unter einem Dach oder auf demselben Gelände befanden oder auch bei größerer Entfernung miteinander kooperierten,
- sie wurden direkt zum Zwecke integrativer Erziehung geschaffen.

Die Gründe für die Bildung integrativer Gruppen sind zum Teil ähnlich wie die, die zur Aufnahme integrativer Kontakte in additiven Erziehungsformen führten (vgl. 153 f.). Hinzu kommt noch, daß sich viele additive Einrichtungen zu integrativen weiterentwickelten, weil die punktuellen Begegnungen in additiven Einrichtungen als unzureichend erlebt wurden. Hervorzuheben ist weiter, daß bei der Bildung integrativer Gruppen häufiger als bei den anderen Formen integrativer Arbeit gesellschaftspolitische Motive im Vordergrund standen (vgl. S. 136 ff.).

Allgemeine Charakteristika integrativer Einrichtungen (oder Gruppen) sind in Abgrenzung zum Status von traditionellen Regeleinrichtungen

- häufige Existenz speziell entwickelter pädagogischer Konzeptionen (vgl. S. 134 ff.),
- kleinere Gruppen (zumeist mit 12–15 Kindern, in Einzelfällen auch weniger oder mehr, vgl. S. 47 f.),
- besserer Personalstand, der neben der mindestens vorhandenen Doppelbesetzung oft auch die Mitarbeit von spezialisierten Kollegen, Praktikanten und Zivildienstleistenden einschließt (vgl. S. 43 ff.),
- oftmals höher qualifiziertes Personal (vgl. S. 44 f.),
- bessere räumliche Ausstattung (vgl. S. 40 f.),

- mehrere behinderte Kinder pro Gruppe zumeist in einem Verhältnis behinderte:nichtbehinderte Kinder 1:2 bis 1:3 (vgl. S. 49),
- längere verbindliche tägliche Anwesenheitszeiten für behinderte Kinder,
- Existenz von zumeist zwei unterschiedlichen Einzugsgebieten für behinderte und nichtbehinderte Kinder (vgl. S. 46 f.),
- lange Fahrtzeiten für behinderte Kinder (vgl. S. 46).

4.3. Die Bedeutung des Tagesablaufs für die Arbeit in integrativen Gruppen

4.3.1. Gestaltung des Tagesablaufs

Behinderte Kinder müssen, wenn ihr Aufenthalt über BSHG finanziert wird, im allgemeinen teilstationär untergebracht werden, was für die meisten Finanzträger mindestens sechs Stunden täglich heißt. Bei dieser langen Anwesenheitszeit erhält die Gestaltung des Tagesablaufs große pädagogische Bedeutung.

In den einzelnen Einrichtungen ist der Tagesablauf recht unterschiedlich organisiert. Bestimmend dafür sind neben dem gesetzlichen Rahmen und den bestehenden Richtlinien die organisatorischen Gegebenheiten, die personellen Bedingungen, die Einstellungen und Bewertungen der Erzieherinnen, die therapeutische Versorgung und nicht zuletzt die in den Einrichtungen vorhandene pädagogische Konzeption sowie sonstige pädagogische Überlegungen, die sich u.a. an der jeweils speziellen Auffassung von „Integration" orientieren.

a) Tagesablauf und pädagogische Orientierung

Vergleicht man die Tagesläufe in integrativen Einrichtungen unter pädagogischen Gesichtspunkten miteinander, so werden sehr unterschiedliche Orientierungen sichtbar. In einigen wenigen

Einrichtungen gibt es nach einem Frühdienst für die Kinder berufstätiger Eltern einen festgelegten gemeinsamen Tagesbeginn für alle Kinder. Dies hat den Vorteil, daß behinderte und nichtbehinderte Kinder gleiche Chancen für die Kontaktaufnahme haben. Überdies kann in diesen Einrichtungen früh mit gemeinsamen Aktivitäten angefangen werden. Der Tageslauf beginnt hier im allgemeinen mit einer ausführlichen Begrüßung der Kinder, dem Morgenkreis mit Spielen und Liedern und der Orientierung auf den „heutigen Tag", einschließlich der geplanten Aktivitäten. [1)]

In den meisten anderen Gruppen aber treffen die Kinder innerhalb einer Zeitspanne von einer bis eineinhalb Stunden ein. Aufgrund der auseinanderfallenden Einzugsgebiete können die flexiblen Tagesbeginnzeiten jedoch zumeist nur von nichtbehinderten Kindern genutzt werden. Die behinderten Kinder kommen aufgrund der zentralen Zubringerdienste meist erheblich später und dann als geschlossene Gruppe in die Einrichtung, was große Nachteile für die Aufnahme sozialer Beziehungen mit sich bringt (vgl. S. 206).

Der Vorteil eines flexiblen Tagesbeginns liegt für die Kinder, die ihn nutzen können, darin, daß Eltern (zumeist noch immer Müttern) wie Kindern ihr individueller Tagesrhythmus zugestanden wird und die Kinder nicht gezwungen sind, unabhängig von ihrer Verfassung zu einer bestimmten Zeit in den Kindergarten gehen zu müssen. Obwohl mit gemeinsamen Aktivitäten in diesen Einrichtungen oft erst spät begonnen werden kann und je nach Länge der Anwesenheitszeiten der Kinder und den sonstigen Fixpunkten im Tagesablauf weniger Zeit für gezielte, gemeinsame Aktivitäten bleibt, gibt es damit gute Gründe zur Aufrechterhaltung dieser flexiblen Regelung.

---

1) Vgl. z.B. Alpers/Holste/Meier u.a.: Integration, o.J., S. 32 sowie Feuser: Zwischenbericht, 1984, S. 146.

In Einrichtungen mit flexiblem Tagesbeginn steht am Anfang des Tageslaufs das Freispiel, wobei sich jedoch auch hier wiederum zwei Gruppen von Einrichtungen voneinander unterscheiden lassen. Bei der einen erhalten gemeinsame Fixpunkte im Tageslauf eine hohe Bedeutung: Nach dem Freispiel wird Wert auf gemeinsames Aufräumen, einen gemeinsamen Morgenkreis, gemeinsames Händewaschen und gemeinsames Frühstück gelegt. Fördernde gezielte und geplante Angebote haben ihren festen zeitlichen Platz im Tageslauf, wenn sie auch nicht immer mit allen Kindern gemeinsam durchgeführt werden. In diesen Einrichtungen wurde betont, daß ein Tageslauf in gemischten Gruppen wesentlich stärker strukturiert sein muß als in Gruppen für nichtbehinderte, weil behinderte Kinder einen festeren Organisationsrahmen benötigen würden, wodurch sie auch ein Zusammengehörigkeitsgefühl mit der Gruppe ausbilden könnten.

Probleme bei einem Tagesablauf mit vielen gemeinsamen Fixpunkten können sich dadurch ergeben, daß Kinder oft angefangene Beschäftigungen abbrechen müssen und aufkommenden Interessen nicht nachgehen können. Es besteht zudem die Gefahr, daß gemeinsame Fixpunkte im Tageslauf nicht immer der Integration dienen, sondern manchmal nur eine organisatorisch erzwungene Zusammenführung der Gesamtgruppe sind, die nicht auf gemeinsamen Interessen beruht. Der Stellenwert solcher Gemeinsamkeiten muß also in jedem Einzelfall geprüft werden, dabei ist sicherlich zu bedenken, daß manche behinderte Kinder gerade z.B. beim Morgenkreis mit Kreisspielen und Liedern leichter gemeinsam etwas mit anderen tun können als im Freispiel.

Von den betreffenden Erzieherinnen werden die Probleme, die sich durch eine straffere Organisationsform ergeben können, im allgemeinen durchaus gesehen. Deshalb wird darauf hingewiesen, daß die Bedürfnisse einzelner Kinder in der jeweiligen Situation gegen die Einhaltung der Festlegungen im Tageslauf abgewogen werden müssen. So sollte z.B. vermieden werden, daß ein Kind, das gerade erst angefangen hat, ein Bild zu malen, insbesondere wenn es das sonst nur selten tut, damit aufhören muß, nur weil die Freispielzeit zu Ende ist.

In der zweiten Gruppe von Einrichtungen, die den Tageslauf mit dem Freispiel beginnen, ist eine sehr lange Freispielphase vorhanden, wobei zugleich für einzelne Kinder oder für kleine Gruppen gezielte Angebote durchgeführt werden, an denen die Kinder weitgehend nach Interessen teilnehmen. Während der Freispielphase haben die Kinder die Möglichkeit zu gleitendem Frühstück. Erzieherinnen in diesen Einrichtungen sind der Meinung, daß ein weitgehend offen gehaltener Tageslauf im allgemeinen auch von behinderten Kindern verkraftet wird und sogar Vorteile für sie bringt; [2] sie weisen jedoch zugleich darauf hin, daß bei einer veränderten Zusammensetzung der Kindergruppe wieder neu über die Gestaltung des Tagesablaufs entschieden werden muß.

An der Einteilung des Tageslaufs wird also eine deutlich unterschiedliche Haltung sichtbar, insbesondere hinsichtlich der Ansicht, wie behinderte Kinder am besten eingebunden werden können, bzw. was man ihnen zutrauen kann oder welche Unterstützung sie benötigen.

b) Das Freispiel

Das in den meisten Einrichtungen am Tagesbeginn stehende Freispiel soll den Kindern einen „weichen" Übergang von zu Hause in den Kindergarten ermöglichen. Die Gestaltung der Freispielphase weist in den einzelnen Einrichtungen jedoch eine deutlich unterschiedliche Orientierung auf.

In einigen Gruppen wird während des Freispiels viel Wert darauf gelegt, daß die Kinder ***selbständig*** Spielwünsche und Gestal-

2) Diese Meinung wurde auch von der wissenschaftlichen Begleitung im Kindergarten der evangelischen französisch-reformierten Gemeinde vertreten. Vgl. Wissenschaftliche Begleitung, Bd. 3, 1984, S. 133 f.

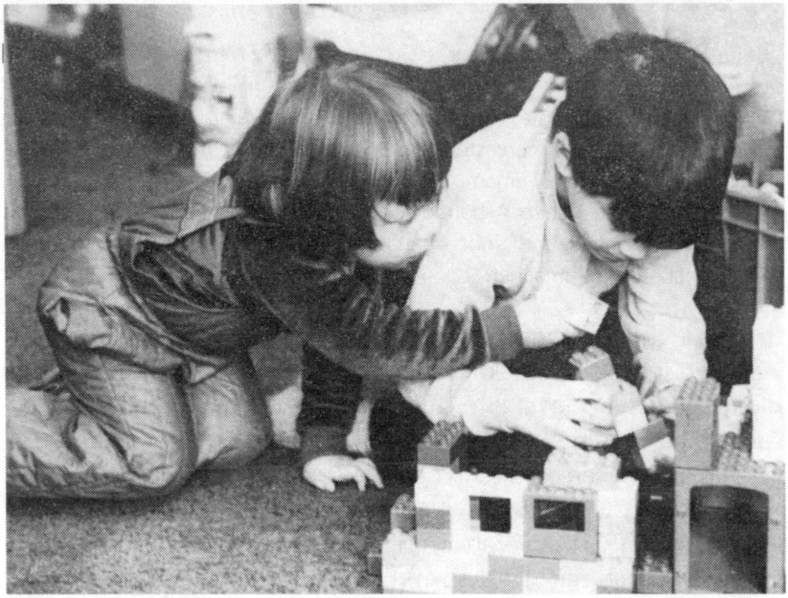

Ein behindertes und ein nichtbehindertes Kind nutzen die Freispielphase zum gemeinsamen Spiel.

tungsfähigkeit entwickeln bzw. sich vom Tun der Erzieherinnen zur Nachahmung anregen lassen. Besonders ausgeprägt ist dies in Einrichtungen, die nach der Waldorf-Pädagogik arbeiten (vgl. S. 119 ff.). Diese Sichtweise bedeutet jedoch in der Regel nicht, daß sich die Erzieherinnen aus dem Geschehen heraushalten, wenn Kinder z.B. nicht wissen, was sie tun sollen oder wenn sie ständig Anlaß für Konflikte bieten. Solche Unterstützungen sind aber nicht nur für behinderte Kinder notwendig, obwohl sie von ihnen anscheinend häufiger benötigt werden.

In den anderen Gruppen – oft in solchen mit gleitendem Frühstück – wird die Zeit des Freispiels bewußt für ***Angebote*** im Projektzusammenhang oder im Zusammenhang mit Wochen- oder Monatsplänen sowie für spontanes Tun in Form von kleinen Basteleien, gemeinsamen Spielen, Gesprächen usw. genutzt, an denen sich die Kinder beteiligen können, die Lust dazu haben. Dies kann z.B. so vor sich gehen:

„Beim Basteln oder Werken setzt sich meistens ein Erwachsener an einen bestimmten Tisch und beginnt mit der Herstellung des jeweiligen Gegenstandes. Die Kinder, die Interesse haben, setzen sich dazu und arbeiten mit. Je nachdem, was hergestellt wird und wieviel Hilfe die Kinder brauchen, können zwischen einem und fünf Kinder teilnehmen. Wenn einzelne Kinder selten bei solchen Arbeiten mitmachen oder sich zu keiner Tätigkeit entschließen können und unbeteiligt herumstehen, werden sie gefragt, ob sie Lust haben mitzumachen."

In diesen Einrichtungen wird im allgemeinen genau beobachtet, welche Kinder sich an solchen Angeboten beteiligen und welche nicht, und diejenigen, die sich nicht von alleine beteiligen, versucht man, durch speziell überlegte Angebote oder Aufforderungen einzubeziehen, wie es in dem Beispiel angedeutet wurde.

In der dritten Gruppe von Einrichtungen, sowohl in solchen mit festem als auch mit gleitendem Frühstück, liegt die Betonung auf der bewußten Nutzung des Freispiels, zur ***Förderung*** von einzelnen Kindern mit besonderen Problemen. Die Erzieherinnen setzen sich entweder zum Spiel dieser Kinder und unterstützen sie bei Tätigkeiten und Abläufen, die sie noch nicht beherrschen, aber lernen wollen. Oft werden die Kinder auch direkt zur Beteiligung an einem Spiel oder an einem Training aufgefordert.

In Einrichtungen, die nach der Aneignungstheorie arbeiten, findet das Freispiel zu einem späteren Zeitpunkt im Tageslauf statt. In einer dieser Einrichtungen scheint dem Freispiel ***kein eigener Wert*** zugedacht zu werden, es hat eher die Funktion eines Puffers im Tageslauf, der zur Erholung der Kinder erforderlich ist, weil man Kinder nicht durchgehend gezielt beschäftigen kann oder der zur Erledigung von erforderlichen Dingen im Tagesgeschehen benötigt wird. Die kurzen Zeiten (ca. 30 Minuten) für offene Spielangebote müssen z.B. auch zum Händewaschen, zur Vorbereitung des Frühstücks, zum Tischabräumen, Geschirr und Lebensmittel wegräumen, eventuell Toilettentraining und Zähneputzen verwendet werden. In einer weiteren Einrichtung, mit einer ähnlichen pädagogischen Orientierung allerdings, wird den Kindern mehr Raum für „selbstbestimmtes" Tun gegeben.

Die vorgefundenen Typen bei der Gestaltung des Freispiels stellen keine Idealtypen dar, die in reiner Form existieren. Die Typisierung wurde lediglich nach der im Vordergrund stehenden Orientierung der Erzieherinnen vorgenommen, die sich im allgemeinen aus der verfolgten pädagogischen Konzeption ergibt. Insgesamt wird die Bedeutung des Freispiels von mir ähnlich bewertet wie in einer wissenschaftlichen Begleituntersuchung:

„Wir halten die Einrichtung des morgendlichen Freispiels aus mehreren Gründen für eine gute und notwendige Sache:

- Es gibt allen Kindern die Gelegenheit, selbstgewählten Beschäftigungen nachzugehen. Diese Gelegenheit fordert und fördert gleichzeitig die Selbständigkeit der Kinder, die ihre Spiele und Spielpartner nicht vorgesetzt bekommen, sondern unter vielen Möglichkeiten selbst auswählen (müssen).
- Es gibt den Kindern aber auch die Möglichkeit, sich zurückzuziehen, allein zu sein, zuzusehen. Indem sie nicht pausenlos mit irgendetwas beschäftigt werden, können sie ein Stück weit ihrem eigenen individuellen Rhythmus entsprechend mehr aktive und mehr passive Phasen abwechseln lassen.
- Es kann den Kindern die Möglichkeit bieten, Unverarbeitetes durch Spiele aufzuarbeiten, Interessen zu entwickeln bzw. individuellen Vorlieben nachzugehen.
- Es besteht die Möglichkeit zu selbstgewählten sozialen Kontakten und damit zu vielfältigen sozialen Erfahrungen, z.B. auch in der Lösung von Konflikten.
- Insbesondere in bezug auf die Behinderten hebt sich die ausgedehnte Freispielmöglichkeit von der sonst leider oft üblichen Aufbewahrung und Disziplinierung, gepaart mit den verschiedensten Trainings-/Dressurprogrammen, wohltuend ab . . ." [3]

Ergänzt werden könnten diese Punkte noch um Aspekte der Förderung, die sich durch das eigenständige Beobachten und Nachahmen der Kinder ohne Eingreifen der Erzieher vollziehen, wenn

---

3) Wissenschaftliche Begleitung, Zwischenbericht, 1983, S. 87

z.B. ein behindertes Kind beim Spitzen der Farbstifte zuschaut und dies einige Zeit später selbst versucht. Von großer Bedeutung kann in diesem Zusammenhang weiter die Möglichkeit sein, daß Erzieherinnen während des Freispiels Gelegenheit haben, die Kinder bei ihrem Spielverhalten zu beobachten und daraus Anhaltspunkte für gezielte Förderangebote zu gewinnen.

Für die Gestaltung des Freispiels ist die Raumausstattung von besonderer Bedeutung. Sehr gute Erfahrungen wurden bei heterogenen Kindergruppen mit der Einteilung des Gruppenraumes in verschiedene Aktivitäts- und Spielecken gemacht (vgl. S. 40 f.). Bei einem solch vielfältigen Spielangebot stellt sich während des Freispiels Differenzierung fast von allein her. Somit werden sowohl Erzieherinnen als auch die Kindergruppe entlastet.

Wenn in Freispielsituationen dennoch Probleme auftauchen, kann es die Kooperationsmöglichkeiten in der Kindergruppe fördern, wenn die Erzieherinnen anderen Kindern einen Hinweis darauf geben, was einzelne Kinder gerne tun, zum Beispiel: „Inge kann zwar nicht sprechen, aber sie hört sehr gerne, wenn du ihr was vorsingst.'' Oder aber ein Hinweis, wie störende Dinge weniger störend werden, kann eine Situation wesentlich enspannen, z.B.: „Timo läuft der Speichel aus dem Mund; damit die Spielsachen nicht naß werden, könntest du darauf achten, daß er seinen Auffanglatz um hat.''

Wenn immer wieder dieselben Kinder am Rande stehen, obwohl sie an den Spielen der anderen Kinder interessiert sind, müßte überdacht werden, wie gezielte Hilfen zu ihrer Einbeziehung gegeben werden können. So kann sich die Erzieherin überlegen, welches spezielle Angebot sie einem behinderten Kind machen kann, für das sich auch andere Kinder interessieren, oder welche Rollen einem Kind beim Rollenspiel angemessen sind und wie solche Spiele angeleitet werden können, in denen auch dieses Kind seinen Platz hat u.v.a.m.

c) Täglich wiederkehrende Elemente mit stark organisatorischer oder zusammenfassender Komponente

Häufig sind es gerade organisatorische oder zusammenfassende Fixpunkte im Tageslauf, die den Kindern feste Orientierungspunkte geben und ihnen durch immer wiederkehrende Aufgaben vielfältige Beteiligungsmöglichkeiten bieten.

Aufräumen:

Erzieherinnen aus integrativen Einrichtungen weisen immer wieder darauf hin, daß es beim Aufräumen (egal, wann und wie es geschieht) wichtig ist, die behinderten Kinder im Rahmen ihrer Möglichkeiten zu beteiligen und nicht alles den nichtbehinderten zuzuschieben, weil diese schneller oder ordentlicher sind. Dabei darf es nicht darum gehen, daß behinderte Kinder genau so viel aufräumen müssen wie die anderen, sondern daß sie lernen, sich im Raum zu orientieren und Dinge, mit denen sie gespielt haben, an ihren Platz zurückzulegen.

Morgenkreis:

In den meisten Einrichtungen, in denen auf einen fest strukturierten Tageslauf Wert gelegt wird, findet zwischen Aufräumen nach dem Freispiel und dem gemeinsamen Frühstück der Morgenkreis statt. In den seltenen Fällen, in denen alle Kinder zur selben Zeit in den Kindergarten kommen, steht der Morgenkreis am Tagesbeginn.

Der Morgenkreis hat in den einzelnen Einrichtungen, je nach pädagogischen Konzeptionen, sehr unterschiedliche Inhalte. In den meisten Kindergärten dient er dazu, die Gesamtgruppe wahrzunehmen, zu merken, welche Kinder fehlen und welche anwesend sind und sich mit Spielen, Geschichten und gemeinsamem Singen auf die Gesamtgruppe einzustellen, wobei bewußt auf die Beteiligung behinderter Kinder geachtet wird.

Am Morgenkreis nimmt die gesamte Gruppe teil.

In einigen Einrichtungen dient er daneben auch zur Orientierung auf den weiteren Verlauf des Tages.

Selbstbesorgung:

Im allgemeinen wird in den Kindergärten das An- und Ausziehen, Händewaschen, zur Toilette gehen so nebenher erledigt, um möglichst wenig Zeit für andere Aktivitäten zu verlieren, dabei wird vielfach davon ausgegangen, daß Kinder diese Dinge sowieso früher oder später lernen. Für behinderte Kinder ist dies jedoch keineswegs so selbstverständlich, sie lernen solche Abläufe oft nur in winzigen Schritten in langen Zeiträumen. Für sie kann es bereits eine große Leistung sein, einen Knopf an ihrer Jacke zu öffnen, die Toilettenspülung zu betätigen usw. Gleichzeitig ist für viele behinderte Kinder das Vermögen zur Selbstbesorgung von großer Bedeutung für ihr weiteres Leben.

Deshalb muß bei integrativer Arbeit von seiten der Erzieherinnen darauf geachtet werden, daß die Kinder diese Dinge lernen und daß sie die notwendigen Hilfen dazu erhalten, sie sind nicht unbedeutende Nebensache im Kindergartenalltag, sondern Inhalt planvollen Bemühens. In einer Einrichtung beschrieb man diese Aufgabe so:

„So lernt ein nichtbehindertes Kind z.B. den richtigen Umgang mit Wasser und Seife aufgrund seiner Beobachtungs- und Nachahmungsfähigkeit leicht und schnell. Mit einem behinderten Kind muß der Erzieher zusätzlich jede Entwicklungsstufe systematisch, jede Handlung in kleine Lernschritte zerteilt, langsam, beständig und häufig wiederholend, erarbeiten. Denn aufgrund seiner Behinderung kann es eine komplexe Handlungsfolge (z.B. die des Händewaschens) nicht begreifen und bliebe damit auch unfähig, die notwendigen Schritte auf dem Weg der Selbständigkeit zu finden." 4)

Erzieherinnen fällt in diesem Zusammenhang jedoch nicht nur die direkte Anleitung behinderter Kinder zu, sondern auch die Anleitung der übrigen Kindergruppe zu differenzierter Hilfestellung, denn nichtbehinderte Kinder sollten behinderten nur da helfen, wo Hilfe wirklich nötig ist. So kann ein Kind vielleicht bereits selbständig in seine Jacke schlüpfen, aber die Knöpfe noch nicht schließen. Später hingegen reicht es vielleicht, wenn ein nichtbehindertes Kind den ersten Knopf zumacht, damit es selbständig weiter zuknöpfen kann. Einem anderen behinderten Kind muß man vielleicht nur sagen, ob es seine Strümpfe auf die richtige Seite gedreht hat, bevor es sie selbständig anziehen kann.

Frühstück und Mittagessen:

Auch an der Vorbereitung des Frühstücks oder Mittagessens sowie dem Decken und Abräumen des Frühstücks- oder Mittagstisches können sich die meisten behinderten Kinder beteiligen, wenn es auch oft ein sehr langsamer Lernprozeß ist, Verant-

---

4) Ex/Strive: Integrierter Kindergarten, 1983, S. 44

wortung zu übernehmen, sich die Abläufe einzuprägen, den richtigen Platz für die Dinge zu finden.

Beim Frühstück übernehmen Kinder angemessene Aufgaben.

Von seiten der Erzieherinnen werden hier zumeist vielfältige Hilfen eingeplant, so sind in manchen Einrichtungen auf den Sets die Utensilien (Teller und Besteck) an der richtigen Stelle aufgemalt, oder an den Besteckkästen und Schränken sind an den entsprechenden Stellen Symbole angebracht, damit die Kinder den richtigen Platz beim Aufräumen leichter finden u.a.m.

Erzieherinnen achten außerdem darauf, daß Kinder, die bereits komplexere Handlungen ausführen können, mit Kindern, die dazu noch nicht in der Lage sind, sinnvoll zusammenzuarbeiten. So können einige Kinder vielleicht erst nacheinander einzelne Teller an die Plätze stellen, wären aber noch überfordert, wenn sie große und kleine Löffel auseinandersortieren müßten, dies wird dann von anderen Kindern übernommen.

Wenn auf solche Weise ein ***gemeinsam*** gedeckter Tisch entsteht, so haben alle Kinder ihren Möglichkeiten entsprechend dazu beigetragen, und auch behinderte Kinder können dadurch langsam mehr ***Selbständigkeit*** erlangen und sich als ***kompetent*** und ***wichtig*** für die Gemeinschaft erleben. Dies sollten überhaupt leitende Prinzipien bei der Gestaltung des Tagesablaufs in integrativen Einrichtungen sein.

Bei Momenten, die das Gemeinschaftsgefühl betonen, achten Erzieherinnen ebenfalls auf die Beteiligung behinderter Kinder. In einer Einrichtung machte man sich z.B. Gedanken,

„wie einzelne Kinder mit sehr geringen Ausdrucksmöglichkeiten dennoch der Gruppe 'guten Appetit' beim Frühstück wünschen könnten. David wurde eine Rassel in die Hand gedrückt. Während sich nun die anderen Kinder 'guten Appetit' wünschten, fiel David sehr zur Freude aller anderen mit seiner Rassel ein." [5]

5) Erfahrungsbericht. Gevelsberg-Asbeck, S. 2

Beim Essen selbst wird darauf geachtet, daß behinderte Kinder ebenso wie nichtbehinderte nicht nur lernen können, selbständig zu bestimmen, wieviel sie essen wollen, sondern auch selbständig, ohne Hilfe, zu essen. Dies erfordert bei Kindern mit bestimmten Behinderungen ebenfalls eine sorgfältige Beachtung und anfängliche Unterstützung, die schrittweise zurückgenommen werden muß. Wenn festangestellte Therapeuten in der Einrichtung sind, leisten sie hier oft wesentliche Unterstützung.

d) Gezielte pädagogische Angebote

In einigen wenigen Einrichtungen ergeben sich Aktivitäten eher aus den spontanen Interessen und Ideen von Erzieherinnen und Kindern als aufgrund pädagogischer Planung. Dieses Vorgehen ist allerdings in integrativen Einrichtungen wesentlich seltener anzutreffen als in sonstigen Kindergärten. Ebenfalls nur selten anzutreffen ist die Meinung, nach der es bei der pädagogischen Arbeit – auch mit behinderten Kindern – keiner gezielten Angebote bedürfe, sondern daß es vielmehr hauptsächlich wichtig wäre, daß sich die Kinder ausleben könnten, wenn sie sich wohl und sicher fühlen würden, wäre dies die beste Voraussetzung für ein zufriedenes Leben.

In den allermeisten Kindergärten hingegen finden irgendwann im Laufe eines Kindergartenvormittags gezielte, mehr oder weniger gemeinsame Beschäftigungen statt, je nach Organisationsform des Tageslaufs während oder nch dem Freispiel, manchmal auch im Anschluß an das Frühstück, bevor die Kinder ins Freie gehen oder aber nachdem sie auf dem Hof oder im Garten waren. In sehr wenigen Einrichtungen werden solche Aktivitäten nach dem gemeinsamen Eintreffen, dem Morgenkreis und dem Frühstück durchgeführt.

Angeleitete Angebote dienen zumeist der planvollen, bewußten pädagogischen Förderung der Kinder, wobei auch das Feiern von Festen hier seinen Platz hat. Solche Angebote ergeben sich in vielen Fällen aus den bestehenden Wochenplänen, die selbst oft wiederum Teil von Monatsplänen oder sich über längere Zeiträume erstreckenden Projekten sind. Dabei wird in einigen Einrichtungen ausdrücklich Wert darauf gelegt, die Planung nach den Bedingungen und Möglichkeiten der jeweiligen Kinder auszurichten. Dies wird ganz ausdrücklich bei der Arbeit nach dem Curriculum „Soziales Lernen" und nach der Aneignungstheorie gefordert.

Zusätzlich zu den sich verändernden pädagogischen Angeboten gibt es in vielen Einrichtungen einige Male in der Woche feste, immer wiederkehrende Angebote, z.B. im Schwimmen, Turnen bzw. Rhythmik. In Kindergärten, die nach der Waldorf-Pädagogik arbeiten, sind auch das Aquarellieren und die Eurhythmie ein regelmäßiger Bestandteil der pädagogischen Arbeit. Bei diesen Aktivitäten werden die Kindergruppen oft geteilt, und zur personellen Verstärkung bzw. zur bewußten Gestaltung nehmen manchmal Therapeuten oder Eltern teil.

Auch Turnen findet in gemischten Gruppen statt.

Die gezielten pädagogischen Aktivitäten umfassen in den Einrichtungen entweder Angebote für einzelne Kinder, für Kleingruppen oder auch für die ganze Gruppe. In verschiedenen pädagogischen Konzeptionen gibt es für die einzelnen Angebotsformen eindeutige Prioritäten (z.B. Kleingruppenarbeit im Situationsansatz). Dennoch wird zumeist je nach Situation flexibel gehandelt, wobei die Akzente neben den Festlegungen durch die Konzeptionen jeweils auch von der persönlichen Einstellung der Erzieherinnen und den Rahmenbedingungen der Einrichtungen abhängen.

Pädagogische Angebote für die Gesamtgruppe:

Vor allem in Einrichtungen, die nach der Aneignungstheorie arbeiten – aber nicht nur in diesen – wird großer Wert auf die verbindliche Teilnahme ***aller Kinder*** einer Gruppe an einer Beschäftigung gelegt, wenn dies auch nicht orthodox gehandhabt wird. Der Anspruch an die Erzieherinnen besteht darin, die Angebote sehr differenziert vorzubereiten, so daß jedes Kind entsprechend seiner Möglichkeiten an der gemeinsamen Tätigkeit teilnehmen kann. In einer Einrichtung, die sich an dieser Prämisse orientiert und in der vier Erwachsene für die Gruppenarbeit zur Verfügung stehen, wurde das praktische Vorgehen so beschrieben:

„Wir machen einmal am Tag etwas gemeinsam mit allen Kindern, dabei arbeitet jedes Kind entsprechend seinen Fähigkeiten, das eine entwirft ein Muster für seine Laterne und schneidet und klebt selbständig, ein anderes macht die einzelnen Schritte nacheinander unter Anleitung, ein drittes stellt seine Laterne einfach mit gerissenen Schnipseln her, weil es weder ein Muster entwerfen noch schneiden kann. Auch beim Erzählen von Geschichten gehen wir davon aus, daß alle Kinder etwas davon haben: die einen verstehen die ganze Geschichte, die anderen nur einzelne Bilder, wieder andere nehmen vielleicht nur die Atmosphäre wahr und schauen dem Kerzenschein zu oder genießen es, neben der Erzieherin zu sitzen. Natürlich muß ein behindertes Kind, das dies nicht kann, nicht ewig lange ruhig dabeisitzen." [6]

---

6) Bericht auf einer Fortbildungsveranstaltung.

Differenzierte Angebote für Kleingruppen:

Eine ganze Reihe von Erzieherinnen ist im Gegensatz zu denjenigen mit der oben dargestellten Orientierung der Meinung, daß Angebote an die Gesamtgruppe nicht immer möglich und auch nicht immer sinnvoll sind. Deshalb machen sie gezielte Angebote vor allem für Kleingruppen, wobei auf eine Mischung von behinderten und nichtbehinderten Kindern geachtet wird. Kinder, die sich selten von sich aus beteiligen, werden zum Mittun aufgefordert, sie finden auch spezielle Beachtung bei der Planung (vgl. S. 262 ff.).

Besonders häufig befinden sich unter den Erzieherinnen, die auf diese Weise vorgehen, solche, die nach dem Situationsansatz arbeiten und den gesamten Tageslauf ensprechend den Prämissen dieser Konzeption gestalten, d.h. lange Freispielphasen mit gleitendem Frühstück haben, wobei während des Freispiels gezielte Beschäftigungen zum Rahmenthema angeboten werden. [7)]

Der Vorteil dieser Vorgehensweise wird darin gesehen, daß es möglich ist, verschiedene Aktivitäten in unterschiedlichen Gruppierungen auf unterschiedlichem Niveau zuzulassen, die aber dennoch in Zusammenhang mit dem Gesamtthema und den Gesamtaktivitäten einer Gruppe stehen. „Gemeinsames Tun" ist hierbei auch bei nicht genau gleichen Tätigkeiten möglich, ebenso wie das Nebeneinandertun, das Nacheinandertun oder das bloße Zusehen. Zugleich steht die Erzieherzentriertheit hier nicht so im Vordergrund wie in der vorher genannten Gruppe.

Einzelbeschäftigung mit behinderten Kindern:

Diese Form tritt besonders häufig in Regelkindergärten auf, aber auch in einigen integrativen Einrichtungen ist sie anzutreffen:

---

7) Ähnlich ging man auch in zwei Gruppen des Kindergartens der evangelischen französisch-reformierten Gemeinde vor, dessen Arbeit wissenschaftlich begleitet wurde, vgl. Wissenschaftliche Begleitung, Bd. 3, 1984, S. 107ff.

„Wir Mitarbeiter mußten lernen, die Behinderung der Kinder richtig zu sehen, die pädagogische Arbeit da anzufangen, wo das Kind steht . . . In der Praxis bedeutet das primär Einzelbeschäftigung; die Gruppenfähigkeit, die für uns auch ein wichtiges Teilziel ist, wird erst an zweiter Stelle gesehen." 8)

In Einrichtungen mit dieser Arbeitsweise wird häufig zugunsten „guter Förderung" auf die Anleitung von Kooperation bzw. auf die Erfahrung, sich als wichtig in der Gruppe erleben zu können, nur allzuleicht verzichtet. Eine solche Orientierung sollte deshalb im Team immer wieder überprüft werden, falls sie zu einem bestimmten Zeitpunkt aufgrund spezieller Bedingungen so getroffen wurde.

Die Betonung liegt auf dem Zusammenleben:

In einigen Kindergärten liegt der Akzent des pädagogischen Handelns auf dem Zusammenleben mit all den Verschiedenheiten, die die einzelnen Personen mitbringen und den Anregungen, die dadurch entstehen. Gezielte Förderung in den vorher genannten Formen kommt dabei sehr wohl vor, sie ist aber eingebettet in eine umfassende, ganzheitliche Konzeption von Entwicklung:

„Wir versuchen, so viel wie möglich mit den Kindern zu leben, so wenig wie möglich zu therapieren. Unter 'therapieren' verstehen wir in diesem Fall: mit den Kindern in Situationen zu üben und Fähigkeiten zu erarbeiten, die aus dem täglichen Leben herausgenommen sind, nicht mehr im sinnvollen Zusammenhang erlebt werden können. ‚Leben' bedeutet in diesem Fall: das tägliche Zusammensein mit den Kindern, das sowohl für die Kinder wie auch für die Mitarbeiter Hauptteil ihres Alltags ist. Dazu gehören wesentlich neben den gelenkten (heil)pädagogischen gemeinsamen Tätigkeiten sinn-volle schöpferische Tätigkeiten wie freies Spiel, gemeinsames Herstellen von ‚Spielzeug', ... das Bedrucken eines Vorhangs, das Häkeln von Kissenbezügen, das Kochen und Backen, das Saubermachen, das Schwimmen, das Wandern, das Sammeln und Verwerten von Gesammel-

---

8) Evang. Kindertagesstätte für behinderte und nichtbehinderte Kinder, Lerchenweg 2, 4019 Monheim. Integration, Möglichkeiten, Grenzen, S. 3

tem – kurzum: alles Tätigkeiten, die das tägliche Leben prägen und gleichzeitig schöpferisches Tun ermöglichen. Dabei ist es genauso wichtig, daß die Kinder dieses an Erwachsenen erleben, wie, daß sie selbst dazu kommen, schöpferisch tätig zu werden." 9)

e) Therapeutische Anteile:

Bei der Entwicklung integrativer Konzeptionen wurde Therapie üblicherweise von vornherein als notwendiger Bestandteil einbezogen, deshalb gibt es nur in wenigen Einrichtungen kein therapeutisches Angebot. In diesen Fällen versuchen im allgemeinen die Eltern die therapeutische Versorgung ihrer Kinder sicherzustellen, oder es gehört zu den Aufgaben der Erzieherinnen, Eltern, die das nicht tun, dazu zu veranlassen, ihren Kindern außerhalb der Kindergartenzeit ein solches Angebot zu ermöglichen.

In den allermeisten Einrichtungen hingegen ist die therapeutische Unterstützung fest verankert, sie wird jedoch aufgrund von Statusdenken (vgl. S. 312 ff.), vorhandenen Rahmenbedingungen und wegen pädagogischer Überlegungen sehr unterschiedlich bewertet und im Gruppenalltag gewichtet. In der Praxis lassen sich verschiedene Organisationsformen therapeutischer Förderung unterscheiden:

1. In einigen Einrichtungen ist eine deutliche Trennung von Therapie und Pädagogik vorhanden, wobei auch auf Kooperation weitgehend verzichtet wird. Begründet wird dies manchmal mit dem inhaltlichen Argument, daß dadurch der Gruppenalltag von therapeutischen Forderungen freigehalten werden kann und Erzieherinnen nicht der Gefahr ausgesetzt sind, sich eher an therapeutischen als an pädagogischen Gesichtspunkten zu orientieren.

---

9) Kindergarten Pasing, 1979, S. 2

2. In anderen Einrichtungen wird trotz getrennt stattfindender Therapie eine Kooperation zwischen Therapeuten und Erzieherinnen angestrebt, obwohl dies aufgrund der vorhandenen Bedingungen vielfach schwierig ist. So gibt es in dieser Gruppe von Einrichtungen eine ganze Bandbreite unterschiedlich intensiver Kooperationsformen. Aus Einrichtungen z.B., in denen die Kinder zur Therapie in die Räume des Behinderten- oder Frühförderungszentrums gehen, wird immer wieder Ähnliches berichtet:

„Die Erzieher wissen zwar über grundsätzliche Aspekte dieser Therapien Bescheid und können sie auch im Alltag berücksichtigen, doch reicht das ihrer Auffassung nach nicht aus."

In einer anderen Untergruppe der Einrichtungen, in denen eine Kooperation zwischen Therapeuten und Pädagogen angestrebt wird, ist die Zusammenarbeit oft wesentlich intensiver. Hier werden Maßnahmen zur Schwerpunktförderung in Alltagssituationen von Erzieherinnen in Absprache mit den Therapeuten festgesetzt und in das Alltagsgeschehen integriert, oder Erzieherinnen hospitieren bei der Theapie und machen die Wiederholungsübungen in der Gruppe. Manchmal beraten die Therapeuten die Erzieherinnen auch bei der Auswahl von Liedern, Geschichten usw., die die Therapieziele unterstützen können. Förderung in getrennten Räumen wird in diesen Einrichtungen einer Förderung im Gruppenalltag vorgezogen, weil man der Meinung ist, therapeutische Förderung müßte in ruhigem, überschaubarem Rahmen geschehen ohne Ablenkung für das Kind. Wenn die Therapeuten die Kinder aus dem Gruppengeschehen herausholen, wird aber nach Möglichkeit darauf geachtet, daß dies nicht abrupt geschieht, sondern daß ein „weicher" Übergang geschaffen wird. Befindet sich das Kind in einem intensiven Spielgeschehen, das es nicht unterbrechen möchte, so wird manchmal mit einem anderen Kind getauscht, ebenso flexibel geht man häufig vor, wenn z.B. ein nichtbehindertes Kind gemeinsam mit einem behinderten an der Therapie teilnehmen will.

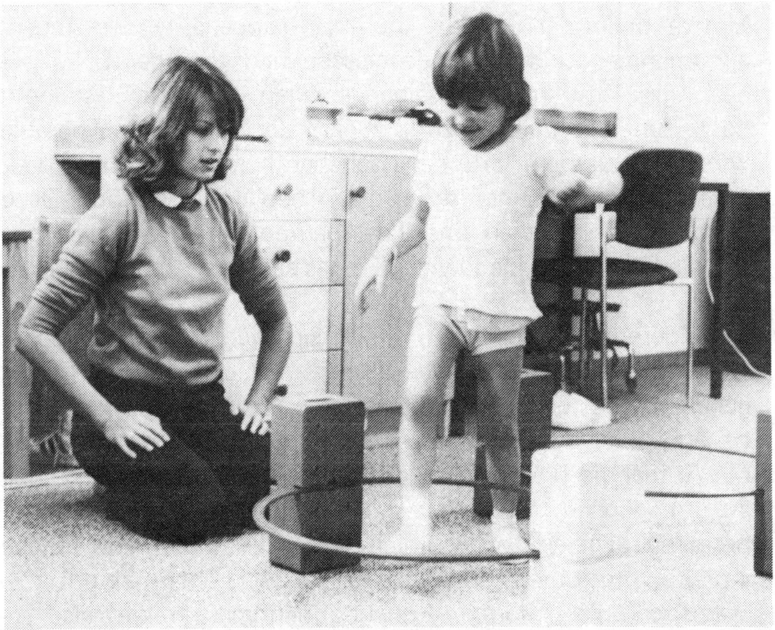

Sonja erhält Einzeltherapie

Nur selten kann jedoch eine so intensive Zusammenarbeit zwischen Therapeuten und Erzieherinnen stattfinden wie in der integrativen Gruppe einer Tagesstätte mit verhaltensauffälligen Kindern, aus der die folgende Beschreibung stammt:

„Die Erzieherinnen besprechen regelmäßig das Verhalten der HPT-Kinder mit der Heilpädagogin; sie bringen ihre Beobachtungen aus der Gruppe ein und beraten gemeinsam pädagogische Möglichkeiten, darauf einzugehen. Auch Probleme der anderen Kinder werden mit der Heilpädagogin erörtert. Im pädagogischen Alltag werden dann z.B. wegen der Sprachschwierigkeiten eines HPT-Kindes Sprachspiele gemacht. Die Erzieherinnen wenden sich damit an alle Kinder, berücksichtigen dabei dieses eine Kind aber besonders."

3. In einer dritten Gruppe von Einrichtungen findet Therapie ganz bewußt wenn irgend möglich innerhalb des Gruppengeschehens statt, um behinderte Kinder nicht zu isolieren,

Motivationen der Kinder, die im Gruppenalltag entstehen, aufzunehmen und um pädagogische und therapeutische Arbeit insgesamt nicht auseinanderfallen zu lassen, sondern beide Bereiche in Ergänzung zueinander zu nutzen. Therapie wird hier aus dem Gruppengeschehen heraus entwickelt oder liefert umgekehrt Impulse für die Arbeit in der Gruppe. Dazu müssen Erzieherinnen und Therapeuten gemeinsam, bezogen auf die Gesamtgruppe sowie auf jedes einzelne Kind, planen[10].

4. In anderen Einrichtungen, in denen wenig therapeutisches Personal zur Verfügung steht oder in denen dies für richtig gehalten wird, geben die Therapeuten ihr Wissen an die Gruppenerzieher weiter, um diesen unter pädagogischen Prämissen die Aufnahme therapeutischer Elemente in den Gruppenalltag zu ermöglichen. In diesen wenigen Fällen werden die Erzieherinnen angeleitet, Therapien selbst durchzuführen. Solche Anleitung geschieht in Einzelfällen auch über behindertenspezifische Fortbildung. Erzieherinnen müssen hier also sowohl den therapeutischen wie den pädagogischen Prozeß planvoll vorbereiten und durchführen.

Hinsichtlich der Organisation und Durchführung von Therapie wird von Erzieherinnen trotz angestrebter Kooperation sehr häufig beklagt, daß sich die pädagogische Arbeit allzuoft den Anforderungen von Therapie und Therapeuten unterzuordnen hat und daß dies nicht – wie es eigentlich sein müßte – umgekehrt ist. Solche Probleme fallen besonders ins Gewicht, wenn Therapeuten nur ambulant in die Einrichtungen kommen und für jedes Kind einzeln abrechnen müssen. In diesen Fällen erhalten die Kinder dann Therapie, wenn es für den Therapeuten günstig ist; häufig besteht nicht einmal die Möglichkeit, den Kindern einen weichen Übergang zwischen Gruppengeschehen und Therapie zu gewähren, geschweige denn eine ins Gruppen-

---

10) Die am weitesten entwickelte Konzeption einer integrierten Therapie findet sich in Einrichtungen, die nach der Aneignungstheroie arbeiten, vgl. S. 114 dieses Berichts.

geschehen integrierte Therapie durchzuführen. Auch zu der in den Konzeptionen im allgemeinen geforderten Kooperation, Absprache und gemeinsamen Diskussionen besteht unter diesen Bedingungen meist keine Zeit.

Außerdem entsteht nur allzuleicht ein unverbundenes Nebeneinander von therapeutischer und pädagogischer Förderung, bei dem wesentliche Förderungschancen ungenutzt bleiben. So kann z.B. die erforderliche und sinnvolle Anleitung der Kinder im Gruppenalltag, die Erzieherinnen entlasten könnte, wie z.B. beim Gang zur Toilette, beim Essen, beim Aus- und Anziehen, nicht durch Therapeuten unterstützt werden. Die Förderung dieser Bereiche muß damit in künstlichen Situationen speziell durchgeführt werden.

f) Ruhezeiten

Bei einer Anwesenheit bis 14 oder 15 Uhr, wie sie häufig in teilstationären Einrichtungen verlangt wird, ist üblicherweise nach dem Mittagessen eine Ruhepause eingeplant, in der ein Teil der Kinder schläft und die anderen entweder im Raum oder Garten freispielen oder bewußt an Aktivitäten teilnehmen sollen, die von Erwachsenen als erholsam angesehen werden, wie Cassetten hören, Bücher anschauen u.a.m.

Für Kinder, die schlafen wollen oder sollen sind jedoch nur in wenigen Einrichtungen befriedigende Ruheangebote vorhanden, denn nur selten gibt es gemütlich ausgestattete Ruheräume, in die sich Kinder ruhig und ohne großen Aufwand zurückziehen können. Zumeist müssen größere Organisations- und Umräumungsarbeiten erfolgen, die sehr viel Unruhe mit sich bringen. So müssen z.B. Gruppenräume in Ruheräume umgebaut werden und die Kinder, die sonst in diesen Gruppenräumen sind, aber nicht schlafen wollen, müssen zum Spielen in einen anderen Raum gehen.

Solche Lösungen scheinen für integrative Arbeit noch ungünstiger zu sein als für die Arbeit in Regeleinrichtungen, denn viele behinderte Kinder haben Orientierungsschwierigkeiten, sie lassen sich zwar u.U. herumschieben, wie es Erwachsene wollen, aber nur selten ist das zum Vorteil der Kinder.

g) Der Nachmittag

Der Nachmittag ist in einer Reihe von integrativen Gruppen aus unterschiedlichen Gründen nur sehr eingeschränkt für größere gemeinsame Aktivitäten zu nutzen. Dies kann der Fall sein, weil in verschiedenen Einrichtungen oder Gruppen durch die bestehende Organisationsstruktur und Finanzierungspraxis unterschiedliche Anwesenheitszeiten für behinderte und nichtbehinderte Kinder gelten und weil in einer Reihe von Einrichtungen gleichzeitig Halbtags-, Dreivierteltags- und Ganztagsplätze vorhanden sind. Aber auch bei teilstationärer Unterbringung behinderter Kinder, die im allgemeinen zwischen 14 und 15 Uhr endet, steht wenig Zeit für gemeinsame Aktivitäten am Nachmittag zur Verfügung. Der Zeitrahmen wird durch Essen, Ruhen bzw. Freispiel im Garten und dem Fertigmachen fürs Nachhausegehen ausgeschöpft.

Ein „ausfransender" Kindergartentag – wie er in vielen Einrichtungen vorhanden ist – erfordert freie Angebote im Raum oder Garten, die auf die entsprechenden Abholzeiten abgestimmt sind. In solchen Fällen findet kein gemeinsamer Abschluß statt.

In vielen Einrichtungen werden für Kinder, die lange bleiben, Spätdienste gebildet, bei denen Kinder aus den verschiedenen Gruppen zusammengelegt werden. Dies bringt oft Unruhe und Desorientierung mit sich, wobei die Situation, daß weniger Kinder anwesend sind, nur selten zur Förderung der Kinder genutzt werden kann. Oft hängt dies mit ungünstigen Rahmenbedingungen zusammen. Es gibt meist wenig kinderfreie Zeiten, in denen dringend notwendige Beprechungen und Vorbereitungen sowie die Zusammenarbeit mit den Eltern stattfinden können. Solche Arbeiten müssen deshalb häufig über die Zusammenlegung der Kinder aus verschiedenen Gruppen organisiert werden.

h) Das Ende des Kindergartentags

Wenn behinderte und nichtbehinderte Kinder die Einrichtung zur selben Zeit verlassen, wird der Kindergartentag gemeinsam mit einem Abschlußkreis beendet, in dem gesungen wird, ein gemeinsames Spiel gemacht oder zusammen überlegt wird, was man im Laufe des Tages erlebt hat. Insbesondere in den Einrichtungen, die nach der Aneignungstheorie arbeiten, wird großer Wert auf die Rückerinnerung des Tagesgeschehens gelegt.

4.3.2 Einige Probleme bei der Gestaltung des Tagesablaufs in integrativen Kindergärten

a) Unterschiedliche Anwesenheitszeiten behinderter und nichtbehinderter Kinder

Nur in wenigen Einrichtungen sind behinderte und nichtbehinderte Kinder täglich gleich lang anwesend. In einigen dieser Fälle besuchen sie entweder am Vor- oder Nachmittag lediglich Halbtagesgruppen, in anderen Einrichtungen dagegen – vornehmlich in Berlin – können auch behinderte Kinder die volle Öffnungszeit der Institutionen zum Teil von 6 – 18 Uhr in Anspruch nehmen.

In sehr vielen Kindergärten fallen jedoch die Anwesenheitszeiten für behinderte und nichtbehinderte Kinder auseinander, das kann bei der pädagogischen Arbeit erhebliche Probleme mit sich bringen, denn dadurch entstehen im Kindergarten – gemessen am Anspruch Integration – trotz anders lautender Absichten wieder zwei relativ scharf voneinander abgegrenzte

Gruppen von Kindern, die unterschiedlichen zeitlichen Regelungen unterliegen. Diese Situation kann sogar in Einrichtungen auftreten, in denen zwar gleiche Öffnungszeiten für behinderte und nichtbehinderte Kinder bestehen, die Anwesenheitszeiten aber aufgrund der unterschiedlichen Einzugsgebiete und der zentralen Buszubringerdienste für behinderte Kinder dennoch nicht identisch sind. So sind in manchen Einrichtungen die nichtbehinderten Kinder schon bis zu einer Stunde vor der Gruppe der behinderten anwesend, was für die behinderten Kinder in aller Regel eine starke Einschränkung ihrer Freispielmöglichkeiten bedeutet und zwar sowohl zeitlich als auch von der Entwicklung der Spielsituationen und dem Finden von Spielpartnern her. Denn die anderen Kinder sind ja bereits in Spielsituationen, wenn die behinderten Kinder erst in die Einrichtung kommen.

Noch gravierender ist die Beeinträchtigung gemeinsamer Handlungsmöglichkeiten bei auseinanderfallenden ***Öffnungszeiten.*** So werden die behinderten Kinder in einigen Einrichtungen bereits nach Hause gebracht, wenn für die nichtbehinderten erst der „Nachmittag" im Kindergarten beginnt. Auch bei dieser Organisationsform werden behinderte Kinder „ausgeschlossen", während die nichtbehinderten ihre Beziehungen vertiefen. Wieder in anderen Fällen verlassen die nichtbehinderten Kinder mittags die Einrichtung, und die behinderten bleiben zur Einzelförderung in kleineren Gruppen am Nachmittag im Kindergarten.

Unterschiedliche Anwesenheitszeiten dürfen allerdings nicht in jedem Fall negativ bewertet werden, vielmehr sind Vor- und Nachteile jeweils gegeneinander abzuwägen. So können behinderte Kinder, die teilstationär in der Einrichtung sind, wenn nichtbehinderte am Mittag nach Hause gehen, in ruhiger Atmosphäre pädagogische und therapeutische Einzelförderung erfahren, der Vormittag wird dann im allgemeinen von Therapie freigehalten. Umgekehrt bleibt nichtbehinderten Kindern Zeit, in einer kleineren Gruppe zu spielen, wenn sie ganztätig in der Einrichtung sind, die behinderten Kinder aber bereits um 14 oder 15 Uhr abgeholt werden und keine Zusammenlegung der Gruppen im Spätdienst erfolgt.

b) Starre Anwesenheitszeiten

Von den Erzieherinnen und Eltern werden vielfach die in einer Reihe von Einrichtungen geltenden starren Anwesenheitszeiten bedauert. Flexible Absprachen scheitern in den meisten Regionen einmal an den Vorschriften der Finanzträger, die eine sechsstündige Anwesenheitszeit behinderter Kinder verlangen[1] und zum zweiten an den großen Einzugsgebieten mit der Notwendigkeit zu zentralen Transporten.

Auf die individuelle Belastbarkeit der Kinder wird somit im allgemeinen keine Rücksicht genommen, ebensowenig auf die spezifischen Bedürfnisse der Eltern, die ihr Kind vielleicht lieber nur am Vormittag in eine Einrichtung geben würden oder die es aus familiären oder beruflichen Gründen länger als sechs Stunden in der Einrichtung lassen wollten oder müßten.

Die Arbeit in der Gruppe wird durch Anwesenheitszeiten, die nicht an der Situation der Kinder ausgerichtet werden können, vielfach sehr erschwert, weil die Kinder u.U. überfordert sind, sehr unruhig, unkonzentriert und müde werden. Unruhige oder gar weinende Kinder werden jedoch nicht nur für die gesamte Gruppe und die Erzieherinnen zum Problem, sondern solche Situationen bedeuten auch für die Kinder selbst eine starke Einschränkung ihres Wohlbefindens, sie sollten deshalb nach Möglichkeit vermieden werden.

Kinder und Eltern leiden aber auch unter Situationen, in denen Eltern den Konflikt zwischen eigener Arbeitszeit und Öffnungszeit der Einrichtung individuell austragen müssen. Dies kann

---

1) Saurbier ist jedoch der Meinung, daß die geltende Regelung nicht so ausgelegt werden müßte; vgl. Saurbier: Rechtliche und finanzielle Grundlagen, 1984, S. 14 f.

bedeuten, daß für Kinder noch eine unter Umständen sehr belastende Zwischenbetreuungszeit durch Verwandte oder Nachbarn gesucht werden muß oder daß das Kind in stationäre Betreuung gegeben werden muß, weil die Eltern keine Möglichkeit haben, diese Situation aufzufangen.

Erzieherinnen fordern daher immer wieder die Schaffung von Rahmenbedingungen, die es zulassen, Anwesenheitszeiten je nach Situation so zu gestalten, daß sie Kinder und Eltern entlasten und auch den Kindergartenalltag von vermeidbaren Problemen freihalten.

c) <u>Die Einbindung von Therapie</u>

Die Organisation von Therapie bringt sehr häufig dann erhebliche Probleme für die pädagogische Arbeit mit sich, wenn Therapeuten nicht fest in den Einrichtungen angestellt sind und Zeitanteile nur dann abrechnen können, wenn sie der unmittelbaren therapeutischen Förderung des einzelnen Kindes dienen (vgl. S. 199 ff.). Eine solche Praxis stellt oft einen erheblichen Störfaktor im Gruppenalltag dar und trägt deutlich integrationsfeindliche Züge, indem sie nur allzuleicht zur Stigmatisierung einzelner Kinder beiträgt. Sie müßte vom Finanzträger überprüft werden und wäre dringend in ein System ganzheitlicher Förderung umzuwandeln, das flexibel genug gestaltet ist, unterschiedlichen Bedingungen optimal Rechnung zu tragen.

4.4 Einzelintegration in Regeleinrichtungen

4.4.1 Über die Betreuung einzelner behinderter Kinder in Regeleinrichtungen existieren nur punktuelle Daten

In früheren Jahren existierten über die Unterbringung einzelner behinderter Kinder in Regeleinrichtungen nur wenig systematisch erhobene Daten. Dieses Defizit hat sich jedoch inzwischen wesentlich verringert, da seit 1982 vor allem auf Initiative unseres Projekts hin zu dieser Fragestellung in verschiedenen Regionen der Bundesrepublik systematisch Daten erhoben wurden. So liegen inzwischen Untersuchungen für die Regionen Kassel, Reutlingen, Aurich und Augsburg vor, zudem wurde vom sonderpädagogischen Institut der Universität Frankfurt im Raum Hessen eine landesweite Untersuchung zu dieser Frage durchgeführt.

Hinsichtlich der Aufnahme behinderter Kinder in Regeleinrichtungen ergibt sich in den einzelnen Regionen ein recht unterschiedliches Bild. In Kassel z.B. stellte man fest, daß sich in Regeleinrichtungen etwa ebensoviele behinderte Kinder befanden wie in Sondereinrichtungen, wobei es sich nach der geschätzten Häufigkeit der Gesamtzahl behinderter Kinder jeweils um 1/4 der behinderten Kinder handelte. [1] In anderen Gebieten, z.B. im Raum Aurich, scheint die Anzahl behinderter Kinder in Regeleinrichtungen im Vergleich zu denen, die Sondereinrichtungen besuchen, wesentlich höher zu liegen, während sie in Hessen und in den Regionen Augsburg und Reutlingen wesentlich geringer ist. Die unterschiedlichen Gegebenheiten hängen mit verschiedenen Faktoren zusammen:

- Das, was unter „behinderten Kindern" in den Einrichtungen verstanden wird, variiert erheblich,
- Die Strukturen des Behindertenbetreuungswesens sind in den verschiedenen Regionen sehr unterschiedlich, so besteht im Raum Reutlingen ein differenziert ausgebautes Sondererziehungswesen, während im Raum Aurich wenig wohngebietsnahe Angebote vorhanden sind. Außerdem ist in vielen Regionen hinsichtlich der institutionellen Versorgung ein deutliches Stadt-Land-Gefälle vorhanden. [2]

---

1) Man ist bei der Gesamtzahl behinderter Kinder im Vorschulalter noch immer auf Schätzungen angewiesen, da es bisher keine verläßlichen statistischen Daten gibt.

2) Vgl. Abschlußbericht Teil I „Formen gemeinsamer Erziehung behinderter und nichtbehinderter Kinder im Elementarbereich", 1985, S. 208 f.

– Die Rahmenbedingungen in Regeleinrichtungen bieten in den einzelnen Regionen deutlich unterschiedliche Voraussetzungen für Einzelintegration (vgl. z.B. S. 49).

– Die Bereitschaft zu sozial- und bildungspolitischen Innovationen, die Einzelintegration unterstützen, ist in den verschiedenen Regionen und bei verschiedenen Trägern sehr unterschiedlich ausgeprägt. [3]

Um einen Eindruck von den konkreten positiven Erfahrungen, aber auch den Problemen bei integrativer Erziehung im Regelkindergarten zu vermitteln, sollen diese am Beispiel einer Einrichtung, die schon seit langer Zeit einzelne behinderte Kinder aufnimmt, dargestellt werden. Dabei ist zu bedenken, daß Integration hier unter wesentlich besseren Rahmenbedingungen stattfinden kann, als sie sonst in Regeleinrichtungen üblich sind. Dies hängt mit dem Status und der Tradition dieser Einrichtung zusammen, aber auch mit der bewußt getroffenen Entscheidung zur Aufnahme behinderter Kinder. [4]

4.4.2 Die Betreuung einzelner behinderter Kinder in einer Regelkindertagesstätte – ein Fallbeispiel

a) Einzugsgebiet und Rahmenbedingungen

Die Kindertagesstätte wurde vor ca. zwölf Jahren von einer Elterninitiative gegründet. Ihr ursprüngliches Einzugsgebiet war die neuerbaute Satellitenstadt einer Großstadt, in der damals vor allem junge Familien mit kleinen Kindern wohnten.

In den letzten Jahren veränderte sich die ***Altersstruktur*** der Bevölkerung dieses Stadtgebiets: Die Kinder entwuchsen dem

---

3) Vgl. zu den gesamten strukturellen Fragen bei Einzelintegration, ebda., S. 119-124

4) Nachfolgend wird das in der Einrichtung durchgeführte Interview gekürzt wiedergegeben.

Kindergartenalter und aufgrund dieses verringerten Bedarfs mußte das Einzugsgebiet erweitert werden. Heute umfaßt es einen Umkreis von ca. 15 km.

Auch die ***Sozialstruktur*** im unmittelbaren Umfeld der Kindertagesstätte veränderte sich: Die höheren Angestellten und mittleren Beamten zogen aus, und die frei gewordenen Wohnungen wurden von ausländischen Familien, Umsiedlern aus Obdachlosengebieten, Aussiedlern aus Polen usw. belegt. Demzufolge wird die Einrichtung heute in der Mehrzahl von Kindern aus sozial benachteiligten und ausländischen Familien besucht, allerdings sind aufgrund des vergrößerten Einzugsgebietes auch Kinder aus Mittelschichtfamilien darunter.

Die Erzieherinnen dieser Einrichtung arbeiteten in der Reformphase der Kindergartenerziehung an der Entwicklung des Curriculum „Soziales Lernen" mit. Aus diesem Grunde wurde eine Doppelbesetzung der Gruppen mit zwei pädagogischen Mitarbeitern genehmigt. Diese Besetzung konnte bis heute erhalten werden, so daß 18 Kinder pro Gruppe von einer Erzieherin und einer Erzieherin im Anerkennungsjahr oder einer Kinderpflegerin betreut werden. Die relativ guten personellen Bedingungen waren Voraussetzung für die Aufnahme behinderter Kinder. Die Leiterin der Einrichtung ist freigestellt und hat eine Ausbildung als Sozialarbeiterin, die ihr bei der Beratung von Eltern behinderter Kinder hinsichtlich deren Rechte sehr zugute kommt. Das Curriculum „Soziales Lernen" ist auch heute noch konzeptioneller Rahmen der Kindergartenarbeit.

b) Motivationen für die Aufnahme integrativer Arbeit

„Zu der Zeit, als sich die Einrichtung an der Entwicklung der Didaktischen Einheit 'Behinderte Kinder' beteiligte, kamen die Eltern eines neu in den Stadtteil gezogenen behinderten Jungen und baten um die Aufnahme ihres Kindes in die Tagesstätte. Jürgen war an seinem alten Wohnort aufgrund seiner Behinderung nicht in den dortigen Kindergarten aufgenommen worden. Auch der evangelische Kindergarten im jetzigen Wohngebiet der Familie lehnte eine Aufnahme ab. Obwohl die Erzieherinnen bis dahin keine Erfahrungen in der Arbeit mit behinderten Kindern hatten und sie im Hinblick auf die neuen Anforderungen auch ein wenig Angst hatten, entschlossen sie sich zur Aufnahme des Jungen. Rückblickend sagen sie, ohne die Mitarbeit an der Didaktischen Einheit 'hätten wir uns vielleicht nicht so entschieden'.

Sie legten sich den Eltern des Jungen gegenüber jedoch nicht gleich völlig fest, weil sie die Freiheit haben wollten, ihre Entscheidung rückgängig machen zu können, falls die Aufgabe ihre Möglichkeiten übersteigen sollte.

Die Erzieherinnen machten dann die Erfahrung, daß die Integration des behinderten Jungen problemlos war, seitdem nehmen sie immer wieder behinderte Kinder auf, wenn Eltern an sie herantreten. Meist geschieht dies über Mundpropaganda. 'Auf meinen Artikel hin, der über die Aufnahme des ersten behinderten Kindes berichtete und im Wiesbadener Kurier und im Tagblatt erschienen war, meldete sich niemand, obwohl in diesem Stadtteil doch immerhin 10.000 Menschen leben.' Die integrative Arbeit in der Tagesstätte stieß bei den Eltern der nichtbehinderten Kinder insgesamt auf Akzeptanz, vielfach sogar auf aktive Unterstützung.

c) Betreuung behinderter Kinder in den Gruppen

1. Kind: Jürgen [5)]

Bevor Jürgen in die Kindertagesstätte kam, überlegten die Erzieherinnen, wie sie die Kindergruppe auf die Situation vorbereiten könnten, um sowohl Jürgen als auch der Gruppe Probleme

---

5) Die Namen aller Kinder wurden geändert.

zu ersparen. Die Erzieherinnen beschlossen, Kontakt zu einer querschnittsgelähmten Frau aufzunehmen, die zum Einkaufen immer mit ihrem Rollstuhl an der Kindertagesstätte vorbeifahren mußte. Die Kinder hatten die Frau schon wiederholt vom Fenster aus gesehen und öfter abwertend oder beneidend gesagt: 'Ah, wie die da fährt' oder 'ach, hat die's gut'. Diese Aussprüche nahmen die Erzieherinnen zunächst zum Anlaß, um mit den Kindern über die Situation der behinderten Frau zu reden. Nach einiger Zeit lud man Frau M. dann einmal in die Einrichtung ein. Bei ihrem Besuch erklärte sie den Kindern, wie erleichtert sie war, als sie feststellte, daß am Eingang der Kindertagesstätte keine Treppe ist und wie schwierig es für sie ist, die Treppe am Eingang zur Turnhalle zu überwinden. Sie zeigte den Kindern, wie sie sich beim Überwinden der Treppe abmühen mußte und wie schwierig sogar der Gang zur Toilette aufgrund der vorhandenen Stufen für sie ist. Die Kinder merkten bald, daß es Frau M. trotz ihres Rollstuhls gar nicht so gut hatte, wie zunächst einige gemeint hatten. Frau M. kam dann einige Zeit regelmäßig in den Kindergarten, spielte mit den Kindern, schaute mit ihnen Bilderbücher an, ging mit zum Turnen usw.

In der folgenden Zeit berichteten die Kinder ihren Eltern oft, wenn sie Behinderte sahen: 'Weißt du, die Kinder sind halt krank', oder 'guck mal, hier ist ein Behinderter'. Diskriminierende Äußerungen wie zu Anfang kamen nicht mehr vor. Wenn die Kinder zusammen mit ihren Eltern Frau M. trafen, gingen sie auf sie zu und sagten: 'Das ist Frau M.' Dadurch wurden auch die Eltern stark mit der Tatsache, daß es behinderte Menschen gibt, konfrontiert. Die Eltern hatten damit zunächst viel größere Schwierigkeiten als die Kinder.

Dann kam Jürgen in die Kindertagesstätte. Er hatte eine linksseitige spastische Lähmung mit einem Spitzfuß. Er konnte gehen, schleppte aber das linke Bein hinter sich her, außerdem war seine linke Hand spastisch gelähmt und verkrampft und er war geistig etwas retardiert. Als Hilfsmittel trug er orthopädische Schuhe. Insgesamt war seine Behinderung nicht sehr stark, den anderen Kindern fiel sie jedenfalls nicht sonderlich auf, 'denn er konnte gehen – wenn auch nicht rennen wie die anderen –, außerdem konnte er sprechen, nur etwas langsamer als andere Kinder und er konnte mit der rechten Hand alles mitmachen, während er die linke kaum benutzte'.

Nach der Aufnahme von Jürgen ließen die Erzieherinnen die Kinder in der Gruppe die Behinderung von Jürgen nachspielen. Sie 'versteiften' den anderen Kindern z.B. ein Bein und die Kinder mußten dann so das Gehen üben, oder sie mußten eine Hand auf dem Rücken halten und alles mit einer Hand verrichten. 'Durch diese Spiele ging den Kindern erst so richtig auf, was es bedeutet, behindert zu sein und wie wichtig es ist, Jürgen auch manchmal zu helfen, weil er die Sachen mit einer Hand nicht so richtig anfassen konnte.'

Die Erzieherinnen stellten bald fest, daß sowohl Jürgen als auch die anderen Kinder vom Zusammentreffen im Kindergarten viel profitierten.

Jürgen erhielt während seines Aufenthalts in der Kindertagesstätte bei einer Krankengymnastin in deren Praxis Therapie.

Er besuchte die Einrichtung zwei Jahre und wurde dann mit einem Jahr Verspätung in die Sonderschule für Körperbehinderte eingeschult. In den Ferien kommt er noch häufig besuchsweise in den Kindergarten.

Für sich selbst betrachteten die Erzieherinnen dieses Wagnis der gemeinsamen Erziehung als wichtige Erfahrung. Sie berichteten, daß sie zunächst nicht ganz selbstverständlich mit den Kindern über Fragen von Behinderung sprechen konnten, daß sich dies aber durch die unmittelbare Erfahrung bald völlig veränderte. Sie betrachten behinderte Kinder mittlerweile als ebenso 'normal' wie andere Kinder auch, d.h. die spezifische Situation eines jeden Kindes muß erkannt und darauf eingegangen werden.

Jürgens Eltern waren über die Aufnahme ihres Kindes in die Tagesstätte sehr froh und unterstützten die Kindergartenarbeit sehr. Sie besuchten jeden Elternabend und erfuhren von den Eltern anderer Kinder viel Unterstützung. Es konnte zudem eine entlastende Auswirkung auf andere Eltern festgestellt werden: 'Im Verlaufe des Enttabuisierungsprozesses von Behinderung erzählten zwei oder drei Eltern, daß sie ebenfalls ein behindertes Kind haben.'

2. Kind: Tanja

Die Aufnahme des zweiten behinderten Kindes – eines Mädchens – war weit problematischer als die von Jürgen. Dieses Mädchen hatte ebenfalls eine spastische Lähmung mit Spitzfuß, war insgesamt aber stärker behindert als Jürgen. Die Lähmung war bei Tanja in beiden Beinen, sie trug um die Hüften ein Band, an dem die Gehschienen befestigt waren. Als Tanja mit 6 Jahren in den Kindergarten kam, waren ihre Bewegungen unkoordiniert und sie konnte kaum laufen, sie ging nur an der Hand oder an der Wand entlang. Wenn sie hinfiel, konnte sie wegen der Schienen nicht alleine aufstehen. Tanja tropfte auch wegen einer Lähmung der Mundmuskulatur ständig Speichel aus dem Mund, und auch das Essen fiel ihr immer wieder aus dem Mund. Sie sprach sehr undeutlich. 'Es ging alles nur sehr langsam vor sich, man mußte ihr viel Zeit lassen und ihr viel helfen.'

Als Tanja in die Kindergruppe kam, sagten die anderen Kinder oft: 'Ih, wie die ißt.' Die Erzieherinnen erklärten dann, weshalb das so ist. Ab diesem Zeitpunkt war das kein Problem mehr, die nichtbehinderten Kinder unterstützten sowohl Tanja als auch die Erzieherinnen. 'Wenn wir zum Beispiel vergessen hatten, Tanja ihren Auffanglatz umzubinden, dann holten ihn die Kinder her, oder wenn Tanja hinfiel, halfen ihr die anderen beim Aufstehen. Wenn die Gruppe mit Kindern zusammentraf, die Tanja nicht kannten und grob zu ihr waren, dann schimpften die Kinder der Gruppe mit diesen.' Bei Spaziergängen wurde

Tanja dann im Sportwagen gefahren. Wenn die Gruppe mit dem Bus wegfuhr, trugen die Erzieherinnen Tanja streckenweise. Tanja erhielt außerhalb des Kindergartens Krankengymnastik.

Ein erhebliches Problem bei der Integration von Tanja war die Haltung ihrer Eltern. 'Die Mutter hat Tanja wohl trotz ihrer Behinderung akzeptiert, der Vater aber nicht, er schämte sich. Wenn er Tanja in den Kindergarten brachte, lieferte er sie an der ersten Türe ab. Er stupste sie dann und sagte, 'geh rein!'. Er hat sie nie bis zur Gruppe gebracht und sich nicht freundlich von ihr verabschiedet.'

Die Erzieherinnen wollten Tanjas Eltern deshalb Hilfestellung beim Akzeptieren ihrer Tochter geben. Sie baten die Eltern von Jürgen, einmal mit Tanjas Eltern zu reden. Die Erzieherinnen wollten damit erreichen, daß Tanjas Vater merkt, daß auch andere Eltern behinderte Kinder haben und daß man sich deshalb nicht schämen muß. Die Erzieherinnen hatten sich dabei auch überlegt, daß es für Tanjas Eltern vielleicht leichter ist, mit ebenfalls Betroffenen über diese Probleme zu reden als mit ihnen. Jürgens Eltern versuchten dann, über Sachfragen, z.B. über die Frage, wie man Pflegegeld und andere Erleichterungen wie Fahrgeld erhalten kann, mit Tanjas Eltern in Kontakt zu kommen. Das Gespräch kam jedoch nie zustande.

Die Probleme in Tanjas Familie verschärften sich noch, als Tanjas Vater arbeitslos wurde und die Familie in erhebliche finanzielle Schwierigkeiten geriet. Tanjas Mutter fand dann eine Arbeitsstelle, dies bedeutete, daß Tanja während des Tages vom recht abweisenden Vater versorgt werden mußte.

Zu dieser Zeit begann sich Tanjas Vater darauf zu versteifen, daß sich Tanja einer Operation unterziehen sollte, um den Spitzfuß wenigstens so weit zu beseitigen, daß sie keine Schienen mehr tragen mußte. Dem Vater ging es darum, zu erreichen, daß man Tanjas Behinderung nicht gleich bemerkt, wenn Tanja ein Kleid trägt.

Die Operation fand noch vor dem Einschulungstermin statt, und die Rehabilitation dauerte danach sehr lange, viel länger, als man zunächst angenommen hatte. Tanja mußte anfangs im Rollstuhl fahren, konnte dann aber ohne Schienen gehen.

Tanja wechselte nach einjährigem Kindergartenaufenthalt in die Sonderschule für Körperbehinderte über. Der Übergang vom Kindergarten in die Schule war vom Kindergarten aus vorbereitet worden, indem die Leiterin der Tagesstätte gemeinsam mit der Mutter die Körperbehindertenschule besuchte und beide dort hospitierten und mit den Lehrern sprachen.

3. Kind: Jutta

Jutta ist mongoloid, in ihrer Entwicklung stark retardiert und hat einen Herzfehler. Sie kam als Fünfjährige in den Kindergarten und war bei ihrer Aufnahme etwa mit einem dreijährigen Kind zu vergleichen. Sie konnte nicht mehr als 20 Schritte gehen und mußte bei Spaziergängen fast immer im Kinderwagen gefahren werden.

Jutta wurde ganz langsam an den Kindergartenbesuch gewöhnt. Sie kam am Anfang nur eine Stunde täglich und ihre Mutter begleitete sie lange Zeit. Später besuchte Jutta den Kindergarten halbtags. Wie bei den anderen behinderten Kindern legten sich die Erzieherinnen auch bei der Aufnahme von Jutta zu Anfang nicht gleich endgültig fest, sondern sagten: 'Wir probieren es, wenn es geht, dann ist es o.k., wenn nicht, müssen wir die Entscheidung rückgängig machen.' Die Teilnahme von Jutta am Kindergartengeschehen entwickelte sich nach einer langen Eingewöhnungsphase recht gut, obwohl sie auch hin und wieder weinte. Die anderen Kinder trösteten sie dann, indem sie ihr Sachen brachten, damit sie zu weinen aufhörte. Die Kinder wußten z.B., daß Jutta gerne knetete. Jutta besuchte die Gruppe gemeinsam mit ihrem jüngeren Bruder.

Spielen konnten die anderen Kinder nicht mit Jutta. 'Sie wollte es auch nicht. Sie spielte oft für sich oder guckte den anderen zu. Irgendwann boten ihr die anderen Kinder dann keine Spielmöglichkeiten mehr an, akzeptierten aber, daß sie dabei saß.'

Jutta aß selbständig, wenn auch langsam. Wenn sie trank, mußte sie einen Becher bekommen, in dem wenig Flüssigkeit war, weil sie sonst leicht verschüttete. Da Jutta das nicht selber wußte und nicht darauf achten konnte, wurde sie von anderen Kindern dabei unterstützt. Anfangs fragten die Kinder: 'Wieso kann Jutta das nicht?' Nachdem es ihnen erklärt wurde, war das kein Problem mehr.

Jutta turnte sehr gerne mit und insgesamt hatte man das Gefühl, daß sie gerne in den Kindergarten kam und daß es kein Problem für sie war, bei vielen Dingen nicht mitmachen zu können. 'Sie war unkomplizierter in der Gruppe zu haben als ihr Bruder. Der Bruder war ein ziemlicher Raufbold. Er traute sich nicht an die älteren Kindergartenkinder heran, aber seine Schwester war das Opfer. Die knuffte und stupste er oft, bis sie weinte. Sie wurde dann aber von den anderen Kindern in Schutz genommen.'

Wenn die Kindergruppe spazieren ging, wurde Jutta im Kinderwagen gefahren, die anderen Kinder rissen sich dabei um das Schieben des Kinderwagens. Oft ging auch Juttas Mutter zur Unterstützung mit.

Bei Jutta war ein Pflegeaufwand erforderlich, der jedoch aufgrund der günstigen personellen Besetzung zu bewältigen war: 'Jutta trug eine Windel, sie konnte nicht selbständig aufs Klo gehen, das schaffte sie nicht. Aber das war kein Problem, weil zwei Personen in der Gruppe waren. Wenn man alleine wäre, wäre es schon schwierig, ein Kind dauernd zu waschen und umzuziehen. Damit wäre man wirklich überfordert, aber so geht es gut.'

Für die Erzieherinnen war es eine große Erleichterung, daß sie Juttas Oma jederzeit erreichen konnten. Diese war auch bereit, Jutta sofort abzuholen, falls etwas Unvorgesehenes passieren sollte.

Die Eltern von Jutta waren sehr froh, daß ihr Kind in einem Regelkindergarten aufgenommen wurde. Als sie einmal von der Lebenshilfe (Jutta erhielt in ihrem Elternhaus von einer Angestellten der Lebenshilfe krankengymnastische Behandlung) aufgefordert wurden, Jutta in das neu eröffnete Zentrum der Lebenshilfe zu geben, wehrten sie sich dagegen.

'Die Mutter ist heute sehr aktiv, sie engagiert sich auch in der Lebenshilfe für eine Verbesserung der Bedingungen für Behinderte und ihre Familien. Sie kämpft jetzt, – aber das war ein langer Lernprozeß für diese Mutter, sie mußte sich erst mit den Bedingungen abfinden.' Bei einem Bastelnachmittag für einen Bazar erzählte Juttas Mutter einmal ganz offen über die Schwierigkeiten, die es ihr machte, als sie erfuhr, daß ihr Kind behindert ist.

Das Kind war nach der Geburt ein Vierteljahr im Krankenhaus und die Mutter rechnete jede Nacht mit seinem Tod, aber es starb nicht. Als es dann aus dem Krankenhaus entlassen wurde, stellte sich die Frage, 'wohin mit dem Kind', denn die Ärzte hatten der Mutter gesagt, sie sei mit der Versorgung zu Hause überfordert. Die Mutter suchte deshalb nach einem Heimplatz und fand ihn schließlich nach langem Suchen.

Als die Mutter ihr Kind dann dorthin brachte und all die schwerbehinderten Kinder sah, war sie sehr betroffen. Aus Mangel an Alternativen blieb Jutta jedoch zunächst dort, und die Mutter besuchte sie immer wieder, litt aber jedesmal unter dem Eindruck, daß dieses Heim nicht der richtige Platz für ihr Kind sei. So nach und nach fand sie dann eine positive Einstellung zu ihrem Kind und holte es nach Hause. 'Die Mutter steht heute voll zu dem Kind und akzeptiert die Behinderung ihrer Tochter.'

4. Kind: Oskar

Oskar wurde in der Tagesstätte angemeldet, weil seine ältere Schwester dieselbe Einrichtung besucht hatte. Als er mit fünf Jahren in den Kindergarten kam, war deutlich, daß bei ihm eine starke Entwicklungsverzögerung vorhanden war, die aber von den Erzieherinnen nicht so richtig eingeordnet werden konnte. Die Eltern sagten über die Beeinträchtigung von Oskar: 'Naja, er ist noch ein bißchen zurück, aber das wird noch.' Sie führten den Entwicklungsrückstand auf einen Sauerstoffmangel bei der Geburt zurück.

Die Aussagen über die schwierige Geburt gaben der Leiterin erste Hinweise, daß es sich um eine Behinderung handeln könnte, sie riet der Mutter, ihren Jungen in einem Spezialzentrum daraufhin untersuchen zu lassen. Der behandelnde Kinderarzt hatte die Eltern nie auf eine mögliche Behinderung hingewiesen und auch nie eine eingehendere Spezialuntersuchung veranlaßt. So war also der Leiterin die Aufgabe zugefallen, die Eltern auf die Behinderung ihres Kindes aufmerksam zu machen. 'Dies ist sehr schwierig, denn viele Eltern wollen ja nicht sehen, daß sie ein behindertes Kind haben.'

Oskars Mutter sollte für die Untersuchung zunächst einen 30-seitigen Fragebogen ausfüllen. Sie war dabei überfordert und bat in der Einrichtung um Mithilfe.

Das Untersuchungsergebnis bestätigte den Verdacht der Erzieherin auf geistige Behinderung. Die Diagnose war nicht sonderlich präzise, hielt aber immerhin fest, daß Oskar um 3 1/2 Jahre retardiert war. Trotz der Untersuchungsergebnisse erfolgten weder von dem Zentrum noch vom behandelnden Kinderarzt therapeutische Empfehlungen und Maßnahmen.

Als Oskar in den Kindergarten aufgenommen wurde, sprach er noch nicht, gab aber Laute von sich und lallte. Er konnte von den Erwachsenen nicht verstanden werden und auch die Kinder hatten Schwierigkeiten, obwohl sprachbehinderte Kinder im allgemeinen leichter von Kindern als von Erwachsenen verstanden werden. 'Außerdem klopfte er ständig und konnte noch keinen Turm bauen. Er konnte aber einen Kreisel tanzen lassen und auch viele andere Gegenstände zum kreiseln bringen, wozu ein enormes Geschick gehört, das z.T. weder andere Kinder noch wir Erwachsene hatten.'

In der Gruppe war es oft recht schwierig mit Oskar, er nahm nie gleichzeitig mit den anderen Kindern an den angebotenen Aktivitäten teil: 'Haben die anderen Kinder geschnitten und gebastelt, dann guckte er von weitem zu, auch am Malen beteiligte er sich nicht. Wenn Geschichten erzählt wurden, konnte er nur dann für ganz kurze Zeit zuhören, wenn ihn eine Erzieherin auf den Schoß nahm, aber kurze Zeit später bekam er wieder seinen Bewegungsdrang und mußte weg und herumlaufen.

Auch am Singen hat er nie direkt teilgenommen, er hielt sich währenddessen irgendwo im Raum auf, häufig setzte er sich unter einen Tisch. Am nächsten Tag konnte er aber sowohl Text wie Melodie. Er war sehr musikalisch und sang hervorragend — auch Texte, die er nie hätte sprechen können. Sein Verhältnis zur Musik wird auch deutlich,wenn man bedenkt, wie er sich an Wasser gewöhnte: Er hatte vor Wasser sehr viel Angst, schon beim Duschen verkrampfte er sich und zitterte, wenn jedoch eine von uns bei Wassergewöhnungsübungen mit ihm ins Wasser ging und sang, verlor er seine Angst. Das war ein Weg für ihn, wo er sehr frei und offen wurde. Neben Musik und Kreiseldrehen haben ihm das Reißen und das Herausziehen von Fäden aus Stoff am meisten Spaß gemacht. Er saß stundenlang und hat solche Sachen gemacht und nebenher zugehört. Weil zwei Erwachsene in der Gruppe waren, konnte sich auch immer wieder einer Zeit nehmen und mit Oskar spielen.

Sehr schwierig war es mit ihm nach einem Entwicklungsschub, als er dauernd weglief, man mußte den Kindergarten deshalb zeitweise zuschließen, aber sobald die Türe einen Moment lang offen war, war er weg, und man mußte dann nach ihm suchen. Glücklicherweise gab es mit den Eltern aus diesem Grund keine Schwierigkeiten, denn Oskar lief auch bei den Eltern weg, sie hatten daher viel Verständnis.

Die Erzieherinnen stellten sich in dieser Zeit immer wieder die Frage, ob sie Oskar weiterhin in der Gruppe verkraften können und ob er bei ihnen ausreichend gefördert wird. Irgendwann (nach fast zweijährigem Kindergartenaufenthalt) fühlten sie sich durch das ständige Weglaufen Oskars und durch ihre Zweifel hinsichtlich der fehlenden speziellen Förderung sowie durch die Überlegung, daß sie aufgrund der Bedingungen nicht mehr in der Lage sind, den anderen Kindern in der Gruppe gerecht zu werden, nicht mehr in der Lage, Oskar weiterhin im Kindergarten zu behalten. 'Bei einem solchen Kind wäre noch eine zusätzliche Unterstützung in der Gruppe notwendig gewesen.'

Oskar war, stärker als die körperbehinderten Kinder, Außenseiter in der Gruppe geblieben, denn die anderen Kinder konnten nicht mit ihm spielen und er brachte sehr viel Unruhe in die Gruppe. Trotz aller Probleme hatte Oskar während seines zweijährigen Aufenthalts im Kindergarten aber Fortschritte gemacht. Er hatte z.B. sprechen gelernt, wenn auch sehr kurz und abgehackt. Allerdings sprach auch seine Mutter relativ hektisch und abgehackt.

'Die Mutter, selbst in ihren geistigen Fähigkeiten retardiert, ist eine liebe Frau, die sich sehr um die Zusammenarbeit mit dem Kindergarten bemühte.' Sie war immer bereit, die Dinge zu befolgen, auf die sie vom Kindergarten aufmerksam gemacht wurde. Sie nahm auch gerne die Hilfe und Unterstützung von der Leiterin an, konnte aber aufgrund ihrer Situation ihrem Sohn wenig Unterstützung bei seiner Entwicklung bieten.

Als es notwendig wurde, eine andere Förderungsmöglichkeit für Oskar zu suchen, sprach die Leiterin des Kindergartens mit der

Mutter darüber. Beide besuchten dann gemeinsam den Kindergarten für Geistigbehinderte. Sie erschraken sehr über die massive Konfrontation mit sehr schwer geistigbehinderten Kindern. Sowohl die Kindergartenleiterin als auch Oskars Mutter meinten, daß das doch nicht der richtige Aufenthaltsort für Oskar wäre.

Bei der Suche nach einer angemesseneren Förderungsmöglichkeit ging man von Oskars besonderem Interesse an Musik aus: Oskar wurde in die Vorschulgruppe einer privaten Musikschule gegeben. Die Hoffnungen auf eine bessere Förderung erfüllten sich jedoch nicht im gewünschten Maße, denn Oskar wechselte noch zu der Zeit in die Musikschule, als er noch 'abgehauen' ist. 'Das war natürlich auch in der neuen Gruppe schwierig, denn auch dort mußte die Türe immer abgeschlossen werden.' Anschließend an den Aufenthalt in der Musikschule kam Oskar in die Sonderschule für Praktisch-Bildbare.

Die Mutter kommt noch häufig in den Kindergarten und zeigt auch immer wieder die Zeugnisse von Oskar. Aus den Formulierungen im Zeugnis ist erkennbar, daß sich eine Entwicklung abzeichnet. Der Mutter fällt es auch heute noch schwer, zuzugeben, daß ihr Kind behindert ist, sie sagt: 'Ja, er geht eben in eine andere Schule.'

5. Kind: Peter

Peter kam erst in den Kindergarten, als er schon fast schulpflichtig war. Er wurde nach Aussagen seiner Eltern deshalb im Kindergarten angemeldet, weil die Kinder von Verwandten dieselbe Einrichtung besuchten. Die Eltern wollten Peter, der Spina-bifida und Hydrocephalus mit einer Dränage hatte, erst versuchsweise in die Einrichtung bringen.

'Peter war ein großes, stabiles, aber wenig belastbares Kind von 5 1/2 Jahren. Er konnte nicht weit gehen, obwohl er nicht so schwer behindert war wie ein Junge in der Nachbargruppe, der sich geschickt und ausdauernd bewegte.' Die mangelnde Ausdauer und Ungeschicklichkeit hing mit der Haltung von Peters Eltern zusammen, die ihn bis zu seinem Kindergarteneintritt wie unter einer Glocke isoliert von anderen Kindern gehalten hatten, sie wollten verhindern, daß ihm etwas passiert. 'Peters Eltern sind sehr ängstlich, sie sagten uns auch immer wieder, Peter darf dieses nicht und jenes auch nicht. Die Ängstlichkeit der Eltern übertrug sich stark auf Peter.' Sie vermittelten Peter auch immer wieder, daß er nicht zu laufen braucht, wenn ihm das Mühe macht.

Es gab jedoch keine großen Schwierigkeiten bei Peters Integration in die Kindergruppe. 'Peter kam mit viel Freude in den Kindergarten und war sehr aufgeschlossen. Er hatte guten Kontakt zu den anderen Kindern. Es gab keine besonderen Probleme, obwohl er hin und wieder die anderen Kinder schubste, das hatte aber nie schlimme Folgen. Schwierig war manchmal, daß Peter seinen Kinderwagen gegen jede Benützung verteidigte, niemand außer ihm selbst durfte ihn benutzen. Wenn er ihn nicht brauchte, wurde er an die Seite gestellt und er bewachte ihn. Er betonte immer wieder: Das ist meine Karre, wenn da jemand anderes hineingeht, geht sie kaputt. Er hatte so starre Regeln, daß er nicht einmal zuließ, daß ein anderes Kind die Karre ausprobierte, auch nicht, wenn man wirklich aufgepaßt hat. In anderen Gruppen war so etwas nie ein Problem.'

Peter besuchte den Kindergarten nur kurze Zeit, dann wechselte er in die Schule über.

6. Kind: Axel

Die Erzieherin der Gruppe, in die Axel aufgenommen werden sollte, hatte zunächst große Angst davor, ein Kind mit Spina-bifida, gelähmten Beimen, Hydrocephalus und Dränage in ihre Gruppe aufzunehmen. Sie fürchtete, daß etwas Schlimmes passieren könnte, denn sie wußte, daß Axel ein Ventil im Nacken hat, und daß das Ventil (Dränage) herausgehen kann, wenn er fällt. Die Eltern von Axel waren aber im Gegensatz zu Peters Eltern gar nicht ängstlich und legten großen Wert darauf, daß Axel ganz normal behandelt wurde. Die Mutter sagte zu der Erzieherin ganz selbstverständlich: 'Sie brauchen keine Angst zu haben, das kann bei mir zu Hause auch passieren, es läßt sich nicht alles verhindern. Wenn es einmal geschehen sollte, rufen Sie mich an, ich hole ihn dann sofort ab.' Die Mutter gab der Erzieherin auch die Telefonnummer des behandelnden Arztes, so daß der Arzt in ganz akuten Fällen auch direkt vom Kindergarten aus hätte verständigt werden können.

Zur Vorbereitung der Aufnahme dieses Kindes kam die Mutter mit dem Kind in die Kindergruppe und brachte ein Fotoalbum mit, das Bilder über die Geburt des Kindes und seine Entwicklung im Krankenhaus enthielt. Axels Mutter erklärte den Kindern, daß die Ärzte nach der Geburt von Axel nicht sicher waren, daß er überleben würde. Außerdem berichtete sie, daß er lange Zeit im Krankenhaus bleiben mußte und an verschiedenen Apparaten hing.

Die Erzählung von Axels Mutter hat nach Ansicht der Erzieherinnen bei den Kindern viel mehr Verständnis hervorgerufen, als wenn sie erzählt hätten, daß ein neues Kind in den Kindergarten kommt, das anders ist als die anderen Kinder in der Gruppe.

Axel kam gerne in den Kindergarten und nach einiger Zeit besuchte auch seine Schwester gemeinsam mit ihm die gleiche Gruppe. 'Axel war sehr gut in die Gruppe integriert, er ist geistig völlig normal und sehr clever und konnte beinahe alles mitmachen, obwohl er ohne Krücken und Gehapparate nicht gehen konnte. Hatte er weder Gehapparate noch Krücken, so krabbelte er auf dem Boden und zog die gelähmten Beine hinter sich her. Er konnte zwar sitzen, aber nicht stehen oder knien oder sich aufrechthalten. Beim Turnen konnte er nicht alles mitmachen. Aber manchmal lief er mit seinen Gehapparaten los und rief: Fang mich doch, fang mich doch.' Wenn die Gruppe spazieren ging, wurde eine Sportkarre mitgenommen, und die Kinder stritten sich fast darum, wer Axel fahren durfte.

Die Gehapparate beeinträchtigten Axel in starkem Maße, man konnte sie zwar durch Ein- oder Ausrasten in Knie- und Hüfthöhe so verstellen, daß er stehen oder sich setzen konnte, da das aber umständlich und kompliziert war, war immer ein Erwachsener dazu nötig, der Axel z.B. beim Aufstehen hochziehen und die Apparate feststellen mußte. Diese umständliche Prozedur war Axel unangenehm, deshalb malte oder baute er meistens lieber stehend am Tisch.

Die Erzieherinnen machten mit Axel eine sehr wichtige Erfahrung: Axel brannte sich eines Tages tiefe Löcher in die Fußsohlen, als er seine gelähmten Füße, in denen er kein Gefühl hat, an einen heißen Heizkörper hielt. In der folgenden Zeit konnte er lange keine Schuhe mehr tragen, denn die Wunde heilte schlecht. Die Erzieherinnen stellten in dieser Zeit fest, wie geschickt er sich ohne Gehapparate bewegte. 'Er konnte zwar nicht laufen, aber durch Krabbeln und Kriechen war er sehr flink und geschickt. Er war überall dabei, wo etwas los war. Wenn die Kinder z.B. in der Puppenecke waren, dann saß er dort auf einmal auf der Heizung. Man wunderte sich dann wieder einmal, wie er da hinaufgekommen war. Auch wenn die Kinder Zirkus spielten, war er dabei. Er kriegte eine Leine um und war genauso ein Tier wie die anderen. Dann plötzlich, zack, war er unter der Bank durch den Tisch und malte mit den Kindern dort.'

Durch die Verletzung am Fuß fehlte Axel dann lange Zeit, denn es durfte nichts an die Wunde kommen. Als er anschließend wieder in den Kindergarten kam, kam er wieder mit Gehapparaten. 'Er stand dann mehr oder weniger abseits und guckte nur zu, wie die anderen Kinder spielten, und dabei machte er ein ganz trauriges Gesicht. Es tat mir richtig leid, als ich sah, wie Axel sich vorher bewegt hatte und wie er in der Gruppe drin war und wie er dann mit den Apparaten abseits stand und nur gucken konnte, weil er so einfach nicht dabeisein und mitmachen konnte.'

Die Erzieherin sprach dann mit der Mutter, die dem Arzt die Situation schilderte. Der Arzt erlaubte daraufhin, daß Axel die Gehapparate während der Kindergartenzeit nicht mehr tragen mußte, sondern nur zu Hause. 'Nachdem Axel wieder ohne Gehapparate in den Kindergarten kommen konnte, kam er wieder sehr gerne und war richtig dabei. Er konnte wieder jedes Spiel mitmachen, bei dem er sonst nur hätte zuschauen können.'

Als er irgendwann die Gehapparate wieder einmal anhaben mußte, entwickelte er plötzlich einen starken Willen. Er wollte um keinen Preis der Welt mit der Karre gefahren werden, sondern wollte den Weg vom Kindergarten zum Spielplatz laufen. Er ging dann mit Gehapparaten und Krücken los. Nach einiger Zeit schlaffte er zwar ab, dann trug ihn die Erzieherin ein Stück, bald wollte er aber wieder herunter und selber weitergehn."

4.4.3 Was an diesem Beispiel deutlich wird

An dem vorgelegten Fallbeispiel werden viele Dinge exemplarisch sichtbar, die für integrative Arbeit im Kindergarten überhaupt, speziell aber für Einzelintegration in Regeleinrichtungen, Bedeutung haben.

In der vorgestellten Einrichtung entstand die ***Motivation zur Aufnahme behinderter Kinder*** — wie in vielen anderen Kindergärten auch — durch die Auseinandersetzung mit einer neuen kindergartenpädagogischen Konzeption, die bewußt Menschen einbezog, die im allgemeinen an den Rand des gesellschaftlichen Zusammenlebens gedrängt werden. Daran wird u.a. sichtbar, daß die Reformphase im Elementarbereich deutliche Impulse unter dem Gesichtspunkt „soziales Lernen" setzte. Außerdem zeigt sich, daß die pädagogischen Auseinandersetzungen in der vorgestellten Einrichtung nicht nur die Folge hatten, behinderte Kinder in Projektform mit Behinderung zu konfrontieren, sondern gemeinsames Leben im Kindergartenalltag zu erproben.

Begünstigt wurde dieses Vorhaben durch besondere ***Rahmenbedingungen*** mit zwei pädagogisch geschulten Mitarbeiterinnen und einer geringeren Kinderzahl pro Gruppe (18 Kinder), als sie sonst in Regeleinrichtungen üblich ist.

Für die ***Anmeldung*** behinderter Kinder von seiten der Eltern gab es — wie in den meisten Regeleinrichtungen — unterschiedliche Gründe:

- Der Regelkindergarten war die Einrichtung im Wohngebiet.
- Es waren vorher bereits Kinder von Verwandten oder Geschwisterkinder in diesem Kindergarten oder Geschwister sollten die Einrichtung in Zukunft gemeinsam besuchen können.
- Die Eltern wollten ihre behinderten Kinder ganz bewußt mit nichtbehinderten Kinder aufwachsen lassen und nahmen dafür auch weitere Wege auf sich.
- Die Eltern hatten die Behinderung ihres Kindes noch nicht erkannt oder akzeptiert.
- Es war noch keine entsprechende Sondereinrichtung im unmittelbaren Umkreis vorhanden.

Hinsichtlich der ***Aufnahmekriterien*** für behinderte Kinder orientierten sich die Erzieherinnen etwa an einem Entwicklungsalter von drei Jahren, wobei es jedoch akzeptiert wurde, daß einzelne Bereiche weit auseinanderfielen. Daß ein Kind noch nicht „sauber" ist, fordert z.B. nach Meinung der Erzieherinnen noch keine Nichtaufnahme, wenn eine entsprechende personelle Ausstattung (mindestens zwei Personen) vorhanden ist. Aus den Anforderungen an den Entwicklungsstand der Kinder erklärt sich teilweise das höhere Aufnahmealter behinderter Kinder in dieser Einrichtung.

Ähnlich wie in anderen Einrichtungen waren die Erzieherinnen auch hier der Meinung, daß es bei der Entscheidung über die Aufnahme oder Ablehnung eines Kindes wesentlicher sei, die Frage zu prüfen, was das behinderte Kind, die jeweilige Kindergruppe und die Erzieherinnen im Einzelfall verkraften können, als feststehende Kriterien an ein Kind anzulegen. Die Erzieherinnen versuchten deshalb das betreffende Kind und seine Eltern vor der Aufnahme kennenzulernen. In den Einrichtungen hat es sich zudem als sinnvoll und entlastend erwiesen, nicht von Anfang an eine endgültige Entscheidung zu treffen, sondern zunächst zu sagen: „Wir probieren es" und dann im Gespräch mit den Eltern zu bleiben und die Entscheidung u.U. auch einmal rückgängig zu machen.

Sehr entlastend war für die Erzieherinnen im Hinblick auf Kinder mit Problemen, die unter bestimmten Bedingungen sehr bedrohlich werden können, daß in diesen Fällen die Erziehungsberechtigten jederzeit erreichbar waren. Manchmal hatten die Erzieherinnen zudem sogar die Telefonnummer des behandelnden Arztes.

Wie in nahezu allen anderen Regeleinrichtungen mit Einzelintegration wurden auch in diesem Kindergarten im Laufe der Zeit Kinder mit ganz unterschiedlichen Behinderungsarten und Schweregraden der Behinderung aufgenommen. Schwerstbehinderte Kinder befanden sich jedoch nicht darunter.

Bei der ***pädagogischen Arbeit*** machten die Erzieherinnen die Erfahrung, daß sich die anfangs gewählte Form der Vorbereitung der Kindergruppe auf die Aufnahme eines behinderten Kindes in aufwendig angelegter Projektform im allgemeinen nicht als erforderlich erwies. Als wichtig wurde hingegen angesehen, den Eingewöhnungsprozeß je nach Bedarf behutsam und flexibel zu gestalten.

Der pädagogischen Arbeit kam insgesamt zugute, daß sich die Erzieherinnen bei der Beurteilung dessen, was sie an Kooperation und Beziehung von den Kindern erwarteten, nicht an abstrakten Normvorstellungen orientierten, sondern am Entwicklungsstand und damit an den Möglichkeiten einzelner Kinder.

Bei der Arbeit im Gruppengeschehen legten die Erzieherinnen großen Wert darauf, die Stärken der Kinder anzuerkennen und ihnen darüber Brücken zum Gruppengeschehen zu bauen oder Hilfen zur Weiterentwicklung zu geben (z.B. wurde Oskar singend an Wasser gewöhnt). Außerdem beobachteten die Erzieherinnen sehr genau, ob sich ein Kind im Kindergarten wohlfühlt, ob es vom Gruppengeschehen profitiert usw. und suchten bei sichtbar werdenden Problemen nach Lösungen (z.B. bei Axel mit seinen Gehschienen und bei Oskar hinsichtlich des Wechsels der Einrichtung). Die Erzieherinnen überlegten zudem auch in jedem Einzelfall, ob die Kinder bei ihnen so gefördert werden, wie es für ihre Entwicklung notwendig ist. Wenn sie den Eindruck hatten, daß dies nicht der Fall sei, suchten sie nach anderen Möglichkeiten der Förderung und Unterstützung.

In Hinblick auf die differenzierte Gestaltung des Kindergartenalltags und der Sicherstellung einer gezielten pädagogischen Förderung war die Besetzung der Gruppen mit zwei Erzieherinnen von großer Bedeutung. Dadurch konnte sich immer wieder eine Zeit nehmen, um sich mit den behinderten Kindern zu beschäftigen.

Nach den ***Erfahrungen von Erzieherinnen*** brachte der gemeinsame Kindergartenbesuch von behinderten und nichtbehinderten Kindern in der Regel keine besonderen Probleme mit sich, vielmehr unterstützten die nichtbehinderten Kinder die behinderten in fast allen Fällen aktiv, und in vielen Fällen kam es zu guten Beziehungen zwischen behinderten und nichtbehinderten Kindern. Wenn nichtbehinderte Kinder abwertende Äußerungen über behinderte Kinder machten, so verschwanden diese fast immer, wenn ihnen die Situation vermittelt wurde.

Die behinderten Kinder kamen fast alle gerne in den Kindergarten, wenn sie auch nicht alle gleich aktiv am Spielgeschehen teilnehmen konnten. Obwohl die Hilfsbereitschaft von nichtbehinderten gegenüber behinderten Kindern sehr groß war, entwickelte sich auch bald eine realistische Einschätzung hinsichtlich der gemeinsamen Spielmöglichkeiten. So wurden Jutta nach einer Reihe nichtbeantworteter Kontaktversuche keine Spielangebote mehr gemacht, aber sie durfte beim Spielen der anderen dabeisitzen und erhielt weiterhin die im Tageslauf notwendige Unterstützung durch die anderen Kinder, wenn sie traurig war, beim Essen und Trinken ...

Die nichtbehinderten Kinder wurden anscheinend von den behinderten Kindern nicht durch unangemessene Anforderungen an Hilfeleistung und Unterstützung überfordert. Es blieb weitgehend ihnen überlassen, ob sie die behinderten Kinder unterstützen wollten und wenn ja, wie sie es taten. Am beliebtesten waren anscheinend das Schieben des Karrens mit den behinderten Kindern bei Spaziergängen und konkrete kleine Hilfeleistungen im Tagesablauf.

Für die übrigen Kinder der Gruppe stellte lediglich der geistigbehinderte Oskar in bestimmten Zeiten eine hohe Belastung dar. Nach Aussage der Erzieherinnen hätte es hier einer zusätzlichen Betreuungskraft bedurft, dies wäre bei Oskar auch hinsichtlich des Unterbrechens und Veränderns seiner stereotypen Verhaltensweisen sinnvoll gewesen.

Konflikte in der Gruppe wurden nicht sehr häufig durch die behinderten Kinder ausgelöst. Nur in wenigen Fällen wurden Konflikte beobachtet, die sich von den Konflikten in üblichen Kindergartengruppen unterscheiden. Dies war z.B. bei Oskar der Fall, der Außenseiter der Gruppe blieb und die Arbeit in der Gruppe durch sein spezifisches Verhalten störte. Bei Peter, der nicht zuließ, daß sein Karren von anderen Kindern benutzt wurde, war dieses Besitzverteidigungsverhalten zwar oft störend, entspricht jedoch dem Verhalten vieler anderer Kinder.

Deutlich wurde auch, daß behinderte Kinder durch das Zusammensein mit nichtbehinderten ohne spezifisch herbeigeführte Situationen eine hohe Motivation zur Nachahmung bekamen, z.B. wenn Axel zu Gehversuchen motiviert wurde und Oskar Lieder lernte. Zugleich erlebten einige behinderte Kinder aber durch das Zusammensein mit nichtbehinderten auch eine schmerzliche Konfrontation mit ihrer Behinderung, was von den Erzieherinnen viel Einfühlungsvermögen im Umgang mit dem Kind und der Gruppe erforderte.

Aufgrund der bisherigen Erfahrungen erwies sich in dem vorgestellten Kindergarten — wiederum wie in vielen anderen Einrichtungen — die Integration körperbehinderter Kinder leichter als die von geistigbehinderten.

„Die nichtbehinderten Kinder sind im Umgang mit geistigbehinderten Kindern oft hilflos und wissen nicht, was sie tun können, um diese Kinder in ihr Spiel einzubeziehen. Die Kinder versuchen es zwar anfangs immer wieder, wenn es dann aber nicht klappt, geben sie auf."

Die Erzieherinnen äußerten für sich Ähnliches: „Körperbehinderte Kinder sind auf einer ähnlichen Ebene anzusprechen wie die anderen Kinder in der Gruppe ... Bei den körperbehinderten Kindern kommt es sogar vor, daß man bei Spaziergängen den Kinderwagen vergißt und es erst merkt, wenn man schon unterwegs ist. Das ist wohl ein Zeichen dafür, daß das Besondere gar nicht so im Vordergrund steht ... Die geistigbehinderten Kinder dagegen sind oft stark retardiert, was ihre Beteiligung am Gruppengeschehen schwierig macht und eine ganz spezielle Vorbereitung erfordert."

Dennoch zeigen die Beispiele aus der Einrichtung, daß auch der Integrationsprozeß bei geistig behinderten Kindern sehr unterschiedlich verlaufen kann. Bei Jutta z.B. wurde er strotz starker geistiger Behinderung positiv erlebt, bei Oskar dagegen war die Belastung für Gruppe und Erzieherinnen zu groß und der Gewinn für Oskar selbst war unter den gegebenen Bedingungen nach Auffassung der Erzieherinnen zu gering.

In der Einrichtung hat sich damit auch gezeigt, daß der ***Integrationsversuch nicht bei allen Kindern positiv*** verlief. So war es erforderlich, für Oskar nach einer anderen geeigneteren Förderungsmöglichkeit zu suchen. Besonders wertvoll war dabei für die Eltern sicherlich, daß die Leiterin gemeinsam mit den Müttern die in Frage kommenden Einrichtungen besuchte, dort hospitierte und anschließend zusammen mit den Eltern auch aufgrund der eigenen Betroffenheit überlegte, welche Entscheidung die richtige ist. Dabei wurden der Entwicklungsstand des jeweiligen Kindes, die besonderen Interessen usw. beachtet.

Als einschränkend wurde in der Tagesstätte ebenso wie in vielen anderen Regeleinrichtungen mit Einzelintegration erlebt, daß kein spezifisches Personal für ***therapeutische Förderung*** zur Verfügung stand. Den Erzieherinnen fiel deshalb in einigen Fällen die Aufgabe zu, die Eltern, die dies nicht bereits von selbst getan hatten, zu veranlassen, ihren Kindern spezielle Therapieangebote am Nachmittag zu erschließen. Dies war jedoch nicht für alle Kinder zu erreichen.

Die Erzieherinnen betonten ausdrücklich, daß sich das Personal in Regelkindergärten nicht anmaßen sollte, sich für eine therapeutische Betreuung behinderter Kinder zuständig zu fühlen. Sie erlebten es als sehr entlastend, daß die meisten Kinder am Nachmittag therapeutisch gefördert wurden.

Als ideale Lösung bezeichneten sie es, eine Therapeutin, z.B. eine Logopädin, für ein oder zwei Kindergärten in der Umgebung anzustellen, die in den Kindergärten Therapie anbietet, und zwar nicht nur für die definiert behinderten Kinder, sondern auch für Kinder, die als nichtbehindert gelten, aber dringend einer Unterstützung bedürfen. Eine solche Organisation würde die Eltern entlasten, und gleichzeitig wäre garantiert, daß alle die Kinder spezielle Förderung erhalten, für die sie dringend notwendig wäre. In der Einrichtung versuchte man zum Zeitpunkt unseres Interviews entsprechend diesen Überlegungen eine Logopädin wenigstens zur stundenweisen Mitarbeit zu gewinnen.

In bezug auf die spezifische Förderung behinderter Kinder wurde jedoch auch betont, daß schon allein durch das Zusammensein in gemischten Gruppen ohne spezifisch herbeigeführte therapeutische Situationen eine hohe Motivation zur Nachahmung und damit zum Erwerb neuer Handlungskompetenzen bei den behinderten Kindern entsteht, „damit wird eine Menge an spezieller Therapie und Förderung unnötig, aber dennoch sollte sie nicht vernachlässigt werden.''

Die Erzieherinnen in dieser Einrichtung betonten auch, daß das Gelingen von Integrationsprozessen wesentlich von der ***Haltung der Eltern*** abhing. Integration hatte nach ihrer Erfahrung dann gute Chancen, wenn sich die Eltern mit der Behinderung ihres Kindes abgefunden hatten und integrative Erziehung aktiv unterstützten, wenn sie sie also nicht nur deshalb anstrebten, weil sie die Behinderung negieren wollten. Dies war jedoch für Eltern aus sozial benachteiligten Familien, die von vornherein schon belastet sind, wesentlich schwieriger als für Eltern aus anderen Kreisen.

Die Erzieherinnen nahmen solche nicht vollzogenen Erkenntnis- und Verarbeitungsprozesse ohne Vorwurfshaltung zur Kenntnis und versuchten, mit Verständnis und Einfühlungsvermögen beim Erkennen und Akzeptierenlernen der Behinderung eines Kindes zu helfen sowie die Eltern auch zur Unterstützung der integrativen Arbeit im Kindergarten zu gewinnen.

Einige Eltern waren in der Lage, Integrationsprozesse aktiv zu fördern, indem sie die Kindergruppe beim Besuch des Schwimmbades, bei Ausflügen usw. begleiteten, so daß das behinderte Kind ohne zu große Belastung für die Erzieherinnen dabeisein konnte. In einigen Fällen entstanden auch gute Kontakte zwischen Eltern behinderter und nichtbehinderter Kinder, was sich sehr positiv auf die Beziehungen der Kinder untereinander auswirkte. Des weiteren erwies es sich für Integrationsprozesse als sehr förderlich, wenn Eltern ihr behindertes Kind nicht überbehüteten, sondern es zur Selbständigkeit erzogen und ihm ein weitgehend normales Leben zugestanden.

Auch daß ihre Kinder einen Kindergarten im Einzugsgebiet besuchen konnten, zu dem sie Kontakt hatten bzw. aufnehmen und halten konnten, hatte für viele Eltern auf sehr unterschiedliche Weise eine hohe Bedeutung. Dies wird u.a. deutlich, wenn man die Situation von Oskars Mutter bedenkt, die konkrete Unterstützung durch das Personal des Kindergartens erfuhr, aber auch wenn man die verschiedenen individuellen Regelungen bezüglich Anwesenheitszeiten usw. sieht, die je nach Situation eines Kindes und seiner Familie vereinbart wurden und die in Sondereinrichtungen wegen der vorhandenen strukturellen Bedingungen kaum denkbar gewesen wären.

Hinsichtlich des ***Erfolgs integrativer Arbeit*** berichteten die Erzieherinnen rückblickend, daß sie sich zu Anfang wesentlich unsicherer beim Kontakt mit behinderten Kindern fühlten als die Kinder. Im Laufe der Zeit erlebten sie jedoch dann an sich selbst die Wandlung von Ängstlichkeit, Schwierigkeiten, über dieses Thema sprechen zu können usw. bis dahin, daß sie heute behinderte Kinder als ebenso „normal" empfinden wie nichtbehinderte, eben als Kinder, die mit ihren spezifischen Bedürfnissen, Fähigkeiten und Möglichkeiten erkannt und gefördert werden müssen.

Die Erzieherinnen sind der Meinung, daß, insgesamt betrachtet, in ihrer Einrichtung alle Beteiligten von der Aufnahme behinderter Kinder profitierten: Sie selbst, durch Aufarbeiten eigener Tabus und Grenzen, die behinderten Kinder durch die Konfrontation mit der normalen Umwelt, die nichtbehinderten Kinder, weil sie eine Erweiterung des Spektrums menschlicher Daseinsformen zur Kenntnis nehmen konnten und die Erfahrung machten, was der Umgang miteinander erfordert bzw. wie einfach er in vielen Fällen ist. Die Eltern nichtbehinderter Kinder, weil sie mit Problemen vertraut wurden, von deren Existenz sie zwar abstrakt wußten, mit denen sie aber sonst keine Erfahrung hätten machen können und die damit vielleicht immer ihre stark angsterregende Dimension behalten hätten. Einige Eltern behinderter Kinder, weil sie Kontakte, Entlastung und Unterstützung ohne Diskriminierung fanden, andere, weil sie durch die Aufnahme behinderter Kinder in den Kindergarten zugeben konnten, daß auch sie ein behindertes Kind zu Hause haben.

Als ein Indikator für den Erfolg integrativer Arbeit auf der Ebene der Erzieherinnen wurde von uns die Tatsache gewertet, daß die Erzieherinnen nicht von behinderten Kindern sprachen, sondern jedes Kind beim Namen nannten und beschrieben, was es konnte bzw. was es nicht konnte und was das Zusammenleben mit ihm bedeutete.

4.5 Situationen, die bei integrativer Arbeit von großer Bedeutung sind

4.5.1 Der Aufnahme- und Eingewöhnungsprozeß muß besondere Beachtung finden

In den folgenden Abschnitten geht es um einige Situationen, die von besonderer Bedeutung für die pädagogische Arbeit bei integrativer Erziehung sind. Sie werden deshalb zusammengefaßt für integrative Gruppen sowie für Einzelintegration in Regelgruppen bearbeitet.

Eine Frage, die für Erzieherinnen immer wieder auftaucht, die mit integrativer Arbeit ***neu*** beginnen, ist, ob sie die Kinder auf das Aufeinandertreffen und Zusammenleben in gemischten Gruppen vorbereiten sollen.

Da es sich in ***Regeleinrichtungen*** immer nur um die Aufnahme einzelner behinderter Kinder handelt, steht diese Frage hier nicht so im Vordergrund wie bei der Aufnahme integrativer Arbeit in Gruppen ***mit mehreren behinderten Kindern***. Eine allgemeingültige Antwort kann auf diese Frage aber sicher für keinen Einrichtungstyp gegeben werden. Ähnlich wie in additiven Einrichtungen (vgl. S. 153ff.) muß wohl auch hier in jedem Einzelfall entschieden werden, was Erzieherinnen sich selbst und den Kindern zutrauen. Die Antwort wird von der Haltung zu Behinderung, von den Rahmenbedingungen, dem Alter der Kinder, von Art und Schwere der Behinderung abhängen, aber auch davon, ob sich behinderte und nichtbehinderte Kinder bereits wahrgenommen haben oder ob gar schon Kontakte bestehen.

Wenn behinderte Kinder in Einrichtungen aufgenommen werden, in denen integrative Arbeit bereits üblich ist, hat sich eine Vorbereitung der Kindergruppe auf die Aufnahme „neuer" behinderter Kinder nur in wenigen, besonders gelagerten Situationen oder Einzelfällen als erforderlich erwiesen. Dies ist im allgemeinen dann der Fall, wenn die Behinderung eines Kindes dazu führt, daß seine ***Reaktionen*** für andere ***nicht sichtbar*** oder ***nachvollziehbar*** sind (z.B. bei einem Kind mit Gesichtsnervenlähmung, das nicht reden kann und über keine Gesichtsmimik verfügt) oder wenn auf bestimmte Dinge von Anfang an besonders geachtet werden muß (wie bei Kindern mit Glasknochenkrankheit, schweren Herzfehlern usw.). Klarheit bezüglich der Frage, ob eine Vorbereitung der Kindergruppe erforderlich ist oder nicht, sollten sich die Erzieherinnen vor der Aufnahme des jeweiligen Kindes durch ein Kennenlernen vielleicht bei einem Hausbesuch oder einem gemeinsamen Treffen von Eltern und Kind im Kindergarten verschaffen.

Für die flexible Gestaltung der ***Eingewöhnungsphase*** bestehen in Regelkindergärten mit Einzelintegration und in integrativen Gruppen häufig sehr unterschiedliche Möglichkeiten, wobei der Spielraum in ***Regeleinrichtungen*** mit Einzelintegration im allgemeinen weit größer ist als in integrativen Gruppen. In Regeleinrichtungen werden für Kinder, denen der Kindergartenbesuch große Schwierigkeiten macht, zur Erleichterung der Eingewöhnung häufig Stufenpläne aufgestellt. Solche Stufen können sein:

- Anfänglich sind Mutter/Vater gemeinsam mit ihrem Kind für kurze Zeit in der Gruppe und spielen mit ihm, dabei sollten sie möglichst andere Kinder, die Interesse zeigen, einbeziehen.
- Die Zeiträume werden ausgedehnt.
- Mutter/Vater beteiligen sich zunehmend weniger am direkten Spiel, sind aber in der Gruppe.
- Mutter/Vater verlassen für kurze Zeit die Räume der Gruppe.
- Die Zeiträume verlängern sich.
- Das Kind bleibt während der speziell geregelten Anwesenheitszeit allein im Kindergarten.
- Das Kind bleibt während der gesamten Anwesenheitszeit im Kindergarten.

Sonja wird von ihrer Mutter bei der Eingewöhnung unterstützt.

In ***integrativen*** Einrichtungen ist eine behutsame Eingewöhnung behinderter Kinder aufgrund der großen Einzugsgebiete mit den erforderlichen zentralen Buszubringerdiensten und den starren Auflagen der Finanzträger (vgl. S. 207) im allgemeinen trotz der Wünsche von Eltern und Erzieherinnen nur selten möglich. Ausnahmen stellen hier lediglich einige Einrichtungen von Initiativen dar, z.B. geht man in einigen Montessori-Kindergärten so vor:

„Vor allem schwerer behinderte Kinder werden durch die Montessori-Einzeltherapie und eine anschließende Kleingruppe langsam mit Material und Gruppe vertraut gemacht und auf ihre Aufnahme in die kleine Nachmittagsgruppe des Kindergartens vorbereitet, um später in die größere und längerdauernde Vormittagsgruppe zu wechseln."

Bezüglich des Verlaufs der Eingewöhnungsphase stellten Erzieherinnen fest, daß sie bei behinderten Kindern nicht prinzipiell anders verläuft als bei nichtbehinderten, daß sie bei behinderten Kindern aber häufig länger dauert. Erleichtert werden kann sie, wenn die Räume entsprechend den Erfordernissen bei verschiedenen Behinderungsarten vorbereitet werden, z.B. indem tastbare Symbole angebracht werden, um blinden Kindern die Orientierung zu erleichtern oder indem das Spielmaterial so angeordnet wird, daß auch Kinder, die sich nicht ganz aufrichten können, in der Lage sind, selbständig auszuwählen usw. Außerdem wird die Orientierung in der Einrichtung und im Gruppenraum erleichtert, wenn Kinder während des Freispiels nicht von Anfang an sich selbst überlassen werden, sondern wenn Erzieherinnen täglich über einen längeren Zeitraum hinweg gemeinsam mit dem Kind den Raum und die Einrichtung entdecken. Zur Unterstützung des Aufbaus sozialer Beziehungen ist zu beachten, daß behinderte Kinder oft lange und besonders stark an die Erzieherinnen gebunden sind und daß das Hineinwachsen in die Großgruppe häufig über die Kontaktaufnahme mit einzelnen Kindern oder mit kleinen Kindergruppen geschieht. Dies sollte bewußt unterstützt werden, indem z.B. durch Erklären und Nachspielenlassen der Behinderung, durch Hinweise, was man miteinander tun kann, durch Anbieten gemeinsamer Tätigkeiten u.v.a.m. gegenseitiges Verständnis und gemeinsames Tun gefördert werden.

Zusammenfassend ist also zu sagen, daß die Kindergruppe nur in seltenen Fällen auf die Aufnahme behinderter Kinder vorbereitet werden muß, daß jedoch der Aufnahme- und Eingewöhnungsprozeß nach Möglichkeit flexibel gestaltet werden sollte. In der Eingewöhnungsphase stehen zunächst vor allem die Orientierung im Raum und in der Einrichtung, die Förderung erster sozialer Kontakte sowie die Einbeziehung in gemeinsame Aktivitäten im Mittelpunkt. Diese Prozesse müssen von den Erzieherinnen aufmerksam begleitet und durch vielfältige Hilfen unterstützt werden.

Checkliste: Erste Schritte bei der Aufnahme einzelner behinderter Kinder in Regeleinrichtungen

Eine Art Checkliste soll in Anlehnung an eine Aufstellung unseres Projekts Hilfe geben hinsichtlich der Schritte, die bei der Aufnahme von einzelnen behinderten Kindern in Regelkindergärten zu beachten sind:

– Die Erzieherinnen sollten Kind und Eltern vor der Entscheidung über eine Aufnahme des Kindes persönlich kennenlernen und dabei Informationen über Art und Schwere der Behinderung sowie über Fähigkeiten und Besonderheiten des Kindes einholen.

– Die Erzieherinnen sollten klären, ob bzw. unter welchen Bedingungen Art und Schwere der Behinderung in der Einrichtung bzw. in der Gruppe tragbar sind und wer von ihnen bereit ist, das Kind in seine Gruppe aufzunehmen.

– Die Erzieherinnen sollten, soweit sinnvoll und nötig, mit dem Träger über Möglichkeiten der Ausschöpfung rechtlicher und finanzieller Regelungen (BSHG, JWG) nachdenken sowie über mögliche Veränderungen in den Einrichtungen hinsichtlich der Gruppengröße, der Erhöhung des Personalstandes, der veränderten Nutzung der Räume, einer angemessenen Organisation der Arbeitszeit.

– Erzieherinnen sollten sich Unterstützung für die Einarbeitung in integrative Erziehung verschaffen durch

  - Kontakte zu Kolleginnen in Regel- und Sondereinrichtungen mit integrativen Ansätzen,

- Besuche und Hospitationen in Einrichtungen, die integrative Ansätze verfolgen,
- Teilnahme an Arbeitskreisen und Fotbildungsveranstaltungen zu Fragen der Integration,
- Beschaffung von Erfahrungsberichten und anderen schriftlichen Materialien über integrative Erziehung,
- Möglichkeiten der Beratung und Supervision.

– Erzieherinnen und Eltern sollten sich über die Gestaltung der Eingewöhnungszeit klar werden.

– Erzieherinnen sollten Hilfe einholen, um den besonderen Bedürfnissen des jeweiligen Kindes gerecht zu werden durch
  - Hinweise der Eltern über Eigenart des Kindes, seine therapeutische Situation usw.,
  - Erfahrungs- und Informationsaustausch mit therapeutischen Fachkräften.

– Erzieherinnen sollten sich mit der Situation von Eltern, die ein behindertes Kind haben, auseinandersetzen sowie, wenn erforderlich, mit Ängsten der Eltern nichtbehinderter Kinder, ihre Kinder kämen durch die Aufnahme eines behinderten Kindes zu kurz.

4.5.2 Kinder fragen nach der Behinderung

Aus fast allen Einrichtungen wurde berichtet, daß kleine Kinder andere häufig ohne große Probleme annehmen und sie einfach so akzeptieren, wie sie sind, auch mit ihren Behinderungen (vgl. S. 82 f.). Erst größeren Kindern fallen die Einschränkungen anderer auf, sie stellen dann vielfach eingehende Fragen nach dem, was ein Kind kann oder was es nicht kann und warum dies so ist. Der Umgang mit solchen Fragen ist von großer Bedeutung für die Entwicklung des Gruppengeschehens. Er ist dann relativ leicht, wenn die Kinder durch das Aufeinandertreffen in jungem Alter bereits Beziehungen zueinander entwickelt haben, zumindest aber an selbstverständliche Toleranz gewöhnt sind, bevor sie sich mit solchen Unterschieden auseinandersetzen.

In vielen Einrichtungen ist man aufgrund dieser Erfahrungen inzwischen dazu übergegangen, Fragen der Kinder nicht mehr wie zu Anfang durch die Vorbereitung der Kindergruppe vorwegnehmen zu wollen, sondern abzuwarten, bis sie auftauchen und sie dann offen und klar zu beantworten. Dabei wird nach Möglichkeit darauf geachtet, daß die ***Kinder*** miteinander ins Gespräch kommen.

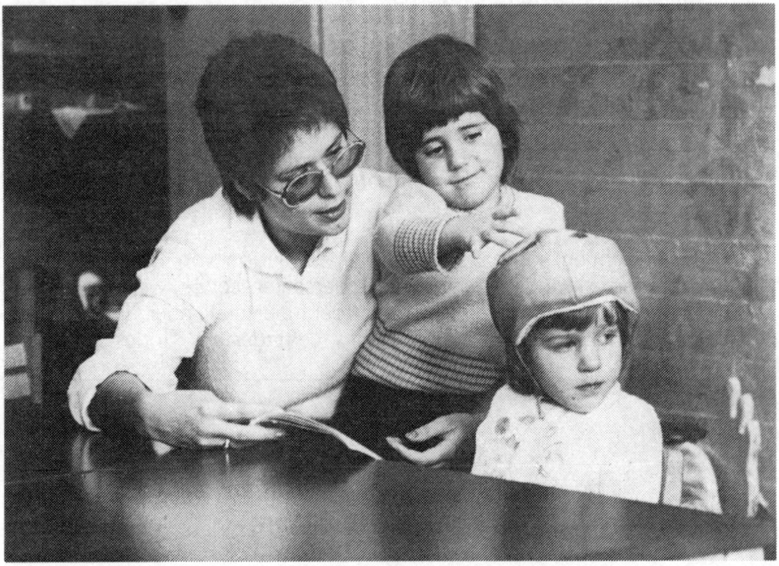

Sonja entdeckt, daß Richards Kopfschutz von hinten wie ein Stern aussieht.

Viele Erzieherinnen in gemischten Gruppen, die früher bei solchen Gelegenheiten größere Erklärungen abgaben und den Kindern den Begriff „Behinderung" vermitteln wollten, haben dies mittlerweile – ähnlich wie Erzieherinnen in additiven Einrichtungen (vgl. S. 157) – aufgegeben, weil die Kinder daran meist gar nicht sonderlich interessiert waren. Die Kinder wollten einfach Erklärungen für das haben, was sie hören, sehen oder beim Zusammenspiel bemerken, nämlich warum ein Kind nicht gehen kann, warum es in die Hose macht, nicht selbständig essen kann usw.

Im Hinblick auf die Unterstützung des Gruppengeschehens betrachteten es Erzieherinnen jedoch zugleich als besonders wichtig, einer Erklärung darüber, was ein Kind nicht kann, einen Hinweis auf seine speziellen Fähigkeiten oder Wünsche anzuschließen, um den Kindern Möglichkeiten für gemeinsames Handeln zu eröffnen.

In Fällen, in denen Kinder intensivere Fragen nach der Behinderung der anderen stellten, setzten Erzieherinnen auch ausgewählte Sachbücher[1] ein. Diese sollten aber vorher von den Erzieherinnen betrachtet werden, denn nicht alle sind gut. Unter Umständen ist es sinnvoll, nur einzelne Bilder oder Texte auszuwählen. Günstig kann es auch sein, solche Bücher einfach in der Bibliotheksecke aufzustellen und sie bei Bedarf mit dem einen oder anderen Kind zu betrachten.

Insgesamt machten Erzieherinnen allerdings die Erfahrung, daß anderen Kindern Körper- und Sinnesbehinderungen leichter erfahrbar gemacht werden konnten als etwa eine Verhaltensauffälligkeit oder eine geistige Behinderung (vgl. auch S. 56 ff.). Die Erklärung einer geistigen Behinderung versuchte eine Erzieherin so:

„Dieses Kind sieht so aus, als ob es schon so groß wäre wie ihr, aber es ist eigentlich ein viel kleineres Kind. Ihr müßt euch vorstellen, es wäre erst zwei oder drei Jahre alt."[2]

Andere Erzieherinnen entschieden sich dafür, eine ausführlichere Erklärung anhand der menschlichen Entwicklung zu versuchen, Sie überlegten und spielten mit den Kindern, was ein Baby tut, was die jüngere Schwester eines anwesenden Kindes tun kann usw. Auf diese Weise wurde es möglich, der Kindergruppe zu

---

1) Solche Sachbücher sind angegeben in: Integration behinderter Menschen. Bücherliste, 1983, Hg.: Deutsches Jugendinstitut. Projekt „Integration von Kindern mit besonderen Problemen".

2) Bericht einer Erzieherin bei einer Fachtagung. In: Projektgruppe Integration: Gemeinsame Betreuung, 1981, S. 34

vermitteln, daß sich ein bestimmtes Kind in einem Bereich wie ein viel jüngeres Kind verhält, in einem anderen dagegen genauso wie ein gleichaltriges.

4.5.3 Nachahmung hat eine besondere Bedeutung bei integrativer Erziehung

Für Kinder im Kindergartenalter ist Nachahmung und das darauf aufbauende Spiel die im Vordergrund stehende Tätigkeit und damit die Grundform ihres Lernens.[1]

Nachahmendem Spielen und Lernen kommt unter dem Gesichtspunkt integrativer Erziehung jedoch noch eine spezielle und zugleich sehr unterschiedliche Bedeutung zu, die in gemischten Gruppen weit mehr im Vordergrund steht als in additiven Erziehungsformen.

a) Auseinandersetzung mit der Situation behinderter Kinder über Nachahmung

Eltern und Erzieherinnen befürchteten manchmal vor Aufnahme integrativer Arbeit, daß die nichtbehinderten Kinder die behinderten nachahmen und sich deshalb nicht entsprechend ihrer sonstigen Möglichkeiten entwickeln könnten. Nach dem Zusammentreffen der Kinder wurde die Nachahmung behinderter Kinder durch nichtbehinderte auch nahezu überall beobachtet. Sie war in Einzelfällen für Erzieher und Eltern schon so beunruhigend, daß Integrationsversuche u.a. deshalb abgebrochen wurden (vgl. S. 301 ff.). Es ist anzunehmen, daß in solchen Fällen weder Erzieherinnen noch Eltern die Bedeutung des Nachspielens, Nachahmens, Imitierens — oder wie immer man es nennt — für das Lernen und Verarbeiten bei Kindern richtig einschätzen

---

1) Vgl. Feuser: Zwischenbericht, 1984, S. 82; Kranich: Vorschulerziehung, 1973, S. 12; Piaget: Nachahmung, Spiel und Traum, 1945

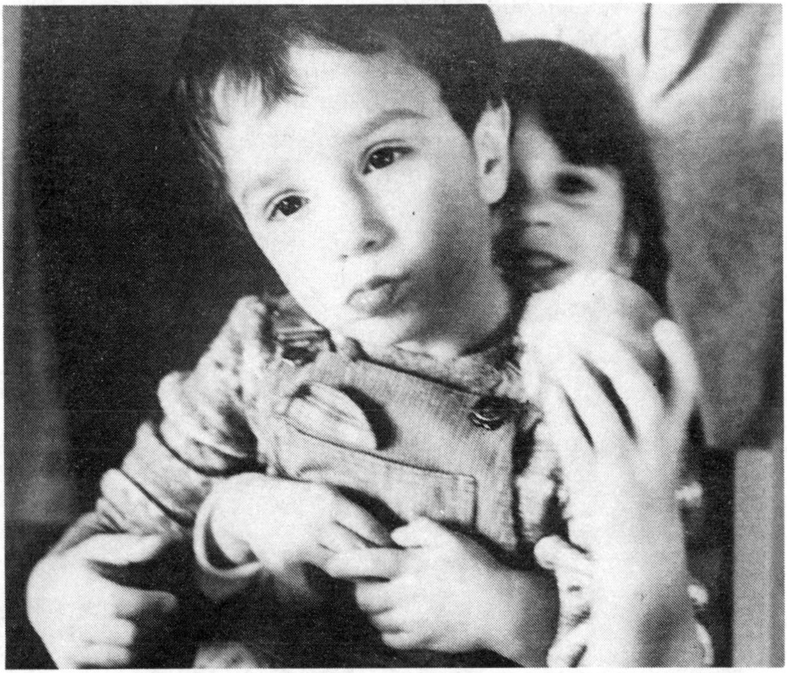

Schwerstbehinderung wird immer wieder gespielt.

konnten, was jedoch unbedingt erforderlich wäre. In Einrichtungen, in denen ein entsprechendes Bewußtsein vorhanden war, wurden denn auch ganz andere Erfahrungen damit gemacht, oder vielmehr die Erfahrungen wurden anders bewertet.

„Die nichtbehinderten Kinder neigen dazu, das behindertenspezifische Verhalten der anderen nachzuahmen, vor allem daheim. Diese Erfahrung brauchen sie einfach. Auf diese Weise versuchen sie, die Behinderung nachzuvollziehen. Die Eltern werden angehalten, das imitierende Verhalten zuzulassen."

„Es ist zu beobachten, daß nichtbehinderte Kinder sich mit der Situation behinderter Kinder durch Nachahmung auseinandersetzen. Es war jedoch im Grunde nie der Fall, daß nichtbehinderte Kinder auf Dauer negative Verhaltensweisen übernahmen."

Wenn sich Nachahmungsphasen allerdings nicht wieder legen, müssen Erzieherinnen darüber nachdenken, wo die Gründe hierfür liegen, denn dies kann Ausdruck für recht gravierende Probleme sein, die man richtig verstehen muß, um entsprechend damit umgehen zu können. So kann es z.B. sein, daß in der Gruppe behinderte Kinder dominieren, daß ein Kind solche Verhaltensweisen beibehält, weil es Erzieherinnen und Eltern damit ärgern kann, oder daß sich ein Kind auf diese Weise Zuwendung verschaffen will, weil es in Konkurrenz zu einem behinderten Kind steht.

Für nichtbehinderte Kinder haben die Hilfsmittel von behinderten Kindern einen großen Reiz.

Neben Nachahmung der Behinderung in der Anfangszeit des Zusammentreffens tritt sie auch bei älteren Kindern immer wieder auf neuen Verarbeitungsstufen auf.

b) Einfühlen und Verstehen durch Nachahmung

Insgesamt wurde das Einfühlen in die Situation behinderter Kinder gerade über Nachahmung und Nachspielen als sehr wichtig erachtet. Denn den nichtbehinderten Kindern wird häufig erst dadurch bewußt, wie schwierig es für ein behindertes Kind ist, sich z.B. mit einem gelähmten Bein vorwärts zu bewegen oder trotz einer gelähmten Hand Papier zu schneiden, und wieviel besser ein behindertes Kind solche Dinge u.U. kann als sie. Nachspielen als pädagogisches Mittel eingesetzt, kann wesentlich zum „Verstehen" in der Kindergruppe beitragen. (Allerdings gilt hier wieder das, was bereits an anderer Stelle gesagt wurde: Nicht alle Behinderungen lassen sich auf diese Weise einfühlbar machen, vgl. S. 56 ff.).

Wenn nichtbehinderte Kinder die Situation eines behinderten Kindes ansatzweise verstehen, sind sie häufig recht rücksichtsvoll und beteiligen sich sehr ideenreich an der Einbeziehung des betreffenden Kindes in das Gruppengeschehen.

c) Auseinandersetzung mit der eigenen Behinderung durch versuchte Nachahmung

Viele behinderte Kinder können bei systematischer Förderung einige „Defizite" kompensieren, mit anderen aber müssen sie sich auseinandersetzen und abfinden. Die Konfrontation mit den eigenen Grenzen findet vielfach durch Fragen anderer Kinder statt sowie über den Versuch, nichtbehinderte Kinder nachzuahmen.

Die Auseinandersetzung mit der eigenen Behinderung verläuft nach Erfahrungen von Erzieherinnen im allgemeinen in verschiedenen Stufen: Die meisten Kinder werden anfänglich kein Problem mit ihrer Behinderung haben, es wird selbstverständlich für sie sein, daß sie dies oder jenes nicht können. Mit zunehmendem Alter werden dann aber auch die Erfahrungen der Einschränkung, also die Unterschiede zu nichtbehinderten Kindern, schmerzvoll bewußt. Kinder wollen so sein wie die anderen, sie wollen gehen können, sprechen können usw.; so entsteht eine Spannung zwischen „Wollen" und „Können".

In diesem schmerzlichen Prozeß ist oft die Hilfe der Erzieherin erforderlich, um zwischen den Kindern zu vermitteln, dem behinderten Kind Trost und Gesprächsmöglichkeiten zu bieten und ihm zu zeigen, was es dennoch kann oder daß es auch ohne die Leistungen, die andere erbringen, verstanden und geliebt wird. Auch vor Überforderung, die manche Kinder sich selber schaffen, weil sie dasselbe tun wollen wie andere Kinder, muß die Erzieherin sie schützen. So kann es u.U. eine Überforderung sein, wenn ein Kind, daß große Mühe hat, zu gehen, den gemeinsamen Spaziergang zu Fuß zurücklegen will, weil andere dies können.

d) Förderung durch Nachahmung für behinderte Kinder

Nachahmung ist im Hinblick auf die Förderung von allen Kindern von großer Bedeutung; sie trägt bei integrativer Erziehung durch viele im Alltag entstehenden Impulse auch wesentlich zur Förderung behinderter Kinder bei. Dies geschieht, indem behinderte Kinder anderen Kindern und Erwachsenen zuschauen und deren Verhalten und Handlungen ganz oder teilweise nachahmen. Sehr häufig tritt dabei das Phänomen auf, daß behinderte Kinder vieles in ihrer Umgebung zunächst gar nicht wahrzunehmen scheinen, aber plötzlich ähnliches Verhalten bzw. ähnliche Handlungen oder Handlungsteile, die ihr besonderes Interesse geweckt haben, ausprobieren – oft mit einer erheblichen zeitlichen Verzögerung. Dies unterstreicht den Fördereffekt, der durch integrative Erziehung entsteht, in besonderem Maße.

e) Förderung durch Nachahmung für nichtbehinderte Kinder

In Einrichtungen wird auch immer wieder auf den umgekehrten Effekt hingewiesen, der von behinderten Kindern ausgeht. Er kann ausgelöst werden, wenn z.B. nichtbehinderte Kinder ein hörbehindertes Kind beobachten, wie es verschiedenen Klängen nachhorcht oder sie an Gegenständen erfühlt, oder wenn ein blindes Kind Dinge ertastet und sich die Umwelt auf seine Weise erfahrbar macht. So ging ein blinder Junge immer wieder alleine in den Garten der Kindertagesstätte. „Die anderen Kinder haben ihn dabei beobachtet und von ihm gelernt, wie man einen Garten erkundet, wie man einen Baum anfühlt, den Sand fühlt . . . "[2]

f) Schaffung eines guten sozialen Klimas über Modell und Nachahmung

Erzieherinnen erfahren über das Verhalten der Kinder immer wieder ihren Modellcharakter, den sie für die Kindergruppe haben. So wie sie sich verhalten, werden es vielfach die Kinder auch untereinander tun. Wenn die Erzieherinnen also integratives Vorbild sind und behinderte Kinder in das Gruppengeschehen einbeziehen, so werden dies die nichtbehinderten Kinder häufig ebenso machen:

„ . . . Da ein Kind wenig durch Belehrung, jedoch viel durch Nachahmung und Experimente lernt, bemühen wir Erzieher uns, die Fähigkeiten der Kinder zur Nachahmung und zum Experimentieren sinnvoll zu nutzen. Nicht nur unser Verhalten (z.B. in Konfliktsituationen), sondern auch das menschliche Miteinander und die praktischen Handhabungen im Alltag versuchen wir für die Kinder verständlich und somit durchschaubar und nachahmenswert zu gestalten." [3]

g) Nachahmung kann Entwicklungsmöglichkeiten auch verhindern

Die Bedeutung von Nachahmung im Leben behinderter Kinder wird für uns „Nichtbehinderte" ganz besonders offensichtlich, wenn man das Verhalten von Kindern in Sondereinrichtungen mit demjenigen von Kindern in integrativen Kindergärten über

---

2) Wolff: Erfahrungsbericht, 1983, S. 13

3) Ex/Strive: Integrierter Kindergarten, 1983, S. 44

einen längeren Zeitraum vergleicht. Diese Beobachtungen können zwar bisher wissenschaftlichen Kriterien nicht genügen, sie lassen aber die Hypothese zu, daß die „behinderten" Verhaltensweisen, die Kinder in Sondereinrichtungen entwickeln, zumindest teilweise aufgrund von Nachahmung zustandekommen. Behinderte Kinder können sich durch die geringe Bandbreite von Normalität in Sondereinrichtungen nur Anregungen zur Imitation von eben diesen eingeschränkten Verhaltensweisen holen, nicht aber von normalen. Damit werden wesentliche Entwicklungschancen für behinderte Kinder vertan.

Diese Erfahrungen und Überlegungen bieten eine weitere Begründung für die Forderung nach einer möglichst vielfältigen Gruppenzusammensetzung, also den Verzicht auf die Massierung einer Behinderungsart.

h) Bewertung

Es läßt sich sagen, daß durch Modell und Nachahmung ***alle*** Kinder in gemischten Gruppen eine wesentliche Erweiterung ihres Handlungs- und Verhaltensspielraums erfahren. Dabei ist der am häufigsten genannte Gesichtspunkt, daß ***behinderte*** Kinder sehr viel Anregung und Motivation zum Ausprobieren neuer Handlungs- und Verhaltensweisen erhalten; nur einer von vielen, wenn auch ein sehr wesentlicher.

4.5.4 Konflikte bleiben nicht aus

a) Häufige Konfliktanlässe

Wenn vor Aufnahme integrativer Arbeit über mögliche Konflikte oder Aggressionen mit Eltern oder Erzieherinnen gesprochen wird, so werden häufig verschiedene Vorannahmen deutlich, die auf unterschiedlichen Ebenen liegen und teilweise sehr widersprüchlich sind:

- Wenn behinderte Kinder in der Gruppe sind, dürfen keine Aggressionen auftreten.
- Aggressionen treten in gemischten Gruppen besonders stark auf, weil auf die behinderten Kinder Rücksicht genommen werden muß und weil sie die Spiele der anderen stören oder zerstören, da sie die Frustration nicht ertragen können, an den Spielen der anderen nicht immer teilnehmen zu können.
- Wenn Aggressionen auftreten, sind behinderte Kinder besonders oft Opfer solcher Konflikte.
- Wenn Konflikte auftreten, müssen die Erzieherinnen sofort eingreifen, um Eskalationen zu verhindern, denn behinderte Kinder können sich nicht wehren.
- Kinder in gemischten Gruppen können aufgrund der spezifischen Probleme Konflikte nicht selbständig lösen, sie sind in besonderem Maße auf die Vermittlung Erwachsener angewiesen.
- Nichtbehinderte Kinder schonen behinderte, so daß es gar nicht erst zu Konflikten kommt, die ausgetragen werden müßten.
- Auftretende Konflikte zwischen den Kindern sind im allgemeinen höher zu bewerten als zielloses Nebeneinander, denn Konflikte bedeuten Kommunikation, damit bieten sich auch Chancen, Probleme aufzunehmen und Trennendes tendenziell zu überwinden.

In solch unterschiedliche Vorannahmen und Bewertungen gehen die persönlichen Erfahrungen und Ängste der Erwachsenen, die sich im Laufe ihrer Lebensgeschichte entwickelt haben, ein. Wenn über Konflikte und Aggressionen in Kindergruppen mit nichtbehinderten Kindern gesprochen würde, wären vermutlich ähnlich divergierende Positionen festzustellen, nur die Begründungen wären andere.

Erzieherinnen, die bereits längere Erfahrungen mit integrativer Arbeit haben, betonen immer wieder, daß es selbstverständlich auch in gemischten Kindergruppen Konflikte und Aggressionen gibt und daß sich diese oft gar nicht so sehr von denen in Gruppen mit nichtbehinderten Kindern unterscheiden. Es gibt Auseinandersetzungen um Spielpartner, Spielplatz, mitgebrachte Gegenstände, Essen, die Beteiligung an Aktivitäten mit anderen, Anerkennung durch andere usw. Je intensiver sich ein Kind am Gruppengeschehen beteiligen kann, desto wahrscheinlicher wird auch, daß es in Auseinandersetzungen verwickelt wird.

Im folgenden sollen einige Konfliktanlässe zusammengestellt werden, von denen besonders häufig bei den Interviews oder in Erfahrungsberichten aus ***integrativen Einrichtungen*** die Rede war, die aber auch in ***Regeleinrichtungen*** mit Einzelintegration eine Rolle spielen. Dabei geht es weniger um die in allen Kindergruppen vorkommenden Konfliktanlässe, vielmehr werden vor allem diejenigen genannt, bei denen die Behinderung eines oder mehrerer Kinder eine deutliche Rolle spielt. Damit soll jedoch nicht gesagt werden, daß ähnliche Konflikte in ,,normalen'' Gruppen, z.B. mit deutlichem Altersgefälle, nicht auch zu beobachten wären.

Der Wunsch, die Zuneigung der anderen zu erhalten, kann ein Konfliktanlaß sein.

Erzieherinnen betonen immer wieder, daß auch die Beziehung zwischen behinderten Kindern durchaus aggressiv werden kann, so wurde z.B. von zwei behinderten Kindern berichtet,

,,zwischen den praktisch eine Art Haßliebe existiert. Man kann vermuten, daß es sich um Konkurrenzprobleme handelt, nämlich um die Konkurrenz nach der Zuneigung der anderen Kinder. Die beiden Kinder kämpfen sehr häufig miteinander, dabei findet das blinde Kind das andere behinderte Kind immer wieder.''

Aber auch Konkurrenz um die Zuneigung der Erwachsenen tritt häufig auf. Sie scheint möglicherweise durch die höheren Anforderungen, die die Betreuung behinderter Kinder an Erwachsene stellt, in gemischten Gruppen stärker zu sein als in üblichen Regeleinrichtungen, zumindest dann, wenn eine unzureichende Personalausstattung vorhanden ist.

Andere Kinder verstehen manchmal nicht, warum behinderte Kinder etwas nicht können.

Diese Situation tritt besonders häufig gegenüber geistigbehinderten und verhaltensauffälligen Kindern auf, weil den anderen Kindern diese Beeinträchtigungen oft schwer zu vermitteln sind, so formulierte man in einer Einrichtung:

„Erlebbare, sichtbare nachvollziehbare Beeinträchtigungen sind für die nichtbehinderten Kinder leichter begreifbar. Bei den nicht so leicht erkennbaren Behinderungen denken sie immer so ein bißchen an Böswilligkeit."

Behinderte und nichtbehinderte Kinder haben manchmal andere Bedürfnisse bzw. andere Beteiligungs- und Handlungsmöglichkeiten.

Eine Integration in die Gruppe stößt durch die manchmal sehr unterschiedlichen Fähigkeiten und Bedürfnisse der Kinder auf erhebliche Probleme:

„Wir waren einmal in der Bauecke, dort haben die Kinder ganz normale Sachen wie Türme, Häuser und Straßen gebaut und ein sechsjähriger behinderter Junge hatte Spaß daran, drei Steine aufeinander zu schichten und wieder umzuschmeißen, drei Steine aufeinander zu schichten und wieder umzuschmeißen. Diese fielen jedesmal wieder in das Gebaute der anderen. Es war sehr schwer für sie, vor der Frage zu stehen: ‚was soll ich eigentlich mit ***dem*** spielen? Der kann doch gar nicht so was bauen wie ich.' Der behinderte Junge hatte auch gar nicht das Bedürfnis, dasselbe zu bauen wie die anderen, und die anderen hatten nicht das Bedürfnis, dauernd einen Turm aufzubauen und wieder einzuwerfen, das ist die Schwierigkeit." [1)]

In einer integrativen Einrichtung, in der gemeinschaftsschwierige (verhaltensauffällige) Kinder betreut werden, geht man mit den

---

1) Interview vom November 1982 in der Kindertagesstättenkombination, Schwarzer Weg 6, 6100 Darmstadt

unterschiedlichen Bedürfnissen, die ein erhebliches Konfliktpotential darstellen, folgendermaßen um:

„In Situationen, in denen einige Kinder bereit sind, an Angeboten teilzunehmen, andere hingegen diese Bereitschaft durch dauernde Konflikte stören, hat es sich als sinnvoll erwiesen, die Gruppe zu teilen und z.B. mit einem Teil der Kinder in den Turnraum oder den kleineren Zweitraum zu gehen. So konnten mit den Kindern, die Spaß am konzentrierten Spiel und Angebot hatten, diese durchgeführt werden, ohne die Unwilligen dazu zu zwingen. Letztere waren dann nach unseren Beobachtungen später oder zu anderen Zeitpunkten aber bereit, auch sich auf eine Sache mit Lust zu konzentrieren." [2]

Behinderte Kinder können ihr Handeln nicht immer richtig einschätzen.

„Bei der Hospitation in einer integrativen Kindergruppe fiel auf, daß sich eines der behinderten Mädchen sehr um einen neu aufgenommenen Jungen bemühte, der noch sehr ängstlich war und sich immer in der Nähe seiner Mutter aufhielt, die während der Eingewöhnungszeit des Kindes am Kindergartenleben teilnahm. Ilse versuchte zunächst mit sehr viel Geduld, den Jungen dazu zu bewegen, in den Sandkasten zu hüpfen. Als sich der Junge dann an den Rand stellte, schubste ihn Ilse. Dieses Spiel wiederholte sich mehrere Male, bis der Junge sich gegen das Geschubstwerden wehrte und nicht mehr auf die Kontaktangebote durch Ilse eingehen wollte. Eine Erzieherin griff ein und schlug vor, daß sich beide Kinder an der Hand fassen und gemeinsam hüpfen könnten."

Es passiert immer wieder, daß behinderte Kinder Spiele der anderen zerstören.

Ein Beispiel für eine solche Situation findet sich in den Kalendergeschichten der evangelischen französisch-reformierten Gemeinde:

---

2) Stamm/Scholz/Merkel: Fördergruppen für gemeinschaftsschwierige Kinder in Kindertagesstätten, S. 12

„Der Holzturm in der Bauecke ist jetzt schon fast so groß wie Alexander. Seit einer halben Stunde etwa arbeiten ein Dutzend kleine Kinderhände fieberhaft an dem gewaltigen Bauwerk. Beatrix kann noch von oben reinschauen, aber beständig wächst der Turm. Immer im Sechseck, Holzklotz auf Holzklotz, wie es die Maurer in echt auch machen.

Die Spannung steigt. Ich knie' mitten zwischen den Kindern und baue mit. Ob der Turm hält? Ein längeres Holzstück quer oben drauf: zwei Aussichtsterrassen. Genau. Und drinnen im Turm wär' ein Aufzug.

Melanie steht am Mal-Schränkchen und beobachtet die Baumeister. Melanie ist ziemlich groß. Aber eigentlich ist sie noch klein. Jedenfalls läuft sie ziemlich wackelig und sprechen kann sie auch noch nicht richtig. In die Bauecke soll sie nicht rein. Melanie schmeißt nämlich immer alles um. Aber wenn sie dann doch kommt? – 'Die Melanie!' schreit Jörg auf einmal, als stünde ein Erdbeben bevor. Ich schaue noch kurz auf, sehe Melanie mit den Armen in unsern Turm greifen. Dann kracht es ganz fürchterlich.

Wie gebannt hocken wir in der Ecke, starren auf den Trümmerhaufen. Ich kriege Wut, möchte die Übeltäterin am liebsten packen und sie ausschimpfen. Denn so geht das schließlich nicht, daß sie einfach unseren schönen Turm umschmeißt. Immerhin war das auch mein Turm.

Ich will gerade aufstehen, um irgendwie einzugreifen, da merke ich, daß ich den Faden des Baueckenspiels eigentlich längst verloren habe. Denn freudestrahlend springt Sven auf einmal auf den Holzberg und ruft begeistert: 'Jetzt spielen wir Steinbruch!' " [3]

Aus einer anderen Einrichtung wurde über die Erfahrung mit einem blinden Jungen berichtet:

„Zu Anfang waren sie (die anderen Kinder, d.V.) oft wütend über ihn, wenn er über ihre aufgebauten Spiele fiel und alles zerstört war." [4]

---

3) Entnommen aus: Kalender der evangelischen französisch-reformierten Gemeinde

4) Wolff: Erfahrungsbericht, 1983, S. 13

Behinderte Kinder reagieren manchmal anders als nichtbehinderte.

„Viele Kinder ließen ihre Aggressionen an Rita aus, indem sie sie zwickten, traten, boxten und sich darüber freuten, wenn keine Reaktion kam. Das Schmerzempfinden schien bei ihr nur sehr geringfügig ausgeprägt zu sein, weil sie bei solchen Angriffen nur selten eine Reaktion zeigte. Teilweise quietschte sie vor Vergnügen, wenn sie zwei Kinder an den Beinen bäuchlings durch den Raum zogen. Offensichtlich bereitete ihr der Körperkontakt zu anderen Vergnügen und dadurch war es besonders schwer für die Erzieherin, die Kinder davon zu überzeugen, daß ihre Handlungen nicht geduldet werden konnten." [5]

Behinderte Kinder halten die Gruppenregeln nicht ein.

Auf einer Fortbildungsveranstaltung wurde am Beispiel des Abräumens nach dem Frühstück darüber diskutiert, wie man damit umgeht, wenn ein geistig behindertes Kind nicht – wie die anderen – nach dem Frühstück sein Geschirr abwäscht und aufräumt und dies zu Konflikten in der Kindergruppe und mit den Erzieherinnen führt. Im Schlußprotokoll wurde folgendes Ergebnis festgehalten:

„Für geistigbehinderte Kinder ist es oft schwierig, sich solche Abläufe von Anfang an zu merken, sie brauchen dafür lange Zeit. Sie sollten aber zurückgeholt werden, um solche Abläufe zu lernen, falls sie noch nicht wieder in ein Spiel vertieft sind. Wenn sie bereits im Spielen sind, sollte man das Spielende abwarten. Behinderte Kinder sollten beim Abwaschen und Aufräumen des Geschirrs jedoch zumindest anfänglich durch Anwesenheit eines Erwachsenen unterstützt werden. Es muß zudem darauf geachtet werden, daß behinderten Kindern keine unüberschaubaren Aufgaben gestellt werden, die sie wie einen Berg empfinden. Die Aufgaben müssen gegliedert werden, wie z.B. nacheinander Geschirr zum Spülbecken bringen, abwaschen, abtrocknen, in den Schrank stellen."

---

5) Arens: Versuch der Integration, 1983, S. 132f.

Auch nichtbehinderte Kinder können behinderten Kindern bei der Durchführung solcher Aufgaben Unterstützung bieten. Sie können dadurch zum Vermeiden oder zur Bewältigung von Konflikten beitragen.

Behinderte Kinder werden gegen ihren Willen bemuttert.

Immer wieder wird auch berichtet, daß nichtbehinderte Kinder behinderte gegen ihren Willen bemuttern und ihnen Dinge abnehmen, die sie selbst können:

„Karin möchte ihre Jacke anziehen, aber die Ärmel sind nicht richtig umgedreht. Sie versucht, hineinzuschlüpfen, aber es geht nicht. Ein anderes Kind sieht dies und möchte ihr helfen. Es zieht an der Jacke, um die Ärmel umdrehen zu können. Karin wehrt sich und sagt: ‚Selber machen.' Es kommt zum Kampf um die Jacke, bis schließlich die Erzieherin eingreift und dem Kind, das helfen wollte, Anregungen gibt, wie es die erforderliche Hilfe geben kann, ohne die Autonomiewünsche des behinderten Kindes zu verletzen."

Ablehnung aufgrund der Behinderung ist nur in seltenen Fällen ein Konfliktanlaß.

In integrativen oder Regeleinrichtungen mit einzelnen behinderten Kindern wurde die Tatsache einer vorhandenen Behinderung entgegen weit verbreiteter Erwartungen nur ganz selten als Konfliktanlaß genannt. Ablehnung von behinderten Kindern verschwand meist schnell, wenn Erzieherinnen den anderen Kindern die Ursachen für das Verhalten eines bestimmten Kindes erklärten. Von dauerhafter Ablehnung wurde am häufigsten gegenüber verhaltensauffälligen Kindern berichtet, obwohl dies auch hier keineswegs ein durchgängiges Phänomen war.

b) Was Erzieherinnen bei Konflikten beachten sollten

In integrativen Gruppen scheint es häufiger zu Konflikten zu kommen, bei denen die Behinderung von Kindern eine Rolle spielt, als in Regeleinrichtungen mit Einzelintegration. Deshalb ist der Umgang mit Konflikten in verschiedenen integrativen Einrichtungen nicht nur Teil der pädagogischen Vorbereitung und Reflexion, sondern auch von konzeptionellen Überlegungen. Im Kinderzentrum Pasing z.B. hielt man fest:

„Wir wollen dem Kind in ***Konfliktsituationen*** dadurch, daß wir uns bewußt zurückhalten, einen Erfahrungsraum anbieten, in dem Verhaltenskonsequenzen von der selbstgestalteten Situation abhängig erlebt werden und nicht abhängig vom pädagogischen Eingreifen des Erwachsenen. Nur so erwirbt das Kind die Fähigkeit, selbständig Konflikte zu lösen." [1)]

Sehr viele Erzieherinnen drücken Ähnliches aus, wenn sie sagen, daß Behinderten wie Nichtbehinderten zugestanden werden muß, Erfahrungen mit unterschiedlichen Fähigkeiten, Wünschen, Bedürfnissen und den daraus resultierenden Konflikten und Konfliktlösungsmöglichkeiten machen zu dürfen, wobei die behinderten Kinder in Konfliktsituationen in aller Regel nicht von vornherein geschützt werden sollten. Eine Erzieherin formulierte ihre Position zu dieser Frage folgendermaßen:

„Wenn ich behinderte Kinder ständig behüten müßte, müßte ich das als Zeichen nehmen, daß bei mir irgendwas ist, was bearbeitet werden muß, daß ich selbst also die Behinderung, das Andersartigsein, einfach noch nicht verarbeitet habe. Eine solche Haltung muß mit Gesprächen und Aktionen im Kollegenkreis immer und immer wieder thematisiert und bearbeitet werden." [2)]

Bei Konfliktsituationen, die ein Eingreifen von Erzieherinnen erforderlich machen, müssen Erzieherinnen die Situation zunächst verstehen und dann mit den Kindern gemeinsam nach angemessenen – für die Kinder akzeptablen – Lösungen suchen, die die Bedürfnisse aller Seiten berücksichtigen. Aus einer Regeleinrichtung wird ein solcher Ablauf geschildert:

---

1) Ullner: Repressionsfreie Förderung, 1977[3], S. 155

2) Bericht auf einer Fachtagung. In: Projektgruppe Integration: Gemeinsame Betreuung, 1981, S. 40

„Wir gehen spazieren. Anfangs wird Kerstin noch an der Hand geführt. Doch bald erlahmt die Ausdauer der Kinder. Kerstin läuft langsam, das Gehen strengt sie an. Sie weint und bleibt zurück. Reaktion der Gruppe: Ungeduld und Beschimpfung. Wir besprechen diese Situation in der Gruppe. Erster Vorschlag, das Problem zu beseitigen: 'Na, dann muß sie zu Hause bleiben.' Dies bietet keine Lösung, denn sie ist ein Kind unserer Gruppe und nimmt deshalb auch an gemeinsamen Aktionen teil. Mario schlägt vor: 'Wir nehmen einfach 'nen Leiterwagen, und wenn sie nicht mehr kann, setzen wir sie rein.' 'Ja, dann ziehen wir sie.' Svenja: 'Toll, dann können wir uns abwechseln'."[3]

Dieses Beispiel verdeutlicht, daß Konflikte, die verstanden und entsprechend geleitet werden, für das Zusammenleben genutzt werden können. Bei der Erarbeitung solcher Lösungsmöglichkeiten erleben sich die Kinder als handlungsfähig und kompetent, was der Beziehung zwischen ihnen zugute kommt. Auch in anderen Einrichtungen, z.B. im Kinderzentrum Pasing, wird großer Wert auf eine angemessene Bewältigung von Konflikten gelegt, an der die Kinder aktiv beteiligt sind:

„Bei einem Kind sah es zunächst so aus, als ob es nicht integriert werden könnte, denn wenn es – wie häufig – keinen Ausweg mehr sah, kratzte und biß es. Man organisierte die Arbeit dann folgendermaßen: Eine Mitarbeiterin versuchte dem Jungen immer möglichst nahe zu bleiben, um Kontakte mit ihm nicht nur in schwierigen, sondern auch in positiven Situationen aufnehmen zu können. Die zweite Erzieherin beobachtete ganz genau, was er wann macht, um ihn besser verstehen zu lernen. Dann achteten sie darauf, wie sich die Gruppe verhielt, zu der einige Kinder neu hinzugekommen waren, die Integration noch nicht kannten.
Die 'alten' Kinder verteidigten in starkem Maße ihre vorhandenen sozialen Regeln, kamen aber gegen das behinderte Kind nicht mehr an. Sie reagierten darauf verzweifelt, gingen ihm aus dem Weg oder unterwarfen sich ihm und taten alles, was er verlangte.
Die Erzieherinnen sprachen dann mit den Kindern und stellten fest, daß die Situation sehr schwierig für sie ist. Der wichtigste Ausspruch, der in dieser Situation von einem Kind kam, war: 'Der Mathias ist ja selber ganz traurig, daß er immer wieder so böse sein muß.'

---

3) Becker: Werdegang von Kerstin J., 1980, S. 8

Mathias, der dabeisaß, merkte, daß er verstanden wurde. Ab diesem Zeitpunkt konnten die anderen Kinder auf ihn zugehen und konnten ihn fragen, wie sie ihm helfen könnten, er war nun auch eher in der Lage, Hilfe anzunehmen.
Mit Mathias, der damals auch noch Einzelstunden hatte, wurden die Situationen in der Gruppe immer wieder mit Handpuppen und Rollenspielen durchgespielt, und zwar gemeinsam mit der Person, die sich auch in der Gruppe um ihn bemühte. Zwischendurch wurde immer wieder mit allen Kindern der Gruppe überlegt, was man schon gemeinsam geschafft hatte und was noch schwierig ist.'' [4]

..Ein spastisch gelähmtes Kind, das sehr schwer verständlich sprach, kam neu in die Gruppe. Frau von Taube, die das Kind bereits länger kannte und besser verstand, sagte dann den anderen Kindern:'Wißt ihr, Irene kann nicht so gut sprechen.' In diesem Moment ging ein Strahlen über Irenes Gesicht. Sie wurde ganz entspannt. Als nächstes übte die Gruppe, wie man Irene besser verstehen könnte. Frau von Taube übersetzte anfangs dabei, nach und nach verstanden die Kinder jedoch ohne Übersetzung.
In der folgenden Zeit forderten dann einzelne Kinder die anderen von sich aus immer wieder auf, still zu sein, damit man Irene besser verstehen könnte, oder zu warten, weil sie sich nicht so schnell äußern könnte.

So konnte Irene trotz dieser Sprachschwierigkeiten weitgehend integriert werden. Sie brachte sich selbst auch immer wieder ein. Wenn sie z.B. etwas sagen wollte, machte sie oft mit Schreien auf sich aufmerksam. Dieses Verhalten wurde von den Erzieherinnen unterstützt, weil sie der Meinung sind, daß behinderte Kinder den Mut entwickeln müssen, Aufmerksamkeit zu fordern.'' [5]

In sehr vielen Einrichtungen wurde also betont, daß bei auftretenden Konflikten davon ausgegangen werden muß, daß es sich in der Regel nicht um ein ausschließliches Problem eines einzelnen, vielleicht behinderten oder verhaltensauffälligen Kindes

---

4) Bericht der Psychologinnen aus den beiden Pasinger Einrichtungen. In: Projektgruppe Integration: Gemeinsame Betreuung, 1981, S. 41

5) ebda., S. 42

handelt, sondern um ein Problem der gesamten Gruppe, das demzufolge auch in und mit der Gruppe gelöst werden muß.

Es gilt also zunächst, die vorhandenen Schwierigkeiten nicht einfach als unabwendbar am einzelnen Kind festzumachen, sondern anzuerkennen, daß eine solche Situation vorerst nur die Feststellung erlaubt, daß sie von den Beteiligten nicht mehr bewältigt werden kann. Des weiteren ist es notwendig, die Logik des Verhaltens eines Kindes zu verstehen und es nicht einfach als „gut" oder „böse" zu bewerten. Es kann z.B. sehr unterschiedliche Ursachen haben, wenn sich ein Kind nicht am gemeinsamen Spaziergang beteiligen möchte. Vielleicht geht es nicht gerne spazieren oder die anderen Kinder gehen zu schnell und es wird ständig gedrängt, oder unterwegs muß die Gruppe an einem Hund vorbeigehen, vor dem das Kind Angst hat. Das Verhalten eines Kindes, auch wenn es noch so konfliktträchtig ist, sollte als Verhalten verstanden werden, das Kinder ausbilden mußten, um ihre Wünsche befriedigen zu können, auch wenn der jeweilige Weg noch so „verquer" erscheint. Nur wenn Erzieher das „System" eines Kindes verstehen, können sie diese Erkenntnis nutzen, um disfunktionale Bereiche auflösen zu helfen, indem sie Kinder z.B. darin unterstützen, eine Möglichkeit zu finden, auf direkterem, funktionalerem Weg eine Lösung herbeizuführen. In den kindergartenpädagogischen Ansätzen nach der Aneignungstheorie [6)] und bei psychoanalytisch orientierten Konzeptionen wird ein solches Verständnis für konflikthafte Situationen ausdrücklich gefordert.

Außerdem ist zu überlegen, an welchen Faktoren etwas verändert werden kann, ohne das Kind aus der Gruppe zu nehmen oder sonst zu seiner Stigmatisierung beizutragen, z.B.

– durch Bewußtmachen des Konflikts in der Kindergruppe und die Gegenüberstellung der widerstreitenden Bedürfnisse

6) Vgl. z.B. Feuser: Zwischenbericht, 1984, S. 27

bzw. Möglichkeiten der beteiligten Kinder,
- durch Durchschaubarmachen bzw. Verändern der Gruppenregeln und des Tageslaufs,
- durch das Vermeiden unangemessener Forderungen an die Kinder,
- durch Anerkennung von spezifischen Leistungen,
- durch Überdenken und möglicherweise Verändern des Erzieherverhaltens,
- durch veränderten Personaleinsatz,
- durch intensive Zusammenarbeit mit den Eltern und Fachleuten im Umfeld des Kindergartens.

In verschiedenen Einrichtungen wurde jedoch auch darauf hingewiesen, daß man bei Integration trotz aller Bemühungen nicht immer Erfolg haben kann, und daß Erzieherinnen auch mit einem Scheitern fertig werden müssen, ohne zu große Schuldgefühle zu entwickeln.

Allerdings wurde uns nur aus wenigen Einrichtungen berichtet, daß behinderte Kinder wegen Konflikten aus einer integrativen Gruppe herausgenommen werden mußten. In nahezu allen Einrichtungen wird in schwierigen Situationen versucht, die Palette anderer Lösungsmöglichkeiten zu nutzen.

4.6 Pädagogische Planung bei integrativer Arbeit

4.6.1 Rahmenbedingungen und allgemeine Prämissen pädagogischer Planung

a) Planungsintentionen und Planungsrahmen sind sehr unterschiedlich

Vieles, was im vorliegenden Band bereits bearbeitet wurde, ist nicht von dem Aspekt zu lösen, welche Aufgaben Erzieherinnen bei der Planung integrativer Arbeit zufallen, deshalb soll es hier noch einmal unter diesem Blickwinkel betrachtet werden.

Dabei wird man feststellen, daß manches an bekannte Überlegungen für die Arbeit in Regeleinrichtungen anknüpft, daß einiges aber davon unter dem Gesichtspunkt integrativer Erziehung ein neues Gewicht erhält und daß wesentliche neue Aspekte hinzukommen.

Betrachtet man die Materialien aus den Einrichtungen, so fällt auf, daß es zwischen den Einrichtungstypen und den einzelnen Kindergärten große Unterschiede hinsichtlich der vorhandenen Planungsintentionen gibt. In ***integrativen*** Einrichtungen z.B. finden vielfach eingehende Planungen unter der Prämisse ***integrativer*** Erziehung statt. In ***Regeleinrichtungen mit Einzelintegration*** dagegen wird Planung im allgemeinen im Rahmen der üblichen pädagogischen Überlegungen durchgeführt, wobei Erzieherinnen selbst bei ungünstiger personeller Situation nach Möglichkeit einmal am Tag eine spezielle Beschäftigung mit behinderten Kindern einplanen. Solche Beschäftigungen haben im allgemeinen den Charakter von Einzelförderung, nur selten stehen dabei Aspekte der Kooperation mit der Gesamtgruppe im Vordergrund, die bei integrativer Arbeit von besonderer Bedeutung wären.

Diese Unterschiede zwischen den Einrichtungstypen bedingen, daß die folgenden Ausführungen in bezug auf integrative Einrichtungen zum Teil bereits vorhandene Erfahrungen und Überlegungen wiedergeben, während sie für Regeleinrichtungen eher anregenden Charakter haben.

Auch hinsichtlich der zeitlichen Rahmenbedingungen für Planung sind in den einzelnen Einrichtungen sehr unterschiedliche Voraussetzungen vorhanden. In den meisten Kindergärten – selbst in solchen, die direkt zum Zweck integrativer Arbeit gegründet wurden – wird darauf hingewiesen, daß der vom Träger den einzelnen und dem Team zur Verfügung gestellte Rahmen im allgemeinen viel zu gering für eine erforderliche differenzierte Planung ist. In der wissenschaftlichen Begleituntersuchung des evangelischen französisch-reformierten Kindergartens wurde z.B. festgestellt, daß den Mitarbeitern wöchentlich nur zwei Stunden für Vorbereitung und Besprechung zur Verfügung stehen. In dieser Zeit müssen dann auch noch Vertretungen, Vorbereitung von Elternabenden, Vor- und Nachbereitung von Hausbesuchen, das Abfassen von Berichten über behinderte und auffällige Kinder untergebracht werden. [1] Daß dies bei der Fülle von Aufgaben, die erledigt werden müssen, nicht ausreicht und damit auf Kosten einer notwendigen differenzierten Arbeit mit den Kindern geht, liegt auf der Hand.

In einer ganzen Reihe von Einrichtungen, in denen Regel- und integrative Gruppen nebeneinander existieren, kommt als Problem für eine gemeinsame Planung im Team noch hinzu, daß die kinderfreien Zeiten für Erzieherinnen in Regelgruppen oft über Mittag liegen, während sie in integrativen Gruppen im allgemeinen an die mindestens sechsstündige Arbeit mit den Kindern angehängt sind [2] oder am Tagesbeginn liegen. So wird den Mitarbeitern auch unter dem Gesichtspunkt Planung ein hoher persönlicher Einsatz abverlangt.

b) Gängige gesellschaftliche Normen bedürfen der Überprüfung

Die Integration behinderter Kinder in den Elementarbereich setzt die Anerkennung der prinzipiellen Gleichwertigkeit aller Menschen trotz ihrer unterschiedlichen Einschränkungen und Möglichkeiten voraus. Erzieherinnen werden bei integrativer Arbeit deshalb von vornherein mit dem Spannungsverhältnis zwischen den Möglichkeiten einzelner Kinder und gängigen gesellschaftlichen Normen konfrontiert, von denen auch sie geprägt sind.

Damit ergibt sich für Erzieherinnen die Anforderung, sich bei ihren Planungen nicht nur zu überlegen, was sie bei Kindern

---

1) Vgl. Wissenschaftliche Begleitung, Bd. 3, 1984, S. 239

2) Vgl. Abschlußbericht, Teil I, „Formen gemeinsamer Erziehung behinderter und nicht-behinderter Kinder im Elementarbereich", 1985, S. 66

bewirken möchten und wie sie dabei vorgehen müssen, sondern sich auch mit ihrem eigenen Verhalten auseinanderzusetzen, d.h. mit dem, was ihr Verhalten für die Kindergruppe und das einzelne Kind bedeutet. Sie werden z.B. bei sich selbst überprüfen müssen, wie sich ihre ***Sauberkeits-, Schönheits-, Leistungs- und Ordnungsnormen und ihr Umgang mit Zeit*** in der Arbeit mit gemischten Kindergruppen auswirken. Dabei werden sie vielleicht feststellen, daß sie an der Veränderung ihrer eigenen Haltung arbeiten müssen, wenn integrative Erziehung eine Möglichkeit für das gesamte Spektrum von behinderten Kindern werden soll und wenn sie eine Atmosphäre in der Kindergruppe schaffen wollen, die allen Kindern gute Lernbedingungen bietet. Zum Beispiel berichteten die Erzieherinnen, die in der ***Anfangszeit*** integrativer Erziehung noch keine Erfahrungen mit behinderten Kindern hatten, daß sie zunächst eher „niedlich" aussehende und „saubere" Kinder aufnahmen sowie solche, die von ihrem Leistungsvermögen her gegenüber nichtbehinderten Kindern nicht zu stark abfielen. Mit zunehmender Erfahrung hat sich der Spielraum in sehr vielen Einrichtungen jedoch wesentlich erweitert, insbesondere dann, wenn Erzieherinnen eine bewußte Auseinandersetzung mit ihren Ängsten und Tabus eingegangen sind. Als hilfreich wurden dabei Gespräche im Kollegenkreis erlebt, aber auch die Inanspruchnahme von Supervision.

Unter dem Aspekt der Planung der ***täglichen Gruppenarbeit*** wird von Erzieherinnen häufig betont, daß eindeutig Stellung bezogen werden muß hinsichtlich gültiger Orientierungspunkte, an denen sich sowohl die Gestaltung des Tagesablaufs, als auch die Auswahl von Inhalten und Methoden messen lassen müssen. Solche Orientierungspunkte beim Umgang mit ***„Leistung"*** und ***„Konkurrenz"*** könnte das auf einer Tagung erarbeitete Ergebnis enthalten, das auch weitgehend unseren Interviewauswertungen entspricht:

– Der Leistungs- und Konkurrenzgedanke steht Integrationsbemühungen entgegen, Leistungserwartungen und Leistungsdruck müssen demnach möglichst gering gehalten werden.

– Leistungen in den unterschiedlichen Bereichen – nicht nur im kognitiven – müssen Anerkennung finden.

– Die Leistungen einzelner Kinder sollten nicht mit denen anderer Kinder verglichen werden, sondern nur mit ihren eigenen, d.h. zugleich, daß den Kindern ein Bewußtsein über die eigenen Entwicklungen vermittelt wird, auch wenn sie noch so gering sind.

– Die spezifischen Leistungen behinderter Kinder, die sie häufig gerade aufgrund ihrer Behinderung entwickelt haben, (z.B. das oft ausgezeichnete Orientierungsvermögen blinder Kinder, oder die Fähigkeit, trotz gelähmter Beine klettern zu können usw.) müssen in die Gruppenarbeit aufgenommen werden und Bedeutung erlangen.

Aus diesen Orientierungspunkten ergibt sich als Prinzip für pädagogische Planung, daß Integration ***Individualisierung*** und ***Differenzierung*** erfordert und nicht gleiche Leistung von allen.[3]

Beim ***Umgang mit Zeit*** treten ebenfalls häufig Probleme auf, weil bei der Planung des Tagesablaufs oft nicht genügend berücksichtigt wird, daß behinderte Kinder für viele Dinge mehr Zeit brauchen als nichtbehinderte Kinder und Erwachsene. Außerdem können sich Erzieherinnen kaum vorstellen, daß nichtbehinderte Kinder die Geduld haben, z.B. bei Kreisspielen zu warten, bis sich ein behindertes Kind in die Mitte bewegt hat. Aus vielen Einrichtungen wird jedoch gerade die gegenteilige Beobachtung berichtet, wobei sich die Kinder diese Geduld gar nicht mühsam abzuverlangen scheinen. Oft verfolgen sie sogar mit ausgesprochener Beteiligung und Spannung, wie Behinderte langsam eine

---

3) Vgl. Projektgruppe Integration: Gemeinsame Betreuung, 1982, S. 36ff.

„Leistung" vollbringen, die sie sehr viel Mühe kostet. So scheint auch die Ungeduld vielfach eher ein Problem der Erwachsenen als der Kinder zu sein.
Den Problemen im Umgang mit Zeit können Erwachsene nur begegnen, indem sie sich auf die Bedingungen der Kinder einlassen und den Kindergartenalltag so gestalten, daß er ruhig verlaufen kann und nicht vor lauter Förderung, Angeboten und Fixpunkten von Neuem zu Neuem gehetzt werden muß. Dies wäre auch für die Betreuung nichtbehinderter Kinder eine sinnvolle Vorgabe.
Überraschenderweise ist auch der ***Stellenwert von Ordnung*** ein – zumindest auf Fortbildungsveranstaltungen – häufig genannter Problembereich in integrativ arbeitenden Einrichtungen. Dies scheint zum einen durch sehr unterschiedliche Auffassungen von Erzieherinnen über das Maß an Ordnung, das eingehalten werden muß, hervorgerufen zu werden, zum zweiten aber auch, weil Kinder in gemischten Gruppen noch häufiger gegen Ordnungsregeln verstoßen, als das bei Kindern sowieso schon der Fall ist, wenn sie sich z.B. zum Anrühren von Pudding auf den Boden setzen, weil ein Kind nicht stehen kann, oder wenn sie ein körperbehindertes Kind, das sich nicht selbständig fortbewegen kann, auf einer Zudecke in den anderen Teil des Raumes ziehen, weil man dort mit ihm spielen möchte. Zum dritten wird das Spannungsverhältnis noch dadurch vergrößert, daß es im Interesse bestimmter behinderter Kinder notwendig ist, eine klare Ordnung einzuhalten, um ihnen eine weitgehende selbständige Orientierung im Raum und in der Einrichtung zu ermöglichen.

Anhaltspunkte für einen sinnvollen Umgang mit Ordnung sollten demzufolge auch hier wieder in erster Linie aus den Bedingungen der Kinder abgeleitet werden, also aus dem Maß der Ordnung, das erforderlich ist, um die Selbständigkeit aller Kinder in der Gruppe zu unterstützen. Das bedeutet: Wenn Kinder selbst Möglichkeiten zur Überwindung von Schwierigkeiten finden, sollten Erzieherinnen Ordnungsprinzipien hinter die Anerkennung solch kreativer Lösungsmöglichkeiten zurückstellen, ansonsten muß je nach Gruppenzusammensetzung das erforderliche Maß der Einhaltung von Ordnung immer wieder neu festgelegt werden.

Abschließend soll darauf hingewiesen werden, daß ***Kinder*** manche der in diesem Abschnitt genannten Punkte, wie die Anerkennung von „Leistung" und „Fortschritten", den angemessenen Umgang mit „Sauberkeits- und Ordnungsfragen" leichter meistern, wenn sie entsprechendes Verhalten bei den ***Erzieherinnen*** erleben und wenn günstige Voraussetzungen für ein entspanntes Gruppenleben aufgrund entsprechender Planungen geschaffen werden.

c) Leitlinien für die Planung integrativer Arbeit

Wie schon ausgeführt, gelten sowohl in integrativen wie in Regelgruppen mit Einzelintegration für behinderte und nichtbehinderte Kinder dieselben Erziehungsziele. Sie können mit den Stichworten Verzicht auf einseitiges Funktionstraining, Orientierung an sozialem Lernen und Förderung der Gesamtpersönlichkeit von allen Kindern zusammengefaßt werden.

Zur Umsetzung dieser Ziele auf die Handlungsebene im Kindergarten, d.h. zur konkreten Planung von Förderungsprozessen und der Gestaltung des Gruppenalltags ist es hilfreich, sich zunächst kurz vor Augen zu führen, welche individuellen Ausgangsbedingungen für Entwicklung und Lernen bei behinderten Kindern vorhanden sind, wie sich diese auswirken und welche Konsequenzen sie für die Arbeit im Kindergarten haben. In diesem Zusammenhang ist zu bedenken, daß Voraussetzung für alle Entwicklungs- und Lernmöglichkeiten von Kindern die Auseinandersetzung mit der Umwelt ist. Wie eingeschränkt diese insbesondere für viele behinderte Kinder ist, wird nachvollziehbar, wenn man sich vorstellt, was es bedeutet, nicht oder nur sehr schwer gehen zu können, eingeschränkt oder gar nicht zu sehen, nicht so wahrzunehmen und verarbeiten zu können wie andere Menschen usw.

Eine Behinderung haben bedeutet also reduzierte Erfahrungs- und Lernmöglichkeiten. Daraus folgt für die Kindergartenarbeit: weil sich behinderte Kinder nur in eingeschränkter Weise mit der Umwelt auseinandersetzen können, also zumindest teilweise von ihr isoliert sind, muß Pädagogik darauf ausgerichtet sein, ihnen Erfahrungs- und Auseinandersetzungsmöglichkeiten zu erschließen, die sie sonst nicht hätten.

Bei der Gestaltung des Gruppenalltags muß demnach, bezogen auf das einzelne Kind, die Vermeidung von Unterforderung, Überforderung und widersprüchlichen Informationen wesentlicher Orientierungspunkt sein. Zugleich ist darauf zu achten, daß Kinder das Spektrum ihres Handelns entsprechend ihren Möglichkeiten zunehmend erweitern können und daß Möglichkeiten geschaffen werden, daß sie sich als kompetent und wichtig für die Gemeinschaft erleben können.

Integrative Erziehung, die diese Prämissen berücksichtigt, darf sich jedoch nicht nur an der Zielsetzung „Förderung" orientieren, sondern muß zugleich auch „Integration" im Sinne sozialer Interaktion im Blick haben. Die Ansichten darüber, wie die beiden Pole Förderung und Integration „didaktisch" und „methodisch" zu erreichen sind, gehen in den verschiedenen Einrichtungen jedoch deutlich auseinander (vgl. S. 196 ff. und S. 275 ff.).
Als Prämissen für die folgenden Ausführungen über Planung integrativer Kindergartenarbeit, die zugleich ein gewisses Spektrum der unterschiedlichen Positionen in integrativen Einrichtungen ausdrücken, gelten in diesem Band die Erziehungsziele Autonomie, Kompetenz und Solidarität, verbunden mit der Forderung nach offener Planung, wie sie etwa im Situationsansatz angestrebt werden sowie die Ausführungen von Feuser, der sagt, Integration zu realisieren heiße, daß alle Kinder an/mit einem Gegenstand in Kooperation miteinander auf ihrem jeweiligen Entwicklungsniveau spielen und lernen. [1)]

---

1) Feuser: Zwischenbericht, 1984, S. 18

Damit Planung dem Anspruch an Integration gerecht werden kann, muß sie mit all denjenigen gemeinsam vorgenommen werden, die mit einem Kind „arbeiten", d.h., es muß eine Gesamtplanung zur Förderung eines Kindes stattfinden, bei der alle Seiten menschlichen Lebens zur Kenntnis genommen werden, bei der also auch eine Integration pflegerischer, pädagogischer und therapeutischer Anteile vorgenommen wird.

4.6.2 Umsetzung von Vorüberlegungen und Leitlinien in den Kindergartenalltag

a) Analyse der Ausgangssituation als Voraussetzung der pädagogischen und therapeutischen Arbeit

Häufig beschränkt sich die Planung pädagogischer Arbeit in Kindergärten noch immer darauf, ein Rahmenthema festzulegen, das für die Umsetzung in den Kindergartenalltag in Einzelangebote aufgegliedert wird, oft ohne die Inhalte auf einzelne Kinder zu beziehen.

Dieses Vorgehen ist nicht zulänglich, weil damit keine ausreichende Qualität der Erziehungs- und Bildungsprozesse sichergestellt werden kann. Vielmehr muß nachdrücklich gefordert werden, daß die pädagogische Arbeit an den Wünschen, Interessen, Fähigkeiten und Möglichkeiten der Kinder anzusetzen hat. Diese Forderung erhält bei integrativer Arbeit wegen des weit auseinanderliegenden Entwicklungsstandes der Kinder noch eine stärkere Bedeutung als für übliche Kindergruppen.

Um an der speziellen Situation der Kinder anknüpfen zu können, bedarf es zunächst einer genauen Analyse der Ausgangsbedingungen, d.h. Erzieherinnen müssen jedes einzelne Kind in vielfältigen Situationen beobachten und kennenlernen und das Beobachtete angemessen interpretieren.

Solche Analysen werden leider längst nicht in allen integrativ arbeitenden Einrichtungen durchgeführt, häufig scheitert dies bereits an der personellen Ausstattung und dem engen zeitlichen Rahmen, der gesetzt ist, aber auch an den Kompetenzen der in den Einrichtungen tätigen Mitarbeiter. Allerdings fällt auf, daß Erzieherinnen in integrativen Einrichtungen dennoch oftmals sehr reflektierte pädagogische Arbeit betreiben.

In Einrichtungen, in denen man versucht, pädagogische Angebote aufgrund systematischer Analysen zu machen, werden sehr unterschiedliche Hilfsmittel zur Systematisierung des Beobachteten benutzt bzw.geschaffen. In relativ vielen Fällen lehnt man sich an die Kiphardsche Entwicklungsdiagnostik [1] an, häufig jedoch in vom Team modifizierter Form.

In anderen Einrichtungen entwickelte man Formulare, in denen Beobachtungen nach verschiedenen Verhaltenskategorien festgehalten werden. Dabei versucht man, so weit wie möglich die Situation des Kindes eher beschreibend zu erfassen. So wird z.B. im Bereich Sozialverhalten beobachtet, wie ein Kind auf Anforderungen reagiert, wie es sich fremden Kindern und Erwachsenen gegenüber verhält, was es für ein Verhalten gegenüber Besitz hat usw. Im Bereich des Spielverhaltens wird danach gefragt, ob das Kind allein oder mit anderen Kindern/Erwachsenen spielt, wie es sich dabei verhält, welche Materialien es bevorzugt, ob es eigene Ideen hat oder sich eher durch Nachahmung leiten läßt usw. Andere Beobachtungsbereiche können Sauberkeitsverhalten, Intelligenz, Sprache, Selbständigkeit, Bewegungsverhalten sein.

In anderen Einrichtungen wiederum werden Entwicklungsberichte geschrieben oder eine Verlaufsdiagnose erstellt, die immer wieder ergänzt wird.

In Einrichtungen, die weniger systematisch vorgehen bzw. vorgehen können, aber die Bedeutung von Beobachtung für die Förderung dennoch erkannt haben, wurden grobe Beobachtungs-

---

1) Vgl. Kiphard: Wie weit ist ein Kind entwickelt?, 1980[4]

bögen entwickelt oder Bücher angelegt, in die Beobachtungen zu jedem Kind eingetragen werden. Damit kann auch in diesen Einrichtungen die Entwicklung von Kindern wenigstens grob nachvollzogen und dieses Wissen für die pädagogische Planung genutzt werden. Außerdem können Mitarbeiter auf diese Weise feststellen, welche Kinder im Mittelpunkt ihres Interesses stehen und welche sie vernachlässigen.

Die Beobachtungen dienen also dazu, den Entwicklungsstand und die Interessen der Kinder festzustellen, die nächsten Ziele zu bestimmen und Entwicklungsverläufe festzuhalten. Gleichzeitig bieten sie die Grundlage dafür, daß Erzieherinnen den Erziehungs- und Bildungsprozeß sowohl bei spontan entstehenden Situationen als auch bei gezielt angeleiteten Angeboten so strukturieren und aufbauen, daß alle Kinder ihre Möglichkeiten ausschöpfen können und nicht an ihrer Entwicklung z.B. durch mangelnde oder unangemessene Angebote oder zu große „Hilfsbereitschaft" der Mitarbeiter oder Kinder gehindert werden.

Für pädagogische Planung sollten allerdings auf seiten der Mitarbeiter nicht nur genaue Kenntnisse hinsichtlich des Entwicklungsstandes und -verlaufs eines Kindes vorhanden sein, sondern auch bezüglich seiner gesamten bisherigen Entwicklungsgeschichte und seiner häuslichen Situation.

Darüberhinaus müssen Erzieherinnen und Therapeuten die Gruppenkonstellation gut kennen und beurteilen lernen, wie sie sowohl dem einzelnen als auch allen Kindern gemeinsam zu befriedigenden Sozialerfahrungen und zu entsprechenden kognitiven und emotionalen Entwicklungen verhelfen können. Sie stehen damit vom Prinzip her bei integrativer Arbeit ebenso wie im Regelkindergarten vor der Aufgabe,

„eine Atmosphäre zu schaffen, in der sich die Kinder geborgen, behaglich, entspannt fühlen, in der sie unternehmungslustig und voller Einfälle auf

Menschen und Dinge zugehen, in der sie auch eine Fülle von Erfahrungen machen können, unvermeidlicherweise auch schmerzlicher Art." [2]

Da es Kindergartenarbeit jedoch nicht mit statischen Situationen zu tun hat, sondern mit ständigen Entwicklungen, müssen die Mitarbeiter in regelmäßigen Abständen (möglichst einmal wöchentlich) die Möglichkeit haben, sich für kurze Zeit zu Beobachtungen der Kinder aus dem Gruppengeschehen zurückziehen zu können. Auf diese Weise erhalten sie Informationen sowohl über Veränderungen bei einzelnen Kindern, als auch über die Entwicklungen des Gruppengeschehens, die als Grundlage für die weitere Planung der pädagogischen Arbeit erforderlich sind. [3]

b) Bei der Auswahl von Themen müssen behinderte und nichtbehinderte Kinder von vornherein gemeinsam bedacht werden.

Nach der Analyse der Situation einzelner Kinder sowie der Kindergruppe müssen Erzieherinnen die Inhalte für die pädagogische Arbeit auswählen. Für diese Auswahl gelten in einzelnen Einrichtungen sehr unterschiedliche Kriterien.

In nahezu allen Regeleinrichtungen, aber auch in sehr vielen integrativen Gruppen, sind Inhalte bisher im allgemeinen in erster Linie auf nichtbehinderte Kinder zugeschnitten, behinderte Kinder werden dabei meist eher in Form einer Negativauswahl bedacht, eben in dem Sinne, was zu schwer für sie ist, wozu sie zu lange brauchen usw. Nur selten wird die Orientierung an nichtbehinderten Kindern aber so ausdrücklich formuliert, wie in der nachfolgend zitierten Einrichtung:

„Die Inhalte und Ziele der Gruppenprogramme richten sich immer nach den nichtbehinderten Kindern – dabei sind die Lernangebote differenziert gestaltet und unterschiedliches Material liegt bereit. Das Programm ist

---

2) Hundertmarck: Die Gruppe im Kindergarten, 1978, S. 129f.

3) Vgl. Wissenschaftliche Begleitung, Bd. 3, 1984, S. 154

als Angebot an alle Kinder gedacht, die behinderten Kinder nehmen nach ihren Fertigkeiten an ihnen teil." [1]

Ein solcher Schwerpunkt bedeutet, daß nichtbehinderte Kinder bei integrativer Erziehung keinesfalls zu kurz kommen. Zugleich ist darin aber auch die Gefahr enthalten, daß Themen, die für beide Gruppen wesentlich sein können, sowie Inhalte, bei denen die speziellen Fähigkeiten behinderter Kinder größere Bedeutung erlangen können, und Inhalte, bei denen Integration besonders im Vordergrund stehen kann, zu wenig Beachtung finden. Um dies zu vermeiden, wäre es sinnvoll, bereits bei der Themenwahl behinderte und nichtbehinderte Kinder gemeinsam zu bedenken. Folgende Themen können für beide Kindergruppen von Bedeutung sein: Unsere Kindergartengruppe, Große und kleine Kinder, Kinder im Krankenhaus, Kochen und Essen machen Spaß, Was ich mit meinem Körper alles kann u.v.a.m. Aber selbstverständlich müssen nicht nur Themen gewählt werden, die von vornherein eher als „soziale Themen" zu definieren sind, sondern es können auch solche aus der Natur-, Sach-, Wohn- und Arbeitswelt sein, wenn bei ihrer Auswahl und der Aufbereitung folgende Kriterien bedacht werden:
Das Thema sollte

- Bedeutung für das Leben aller Kinder haben,
- auf das Interesse von Kindern zurückgehen oder in der Lage sein, ihr Interesse zu wecken,
- gemeinsames Tun verlangen oder zumindest Raum dafür bieten,
- Gesichtspunkten Rechnung tragen wie Konkretheit, Anschaulichkeit, Handlungsmöglichkeit, Veränderbarkeit,
- Differenzierung möglich machen,
- allen Kindern einen Zuwachs an Wissen, Erfahrung und Selbständigkeit ermöglichen,
- das Einbringen der speziellen Fähigkeiten behinderter Kinder zulassen.

---

1) Arbeiterwohlfahrt Kindertagesstätte Schenefeld, 2000 Hamburg, Bericht über den zweijährigen Verlauf der Integrationsgruppe. September 1977 bis Juli 1979. Schenefeld 1979, S. 12

c) Planung und Überprüfung der Kindergartenarbeit

Nach einer eingehenden Analyse der Situation einzelner behinderter Kinder und der Kindergruppe sowie der Festlegung eines bestimmten Themas müssen Entscheidungen hinsichtlich der Umsetzung der Inhalte in den Kindergartenalltag getroffen werden. Diese Entscheidungen fallen in den Einrichtungen sehr unterschiedlich aus, sie hängen von der Haltung der Erzieherinnen, von der Wahl bestimmter kindergartenpädagogischer Konzeptionen und den vorhandenen Rahmenbedingungen ab.

In nahezu allen integrativ arbeitenden Einrichtungen sind jedoch ***gemeinsames Tun*** und ***Differenzierung*** bewußt verfolgte Prinzipien. Wie aus der nachstehenden Zusammenstellung hervorgeht, ergeben sich allerdings bei dem, was darunter verstanden und wie es umgesetzt wird, große Unterschiede zwischen den einzelnen Einrichtungen. Beim Versuch einer Systematisierung zeichnen sich folgende Vorgehensweisen ab:

Differenzierung: durch ein unterschiedliches Maß an Hilfe für die einzelnen Kinder.	***Integration:*** durch das Erarbeiten der gleichen Produkte, wobei für behinderte Kinder oft viele Hilfen durch andere erforderlich sind, die zwar zum gleichen Produkt führen, aber nicht unbedingt zu einem selbständig hergestellten.

Die Gefahr bei dieser Form von Differenzierung und Integration liegt darin, daß sich behinderte Kinder durch die starke Hilfe anderer nicht als kompetent erleben, und so weder hinsichtlich ihrer Handlungs- und Lernmöglichkeiten, noch hinsichtlich ihres Selbstwertgefühls Fortschritte erzielen können.

Differenzierung: durch pädagogische Einzelförderung oder durch therapeutische Förderung, die die pädagogische Arbeit dominiert.

Integration: durch Überwinden von „Defiziten" aufgrund der Gewährung spezieller Förderung, damit die Kinder möglichst bald weitgehend an den Angeboten der Gesamtgruppe teilnehmen können.

Mit dieser Form kann bei ungenügender Einbindung in das Gruppengeschehen die Gefahr der Defizitorientierung und der Vereinzelung behinderter Kinder mit all den daraus folgenden Problemen für das jeweilige Kind und die Kindergruppe verbunden sein.

Differenzierung: durch zusätzliche Zeit für gleiche Tätigkeiten oder die Herstellung gleicher Produkte.

Integration: durch gleiche Tätigkeiten oder die Herstellung der gleichen Produkte, wobei die behinderten Kinder mehr Zeit zur vertiefenden Bearbeitung erhalten.

Diese Form kann in manchen Fällen sehr sinnvoll sein, in anderen wiederum kann sie zu Überforderung führen. Außerdem stellt sich die Frage, auf Kosten welcher anderen Aktivitäten die zusätzliche z.B. für Bastelarbeiten gewährte Zeit geht.

Differenzierung: durch Abstufung der Aufgaben.

Integration: durch differenziertes Aufbereiten eines Gegenstandes oder einer Tätigkeit an dem oder der alle Kinder einer Gruppe nach Möglichkeit gemeinsam arbeiten. Dies kann sowohl durch Herstellen z.B. von einzelnen Gegenständen mit unterschiedlichen Schwierigkeitsgraden geschehen, als auch durch kooperative Gestaltung eines Gegenstandes oder einer Situation, wobei komplexere und weniger komplexe Handlungen von verschiedenen Kindern, nach Möglichkeit in Kooperation miteinander, ausgeführt werden.

Diese Form läßt eine angemessene Differenzierung der Aufgaben bei gleichzeitiger Beachtung von gemeinsamem Tun zu. Zugleich ist eine starke Erzieherzentriertheit mit allen damit verbundenen Problemen zu befürchten.

Differenzierung: durch Bedürfnis- bzw. Interessenorientierung.

Integration: durch Arbeit mit demselben Material am selben Thema, aber je nach Interesse und Möglichkeiten der Kinder u.U. mit sehr unterschiedlichen Tätigkeiten.

Diese Form gestattet einem Kind weitgehende Selbstbestimmungsmöglichkeiten, sie läßt gemeinsames Tun sowohl an einer Sache als auch bei nicht genau gleichen Tätigkeiten zu, ebenso wie Nacheinander-Tun, Nebeneinander-Tun oder das bloße Zusehen. Die Gefahr kann hierbei in der mangelnden Förderung einzelner Kinder sowie in der Vernachlässigung von gemeinsamen Momenten liegen, wenn diese Aspekte nicht immer wieder bewußt bedacht werden.

Wie diese Zusammenstellung nahelegt, ergibt sich bei der Verwirklichung von ***Differenzierung*** und *Integration* eine Korrespondenz zu den bereits dargestellten Organisationsformen pädagogischer und therapeutischer Arbeit (vgl. S. 196 ff. und 199 ff.):

- Angebote werden bei straffer Organisation des Tagesablaufs und differenzierter Vorbereitung und Abwandlung für die einzelnen Kinder nach Möglichkeit der gesamten Kindergruppe gemacht. Therapie wird dabei weitgehend in den Gruppenalltag integriert.

- Angebote werden bei einem offen gestalteten Tagesablauf oder bei einem Tagesablauf, der eine Reihe von Fixpukten bietet, Kleingruppen mit interessierten Kindern gemacht, wobei die Kinder , die selten mitmachen, bewußt einbezogen werden.

- Pädagogische und therapeutische Angebote richten sich vor allem an einzelne Kinder, wobei der Tageslauf häufig durch gemeinsame Fixpunkte strukturiert ist.

Die beiden ersten Organisationsformen sind nach meiner Meinung eher in der Lage, den Polen „Differenzierung" und „Integration" gerecht zu werden, als die dritte; die erste Form wird im weiteren „geschlossene", die zweite „offene" Planung oder Arbeit genannt.

Bei offener bzw. geschlossener Organisationsform pädagogischer Arbeit kommen den Mitarbeitern sehr unterschiedliche Rollen zu. Die geschlossene Planung impliziert eine sehr dominierende Rolle der Mitarbeiter (vgl. S. 109 ff.). Sie planen und strukturieren den Tageslauf bis in sehr kleine Einzelheiten, außerdem planen sie Angebote für die Kindergruppe und damit zugleich für die einzelnen Kinder in systematisch aufbauender Weise mit genauer Differenzierung für die einzelnen Tage.

Eine solche Planung und Durchführung wird in anderen Einrichtungen abgelehnt, weil man der Meinung ist, daß man auf diese Weise den Bedürfnissen und Interessen der Kinder nicht in ausreichendem Maße entgegenkommt und daß u.a. wegen der starken Erzieherzentriertheit Ziele wie Selbstbestimmung u.ä. nicht zu erreichen sind (vgl. S. 115 f.).

Die Entscheidung, ob offen oder geschlossen gearbeitet werden soll, muß in den einzelnen Einrichtungen vom Team getroffen werden. Ich gehe im folgenden auf offene Planung ein, da sie meiner Auffassung von Kindergartenpädagogik mehr entspricht als geschlossene. Dies ist der Fall, weil offene Planung interessierten Kindern durch Anregung und Material über einen gewissen Zeitraum die Möglichkeit einer kontinuierlichen Beschäftigung mit dem Thema gibt und weil sie für interessierte Kinder die Chance zur (Weiter-)Entwicklung eigener Ideen bietet. Des weiteren ist bei offener Planung die Möglichkeit zur Differenzierung, d.h. zur angemessenen und gezielten Einbeziehung behinderter und außenstehender Kinder vorhanden, wobei zugelassen wird, daß sich Kinder auf ihre Weise an der Arbeit am gemeinsamen Gegenstand beteiligen. Sie können z.B. sofort oder später mitmachen, sie können neben anderen oder unmittelbar mit anderen etwas tun, sie können nur einzelne Aspekte aufnehmen oder ihrem Interesse an anderen Themen und Beschäftigungen nachgehen. Des weiteren läßt offene Planung zu, daß Kinder anders mit dem Material umgehen als vorgesehen und daß ihnen Zeit bleibt für die Verarbeitung von Eindrücken, für selbstbestimmtes Handeln und für das Entstehen von Fragen und Interessen.[1)]

Um solche Möglichkeiten zu schaffen, sollte bei offener Planung im Team eine Vorbereitung gemacht werden, bei der folgendermaßen vorgegangen wird:

---

1) Diese Zusammenstellung geht zum Teil auf eine Auflistung zurück in: Wissenschaftliche Begleitung, Bd. 3, 1984, S. 128

— Die Erzieherinnen sollten anknüpfend an der Situation der Kinder frei assoziieren, welche Aspekte des gewählten Themas von besonderer Bedeutung für die Kinder sind.

— Das Team sollte sich vertiefende Informationen zum Thema verschaffen.

— Die Mitarbeiter sollten den Kindern Anstöße geben und Angebote für vertiefende Beschäftigungen bereitstellen, z.B. durch eine entsprechende Materialauswahl und die Gestaltung des Gruppenraums mit einer „Themenecke".

— Die Mitarbeiter sollten sich also so vorbereiten, daß sie Fragen und Interessen von Kindern situationsentsprechend aufnehmen und mit vorbereiteten Dingen vertiefen können, wobei auch genaue Vorstellungen bezüglich Differenzierung und Kooperation in der Kindergruppe vorhanden sein müssen.

Zur offenen Arbeit gehört zudem ein eher offen gestalteter Tagesablauf mit ausgedehnten Freispielphasen und gleichzeitigen Angeboten zum Rahmenthema. Dabei müssen Erzieherinnen im Tagesablauf aus der Situation heraus entscheiden, ob ein — und wenn ja welches — Angebot sinnvoll ist. Sie verstehen sich dabei jedoch weniger als „Macher", sondern arrangieren eher, spielen mit, greifen auf oder ein, geben Anregungen und führen weiter. Als wesentlich wurde bei diesen Prozessen immer wieder empfunden, den Kindern Zeit zu lassen, damit sie Interessen, Eigeninitiative und Selbständigkeit entwickeln können.[2)]

Bei ihren Angeboten sollten Erzieherinnen zudem darauf achten, daß sie immer an Bekanntem anknüpfen und daß von den Kindern nicht zuviel Neues auf einmal verarbeitet werden muß.

Erzieherinnen dürfen sich also bei offener Planung und Durchführung keinesfalls mit dem begnügen, was Kinder von sich aus

---

2) Vgl. dazu auch Wissenschaftliche Begleitung, Bd. 3, 1984, S. 112 ff.

tun, sondern sie müssen auf der Grundlage der genauen Kenntnis der Kinder den Erziehungs- und Bildungsprozeß aktiv gestalten. Dabei müssen sie darauf achten, daß weniger aktive und interessierte Kinder nicht zu kurz kommen, was bei offener Arbeit leichter passieren kann als bei geschlossener.

Im Bericht aus dem Kindergarten der evangelischen französisch-reformierten Gemeinde wird an verschiedenen Beispielen gezeigt, wie behinderte Kinder

„. . . durch ganz konkrete, überschaubare und persönliche Angebote in eine gemeinsame Arbeit einbezogen werden können, wie sie einen Beitrag zu einer gemeinsamen Sache leisten können, wie aber auch Kinder durch die Anregung, die von einer Tätigkeit ausgeht, eigene Aktivitäten entfalten können – wenn man sie läßt."[3]

Um die Beteiligung aller Kinder zu erleichtern und unnötige Konflikte zu vermeiden, können Erzieherinnen verschiedene Hilfen bei der Gestaltung des Tageslaufs einplanen, z.B. das Einsetzen von Mimik, Gestik und Gebärden sowie den Gebrauch von Signalen bei immer wiederkehrenden Anweisungen. Auf diese Weise sind Kinder, die verbal nur schwer angesprochen werden können, in der Lage, dennoch wichtige Informationen zu erhalten. [4] Ebenso kann den Kindern die Orientierung im Raum z.B. mit dem Abringen von Symbolen erleichtert werden.

Außerdem sollten widersprüchliche Informationen in jeder Form[5] vermieden werden, d.h.: Anweisungen sollten klar und in der richtigen Reihenfolge gegeben werden, also statt: „Ihr könnt jetzt auf den Hof gehen, aber vorher räumen wir noch auf", müßte es heißen: „Jetzt räumen wir auf und anschließend könnt ihr auf den Hof gehen."

---

3) Wissenschaftliche Begleitung, Bd. 3, 1984, S. 235

4) Vgl. Feuser: Zwischenbericht, 1984, S. 159

5) Vgl. ebda., S. 143

Kriterienkatalog für pädagogische Planung in integrativen Erziehungsformen

Pädagogische Planung ist in integrativen Gruppen von besonderer Bedeutung, sie sollte folgenden Gesichtspunkten Rechnung tragen:

- Erziehungs- und Bildungsmöglichkeiten können und müssen von außen zur Verfügung gestellt werden, das Kind muß sie sich jedoch mit seinen individuellen Möglichkeiten selbst aneignen, also einprägen und verfügbar machen. 1)

- Um der spezifischen Förderung der Kinder gerecht zu werden, muß pädagogische Planung mit allen denjenigen, die mit einem Kind arbeiten, gemeinsam durchgeführt werden.

- Pädagogische Planung muß aufgrund eingehender Analysen erfolgen.

- Bei der Themenauswahl und der Aufbereitung müssen nichtbehinderte und behinderte Kinder in gleicher Weise bedacht werden.

- Die Raumgestaltung sollte darauf ausgerichtet sein, bei den Kindern vielfältige Interessen zu wecken und Anregungen zu geben; dabei sollten behinderte Kinder ausdrücklich mitbedacht werden.

- Der Tagesablauf muß bewußt so organisiert werden, daß er den Bedürfnissen des einzelnen Kindes, der Kindergruppe und der Erzieherinnen in bezug auf starke oder weniger starke Strukturierung entspricht.

- Der Kindergartenalltag sollte von Hektik freigehalten werden. Es sollte Zeit, Ruhe und spezielle Aufmerksamkeit u.a. auch für alltäglich wiederkehrende Dinge wie Aus- und Anziehen, Aufräumen, Händewaschen, Tischdecken usw. eingeplant werden.

---

1) Vgl. Feuser: Zwischenbericht, 1984, S. 28

- Im Kindergartenalltag sollten verschiedenste Hilfen zur Orientierung für behinderte Kinder, die über Sprache nur schwer erreichbar sind, eingeplant werden.

- Im Kindergartenalltag sollte Zeit zur Verfügung stehen, in der Kinder Erlebtes und Gesehenes ausprobieren und in selbst gestaltetes Spiel umsetzen können.

- Bildungs- und Erziehungsangebote müssen so strukturiert werden, daß jedes Kind die bestmöglichen Entwicklungschancen hat, daß sie also seinem Wahrnehmungs- und Tätigkeitsniveau entsprechen, dabei sollten Gesichtspunkte wie Konkretheit, Anschaulichkeit, Handlungsmöglichkeit, Veränderbarkeit berücksichtigt werden.

- Behinderten und nichtbehinderten Kindern sollten grundsätzlich gemeinsame Angebote gemacht werden.

- Angebote müssen so strukturiert, differenziert oder abgewandelt werden, daß die kooperative Gestaltung des Zusammenlebens zwischen Behinderten und Nichtbehinderten angestrebt, bewirkt oder unterstützt wird, und daß alle Kinder gemeinsam mit Erfolg teilnehmen und sich dabei als kompetent erleben können.

- Angebote müssen damit zugleich so strukturiert sein, daß nicht alle Kinder dasselbe tun oder können müssen, sondern daß sie differenziert, entsprechend ihren Möglichkeiten, teilnehmen können; dabei sollte Kindern nichts von anderen abgenommen werden, was sie selbst tun können.

- Alle Kinder sollten durch die Angebote immer mehr Selbständigkeit erlangen und sich als wichtig für die Gemeinschaft erleben können.

Erzieherinnen sollten Anweisungen, die sie Kindern geben, aber auch selbst ausführen (Eindeutigkeit von Gesagtem und Getanem, Erleichterung für Nachahmung), weil Kinder, für die die Sprache nicht oder noch nicht im Vordergrund steht, sich häufig am Handeln orientieren. So sollten auch Erzieherinnen aufräumen, wenn sie wollen, daß die Kinder dies tun, oder sich setzen, wenn sie die Kinder dazu aufgefordert haben.

Erzieherinnen sollten sich auch im sozialen Umgang mit Kindern eindeutig verhalten. Daß dies nicht immer leicht ist, zeigt folgendes Beispiel. Die Erzieherinnen in dieser Einrichtung berichteten, daß ihre Haltung bei Aufnahme integrativer Arbeit von Mitleid, innerer Distanz, Abwehr und Unsicherheit gegenüber behinderten Kindern geprägt war. Sie schilderten ihre Erfahrung so:

„Ein behinderter Junge, der seine Hände immer in den Mund steckte, ging mit speichelnassen Händen auf jeden zu, begrüßte ihn und faßte ihn dabei an. Anfänglich ließ die Erzieherin das trotz innerer Abwehr zu, weil sie sich sagte, der Junge ist behindert, man darf ihn nicht zurückstoßen. Erst im Laufe der Zeit wurde ihr bewußt, daß sie sich diesem Kind gegenüber anders — weniger eindeutig — verhielt, als gegenüber den anderen. Diese Erkenntnis führte dazu, dem Jungen klar zu sagen, daß sie von ihm nicht angefaßt werden möchte, wenn er seine Hände vorher im Mund hatte. 'Dadurch konnte sich langsam ein normaler Umgang entwickeln, wir haben gelernt, daß man einem behinderten Kind auch zumuten kann, ihm zu sagen, wenn man etwas nicht möchte. Ich finde es besser, der Junge weiß, daß man ihn nicht gern anfaßt, weil er Speichel an den Händen hat und man das unangenehm findet. Er muß dann nicht denken, die anderen fassen ihn nicht an, weil sie ihn ablehnen.' "[6)]

Als wichtig hat sich des weiteren die ständige Überprüfung und Weiterentwicklung der pädagogischen Arbeit erwiesen. Erzieherinnen verschaffen sich die erforderlichen Informationen bezüglich der Prozesse in den Kindergruppen, indem sie

---

6) Interview vom November 1980 in der Kindertagesstättenkombination, Schwarzer Weg 6, 6100 Darmstadt

- immer wieder kurze Kreisgespräche mit den Kindern führen, bei denen sie einen Eindruck über Kenntnisse und Erfahrungen, Ängste und Phantasien der Kinder gewinnen,

- Kinder hinsichtlich dessen beobachten, was sie an Kenntnissen an Erlebtem und Gesehenen behalten haben und im Spiel umsetzen,

- feststellen, ob das Interesse an einem Thema während des Bearbeitungszeitraums bei den einzelnen Kindern zunimmt,

- festhalten, welche Anteile an einem Thema für welche Kinder von besonderem Interesse waren, welche ihnen besonderen Spaß gemacht haben, welche Kinder sich nicht von sich aus beteiligten u.a.m.

- Kinder bezüglich ihres Umgangs miteinander und der Entwicklung ihres Sozialverhaltens beobachten.

4.7 Die Bewertung integrativer Arbeit in gemischten Gruppen

4.7.1 Anfängliche Befürchtungen

Vor Aufnahme integrativer Arbeit wurden von Eltern, Erzieherinnen und Trägervertretern häufig sehr unterschiedliche Befürchtungen hinsichtlich möglicherweise auftretender Probleme bei gemeinsamer Erziehung geäußert. Sie lassen sich dahingehend zusammenfassen, daß befürchtet wurde, behinderte und nichtbehinderte Kinder könnten in gemischten Gruppen nicht mit ausreichendem Gewinn, Wohlbefinden und ohne Überforderung gemeinsam spielen und lernen.

Mit zunehmender Verbreitung integrativer Erziehung trat jedoch zumindest bei vielen Eltern und Erzieherinnen eine Wandlung bezüglich dieser Vorbehalte ein. Man erkannte nicht nur, daß solche Ängste in den allermeisten Fällen unbegründet waren, sondern bewertete die Arbeit in gemischten Gruppen sogar vielfach ausgesprochen positiv. Auch die Ergebnisse wissenschaftlicher Untersuchungen weisen in dieselbe Richtung, machen allerdings auch einige Probleme sichtbar.

4.7.2 Materiallage

Bis vor relativ kurzer Zeit fehlten wegen der erst in den letzten Jahren relevant gewordenen Fragestellungen sowohl in der deutsch- wie auch englischsprachigen Literatur eingehende, breit angelegte, systematische Untersuchungen des Interaktions- und Beziehungsverhaltens behinderter und nichtbehinderter Kinder in gemischten Gruppen. Die deutschsprachige Literatur zu diesen Bereichen bestand zunächst überwiegend aus Erfahrungsberichten, Einzelfallstudien und Gelegenheitsbeobachtungen. Unzulänglich war ebenfalls der Kenntnisstand über die Beeinflussung individueller Entwicklungsverläufe von Kindern durch integrative Erziehung sowie über die Wirksamkeit oder Unwirksamkeit integrativer Erziehung in gemischten Gruppen im Vergleich zu Erziehungsangeboten in anderen Einrichtungstypen.

Inzwischen sind die Ergebnisse einiger wissenschaftlicher Untersuchungen zugänglich [1], die u.a. auch Aussagen zu den hier im Vordergrund stehenden Fragestellungen enthalten. Darüber hinaus werden in absehbarer Zeit weitere Untersuchungsergebnisse vorliegen. Aber trotz der dann existierenden vielfältigen Informationen zum gesamten Komplex der pädagogischen Arbeit in gemischten Gruppen bleiben nach wie vor wesentliche Fragen hinsichtlich der Bewertung integrativer Erziehungsangebote offen.

Die nachfolgenden Bewertungen pädagogischer Arbeit in gemischten Gruppen können sich derzeit nur auf zwei unterschiedliche Typen von Quellenmaterial stützen: Zum einen auf Aussagen über Erfahrungen von Eltern und Erzieherinnen, die aus dem gesamten vorliegenden Material gewonnen wurden (hierzu gehören auch Materialien, die in wissenschaftlichen Untersuchungen zusammengetragen wurden), zum anderen auf Untersuchungsergebnisse, die sich durch systematische Beobachtungen des Gruppengeschehens in wenigen Regeleinrichtungen mit Einzelintegration und in einer geringen Anzahl integrativer Gruppen herauskristallisierten. [2]

Die Verwendung der unterschiedlichen Materialien stößt jedoch insofern auf Probleme, als z.B. in den systematischen Beobachtungsstudien einige wesentliche Aspekte der Aussagen von Eltern und Erzieherinnen, die vor allem Ergebnisse von „Langzeitbeobachtungen" sind, nicht berührt bzw. nicht ausreichend abgedeckt werden. Des weiteren lassen sich die verschiedenen Beobachtungsstudien wegen ihrer methodischen Anlage und ihrer jeweils speziellen inhaltlichen Ausrichtung nur lose miteinander in Beziehung setzen. Aufgrund der Ma-

1) Vgl. Fußnote 1, S. 17 f. dieser Arbeit

2) Hier sind vor allem zu nennen:
Kniel: Regelkindergärten, 1984, und die Berichte der wissenschaftlichen Begleitung im evangelischen französich-reformierten Kindergarten (Frankfurt/M.): Wissenschaftliche Begleitung, Zwischenbericht, 1983; Wissenschaftliche Begleitung, Bd. 3, 1984

teriallage ergibt sich also, daß sich die Beantwortung der hier interessierenden Fragen nicht in allen Fällen mit Belegen aus den beiden unterschiedlichen Materialtypen bestreiten läßt.

4.7.3 Bewertung des Interaktions- und Beziehungsverhaltens in gemischten Gruppen

Hinsichtlich des Interaktions- und Beziehungsverhaltens in gemischten Kindergruppen lassen sich Ergebnisse, die bereits in früheren Abschnitten dieses Berichts enthalten sind und weitere Aussagen von Erzieherinnen und Eltern etwa so zusammenfassen, daß behinderte und nichtbehinderte Kinder im Kindergartenalltag üblicherweise wenig Probleme miteinander haben. Sie reagieren nach häufig geäußerter Meinung spontaner und vorurteilsfreier im Umgang miteinander als Erwachsene.

Erzieherinnen betonten, daß in den Gruppen in der Regel keine Trennung in behinderte und nichtbehinderte Kinder entsteht, sondern „daß es Höhen und Tiefen, Zuneigung und Abneigung zwischen einzelnen Kindern gibt" und daß sich Spielgruppen im allgemeinen nach gleichem und ähnlichem Entwicklungsstand bzw. nach gleichen oder sich ergänzenden Interessen und Bedürfnissen bilden und nicht nach „behindert" oder „nichtbehindert".

Das Spielverhalten behinderter Kinder wurde demzufolge insgesamt weitgehend ähnlich bewertet, wie das von nichtbehinderten, wobei u.a. festgestellt wurde, daß sich behinderte Kinder keineswegs nur Aufgaben und Rollen von nichtbehinderten zuschieben lassen, sondern auch relativ häufig initiativ werden und das Spielgeschehen aktiv gestalten oder mitgestalten. Allerdings wurde ebenfalls beobachtet, daß insbesondere geistigbehinderte Kinder seltener als andere an gemeinsamen Spielsituationen beteiligt waren und daß die Integration von „schwierigen" Kindern im allgemeinen mehr Probleme mit sich brachte als die von in engerem Sinne behinderten.

Es zeigte sich also, daß das Maß der Beteiligung am Zusammenspiel bei einzelnen Kindern aufgrund ihrer Behinderung, oder richtiger gesagt, wegen der bei ihnen vorhandenen Einschränkungen der Kommunikations- und Handlungsfähigkeit wesentlich geringer war als bei anderen. Die Erzieherinnen bewerteten dies jedoch als normal, da „Beteiligung" an den Möglichkeiten der Kinder gemessen werden muß und nicht an Idealvorstellungen, die oft nicht einmal für nichtbehinderte Kinder zutreffen.

Erzieherinnen wiesen zugleich darauf hin, daß sich Kinder jedoch auch in den Fällen, in denen Zusammenspiel nicht oder nur eingeschränkt möglich war, die erforderliche Unterstützung im Tageslauf gewährten.

Auch bezüglich des Konfliktverhaltens wurden in gemischten Gruppen nur selten Situationen festgestellt, die in erster Linie gegen behinderte Kinder gerichtet waren, wenngleich einige spezifische Konfliktsituationen auftraten (vgl. S. 220 ff.).

Als Indikatoren für gelungene Integration unter sozialen Gesichtspunkten wurden aus der Praxis die folgenden Beispiele genannt: Erzieherinnen stellten fest,

- daß die Kinder nicht von „Behinderten" sprechen, sondern Kinder mit Beeinträchtigungen etwa in der Art beschreiben, „da ist Jürgen, den man oft nicht versteht, der aber riesengroße Türme bauen kann." Darin drückt sich aus, daß Kinder die spezifische Situation anderer Kinder wahrnehmen, die gemeinsames Tun an bestimmten Punkten erschwert, es bei anderen Aktivitäten jedoch zuläßt und sogar wünschenswert macht,

- daß gemeinsames Tun im allgemeinen zumindest bei bestimmten Anlässen zustande kommt,

- daß die Kinder sich selbstverständlich bei den verschiedensten Anlässen gegenseitig helfen,

– daß auch ein behindertes Kind vermißt wird, wenn es fehlt,

– daß Kinder faire Spielregeln entwickeln, bei denen auch behinderte Kinder eine Chance haben,

– daß Kinder ohne allzu große Probleme Ausnahmeregelungen für behinderte Kinder akzeptieren oder sie manchmal sogar fordern,

– daß sich integrative Kindergartenarbeit auch in anderen Lebenszusammenhängen auswirkt, z.B. wenn nichtbehinderte Kinder außerhalb des Kindergartens selbstverständlich auf behinderte Kinder zugehen und mit ihnen spielen,

– daß nichtbehinderte Kinder nicht verstehen, warum ihre behinderten Spielkameraden nicht mit ihnen in die Schule überwechseln.

Allerdings wurde in gemischten Kindergruppen nicht nur unproblematisches Verhalten beobachtet, sondern Erzieherinnen wiesen auch auf Auffälligkeiten im Interaktions- und Beziehungsverhalten hin, die Gegenstand pädagogischer Überlegungen werden müssen, wenn sie als zu bestimmend hervortreten. Dies kann z.B. der Fall sein, wenn Kinder, auch behinderte, zu stark auf Erwachsene orientiert sind oder wenn sich vor allem behinderte Kinder zusammenschließen. Aber auch wenn behinderte und verhaltensauffällige Kinder oft ausgeschlossen werden oder wenn sie in Konfliktsituationen häufig „Opfer" nichtbehinderter Kinder sind, bedarf es pädagogischer Interventionen; ebenso, wenn nichtbehinderte Kinder ein sehr ausgeprägtes Verantwortungsgefühl gegenüber behinderten Kindern entwickeln und diese über Gebühr bemuttern.

Eine Reihe von Erzieherinnen in integrativen Gruppen stellte zudem einen Zusammenhang zwischen dem Auftauchen problematischer Situationen bzw. der in manchen Fällen eher über Toleranz als über aktives Zusammenspiel gegebenen Integration und auseinanderfallenden Einzugsgebieten her (vgl. S. 46 und S. 205 f.).

Die Beobachtungen von Erzieherinnen und Eltern werden durch die punktuellen Ergebnisse der vorliegenden Untersuchungen weitgehend bestätigt und zugleich weiter differenziert.

Wesentliche Ergebnisse enthält z.B. eine Untersuchung in Regeleinrichtungen mit Einzelintegration im Raum Kassel. Sie wurde in ganz „normalen" Kindergärten durchgeführt, in die behinderte Kinder unter den üblichen Rahmenbedingungen integriert waren, also z.B. mit nur einer pädagogischen Fachkraft pro Gruppe und ohne weitere Unterstützung durch Erwachsene.

Aus einer Befragung der Erzieherinnen in diesen Einrichtungen ging hervor, daß 33,3 % der behinderten Kinder beliebt, 33,3 % akzeptiert, 25 % toleriert waren, und daß nur 8,3 % von den anderen Kindern der Gruppe abgelehnt wurden.[1] Des weiteren wurde ermittelt, daß über die Hälfte der behinderten Kinder (54,5 %) Kontakte zu den anderen Kindern der Gruppe hatte, gut ein Drittel (36,4 %) hatte immerhin Kontakte zu wenigen Kindern, der Rest war völlig isoliert.

Bei systematischen Bobachtungen des Interaktionsverhaltens in diesen Gruppen wurden folgende Ergebnisse gewonnen, die insbesondere im Bereich „Spielverhalten" wesentliche Differenzierungen der Aussagen von Erzieherinnen aufweisen:

- Behinderte Kinder spielen häufiger als nichtbehinderte Vergleichskinder allein und sind deutlich stärker auf die Erzieherinnen bezogen.

- Behinderte Kinder nehmen im Zusammenspiel etwas weniger häufig als Vergleichskinder eine aktive Rolle ein, dabei ist

1) Alle folgenden Ergebnisse, die sich auf Einzelintegration beziehen, sind entnommen: Kniel: Regelkindergärten, 1984, S. 52-131

das Zusammenspiel bei behinderten Kindern ebenso wie bei nichtbehinderten überwiegend durch partnerschaftliche Interaktionen gekennzeichnet. Es unterscheidet sich jedoch dadurch, daß die Erzieherin häufiger dominiert. Möglicherweise läßt sich dieses Dominieren als Anleiten interpretieren, was bedeuten könnte, daß die Unterstützung Erwachsener für das Zusammenspiel behinderter und nichtbehinderter Kinder vielfach erforderlich ist, bzw. daß sie Erwachsenen erforderlich erscheint.

- „Schwierige" Kinder sind häufiger als behinderte und Vergleichskinder beim Zusammenspiel mit anderen Kindern aktiv, allerdings spielen auch sie öfter mit oder bei einer Erzieherin und versuchen in knapp der Hälfte der Fälle das Zusammenspiel zu dominieren.

- Behinderte Kinder sind sowohl als Sender wie auch als Adressaten von Wünschen und Bitten den nichtbehinderten Kindern überwiegend ähnlich, das bedeutet, daß sie von anderen als gleichwertige Interaktionspartner angesehen werden.

- Sowohl behinderte als auch „schwierige" Kinder richten ihre Wünsche und Bitten allerdings häufiger an Erwachsene als an andere Kinder der Gruppe.

- Auch geistigbehinderte Kinder lernen, ihre Wünsche und Bitten deutlich erkennbar auszudrücken. Dies geschieht allerdings häufiger als bei anderen indirekt, d.h. über Blicke, Gestik oder Mimik, was aber dennoch etwa gleich oft zu positiven Reaktionen der Umwelt führt. Außerdem ignorieren sie Kooperationswünsche anderer häufiger als Vergleichskinder. Es wird vermutet, daß der Grund für diese Besonderheiten in den eingeschränkten sprachlichen Ausdrucksmöglichkeiten, dem mangelnden Sprachverständnis und der geringeren Fähigkeit liegt, den Wünschen anderer zu entsprechen.

- Konfliktanlässe und Konfliktverläufe, in die behinderte Kinder verwickelt sind, unterscheiden sich nicht wesentlich von denen der Vergleichskinder. Entgegen einer weit verbreiteten Annahme sind behinderte Kinder in Regeleinrichtungen also weder wesentlich häufiger Auslöser noch Opfer bei Konflikten als nichtbehinderte Kinder. Sie scheinen beim Austragen von Konflikten auch nicht wesentlich schonender behandelt zu werden als nichtbehinderte, und in vielen Fällen sind behinderte und nichtbehinderte Kinder in der Lage, ihre Konflikte selbst zu lösen. Insofern lassen sich jedoch Unterschiede feststellen, als geistigbehinderte Kinder – wenn sie in der Rolle des Konfliktopfers sind – mehr als andere Kinder körperlichen Angriffen ausgesetzt sind. Es wird vermutet, daß auch diese Auffälligkeit auf das mangelnde Sprachverständnis geistigbehinderter Kinder zurückgeht, bzw. in der mangelnden Möglichkeit der kognitiven Erfassung solcher Situationen liegt.

- „Schwierige" Kinder sind wesentlich häufiger als behinderte und Vergleichskinder in Konflikte verwickelt, zudem sind sie auch weit häufiger als andere „Angreifer" und nicht „Opfer".

Mit diesen Ergebnissen wird u.a. bestätigt, was in vielen Kindergärten durch die Berichte von Erzieherinnen bereits deutlich wurde, daß nämlich nicht um oder wegen ***behinderter*** Kinder starke Konflikte entstehen, sondern weit häufiger wegen ***„schwierigen"*** Kindern, die als nichtbehindert oder als verhaltensauffällig gelten.

In der vorliegenden Untesuchung wurden die behinderten und „schwierigen" Kinder bezüglich ihres Interaktionsverhaltens mit Hilfe einer Clusteranalyse in verschiedene Gruppen zusammengefaßt. Dies sollte dazu dienen, sowohl den Blick für die Verschieheit der Kinder zu schärfen als auch Anhaltspunkte für die Ableitung pädagogischer Maßnahmen zu gewinnen, die je nach Verhaltenskonstellation sehr verschieden ausfallen müssen. An unterschiedlichen Gruppen bildeten sich bei den behinderten Kindern heraus:

- Eine Gruppe von Kindern, die sich als unauffällig, zurückhaltend und eher für sich allein bleibend beschreiben läßt und die im Regelkindergaren „mitläuft".

- Eine Gruppe, die sich nur aus geistigbehinderten Kindern zusammensetzt. Diese Kinder spielen überwiegend allein oder parallel zu anderen Kindern. Sie sind häufiger als andere Konfliktopfer und können seltener als andere Kooperationswünsche anderer Kinder beantworten.

- Eine dritte Gruppe, die durch starke Erwachsenenorientierung gekennzeichnet ist. In dieser Gruppe befinden sich körperbehinderte Kinder mit starken motorischen Einschränkungen.

- Eine vierte Gruppe läßt sich als „unauffällig" und „positiv angepaßt" mit durchschnittlicher Sozialreife charakterisieren. In dieser Gruppe befinden sich Kinder mit ganz unterschiedlichen Behinderungsformen.

Bei den „schwierigen" Kindern wurden zwei Hauptgruppen ermittelt:

- Eine große Gruppe von Kindern, die durch häufiges Auslösen von Konflikten auffallen und

- eine zweite Gruppe von Kindern, die stark erwachsenenbezogen sind und viele Wünsche und Bitten an die Erzieherinnen richten.

Die Ergebnisse bei Einzelintegration in Regeleinrichtungen weisen eine gewisse Korrespondenz zu den Ergebnissen der Begleituntersuchung im integrativen Kindergarten der evangelischen französisch-reformierten Gemeinde Frankfurt auf, obwohl beide

Untersuchungen anderen Intentionen entspringen und keineswegs vergleichbar sind.

In der Frankfurter Untersuchung kam man vor allem bei Beobachtungen während des Freispiels und ungeplant zufälliger Kinderkommunikation zur Definition der folgenden Stufen von Integration:

— so nebenbei dabeisein können, ohne zu stören,
— dabeisein können und Anregungen von anderen aufgreifen,
— manchmal an etwas mitmachen können,
— regelmäßig an etwas mitmachen können,
— regelmäßig miteinander etwas tun. [2]

Im psychologischen Teil der Untersuchung sind weitere Ergebnisse enthalten, die im vorliegenden Zusammenhang von Interesse sind und sowohl mit den Berichten von Erzieherinnen als auch mit den Ergebnissen der Untersuchung aus Regeleinrichtungen übereinstimmen. Durch die systematische Auswertung von Videoaufzeichnungen in zwei Kindergartengruppen kommt man in der Frankfurter Untersuchung u.a. zu dem Schluß, daß sich offenbar

„gerade bei schwer geistig behinderten oder psychisch gestörten Kindern jene Einschränkungen in der kommunikativen Kompetenz und Einsichtsfähigkeit (zeigen), die eine Eingliederung in eine Gruppe deutlich erschweren." [3]

Weiterhin wurde in dieser Untersuchung, deren Aussagekraft jedoch aus verschiedenen Gründen sehr eingeschränkt ist, [4] in weitgehender Übereinstimmung mit den anderen Quellen festgestellt, daß „spektakuläre Formen der Ablehnung" behinderter Kinder nicht vorkommen und daß selbst Ablehnung in

---

2) Vgl. Wissenschaftliche Begleitung: Zwischenbericht, 1983, S. 124 ff.

3) Wissenschaftliche Begleitung, Bd. 3, 1984, S. 310

4) Vgl. ebda., S. 304 f.

feineren Nuancen bei den Videoaufzeichnungen nicht festzustellen war. Von der wissenschaftlichen Begleitung wurde dies so bewertet:

„Man kann aus dem vorhandenen Material nur den Schluß ziehen, daß Ablehnung sich in den Gruppen – wenn überhaupt – dann so unmerklich vollzieht, daß die ganze Aufmerksamkeit eines Beobachters nur diesem Phänomen gelten müßte, um genauere Aufschlüsse zu erhalten." 5)

Ähnlich kann auch eine erste vorläufige Aussage über die Ergebnisse der wissenschaftlichen Begleituntersuchung im Kindergarten der Dietrich-Bonhoeffer-Gemeinde in Bremen-Huchting gewertet werden:

„In der Tendenz ist festzustellen, daß alle Kinder differenzierte Kontakte untereinander haben, es keine 'Aussonderung' der behinderten Kinder gibt und diese auch keine 'besondere' Rolle im gruppendynamischen Geschehen spielen." 6)

Somit scheint die überwiegend positive Bewertung von integrativer Erziehung in gemischten Gruppen durch Eltern und Erzieherinnen wie sie u.a. in den von uns durchgeführten Interviews deutlich wurde, keine unangemessene Euphorie zu verbreiten, da sie sich weitgehend mit den derzeit vorliegenden Untersuchungsergebnissen deckt. Diese Aussage wird allerdings neben den bereits an anderer Stelle genannten Gründen noch dadurch eingeschränkt, daß bisher Untersuchungen, die Entwicklungsverläufe integrativer Prozesse während des gesamten Zeitraums des Kindergartenbesuchs begleiten, fehlen. Es besteht Grund zur Annahme, daß sich während eines solchen Zeitaumes deutliche Veränderungen in der Art und Weise des integrativen Gruppengeschehens verzeichnen lassen, die auch wichtige Hinweise für die Gestaltung pädagogischer Prozesse bieten könnten.

---

5) ebda., S. 305

6) Feuser: Zwischenbericht, 1984, S. 204

Ein weiteres Untersuchungsdefizit wird durch die häufig von Erzieherinnen geäußerte Hoffnung deutlich, daß integrative Erziehung eine langfristige Wirkung unter den Gesichtspunkten „Verhinderung von Vorurteilen" und „Entwicklung sozialer Kompetenz" im gemeinsamen Umgang von behinderten und nichtbehinderten Menschen haben möge. Ob diese Hoffnung realistisch ist, könnten jedoch nur entsprechende Längsschnittuntersuchungen zeigen.

4.7.4 Bewertung individueller Entwicklungsverläufe von behinderten und nichtbehinderten Kindern bei gemeinsamer Erziehung

Nicht nur Interaktionsprozesse, sondern auch die individuellen Entwicklungsverläufe, d.h. die Gesamtentwicklung behinderter und nichtbehinderter Kinder werden bei integrativer Erziehung in gemischten Kindergruppen von Erzieherinnen und Eltern überwiegend positiv bewertet. So wird z.B. aus sehr vielen integrativen Einrichtungen, in denen der Prozeß der Öffnung von Sonder- und Regelgruppen bzw. der Aufbau integrativer Gruppen noch im Bewußtsein von Erzieherinnen und Eltern ist, von der oft sprunghaften ***Entwicklung behinderter Kinder*** nach dieser Veränderung berichtet. Dabei werden vor allem Beispiele für eine enorme Steigerung der Motivation sowie für Zunahme von Aktivitäten genannt, was zu deutlichen Entwicklungsschüben führte.

Erzieherinnen berichteten außerdem, daß einige behinderte Kinder, die vorher in der Sondergruppe sehr passiv gewesen waren, nach ihrem Wechsel in die integrative Gruppe sehr schnell lernten, ihre Wünsche zu äußern und selbständig mit anderen auszuhandeln, was und wie sie spielen wollten. Der Grund für die ursprüngliche Passivität muß in diesen Fällen wohl vor allem in der Gruppenzusammensetzung sowie in der speziellen pädagogischen und therapeutischen Orientierung in Sondergruppen gesucht werden.

Aber auch bei behinderten Kindern, die vorher keine andere Einrichtung besucht hatten, ließen sich nach der Aufnahme in gemischte Gruppen zum Teil deutliche Fortschritte erkennen. In einzelnen Fällen ist zu vermuten, daß die Entwicklungsmöglichkeiten in Sondereinrichtungen nicht vergleichbar gut gewesen wären. Die folgenden Aussagen, die zum Teil aus wissenschaftlichen Begleituntersuchungen stammen, sollen stellvertretend für viele andere Beispiele stehen:

„Die Erzieher sind der festen Ansicht, daß C., wenn sie nur mit geistigbehinderten Kindern zusammen erzogen worden wäre, sich nicht so rasant hätte entwickeln können." 1)

„Ein als geistig behindert diagnostizierter Junge machte nach Aufnahme in die integrative Gruppe in kurzer Zeit so große Fortschritte, daß an der Diagnose ‚geistig behindert' ernsthaft zu zweifeln ist."

„Alle Beteiligten, einschließlich der behandelnden Ärzte, sind erstaunt über die Entwicklungsfortschritte, die dieses Kind innerhalb der kurzen Zeit gemacht hat. J. hat sehr schnell und sehr viel von älteren, nichtbehinderten Kindern gelernt. Es ist zu vermuten, daß derartige Erfolge in einer reinen Sondergruppe nicht hätten erzielt werden können. Für die Erzieher war mit diesem Kind anfangs ein enormer Betreuungsaufwand verbunden; wären nicht zwei Erzieher in der Gruppe gewesen, wäre J. sicher nicht auf seinem heutigen Entwicklungsstand." 2)

In bezug auf die Qualität der Betreuung im integrativen Kindergarten der französisch-reformierten Gemeinde, Frankfurt, kommt Reiser in der wissenschaftlichen Begleituntersuchung zu dem Schluß, daß behinderte Kinder in diesem Kindergarten eine ebenso gute spezielle Betreuung erfahren wie in einer Sondereinrichtung und daß darüber hinaus in den integrativen Gruppen sogar eine effizientere Betreuung erzielt wird, u.a. weil viele

---

1) Abschlußbericht der wissenschaftlichen Begleitung des Modellversuchs Kindertagesstätte Adalbertstr. 236, 1982, S. 79

2) ebda., S. 63

wertvolle pädagogisch-therapeutische Einflußnahmen stattfinden können, die nur in integrativem Rahmen möglich sind.[3)]

Auch aus Regeleinrichtungen mit Einzelintegration sind uns eine Fülle positiver Aussagen zur Entwicklung behinderter Kinder bekannt. Sie lassen in manchen Fällen ähnliche Schlußfolgerungen zu, wie sie für den integrativen Kindergarten getroffen wurden, dabei ist jedoch zu bedenken, daß behinderte Kinder in Regeleinrichtungen mit Einzelintegration häufig nicht der Gruppe der sehr schwer behinderten Kinder angehören.

Den „Erfolg" von Integration jedoch nur am ***behinderten*** Kind festmachen zu wollen, wäre sehr einseitig und würde dem Anspruch integrativer Erziehung nicht entsprechen, denn Lernerfolg und Erfahrungszuwachs für ***nichtbehinderte*** Kinder würden damit außer acht gelassen.

Erzieherinnen betonten immer wieder, daß nichtbehinderte Kinder durch das Zusammenleben mit behinderten Kindern

- früh erfahren, daß es möglich ist, zu Krankheit, Behinderung, Verlust, Beschränkung des Lebens positiv zu stehen,[4)]

- z.B. Zärtlichkeit und Fürsorglichkeit ausleben können, was in Gruppen ohne behinderte Kinder nicht in dem Maße möglich wäre,

- zu spezifischen Aktivitäten und Erfahrungen angeregt werden, wenn sie z.B. behinderte Kinder beim „Erschließen der Welt" beobachten und dies nachahmen (vgl.S.248f.) oder wenn sie sich bei gemeinsamen Aktivitäten mit behinderten Kindern auseinandersetzen müssen und sich Möglichkeiten für gemeinsames Tun überlegen.

---

3) Vgl. Wissenschaftliche Begleitung, Bd. 3, 1984, S. 14f.

4) Zimmers: Integration, 1981, S. 13

Über den ***sozialen*** und ***emotionalen*** Gewinn hinaus ist zu vermuten, daß nichtbehinderte Kinder in gemischten Gruppen auch hinsichtlich ihrer ***kognitiven*** Förderung keineswegs zu kurz kommen. Nach Aussagen von Erzieherinnen ist zumindest in integrativen Gruppen sogar im allgemeinen das Gegenteil der Fall. Dies ist zurückzuführen auf den zumeist vorhandenen besonderen pädagogischen Anspruch, eine verhältnismäßig günstige Relation zwischen personeller Besetzung und Gruppengröße sowie auf ein gutes soziales Klima, das den Kindern die erforderliche emotionale Sicherheit für den positiven Verlauf kognitiver Lernprozesse bietet.

Ähnliches wird auch als Ergebnis der wissenschaftlichen Begleituntersuchung in Frankfurt formuliert. Dort kommt man aufgrund des gesammelten und ausgewerteten Materials zu der Ansicht, daß mit Sicherheit ausgeschlossen werden kann, daß die nichtbehinderten Kinder im täglichen Ablauf vernachlässigt werden. Reiser ist sogar im Gegenteil ähnlich wie viele Erzieherinnen aus anderen Einrichtungen der Meinung, daß die „positiven entwicklungsfördernden Bestimmungsmerkmale des integrativen Kindergartens über dem Niveau von Regelkindergärten liegen". [5]

Derartige Vergleiche der Leistungsfähigkeit verschiedener Einrichtungstypen beruhen meiner Ansicht nach auf guten Argumenten, obwohl ihnen zum gegenwärtigen Zeitpunkt lediglich der Charakter einer begründeten Hypothese zukommen kann, da – wie Reiser selbst schreibt – bisher keine eingehenden Vergleichsuntersuchungen zu diesem Komplex durchgeführt wurden.

Dabei ist anzumerken, daß entsprechende Untersuchungen eine wesentliche Hilfe in der Integrationsdiskussion bieten könnten, weil sich gemeinsame Erziehung gegenüber ihren Kritikern noch immer hinsichtlich ihrer Effizienz beweisen muß, wobei ein solcher Effizienznachweis zumindest von Sondereinrich-

---

5) Wissenschaftliche Begleitung, Bd. 3, 1984, S. 13

tungen nicht gefordert wird. Die Durchführung von Vergleichsuntersuchungen in Regel-, Sonder- und integrativen Einrichtungen erscheint jedoch unter ethischen Gesichtspunkten äußerst problematisch und würde vermutlich auch auf gravierende methodische Probleme stoßen. [6)]

Es ist aber zu vermuten, daß sowohl durch kurzzeitig angelegte Untersuchungen als auch durch Längsschnittuntersuchungen der Interaktions- und Entwicklungsprozesse von Kindern in allen drei Einrichtungstypen wesentliche Anhaltspunkte für die Qualität von Erziehungsprozessen in den unterschiedlichen Arten von Einrichtungen gewonnen werden könnten, auch wenn solche Untersuchungen den Ansprüchen von Vergleichsuntersuchungen nicht genügen.

4.7.5 In Einzelfällen wurde vom Scheitern integrativer Arbeit berichtet

In Erfahrungsberichten von Erzieherinnen und Eltern wurde in Einzelfällen auch vom Scheitern integrativer Arbeit berichtet. Über die Ursachen dafür liegen jedoch bisher nur sehr wenig Informationen vor (vgl. S. 31 f.). Die Gründe für ein Scheitern integrativer Erziehung, die unter pädagogischen Gesichtspunkten angegeben werden, stehen teilweise in unmittelbarem und deutlichem Gegensatz zu sonstigen Bewertungen integrativer Arbeit in Erfahrungsberichten und Untersuchungsergebnissen.

In ***Regeleinrichtungen mit Einzelintegration*** wird das Scheitern integrativer Erziehung relativ häufig darauf zurückgeführt, daß die jeweiligen behinderten Kinder unter den bestehenden Bedingungen überfordert waren. Da in Regeleinrichtungen bei der Gestaltung der Rahmenbedingungen — wenn überhaupt — nur ein kleiner Spielraum vorhanden ist, mußte in solchen Fällen

6) Vgl. dazu einige Aspekte in: Wissenschaftliche Begleitung, Zwischenbericht, 1983, S. 136 ff.

oft zur Vermittlung der Kinder in andere Einrichtungen gegriffen werden. Häufig handelte es sich dabei um eine Sondereinrichtung, in seltenen Fällen um eine integrative Gruppe. Aus einer integrativen Gruppe wurde folgendes von der Aufnahme behinderter Kinder, die vorher eine Regeleinrichtung besucht hatten, berichtet:

„,Sie blühten auf, genossen es, endlich mal unter ihresgleichen zu sein, . . . auch mal Leistung zu messen . . . vorher waren sie immer an letzter Stelle, denn sie konnten nicht krabbeln, die anderen aber konnten krabbeln . . . und jetzt zu sehen: ich kann greifen und der kann nicht greifen. Das klingt barbarisch, . . . aber die Kinder brauchen diese Möglichkeiten."

Außer dem Scheitern von Integration bei einzelnen Kindern in Regeleinrichtungen gab es nach unserer Kenntnis auch negative Erfahrungen in ***integrativen Gruppen***, die in verschiedenen Fällen sogar zur Auflösung gemischter Gruppen führten.

In einer Einrichtung machte man z.B. in integrativen Gruppen mit sprachbehinderten Kindern die Erfahrung, daß die nichtbehinderten Kinder die Sprachschwierigkeiten der anderen nachahmten. Eltern und Erzieherinnen befürchteten, daß diese Nachahmung zum Erlernen sprachlicher Probleme führen, zumindest aber die Entwicklung der nichtbehinderten Kinder beeinträchtigen könnte. Diese Befürchtungen wurden noch durch die Erfahrung genährt, daß

„das Gefälle zwischen den normalsprechenden und den sprachverzögerten Kindern größer als erwartet ist und sich entgegen den Erwartungen auch auf den gesamten intellektuellen Entwicklungsstand, die Wahrnehmungsleistungen, die Motorik, die sozialen Kompetenzen und die emotionale Stabilität erstreckt . . . Die beschriebenen Unterschiede im Niveau der Kindergruppen führen zu erheblichen Schwierigkeiten in der Betreuung und Förderung der Gesamtgruppe. Es zeichnet sich eine deutliche Tendenz ab, die normalsprechenden, in der Regel unproblematischeren Kinder, einfach „mitlaufen" zu lassen, und das Anspruchsniveau auf die sprachverzögerten Kinder zuzuschneiden. Dennoch kommen dabei auch diese zu kurz, da sie eigentlich einer sehr viel intensiveren Einzel- und Kleingruppenbetreuung bedürfen, die jedoch bei der gegebenen Gruppenstärke kaum möglich ist.

Statt des erwarteten Effektes, daß in integrierten [1] Gruppen die Sprachverzögerten ein soziales Vorbild an den normalsprechenden Kindern haben, trat häufiger die gegenteilige Wirkung ein, daß diese die unerwünschten Verhaltensweisen der Sprachauffälligen übernahmen. Vermutlich ist dies darauf zurückzuführen, daß dieses Verhalten gerade in so großen Gruppen mehr Aussicht auf Aufmerksamkeit und Zuwendung der Erwachsenen hat als angepaßtes. Auffällig ist auch, daß sich trotz gemeinsamer Kleingruppenförderung doch meist Freundschaften jeweils zwischen Sprachverzögerten und Normalsprechenden entwickeln . . .
Die in den Kindertagesstätten angestrebte Förderung nach dem 'situativen Ansatz' hat sich für die verzögerten Kinder als im Niveau zu hoch erwiesen, da sie zunächst einmal grundlegende Fähigkeiten und Funktionen erlernen müssen, wobei der Erzieher oft direktiv vorgehen muß . . ." Auch bei der gemeinsamen Elternarbeit ergaben sich Probleme.

Die Folge dieser Erfahrungen und ihrer Bewertung war, daß man die integrativen Gruppen auflöste und getrennte Gruppen von behinderten und nichtbehinderten Kindern bildete. Obwohl die jetzige Leiterin gerne erneut einen Versuch mit integrativen Gruppen wagen möchte, ist dies vor allem wegen der geltenden Finanzierungsregelungen zur Zeit nicht möglich, weil sie die erforderliche Verkleinerung der Gruppen nicht zulassen.

In einem anderen Kindergarten, der sich repressions- bzw. angstfreie Erziehung zum Ziel gemacht hatte, scheiterte der erste Integrationsversuch ebenfalls:

„Als man mit der Arbeit begann (1969 d.V.), wurden aus Überlegungen, denen jedoch keine Erfahrungen zugrunde lagen, die angemeldeten Kinder in gemischte Gruppen mit behinderten und nichtbehinderten Kindern eingeteilt. Die Erzieher merkten jedoch schnell, daß dies sowohl Kinder als auch Erwachsene überforderte. In der folgenden Zeit separierte man behinderte und nichtbehinderte Kinder in jeweils nebeneinander liegenden Grup-

---

1) Entsprechend der in diesem Bericht verwendeten Termini würde es sich in diesem Fall um integrative Gruppen handeln.

penräumen . . . Bei dieser Struktur blieb es fünf Jahre lang, bis die Erwachsenen aufgrund der gemachten Erfahrungen mit neuen Vorstellungen an den Aufbau der jetzigen Form von Integrationsgruppen gingen." 2)

Heute gibt es in diesem Kindergarten sowohl reine heilpädagogische als auch integrative Gruppen.

Auch aus einer weiteren Einrichtung berichtete man, daß es nicht nur bürokratische Hemmnisse waren, die den ersten Integrationsversuch scheitern ließen, sondern auch nicht mehr genau erkennbare, negative Erfahrungen der Mitarbeiter mit dieser Erziehungsform.

Außer vom Scheitern von Integrationsversuchen mit gemischten Gruppen berichteten Erzieherinnen auch von Problemen anderer Art. Sie hatten in verschiedenen Fällen die Erfahrung gemacht, daß eine Gruppengröße von 15 Kindern für einzelne behinderte Kinder zu groß war, um sie mit „Erfolg" integrieren zu können. Dies wurde auch in verschiedenen wissenschaftlichen Begleituntersuchungen festgehalten. 3)

Erzieherinnen schlagen deshalb vor, daß die Finanzträger bei Bedarf eine langsame Eingewöhnung solcher Kinder in kleine Nachmittagsgruppen ermöglichen sollen, wie es in manchen Einrichtungen von Initiativen bereits geschieht (vgl. S. 239). Darüber hinaus fordern sie, daß für Kinder, für die auch dann eine übliche Gruppe noch zu groß ist, auf Dauer die Möglichkeit geschaffen werden muß, eine kleinere integrative Gruppe besuchen zu können.

---

2) Bericht auf einer Fachtagung. In: Projektgruppe Integration: Gemeinsame Betreuung, 1981, S. 60

3) Vgl. Vorschläge für die gemeinsame Erziehung von behinderten und nichtbehinderten Kindern in Kindertagesstätten (Integrationsgruppen), Behindertenprojekt Kernteam, Berlin 1981, S. 1 sowie Wissenschaftliche Begleitung, Bd. 3, 1984, S. 22 f.

Obwohl sich die Ursachen für das Scheitern integrativer Arbeit nicht mehr im einzelnen nachvollziehen lassen, weil inzwischen u.a. zum Teil personelle, strukturelle und pädagogische Veränderungen in den Einrichtungen stattgefunden haben, lassen die wenigen vorhandenen Informationen vermuten, daß die Gründe für aufgetretene Schwierigkeiten in unterschiedlichen Bereichen lagen, die sich zum Teil in wechselseitigen Verquickungen und Abhängigkeiten miteinander und voneinander befanden. Ursachen – die zugleich auch auf Perspektiven hinweisen – lagen demnach in der speziellen Situation eines Kindes und seiner unmittelbaren Umwelt sowie in insgesamt ungünstigen Rahmenbedingungen in den Einrichtungen. Darunter wirkte sich vor allem belastend aus, wenn nur Kinder mit derselben Behinderungsart, also homogene Behindertengruppen, aufgenommen wurden, wenn keine konsequente Altersmischung vorhanden war (die sprachbehinderten Kinder durften z.B. erst mit 5 Jahren aufgenommen werden) und wenn die Gruppen zu groß waren.

Weitere Ursachen lagen im Verhalten und der Einstellung der Erzieherinnen und auch darin, daß Erzieherinnen über zu wenig oder keine Erfahrung mit behinderten Kindern oder integrativer Arbeit verfügten. Dies führte dazu, daß pädagogische Konzeptionen nicht in ausreichendem Maße auf integrative Arbeit bezogen wurden und daß man die Probleme der behinderten Kinder zu sehr in den Mittelpunkt stellte. Außerdem bewerteten manche Erzieherinnen positive Sachverhalte negativ (z.B. daß sprachbehinderte und nichtbehinderte Kinder Freundschaften eingingen) und waren sich der Bedeutung von Nachahmung nicht bewußt.

In einigen Fällen ergaben sich Probleme auch durch eine skeptische und ablehnende Haltung von Eltern, die sich in der Kindergruppe auswirkte.

Bemerkenswert ist allerdings, daß in zwei Einrichtungen, in denen integrative Erziehung zunächst gescheitert war, längst wieder mit der Arbeit in gemischten Kindergruppen begonnen wurde (wobei daneben auch noch reine Sondergruppen existieren) und daß man sie in einer dritten Einrichtung ebenfalls gerne wieder aufnehmen würde, wenn sich bessere Rahmenbedingungen mit dem Finanzträger aushandeln ließen.

Um ein Scheitern integrativer Arbeit nach Möglichkeit zu verhindern, ist eine oft erhobene Forderung von Erzieherinnen die Schaffung flexibler Rahmenbedingungen, die den ganz verschiedenen Situationen behinderter Kinder gerecht werden können. Es sollte möglich sein, je nach Erfordernis die Gruppen zu verkleinern, das Mischungsverhältnis behinderter und nichtbehinderter Kinder zu verändern und/oder den Personalstand zu erhöhen. Auch die Bereitstellung therapeutischer Hilfen im erforderlichen Maß sowie das Angebot von unterstützender Fort- und Weiterbildung für die Mitarbeiterinnen wäre im Sinne der Schaffung von Integrationschancen für alle Kinder dringend erforderlich.

4.7.6 Zusammenfassende Bewertung

Die bisher vorliegenden Ergebnisse lassen die Aussage zu, daß das Zusammenleben behinderter und nichtbehinderter Kinder in gemischten Gruppen weitgehend problemlos verläuft und daß es darüber hinaus aus unterschiedlichen Gründen auch sehr anregende und günstige Lernbedingungen für behinderte und nichtbehinderte Kinder bietet. Erzieherinnen weisen allerdings zugleich immer wieder darauf hin, daß die auseinanderfallenden Einzugsgebiete die Entwicklung sozialer Beziehungen erschweren und darüberhinaus häufig verhindern, daß sie sich außerhalb des Kindergartens fortsetzen.

Aus einzelnen Einrichtungen wurde auch vom Scheitern integrativer Arbeit berichtet, diese Fälle lassen jedoch nicht den Schluß zu, daß Integration insgesamt in Frage gestellt werden müßte. Es ist vielmehr anzunehmen, daß durch eine genaue Analyse negativ verlaufener Prozesse Lösungen gefunden werden könnten, die es möglich machen würden, solche Probleme in Zukunft weitgehend zu vermeiden. Dazu wäre allerdings eine hohe Bereitschaft aller Beteiligten nötig, auch derjenigen, die für die Festlegung der Rahmenbedingungen zuständig sind.

Die anfänglich bei Eltern, Erzieherinnen und Trägervertretern vorhandenen Befürchtungen hinsichtlich der Probleme, die bei integrativer Arbeit auftreten könnten, können aufgrund der bis jetzt vorliegenden Materialien als weitgehend unbegründet angesehen werden. Allerdings, Gewissheit hinsichtlich des Gelingens von Integration in jedem Einzelfall ist damit keineswegs gegeben, da jeder Integrationsversuch in einem eigenen spezifischen Kontext steht.

4.8 Die Erfahrungen in gemischten Gruppen hatten Auswirkungen auf Eltern und Erzieherinnen

4.8.1 Erfahrungen und ihre Auswirkungen auf Eltern

Die Integration ***einzelner behinderter Kinder*** in ***Regeleinrichtungen*** hat eine lange Tradition, die eng mit den Wünschen von Eltern nach einer Förderung ihres Kindes im Lebenszusammenhang verbunden ist. Im Gegensatz dazu hatten viele Eltern beim Aufbau ***integrativer Gruppen*** Ängste und Vorbehalte, sie waren unsicher, ob die Entscheidung richtig war, ihre Kinder in eine gemischte Gruppe zu geben. Schon bald meldeten viele Eltern ihre Kinder jedoch ganz bewußt in gemischten Gruppen an und forderten integrative Erziehung sogar zunehmend ein. Dies geschah allerdings aus ganz unterschiedlichen Motiven:

- Sie hatten sich bewußt aus weltanschaulichen oder humanitären Gründen für eine solche Konzeption entschieden.

- Sie erhofften sich mehr Anregung und weniger Diskriminierung für sich und ihre behinderten Kinder.

– Sie versprachen sich wegen der geringeren Kinderzahl und der besseren personellen Ausstattung gute Bedingungen für ihre nichtbehinderten Kinder.

– Sie hatten von den positiven Erfahrungen gehört und wollten diese ihren Kindern zugänglich machen.

In der Folgezeit verbreitete sich Integration sowohl in Regeleinrichtungen als auch in integrativen Gruppen immer stärker, wobei Eltern die Erzieherinnen bei der unmittelbaren pädagogischen Arbeit vielfach unterstützten und sich für die Erhaltung bedrohter Integrationsversuche einsetzten. Zudem förderten viele Eltern die im Kindergarten entstandenen Kontakte zwischen behinderten und nichtbehinderten Kindern, indem sie sie in der Zeit außerhalb des Kindergartens weiter pflegten. Dabei machten Eltern die Erfahrung, daß dies bei auseinanderfallenden Einzugsgebieten nur mit erheblichem Aufwand und großem Engagement an Zeit und Geld möglich war.

Neben diesen positiven Entwicklungen wurde jedoch auch von Schwierigkeiten vieler Eltern behinderter und nichtbehinderter Kinder in Umgang miteinander berichtet. Die Eltern nichtbehinderter Kinder hatten z.B. Angst davor, sich auf ein gemeinsames Gespräch über die Kinder oder den Verlauf integrativer Erziehung im Kindergartenalltag einzulassen, weil sie fürchteten, daß ihr Interesse als unangemessene Neugier bewertet würde, die die Eltern behinderter Kinder verletzen könnte. Daß dies nicht völlig abwegig ist, zeigte sich daran, daß sich viele Eltern behinderter Kinder betroffen fühlten, wenn Eltern nichtbehinderter Kinder z.B. bei Veranstaltungen von den Fortschritten ihrer Kinder berichteten und die Eltern behinderter Kinder sich nicht trauten, die „kleinen" Fortschritte ihrer Kinder als ebenso bedeutend zu bewerten und ebenfalls darüber zu berichten.

Trotz dieser Schwierigkeiten wird gemeinsame Erziehung von der überwiegenden Anzahl der Eltern für die Kinder und für sie selbst als sehr positiv erlebt. Eltern nichtbehinderter Kinder stellten z.B. fest, daß sie häufig erst über ihre Kinder einen normaleren Umgang mit behinderten Kindern entwickeln konnten und daß sie sehr froh über die ,,Normalisierung'' ihres Verhaltens sind. Des weiteren bedeutete die Aufnahme behinderter Kinder in gemischte Gruppen für ihre Eltern im allgemeinen eine große Entlastung, weil sie damit ein Stück Isolation durchbrechen konnten und eine Anerkennung ihrer Kinder erfuhren. Außerdem erlebten sie es als erleichternd, in einen ,,normalen'' Lebenszusammenhang eingebunden worden zu sein. Dies wurde besonders häufig von Eltern behinderter Kinder in Regeleinrichtungen mit Einzelintegration betont. Für sie war es oft leichter als für Eltern in integrativen Gruppen, gute Kontakte zu Eltern anderer Kinder aufzubauen und sich akzeptiert zu fühlen.

Für manche Eltern behinderter Kinder war die Unterbringung ihres Kindes in einem Kindergarten mit gemischten Gruppen allerdings auch mit dem Wunsch verbunden, die Behinderung ihres Kindes zu negieren, oder sie hatten die Hoffnung, die Behinderung würde sich durch das Zusammensein mit nichtbehinderten Kindern verlieren. Für diese Eltern war es sehr schmerzlich, im Laufe der Zeit die vorhandenen Grenzen bei ihrem Kind akzeptieren zu müssen.

Die überwiegend positiven Berichte über die Erfahrungen von Eltern bei gemeinsamer Erziehung stimmen weitgehend mit den Ergebnissen aus der Begleituntersuchung im integrativen Kindergarten der französisch-reformierten Gemeinde überein. [1] In dieser Untersuchung wurde allerdings zugleich festgestellt, daß es den meisten Eltern trotz positiver Erfahrungen mit integrativer Kindergartenarbeit kaum realistisch erscheint, auf einen grundsätzlichen Einstellungswandel gegenüber behinderten Menschen in der Gesellschaft zu hoffen.

Bestätigung findet diese pessimistische Ansicht durch die bereits beim Übergang der Kinder vom Kindergarten in die Schule ein-

---

1) Vgl. Wissenschaftliche Begleitung, Bd. 3, 1984, S. 20 f. sowie S. 35 ff.

tretende Segregation. Diese schmerzliche Konfrontation mit der vorhandenen gesellschaftlichen Realität bietet in der Tat wenig Anlaß zu großen Hoffnungen.

Trotz ungünstiger Ausgangsbedingungen haben sich jedoch an verschiedenen Stellen in der Bundesrepublik konkrete Versuche mit integrativer Erziehung im Schulbereich durchgesetzt [2], und darüberhinaus bildeten sich regionale und überregionale Initiativen, die eine Fortsetzung integrativer Erziehung auch im Schulbereich fordern und in denen sich häufig gerade Eltern engagieren. [3]

4.8.2 Erfahrungen und ihre Auswirkungen auf Mitarbeiter

a) Integrative Erziehung führte zu neuen Erfahrungen im Umgang mit Kindern

Erzieherinnen, die integrative Arbei aufnahmen, berichteten, daß sich ihre anfänglichen Unsicherheiten und Ängste schnell verloren. Sie stellten bald in überwiegender Anzahl fest, daß sie die Arbeit in gemischten Gruppen trotz der hohen Anforderungen mit großen Engagement durchführen und daß ihre Arbeit durch die größere Entwicklungsspanne der Kinder in gemischten Gruppen viel reicher und lebendiger geworden ist. Ebenso betonten sie, daß sich ihre Fähigkeiten erweitert haben, mit unterschiedlichen Menschen, die sehr verschiedene Möglichkeiten und Einschränkungen haben, zusammenleben und sie fördern zu können, d.h. sie lernten, ihre pädagogische Arbeit auf das Ziel Integration zu beziehen, indem sie z.B. differenzierte Angebote machten, ohne Gemeinsamkeiten zu vernachlässigen. Als sehr entscheidend wurde von den allermeisten Erzieherinnen auch das

2) Weitere Informationen z.B. in Preuss-Lausitz: Sonderschule, 1982 und Gemeinsam leben 4. Jg., 1983, Heft 7

3) Die Adresse einer bundesweiten Initiative lautet: Eltern gegen Aussonderung behinderter Kinder. Gemeinsam leben, gemeinsam lernen in Kindergarten, Schule, Beruf und Alltag. Manfred Rosenberger, Stülerstraße 2, 1000 Berlin 30

Infragestellen ihrer Normen und Gewohnheiten gewertet. Insbesondere Erzieherinnen, die vorher in Sondergruppen gearbeitet hatten, wiesen darauf hin, daß sie seit der Aufnahme integrativer Arbeit behinderte Kinder nicht mehr so überfordern, wie sie dies vorher getan hatten. Außerdem berichteten Erzieherinnen, daß sie – nicht zuletzt über das Beispiel und die Selbstverständlichkeit der Kinder – eine viel normalere Einstellung zu behinderten Kindern gefunden haben und heute nicht mehr in erster Linie die Behinderung eines Kindes sondern das Individuum Kind sehen.

Allerdings wird auch immer wieder – besonders häufig von Erzieherinnen aus Regeleinrichtungen mit Einzelintegration – berichtet, daß sie sich in Einzelfällen fragen, ob sie dem jeweiligen behinderten Kind angemessene und ausreichende Förderungsbedingungen bieten können.

Einige wenige Erzieherinnen bewerteten ihre Erfahrungen mit Integration unter den spezifischen Bedingungen „ihrer" Einrichtung eindeutig negativ. Auf Mißerfolge wurde jedoch sehr unterschiedlich reagiert. In einigen Fällen betrachtete man integrative Arbeit damit als grundsätzlich unmöglich, in anderen dagegen versuchte man die Ursachen für negative Erfahrungen zu eruieren, um Änderungen herbeiführen zu können.

Bemerkenswert ist außerdem, daß auf Betreiben von Erzieherinnen in vielen Einrichtungen, in denen zunächst integrative Kontakte nur zwischen getrennten Gruppen behinderter und nichtbehinderter Kinder bestanden, inzwischen integrative Gruppen gebildet wurden.

Zusammenfassend kann gesagt werden, daß die meisten Erzieherinnen feststellten, daß mit integrativer Arbeit keine ***grundsätzlich*** anderen Anforderungen verbunden waren als mit „normaler" Kindergartenarbeit, daß allerdings manche Bereiche eine andere Bedeutung erhielten und wesentlich mehr Kenntnisse und differenziertere Fähigkeiten erforderten (vgl. S. 264 ff.).

b) Die Anleitung integrativer Prozesse in gemischten Gruppen erfodert Teamarbeit

Von Erzieherinnen wird immer wieder betont, daß integrative Arbeit eine Haltung voraussetzt, die von der prinzipiellen Gleichwertigkeit aller Menschen ausgeht. Eine solche Haltung bleibt jedoch nach Erfahrung von Erzieherinnen unglaubwürdig, wenn nicht gleichzeitig der Versuch gemacht wird, adäquate Strukturen des sozialen Umgangs im Kollegenkreis zu schaffen.

Die Entwicklung kooperativer Strukturen wird in integrativen Einrichtungen als wesentlich schwieriger eingeschätzt als in Regeleinrichtungen, weil in integrativen Gruppen die Zusammenarbeit von Angehörigen verschiedener Berufsgruppen erforderlich ist. Damit erhöht sich in den Einrichtungen die Gefahr, hierarchische Strukturen zu verstärken, anstatt sie abzubauen.

Von vorhandenen hierarchischen Strukturen — die oft eine relativ rigide Arbeitsteilung nach sich ziehen — wird demzufolge auch aus einer Reihe integrativer Einrichtungen berichtet. So entscheidet über die Aufnahme eines Kindes vielfach die Leiterin, und häufig legt sie auch fest, welche Gruppe die Kinder besuchen werden. In den Gruppen selbst bestimmen oft die Erzieherinnen die Inhalte der pädagogischen Arbeit, die schlechter bezahlten Kinderpflegerinnen, Praktikantinnen und Zivildienstleistenden sind vielfach für als untergeordnet eingestufte Arbeiten oder Hilfsarbeiten zuständig, z.B. für pflegerische Aufgaben oder das Abwaschen der Frühstücksteller usw. Den relativ gut bezahlten Therapeuten hingegen obliegt die spezifische, auf die Beseitigung eines Defekts bezogene Förderung der Kinder. Die Therapeuten kümmern sich zumeist kaum um die Probleme der täglichen Arbeit, Erzieherinnen müssen sich aber in der Gestaltung des pädagogischen Alltags im allgemeinen nach ihren Wünschen richten.

Eine solche Arbeitsteilung, hinter der die Aufteilung eines Kindes in verschiedene unterschiedlich bewertete Bereiche steht,

steht nach Meinung sehr vieler Erzieherinnen der für integrative Erziehung erforderlichen ganzheitlichen Sicht- und Arbeitsweise entgegen.

Sicher nicht ohne Grund finden sich unter den integrativ arbeitenden Einrichtungen verhältnismäßig viele, in denen diese Arbeitsteilung nicht mitgemacht wird. Die Kolleginnen in den Gruppen arbeiten dort meist ohne formale Trennung gleichberechtigt zusammen, die Therapeuten geben ihre Kenntnisse über spezifische Förderung z.T. an die Erzieherinnen weiter und achten darauf, daß sie das Gruppengeschehen mit ihrer Arbeit möglichst wenig stören. Leitungsfunktionen werden in enger Kooperation miteinander wahrgenommen, und über die Aufnahme und Verteilung der Kinder auf die Gruppen wird gemeinsam entschieden.

Auf die Unsinnigkeit der unterschiedlichen Bewertung von Therapie, Pädagogik und Pflege verweisen Erzieherinnen aus diesen Einrichtungen mit verschiedensten Beispielen. Sie wird besonders offensichtlich, wenn man bedenkt, welche Nähe zwischen Erwachsenem und Kind z.B. in pflegerischen Situationen entsteht und welch immense Bedeutung der Entwicklung der Fähigkeit zur Selbstbesorgung gerade bei behinderten Kindern zukommt. So kann es z.B. erforderlich sein, das Wickeln eines älteren Kindes nicht so schnell wie möglich hinter sich zu bringen, sondern dem Kind stattdessen nach Möglichkeit das Einlegen von Windeln und das folgende Anziehen beizubringen. Solche Situationen enthalten persönliche, pädagogische und therapeutische Momente von höchster Bedeutung. Die verschiedenen Bereiche müssen so aufeinander abgestimmt und durchgeführt werden, daß sie die Gesamtentwicklung des Kindes unterstützen. Außerdem wird sich gerade in solch intimen Situationen immer wieder entscheiden, ob sich ein Kind akzeptiert fühlt oder nicht.

Mitarbeiter aus Einrichtungen, in denen man dies erkannt hat, betonen, daß integrative Arbeit nur zum Vorteil der Kinder gelingen kann, wenn die unterschiedlichen Kompetenzen von Angehörigen verschiedener Berufsgruppen eingebracht und gegenseitig anerkannt werden, ohne sie zum Aufbau einer Hierarchie zwischen den Kollegen zu verwenden, die sich zwangsläufig auf die Kinder übertragen würde. Wie könnte man Kindern die prinzipielle Gleichwertigkeit aller Kinder vermitteln, gleichgültig über welche Fähigkeiten sie verfügen, wenn dies im Mitarbeiterkreis nicht vorgelebt werden kann? Geltende Rahmenbedingungen setzen hier zum Bedauern der Mitarbeiter oft enge Grenzen für einen gleichberechtigten Umgang. Die Beteiligten können solche Strukturen häufig nur unter größtem persönlichem Einsatz in ihren Auswirkungen mildern.

c) Integrative Arbeit stellt hohe Anforderungen bei der Zusammenarbeit mit den Eltern

Vor Aufnahme integrativer Arbeit bestand bei Erzieherinnen, Wissenschaftlern und Sozialadministratoren die Vorstellung, daß Eltern erst mühsam für diese Idee gewonnen werden müßten. Dies hat sich nicht bestätigt, im Gegenteil, trotz mancherlei anfänglich geäußerter Ängste zeigten Eltern in aller Regel eine hohe Bereitschaft zur Beteiligung und Mitarbeit, obwohl die Anstöße zur Bildung integrativer Gruppen zunächst nur selten von ihnen ausgegangen sind.

Erzieherinnen betonten in Rückerinnerung an die ***Anfangszeit*** allerdings, daß sie es als sehr wichtig empfanden, Skepsis, Ängste und Unsicherheiten von Eltern zu respektieren und sie in gemeinsamen Diskussionen, bei Hospitationen und bei der Erarbeitung von pädagogischen Konzeptionen langsam abzubauen.

Nach Aufnahme integrativer Arbeit (allerdings stärker in Regelgruppen mit Einzelintegration als in integrativen Einrichtungen) machten Erzieherinnen die Erfahrung, daß sie Eltern bei dem oft mühsamen und schwierigen Verarbeitungsprozeß ihrer Probleme im Zusammenhang mit der Behinderung ihres Kindes unterstützen mußten. An Erzieherinnen wurden dabei im Einzelfall sehr unterschiedliche Anforderungen gestellt; so ergab sich die Notwendigkeit, die Eltern langsam und vorsichtig mit dem Ausmaß der Behinderung ihres Kindes vertraut zu machen und einer resignativen Haltung durch das Aufzeigen der Entwicklungsschritte des jeweiligen Kindes entgegenzuwirken oder aber eine übertriebene Therapiegläubigkeit (sie war eher bei Eltern, die ihre Kinder in integrativen Gruppen hatten, anzutreffen) in realistische Bahnen zu lenken und den Blick der Eltern stärker auf die emotionalen und sozialen Bedürfnisse der Kinder zu richten.

Erzieherinnen betonten aufgrund ihrer Erfahrungen auch, daß Eltern aus unterschiedlichsten Gründen möglichst weitgehend in den Kindergartenalltag einbezogen werden sollten und daß sie mit Überlegungen konfrontiert werden müssen, wie sie zur Unterstützung integrativer Kontakte zwischen den Kindern beitragen können. Diese Frage stellte sich besonders krass bei auseinanderfallenden Einzugsgebieten.

Von Erzieherinnen wurde es als wesentlicher Beitrag zur Integration von Kindern und ihren Familien angesehen, wenn zwischen den Eltern Beziehungen entstanden, die zur gegenseitigen Unterstützung führten. Dies war jedoch eher die Ausnahme als die Regel.

Daß die Aufnahme von Beziehungen zwischen den Eltern nicht einfach ist, zeigt sich u.a. an den Berichten einiger Erzieherinnen aus Sondereinrichtungen. Sie hatten die Erfahrung gemacht, daß die Eltern behinderter Kinder vor der Aufnahme integrativer Arbeit vollzählig zu den Elternabenden gekommen waren, nach Bildung der integrativen Gruppen aber nur noch vereinzelt teilnahmen.

Auch auf Barrieren, die durch unterschiedliche Schichtzugehörigkeiten der Eltern bei auseinanderfallenden Einzugsgebieten für behinderte und nichtbehinderte Kinder auftreten können, verwiesen Erzieherinnen:

„Manchmal gehören in integrativen Kindergärten die Eltern der nichtbehinderten Kinder der Mittelschicht an, während die Eltern der behinderten Kinder aus sozial schwächeren Familien kommen, bei denen eine hohe Problemkonstellation vorhanden ist. Die Eltern so unterschiedlicher Kreise können oft auch bei Veranstaltungen nicht auf einem gemeinsamen sprachlichen Niveau miteinander kommunizieren, 'auch nicht über die Kinder. Die Unterschichteltern sind oft dermaßen gehemmt, schon wenn sie die anderen nur schick angezogen sehen.' In solchen Fällen stehen sich zwei relativ getennte Elterngruppen gegenüber, was sich stark auf die Situation innerhalb der Kindergruppe auswirken kann." 1)

Eine besondere Belastung bedeutete es für Erzieherinnen, wenn sie Eltern mitteilen mußten, daß ihr Kind in der Einrichtung, die es besucht, nicht am richtigen Platz ist. Sie versuchten, den Eltern, die oft schon einschlägige Vorerfahrungen gemacht hatten, diese Situation nach Möglichkeit zu erleichtern, indem sie sie bei der Suche nach einer anderen, geeigneteren Förderungsmöglichkeit unterstützten.

Hohe Anforderungen an die Elternarbeit wurden auch beim Übergang eines behinderten Kindes vom Kindergarten in die Schule gestellt. Hier mußten Erzieherinnen die Eltern häufig beraten und Eltern und Kind beim Übergang unterstützen.

Insgesamt kann gesagt werden, daß sich die Anforderung an Erzieherinnen bei der Zusammenarbeit mit Eltern durch integrative Arbeit erhöht hat, daß aber in der Zusammenarbeit trotz der erwähnten Probleme eine überwiegend gute Kooperation vorhanden war. Allerdings fühlten sich Erzieherinnen durch die vorhandenen Probleme auch häufig überfordert.

---

1) Bericht auf einer Fachtagung. In: Projektgruppe Integration: Gemeinsame Betreuung, 1982, S. 54f.

IV. FORT– UND WEITERBILDUNG DER MITARBEITER

1. Integrative Arbeit brachte Veränderungen im Berufsfeld von Erzieherinnen mit sich

Durch die zunehmende Verbreitung integrativer Erziehung kamen auf Erzieherinnen Veränderungen im Berufsfeld zu, die zusammengefaßt vor allem folgende Bereiche betreffen:

– Erzieherinnen müssen geeignete konzeptionelle Vorstellungen für integrative Erziehung entwickeln.

– Erzieherinnen müssen mit Problemen und Situationen, die mit integrativer Erziehung zusammenhängen, im pädagogischen Alltag umgehen lernen.

– Erzieherinnen müssen ihr Augenmerk in besonderer Weise auf die Unterstützung sozialer Beziehungen im Kindergartenalltag richten, um Integration sowohl im Kindergarten als auch außerhalb der Institution zu verankern.

– Erzieherinnen müssen sich mit der Notwendigkeit auseinandersetzen, behinderten wie nichtbehinderten Kindern die notwendige spezifische Förderung anzubieten. Dabei müssen sie u.a. über die Kenntnis verschiedener Behinderungsarten und entsprechender therapeutischer Möglichkeiten verfügen. Als zentrale berufliche Frage ergibt sich dabei diejenige nach sinnvoller Abgrenzung von Therapie und Pädagogik bzw. nach der Kooperation zwischen therapeutischen und pädagogischen Fachkräften.

– Erzieherinnen müssen in integrativen, stärker als in sonstigen Einrichtungen, mit unterschiedlich qualifizierten Kolleginnen sowie auch mit Männern zusammenarbeiten.

– Erzieherinnen müssen in der Lage sein, die Kooperation mit anderen sozialen Diensten (Frühförderstellen, Beratungsstellen usw.), die das behinderte Kind, seine Familie oder die pädagogische Einrichtung unterstützen können, zu entwickeln.

- Erzieherinnen müssen sich mit den Anforderungen, die sich hinsichtlich der Zusammenarbeit mit Eltern, insbesondere mit den Eltern behinderter Kinder stellen, auseinandersetzen, da auf die spezifischen Probleme dieses Personenkreises eingegangen werden muß.

- Erzieherinnen müssen sich verstärkt mit den Problemen des Übergangs vom Kindergarten zur Schule auseinandersetzen und für jedes einzelne Kind nach angemessenen Lösungen suchen.

- Erzieherinnen müssen sich der Auseinandersetzung mit der Bedeutung gesellschaftlicher Normen und Werte im Spannungsverhältnis zu integrativer Erziehung und der dazu notwendigen eigenen Handlungskompetenz stellen.

- Erzieherinnen müssen sich mit der Struktur des Vorschulerziehungswesens befassen und sich Klarheit über die Funktion der unterschiedlichen Erziehungsangebote für behinderte und nichtbehinderte Kinder sowie über die mit diesen Angeboten zusammenhängenden Vor- und Nachteile für die Entwicklung von Kindern verschaffen.

- Erzieherinnen müssen sich des weiteren mit den administrativen Rahmenbedingungen integrativer Erziehung auseinandersetzen.

Aus vielen Aussagen von Erzieherinnen wird zudem deutlich, daß durch die gemeinsame Erziehung behinderter und nichtbehinderter Kinder Forderungen nach einer Reform des Elementarbereichs, die bereits während der 60-er und 70-er Jahre gestellt wurden, noch mehr an Bedeutung gewinnen. Dies betrifft insbesondere die Forderungen nach Teamleitung, Teamarbeit, Öffnung des Kindergartens.

2. Wie und wo können Mitarbeiter Hilfen erhalten?

2.1 Zur Bedeutung von Fort- und Weiterbildung bei integrativer Erziehung

Integrative Erziehung muß trotz zunehmender Verbreitung von Erzieherinnen im allgemeinen noch immer ohne spezielle Unterstützung durch die Ausbildung mit hohem persönlichem Einsatz geleistet werden. Erzieherinnen fordern daher, daß sich die im Praxisfeld eingetretene Weiterentwicklung in den Curricula der Erzieherfachschulen niederschlagen muß.

Da schnelle Veränderungen im Bereich der Ausbildung jedoch nicht zu erwarten sind, wäre als kurzfristige Strategie zur Verringerung des Ausbildungsdefizits zumindest ein breites Fort- und Weiterbildungsangebot für alle Mitarbeiter in den Einrichtungen erforderlich. Verstärkt wird diese Notwendigkeit noch dadurch, daß bei integrativer Erziehung berufliche Prozesse der Wissensaneignung und der persönlichen Weiterentwicklung der Mitarbeiter wegen der sich immer wieder verändernden Arbeitssituation auch berufsbegleitend stattfinden müssen. Die erforderlichen Fort- und Weiterbildungsangebote gab es bisher jedoch nur in völlig unzureichender Weise, wenngleich sich dieses Defizit in den letzten Jahren verringert hat.

Zunächst waren nach unserer Kenntnis die einzigen Fortbildungsträger, die eine Fortbildungs*konzeption* für integrative Erziehung entwickelt hatten, das Kinderzentrum München von Prof. Hellbrügge sowie die Abteilung Fort- und Weiterbildung des Elisabethenstifts in Darmstadt. [1)]

Neben diesen Veranstaltern griffen auch vereinzelt andere Fortbildungsträger entsprechende Inhalte auf, allerdings häufig ohne weitere konzeptionelle Einbindung.

---

1) Teile davon wurden veröffentlicht von Marianne Dittmann: Behinderte Kinder in der Gruppe. Konzept einer Fortbildung. In: Theorie und Praxis der Sozialpädagogik, 3/83, S 137-140

Erst in neuerer Zeit bemüht man sich in einigen Bundesländern (z.B. in Hessen, Bremen, Berlin) und bei einigen Trägern zunehmend um die Installierung von Fort- und Weiterbildungsangeboten in Form von längerdauernden berufsbegleitenden Lehrgängen. Außerdem werden in einigen Bundesländern Forbildungsveranstaltungen für integrative Erziehung im Rahmen von Modellversuchen durchgeführt. Diese Entwicklungen konnten allerdings bisher das vorhandene Defizit nur mildern, jedoch nicht beseitigen.

Dem von Erzieherinnen sehr häufig geäußerten Wunsch nach Fortbildungsangeboten für integrative Erziehung und der Kritik, daß es solche Angebote zu selten oder in manchen Regionen gar nicht gibt, steht allerdings die Erfahrung der wenigen Fortbildungsträger, die solche Angebote hin und wieder machen, gegenüber, daß diese Veranstaltungen wegen der geringen Zahl von Anmeldungen gar nicht immer durchgeführt werden können. Als Gründe für dieses Phänomen wird von den Erzieherinnen angegeben:

- Häufig erfährt man gar nicht, wenn es einmal solche Angebote gibt.
- Wir sind nur zu zweit in einer integrativen Gruppe, wenn da einer ausfällt, wird es schwierig.
- Die Praktikantin darf die Gruppe nicht selbständig führen, wenn ich auf Fortbildung gehe, bedeutet das also eine starke Belastung für die anderen Kolleginnen.
- Unser Träger läßt uns nicht gerne weg.
- Unser Träger läßt uns nicht gerne zu Veranstaltungen eines anderen Trägers, obwohl er zu diesem Thema nichts anbietet.
- Ich kann aus persönlichen Gründen nicht über mehrere Tage weggehen.

An vielen Aussagen zeigt sich außerdem, daß es in den letzten Jahren für Erzieherinnen schwerer geworden ist, ihren Arbeitsplatz für die Teilnahme an Fortbildungsveranstaltungen zu verlassen, weil durch die Verschlechterung der Rahmenbedingungen im Elementarbereich (u.a. z.B. durch die Rücknahme der Freistellung von Leiterinnen, Personalreduzierungen, Vergrößerung der Gruppen) die Belastung für die anderen Kolleginnen sehr groß wird. [2] Insofern wäre es auch unter dem Blickwinkel Fortbildung dringend erforderlich, die Rahmenbedingungen zu verbessern und gleichzeitig den Fortbildungsanspruch so zu regeln, daß die Teilnahme für Erzieherinnen oder besser das gesamte Personal einer Einrichtung leichter möglich wird, als dies zur Zeit der Fall ist. Hier müßte eigentlich sogar die weitergehende Forderung gestellt werden, daß dort, wo integrativ gearbeitet wird, breite Fortbildungsangebote zur Verfügung gestellt werden ***müssen*** und daß sich Erzieherinnen vor der Aufnahme integrativer Arbeit mit einer Vorlaufphase auf die vielfältigen neuen Aufgaben vorbereiten können, wie es z.T. in Bremen sinnvollerweise praktiziert wird. [3]

Zugleich wäre zu überlegen, ob nicht in größerem Umfang als bisher trägerübergreifende Fortbildungsveranstaltungen ermöglicht werden sollten. Dies würde zwei Faktoren Rechnung tragen, die bei integrativer Kindergartenarbeit besonders in den Vordergrund treten: Zum einen betreffen Fragen integrativer Erziehung im Vergleich zur Gesamtzahl von Kindergärten bisher nur relativ wenige Erzieherinnen, zum zweiten könnten sich Erzieherinnen mit ähnlichen beruflichen Fragen und Problemen dadurch in einer Region leichter kennenlernen und sich besser gegenseitig unterstützen. Bei einem trägerübergreifenden Angebot würden außerdem verschiedene von den Erzieherinnen genannte Gründe für die geringen Teilnehmerzahlen an den wenigen angebotenen Veranstaltungen wegfallen, z.B. der schlechte Informationsfluß, da trägerübergreifend informiert werden müßte.

Fort- und Weiterbildungsangebote für integrative Arbeit sollten eng an den im Berufsalltag entstehenden Problemen ansetzen. Sie dürften jedoch nicht nur berufsbegleitend und praxisfeld-

---

2) Vgl. Irskens: Fortbildung, 1982, S. 389-392

3) Vgl. Feuser: Zwischenbericht, 1984, S. 178

nah im Sinn unmittelbarer pädagogischer Unterstützung wirken, sondern müßten vielmehr darüber hinaus an der Vermittlung von breitem Grundlagenwissen über die menschliche Entwicklung, über Lernvoraussetzungen, Lernvorgänge und -prozesse, bezogen auf den jeweiligen Entwicklungsstand der Kinder mit ihren spezifischen Behinderungen, arbeiten. Diese Bereiche erfordern bei integrativer Erziehung ein wesentlich breiteres Wissen, als dies bei üblicher Kindergartenarbeit der Fall ist, weil der Entwicklungsstand der Kinder weiter auseinanderfällt und differenzierte Hilfen zu ihrer Unterstützung erforderlich werden.

Außerdem müßte durch Fort- und Weiterbildung die Weiterentwicklung von Fähigkeiten und Einstellungen bei Erzieherinnen unterstützt werden, die insgesamt für eine pädagogische Arbeit, die am „sozialen Lernen" orientiert ist, von großer Bedeutung sind, aber unter dem Blickwinkel der verschiedenen Formen integrativer Erziehung noch größeres Gewicht erhalten. Fortbildung müßte demnach in folgenden Bereichen wirksam werden:

— der Wissensaneignung
— der konzeptionellen Entwicklung
— der pädagogischen Umsetzung
— der Arbeitsorganisation
— der emotionalen Verarbeitung.

2.2 Zur Struktur derzeit existierender Fort- und Weiterbildungsangebote

Die im Berufsalltag entstehenden Probleme machen neben zentralisierten Angeboten ein dezentrales und arbeitsplatzbezogenes Beratungs-, Fort- und Weiterbildungsangebot auf verschiedenen Ebenen mit unterschiedlichen Inhalten und in verschiedensten Verknüpfungen erforderlich. Bisher existieren unterschiedliche Angebote, die sich teilweise sinnvoll ergänzen:

a) Angebote, denen Fortbildungscharakter zukommt

Intensiven Auseinandersetzungen im Team über konzeptionelle Fragen oder der Erarbeitung von neuen Aspekten für die Gestaltung der pädagogischen und therapeutischen Arbeit kommt Fortbildungscharakter zu. Auch Teambesprechungen, in denen die Arbeit mit Kindern und Eltern reflektiert wird oder in denen man über Formen der Zusammenarbeit zwischen Personen mit unterschiedlichen Berufsabschlüssen und Qualifikationen nachdenkt, Öffentlichkeitsarbeit vorbereitet, die Situation behinderter Menschen und ihrer Angehörigen zu erfassen versucht u.a.m., sind notwendige Bereiche der pädagogischen Arbeit, die über übliche Teambesprechungen zur Arbeitsorganisation weit hinausgehen. Gegenseitige Hospitationen sowie Arbeitskreise mit Erzieherinnen aus anderen Einrichtungen und mit Fachleuten aus benachbarten Bereichen haben ebenfalls Fortbildungscharakter. Allerdings müßten für all diese Bereiche bei Bedarf Experten hinzugezogen werden können, damit eine Kompetenzerweiterung hinsichtlich der vielfältigen täglichen Aufgaben bei integrativer Erziehung tatsächlich eintreten kann.

Häufiger als in anderen Einrichtungen fand bei integrativer Erziehung eine Zusammenarbeit und gemeinsame Reflexion zwischen Fachhochschul- bzw. Universitätsangehörigen und Erzieherinnen statt, die jedoch für Erzieherinnen neben der Unterstützung meist erhebliche zusätzliche Arbeit bedeutete.

Sehr sinnvoll erscheint auch die von einem Träger von Sonder- und Regeleinrichtungen gewählte Form der Vorbereitung von Erzieherinnen auf integrative Arbeit durch längerfristige gegenseitige Hospitationen in der jeweils anderen Einrichtung (mindestens 4 Wochen). Allerdings müßten die dabei gewonnenen Erfahrungen mit Kolleginnen, der Fachberaterin o.ä. aufgearbeitet werden, um ihren Charakter als Fortbildung voll entfalten zu können.

Eine weitere Art von Fortbildung fand in Form einer Informationsreise für Erzieherinnen nach Dänemark statt. Dabei wurden Einrichtungen besucht, die integrative Arbeit betrieben. Diese Reise schuf wesentliche Impulse für die Aufnahme bzw. die konzeptionelle Weiterentwicklung integrativer Arbeit in Kindertagesheimen in Bremen.

b) Fortbildungskurse in Form mehrtägiger Veranstaltungen

Von verschiedenen Fortbildungsträgern für Elementarerziehung werden immer wieder abgeschlossene mehrtägige Kurse von unterschiedlicher Länge zum Thema „Integrative Erziehung" angeboten. [1] Bei einem einwöchigen teilnehmerzentrierten Kurs machte ich jedoch die Erfahrung, daß nicht einmal diese relativ lange Zeit ausreichte, um alle anstehenden brennenden Fragen in der erforderlichen Ausführlichkeit bearbeiten zu können. [2] Dennoch halte ich solche Veranstaltungen für sinnvoll. Sie bieten immerhin die Gelegenheit für ein erstes Vertrautwerden mit Fragen integrativer Erziehung sowie für die Bearbeitung von einigen Praxisfragen und -problemen, die unmittelbar in der täglichen Arbeit bewältigt werden müssen. Für Diskussion und vertiefende Bearbeitung wichtiger grundlegender Fragen bleibt allerdings kaum Zeit. Aus diesem Grunde wäre es sinnvoll, wenn mit demselben Teilnehmerkreis in größeren Zeitabständen weitere Veranstaltungen durchgeführt werden könnten.

c) Fortbildungskurse an einzelnen Tagen [3] über einen längeren Zeitraum verteilt

Als weiteres Fortbildungsangebot für integrative Erziehung gibt es eine Mischform aus Beratung und Fortbildung und zwar über

1) z.B. von der Abteilung Fort- und Weiterbildung des Elisabethenstifts Darmstadt, dem Paritätischen Bildungswerk, Niedersachsen, dem Jugendamt Bremen, dem Hessischen Fortbildungswerk für soziale Fachkräfte in Wiesbaden

2) Vgl. Kibler/Miedaner: Fortbildung, 1984, S. 19, S. 22 f.

3) z.B. durchgeführt von der Abteilung Fort- und Weiterbildung des Elisabethenstifts Darmstadt sowie dem Landesjugendamt Hessen

einen längeren Zeitraum eintägig pro Monat. Diese Kurse verlaufen aufgrund des teilnehmerzentrierten Ansatzes sehr unterschiedlich. Bearbeitet werden die Fragen des jeweiligen Teilnehmerkreises, die sich in den verschiedenen Kursen auf ganz unterschiedliche Inhalte beziehen können. Der besondere Vorteil dieses Kurstyps liegt darin, daß die Teilnehmerinnen zwischen den Kurstagen vereinbarte Praxisaufgaben durchführen können, deren Verlauf und Ergebnis dann beim nächsten Treffen reflektiert wird. [4] Auch bei diesem Kurs stellte sich heraus, daß die ursprünglich angebotene Sequenz von fünf Tagen viel zu kurz für die anstehenden Fragen der Teilnehmerinnen war.

d) Fortbildung in Form von Supervision

Supervision wird von seiten vieler Erzieherinnen für ganz besonders wichtig bei integrativer Erziehung gehalten. Sie wird in den verschiedenen Einrichtungen in unterschiedlichen Organisationsformen und von Personen, die sich in sehr verschiedenen Stellungen befinden sowie mit sehr unterschiedlichen Inhalten durchgeführt.

Manchmal ist sie eher auf Wissensvermittlung orientiert, in anderen Fällen werden Beziehungsprobleme und Probleme der Zusammenarbeit im Team behandelt oder es wird über Themen gesprochen, die im Kindergartenalltag von Bedeutung sind, wie z.B. Aggressionen unter den Kindern. Manchmal hat sie eher einen die pädagogische Arbeit planenden Charakter, in wieder anderen Fällen liegt der Akzent mehr auf dem beruflichen Selbstverständnis der Erzieherinnen. [5]

---

4) Vgl. Dittmann: Behinderte Kinder, 1984, S. 24 - 26

5) Vgl. Mindermann: Supervision, 1984, S. 27 - 31
Rothmayr: Integration-Supervision, 1984, S. 32-37
Projektgruppe Integration: Gemeinsame Betreuung, 1981, S. 45 ff.
Feuser: Zwischenbericht, 1984, S. 92, S. 180

e) Fort- und Weiterbildung in Form von längerdauernden Lehrgängen

Für integrative Arbeit gab es längerdauernde Lehrgänge bis vor kurzem nur in Montessori-Pädagogik, die in verschiedenen Organisationsformen durchgeführt werden. [6] In neuerer Zeit wurden auch von anderen Stellen Konzeptionen für längerdauernde Fortbildungslehrgänge entwickelt, z.B. von Prof. Feuser in Bremen [7], vom Paritätischen Bildungswerk, Landesverband Niedersachsen, und von der sozialpädagogischen Fortbildungsstätte, Berlin-Spandau.

Solche längerfristigen Lehrgangskonzeptionen, bei denen in Abständen immer wieder Lehrgangswochen durchgeführt werden, ermöglichen eine sinnvolle und geeignete Vorbereitung und Begleitung integrativer Arbeit. Die inhaltlichen Intentionen der Veranstalter unterscheiden sich jedoch zum Teil erheblich voneinander, da sie verschiedenen Elementarerziehungskonzeptionen verpflichtet sind.

Darüber hinaus gibt es längerdauernde Fortbildungsangebote, die nicht ausdrücklich auf integrative Arbeit abzielen, aber dennoch auch für sie genutzt werden können, z.B. bezüglich

- der Umsetzung verschiedener pädagogischer Konzeptionen
- der Förderung der Kinder bei bestimmten Behinderungsarten,
- der Förderung von Funktions- oder Tätigkeitsbereichen, ohne daß dies ausschließlich auf eine bestimmte Behinderungsart zugeschnitten wäre, wie z.B. Psychomotorik, Rhythmik, Rollenspiel,
- einer allgemeinen Vertiefung der Fähigkeit zur pädagogischen

---

6) Nähere Auskunft über diese Ausbildung kann beim Kinderzentrum München von Prof. Dr. Hellbrügge, Lindwurmstraße 2, 8ooo München 2, eingeholt werden oder bei der Deutschen Montessori-Gesellschaft, Gärtnerweg 29, 6000 Frankfurt 1

7) Feuser, Zwischenbericht, 1984, S. 178 ff.

Arbeit mit verschiedensten Kindern, u.a. in Form der Ausbildung zum Spielpädagogen. [8)]

Ein Defizit bei diesen Angeboten wird es jedoch bleiben, daß der Bezug zu integrativer Arbeit von den einzelnen Personen hier individuell geleistet werden muß.

2.3 Zusammenfassende Bewertung

Hält man gemeinsame Erziehung im Sinne der angestrebten Verwirklichung einer Normalisierung des Lebens behinderter Menschen für richtig, so müßte sich diese Zielsetzung sowohl in der Erzieherausbildung als auch in der Fort- und Weiterbildung wiederfinden. Dies ist jedoch bisher im Bereich der Ausbildung noch gar nicht, im Bereich der Fort- und Weiterbildung erst zögernd der Fall.

Die vorgefundenen Angebote der Fort- und Weiterbildung dienen der Erfassung und Verarbeitung ganz unterschiedlicher Inhalte und kommen ganz verschiedenen zeitlichen Bedürfnissen entgegen. Sie können sich daher sinnvoll ergänzen bzw. es können auf diese Weise Überfrachtungen einzelner Angebote vermieden werden.

In Ergänzung zur bestehenden Praxis empfiehlt sich dringend die Installierung längerfristig angelegter berufsbegleitender Fort- und Weiterbildungsangebote. Solche Möglichkeiten sollten geschaffen werden, weil für integrative Arbeit Kenntnisse und Fähigkeiten erforderlich sind, die von Erzieherinnen zum Teil erst im Berufsfeld erworben werden können und müssen und weil die Zeiträume bei kürzeren Kursen nach übereinstimmender Erfahrung nicht ausreichen, um die Fülle der anstehenden Fragen

---

8) Über diese Ausbildung können beim Paritätischen Bildungswerk in Hessen, 6000 Frankfurt/M. sowie bei der Abteilung Fort- und Weiterbildung des Elisabethenstifts, 6100 Darmstadt Auskünfte eingeholt werden

zu bearbeiten und erforderliches Wissen zu vermitteln. Bewährt haben sich insbesondere Kurssequenzen mit dazwischenliegenden Praxisphasen. Dies war zumindest dann der Fall, wenn diese Struktur bewußt in die Lehrgangskonzeption aufgenommen wurde, da es auf diese Weise leichter ist, an den Erfahrungen und Fragen (also auch an Problemen in den Gruppen) von Erzieherinnen anzuknüpfen und sie nicht mit Wissen zu erschlagen, sondern ihnen Zeit zur aktiven Erarbeitung zu geben.

Die Träger sind gefordert, solche Angebote zur Verfügung zu stellen, dies ist insbesondere in den Bundesländern dringend angezeigt, in denen integrative Erziehung mittlerweile verankertes Erziehungsangebot ist. Von politischer Seite und von seiten der Träger müßten Rahmenbedingungen geschaffen werden, die sowohl den zeitlichen als auch den personellen Erfordernissen von Fort- und Weiterbildung in den unterschiedlichen Formen Rechnung tragen. Dabei zeigen Erfahrungen, daß eine Umsetzung neuer Inhalte wesentlich erleichtert wird, wenn ein ganzes Team, zumindest aber mehrere Mitglieder eines Teams, gemeinsam an Fortbildungsveranstaltungen teilnehmen können. Zudem wäre im Hinblick auf Teamarbeit und den Austausch spezifischer Kompetenzen die Einbeziehung aller in einer Einrichtung tätigen Berufsgruppen notwendig.

Berufspolitisch wäre zu fordern, daß sich die Teilnahme an einzurichtenden längerfristigen Fortbildungsangeboten für die Beteiligten auch in einer formellen Anerkennung der Höherqualifizierung niederschlägt und eine Bezahlung zumindest entsprechend derjenigen von Erzieherinnen in Sondereinrichtungen nach sich zieht.

V. PERSPEKTIVEN

1. Die flächendeckende Verbreitung integrativer Erziehung fordert gesellschafts-, sozial- und bildungspolitische Innovationen

Unter gesellschafts-, sozial- und bildungspolitischen Gesichtspunkten wäre festzuhalten, daß sich integrative Erziehung in den drei Einrichtungstypen, in denen sie stattfindet, in den letzten Jahren ständig verbreitet hat, daß sie aber keinesfalls als flächendeckend durchgesetzt gelten kann. Immerhin haben sich jedoch in einigen Regionen die Wahlmöglichkeiten für Eltern bezüglich der Erziehungsform, die ihnen für ihr Kind geeignet erscheint, vergrößert. Es wäre zu wünschen, daß sich diese Entwicklung auf alle Regionen und alle Bundesländer ausdehnt und daß sie darüberhinaus eine Einbettung in allgemeine gesellschafts-, sozial- und bildungspolitische Innovationen erfährt, die in die Richtung des dänischen Normalisierungsprinzips gehen. Bezogen auf den gesellschaftlichen Teilbereich Kindergarten wären zur Begünstigung der Verbeitung von Integration vor allem strukturelle Bedingungen und Regelungen zu schaffen, die die bisher bestehenden Grenzen der Institutionen überwinden und zur Planung und Förderung von gemeinsamen Einrichtungen für alle Kinder im Vorschulalter führen.

In diesem Rahmen müßte auch hinsichtlich der Sondereinrichtungen über eine Verlagerung ihrer Aufgabenstellung nachgedacht werden. Denkbar wären Entwicklungen in folgende Richtungen, die von Sondereinrichtungen z.T. bereits praktiziert, teilweise aber erst überlegt und angestrebt werden:

– Öffnung von Sondereinrichtungen für nichtbehinderte Kinder,

– Verbleib von kleinen Gruppen mit sehr schwer behinderten Kindern im Gebäude der Sondereinrichtung, um die vorhandenen therapeutischen Möglichkeiten zu nutzen; daneben in enger Anbindung Gruppen mit nichtbehinderten Kindern oder integrative Gruppen,

- Sondereinrichtungen als Sitz von ambulanten Beratungs- und Therapieteams, wobei hier auch Personal mit Erfahrungen vorhanden wäre, um die Eingewöhnungsphase behinderter Kinder in integrativ arbeitenden Einrichtungen zu begleiten.

Die Formulierung von Perspektiven für integrative Arbeit erfordert zunächst, daß die drei Typen integrativer Erziehung hinsichtlich der Qualität der in ihnen zu erreichenden integrativen Prozesse beruteilt werden:

a) Es wurde herausgearbeitet, daß integrative Erziehung in ***additiver*** Form zwar als Fortschritt gegenüber der bisherigen Segregation gewertet werden kann, daß aber als Hauptkritikpunkt an dieser Form der Erziehung zu nennen ist, daß es durch die organisatorischen Voraussetzungen in aller Regel nicht zur selbstverständlichen Aufnahme von Kontakten im Kindergartenalltag und damit im Lebenszusammenhang von behinderten und nichtbehinderten Kindern kommt. Gemeinsamkeiten bleiben damit trotz aller Mühe von Erzieherinnen meist nur ,,künstlich'' hergestellte Ausnahmesituationen.

   Eine wesentliche Funktion additiver Erziehungsformen ist es dennoch, integrative Prozesse einzuleiten, sie sind daher in erster Linie als Übergangslösung bis zur Schaffung von gemischten Gruppen anzusehen.

b) Erziehung in ***integrativen*** Gruppen weist unter pädagogischen Gesichtspunkten deutliche Vorteile gegenüber der Betreuung in segregierenden oder additiven Erziehungsformen auf. Durch die Bildung von gemischten Gruppen und eine personelle Ausstattung mit mehreren Personen pro Gruppe sind günstigere Voraussetzungen für die Entstehung von sozialen Beziehungen zwischen den Kindern vorhanden, als in den beiden anderen Einrichtungsformen.

Integrative Einrichtungen bleiben aber dennoch ein Einrichtungstyp, bei dem es sich um ***besondere*** Kindergärten handelt, in die zentralisiert ganze Gruppen von behinderten Kindern — häufig sogar mit nur einer Behinderungsart — aufgenommen werden und in denen sich damit „Integration" allzuleicht nur auf die Einrichtung und das Gruppengeschehen bezieht, nicht jedoch auf Wohngebiet und die Familien.

c) Bei Einzelintegration in ***Regeleinrichtungen*** sind die meisten gravierenden Probleme der bereits genannten Formen integrativer Arbeit aufgehoben. Als wesentlichste Nachteile müssen bei dieser Erziehungsform jedoch genannt werden, daß durch die Institution im allgemeinen die therapeutische Versorgung bedürftiger Kinder nicht sichergestellt ist und daß in den meisten Fällen für integrative Arbeit ungünstige Rahmenbedingungen vorhanden sind.

Will man nun bewerten, in welchem Einrichtungstyp integrative Erziehung am umfassendsten gewährleistet werden kann, und nimmt man als Bewertungsmaßstab das Kriterium der Entstehung möglichst dichter sozialer Beziehungen inner- und außerhalb des Kindergartens für Kinder und Eltern, so wäre dies von seiner Struktur her der einzugsgebietsspezifische Regelkindergarten. Die hohe Akzeptanz dieser Form integrativer Erziehung zeigt sich an der breiten Existenz dieses Versorgungstyps für behinderte Kinder (vgl. S. 36). Aufgrund der genannten Nachteile hinsichtlich der Ausstattung dieses Einrichtungstyps gegenüber integrativen Gruppen können Regeleinrichtungen jedoch im Augenblick nicht als geeignetes integratives Erziehungsangebot für ***alle*** Kinder angesehen werden. Dies zeigt sich u.a. . an der Tatsache, daß in Regeleinrichtungen mit Einzelintegration eher leichter behinderte Kinder betreut werden.

Zusammenfassend ist also zu sagen, daß integrative Erziehungsangebote in allen drei Formen sowohl über Nachteile als auch über Vorteile verfügen. Außerdem existieren in den verschiedenen Regionen sehr unterschiedliche Strukturen, die es mit sich bringen, daß die Präferenz für eine Unterstützung eher beim einen oder anderen Einrichtungstyp liegen muß. Somit ist es erforderlich, perspektivische Überlegungen auf zwei Ebenen anzusiedeln, einmal auf derjenigen der kurzfristigen Verbesserungen der Bedingungen in den verschiedenen Einrichtungstypen, um integrative Arbeit in der Gegenwart dort, wo es erforderlich ist, zu erleichtern. Zum zweiten müßte über eine Langzeitperspektive nachgedacht werden, die die weitere Verankerung von Integration im Kindergartenbereich zum Ziel hat, wobei auch eine grundlegende Weiterentwicklung der bestehenden institutionellen Betreuungsstruktur reflektiert werden muß. Orientierungspunkte für die anzustrebende Entwicklung müßten folgende Überlegungen sein:

- Es sollten keine neuen zentralisierten Sondereinrichtungen mehr geschaffen, sondern stattdessen ***einzugsgebietsspezifische Lösungen*** gesucht werden, die in der Lage sind, flexibel auf die regionalen Bedingungen und die individuellen Bedürfnisse der Betroffenen einzugehen. Es sollte zudem auch die bereits bestehende Trennung in Einrichtungen für behinderte und nichtbehinderte Kinder aufgehoben werden, d.h. Sondereinrichtungen sollten mindestens in additiver Form, besser aber als integrative Einrichtungen weitergeführt werden oder es sollte Einzelintegration angestrebt werden.

- Die Einrichtungen sollten klein und überschaubar angelegt sein sowie eine vielfältige Ausstattung mit guten räumlichen Bedingungen für differenzierte pädagogische und therapeutische Arbeit und für Bewegungserziehung haben.

- Es sollten bedarfsgerechte Öffnungs- und Anwesenheitszeiten angeboten werden, die darauf angelegt sind, trennende Bedingungen für behinderte und nichtbehinderte Kinder zu vermeiden.

- Auch die Gruppengrößen müßten Integrationsbemühungen angemessen sein. Nach Ansicht vieler Erzieherinnen ist für integrative Gruppen eine Gruppenstärke von zwölf Kindern wünschenswert, wovon nicht mehr als drei behindert sein sollten. Von drei behinderten Kindern sollte auch bei ansonsten günstigen Rahmenbedingungen nicht mehr als eines schwerstbehindert sein. In Regeleinrichtungen mit Einzelintegration müßten die Gruppen bei Aufnahme behinderter Kinder verkleinert werden können, z.B. nach dem Schema ein behindertes Kind zählt für fünf nichtbehinderte, wobei je nach den besonderen Bedürfnissen des aufgenommenen Kindes und der Regelgröße der Kindergruppe noch weit günstigere Lösungen zu vereinbarn sein müßten.

- Es sollte eine Gruppenzusammensetzung vorhanden sein, die sich unter pädagogischen Gesichtspunkten an den Kiterien konsequente Altersmischung, konsequente Mischung nach Art und Schwere der Behinderung (einschließlich schwer- und schwerstbehinderter Kinder) und deutlich weniger behinderte als nichtbehinderte Kinder orientiert.

- In ***additiven*** Einrichtungen müßte ein Personalstand gewährleistet werden, der die Aufnahme integrativer Kontakte ermöglicht. In ***integrativen*** Gruppen und in ***Regelgruppen mit Einzelintegration*** müßten für die pädagogische Arbeit zwei bis vier Erwachsene pro Gruppe vorhanden sein, davon mindestens zwei pädagogische Fachkräfte. Außerdem sollte für die Unterstützung der Eingewöhnungsphase von behinderten Kindern insbesondere in Regeleinrichtungen mit Einzelintegration zumindest zeitweise sonderpädagogisch geschultes Personal (evtl. aus den bisherigen Sondereinrichtungen) zur Verfügung gestellt werden. Zudem müßte therapeutisches Personal in der Anzahl und Anstellungsform vorhanden sein, daß Therapie integrationsunterstützend organisiert werden kann und integrationsfeindliche Momente zu vermeiden sind. Auch bei Einzelintegration müßte die therapeutische Versorgung z.B. über ambulante Dienste sichergestellt werden.

- Für das Personal müßten Strukturen geschaffen werden, die Teamarbeit zulassen bzw. sie gewährleisten, das bedeutet einen weitgehenden Verzicht auf hierarchische Strukturen sowie auf strenge Aufgabentrennung, z.B. müßte über Aufnahme und Verteilung von Kindern auf die Kindergruppen gemeinsam entschieden werden, zumindest aber in Absprache miteinander.

- Für das Personal müßten ausreichend kinderfreie Zeiten zur Durchführung aller in einem Kindergarten anfallenden und zusätzlich durch integrative Erziehung entstandenen Aufgaben zur Verfügung gestellt werden.

- Die Rahmenbedingungen sollten flexibel und bedarfsgerecht abgewandelt werden können, dabei sollte davon ausgegangen werden, daß bessere Bedingungen für die Aufnahme eines behinderten Kindes allen Kindern zugute kommen.

- Pädagogische Angebote müßten aufgrund eingehender Analysen erfolgen und sie müßten sich an den Gesichtspunkten Förderung ohne Leistungsdruck bei Beachtung von Kooperation, Individualisierung und Differenzierung orientieren (dazu gehören bestimmte Rahmenbedingungen).

- Es müßten vorbereitende und begleitende Fort- und Weiterbildungsangebote in unterschiedlichen Organisationsformen und mit unterschiedlichen Inhalten für einzelne Mitarbeiter oder das gesamte Team (also auch für alle beteiligten Berufsgruppen) im erforderlichen Ausmaß zur Verfügung gestellt werden.

Zur Verwirklichung der genannten Forderungen ist die Entwicklung einer engen Kooperation zwischen verschiedenen Einrichtungstypen sowie den Einrichtungen und der jeweils zuständigen Administration notwendig. Allerdings stimmt die politische Situation hinsichtlich der Durchsetzung der erforderlichen strukturellen Bedingungen ganz besonders für wohnortnahe Einzelintegration wenig optimistisch, da sich durch die in den letzten Jahren erfolgten Kürzungsmaßnahmen die Lage in den Einrichtungen eher verschlechtert als verbessert hat. Dies schlug sich in vielen Einrichtungen in einer Erhöhung der Kinderzahl pro Gruppe (insbesondere auch bei den oft kleineren Nachmittagsgruppen, die eine günstigere Voraussetzung für die Aufnahme integrativer Kontakte boten), in einer Verringerung des Personals, in der verstärkten Einführung von Teilzeitarbeit und in einer verschlechterten materiellen Ausstattung nieder.

Um die Integrationschancen behinderter Kinder zu verbessern, wären über die bereits genannten Forderungen hinaus weitere sozial- und bildungspolitische Maßnahmen zu bedenken. So sollten z.B. Regelungen geschaffen werden, wie sie in anderen europäischen Ländern existieren, in denen berufstätigen Eltern bezahlter Sonderurlaub gewährt wird, um zumindest behinderte Kinder während der Eingewöhnungszeit in Einrichtungen durch ihre Anwesenheit unterstützen zu können.

Wenn die genannten Punkte verwirklicht würden, wäre ein großer Schritt in Richtung auf eine Normalisierung der Lebensbedingungen behinderter ***Kinder*** getan. Eine Normalisierung der Lebensbedingungen der Behinderten in unserer Gesellschaft wäre damit jedoch noch längst nicht erreicht. Sie kann nur über eine konsequente Veränderung bestehender gesellschaftlicher Bedingungen und Orientierungen stattfinden, an deren Umsetzung sich politisch Verantwortliche aus allen Bereichen beteiligen müßten.

Zunächst ist jedoch erst einmal zu hoffen, daß sich Integration im Elementarbereich weiter durchsetzt, ohne daß von politisch Verantwortlichen versucht wird, sie zum Zwecke des „Sparens" zu benutzen. Weiterhin ist als kurzfristige Perspektive zu wünschen, daß die inzwischen vielerorts enstandenen Initiativen für einen integrativen Schulbesuch dieses Ziel in absehbarer Zeit erreichen.

2. Forschungsperspektiven

Im Verlauf dieses Berichts wurde immer wieder auf Wissenschaftsdesiderate hingewiesen, deshalb sollen sie hier keiner eingehenden Ableitung und Begründung mehr unterzogen werden, vielmehr werden sie nur noch einmal in Form einer Auflistung zusammenhängend benannt:

— Es wäre erforderlich, angemessenere Problemdefinitionen im Hinblick auf integrative Kindergartenerziehung zu entwickeln, als es die bisher gültigen Behindertenkategorien sind; dies schließt auch die Definition schwer- und schwerstbehinderter Kinder ein.

— Es sollten statistische Daten über die Anzahl behinderter Kinder im Vorschulalter — auch der Gruppe der schwer- und schwerstbehinderten — und die vorhandenen bzw. erforderlichen Betreuungsangebote erhoben werden.

— Es sollten die Bedingungen von Wandlungen des individuellen und öffentlichen Bewußtseins gegenüber behinderten Menschen im internationalen Vergleich untersucht werden.

— Es wäre sinnvoll, die Gründe für den unterschiedlichen Stand bzw. die unterschiedliche Struktur integrativer Erziehung in den einzelnen Bundesländern herauszuarbeiten.

— Es wäre zu überlegen, ob es sinnvoll ist, „vergleichende" Längsschnittuntersuchungen hinsichtlich der Effizienz der Erziehung behinderter und nichtbehinderter Kinder in unterschiedlichen Einrichtungstypen durchzuführen, z.B. unter den Gesichtspunkten der sozialen und intellektuellen Entwicklung.

- Es sollten Langzeituntersuchungen durchgeführt werden, die u.a. Auskunft darüber geben können, wie sich integrative Erziehung im Elementarbereich langfristig auf das Zusammenleben von behinderten und nichtbehinderten Menschen in unserer Gesellschaft auswirkt: Gibt es Unterschiede in der Haltung von behinderten und nichtbehinderten Kindern, die in integrativen Einrichtungen aufwachsen, im Vergleich zu Kindern, die Integration nicht kennenlernen und wirken sich solche Unterschiede auch noch aus, wenn diese Kinder erwachsen sind?

- In systematischen Untersuchungen wäre zur klareren Bewertung unterschiedlicher Erziehungsangebote z.B. zu klären, welche Bedeutung der Nachahmung für die Lern- und Entwicklungsmöglichkeiten behinderter Kinder zukommt. In diesem Zusammenhang wäre besonders interessant, der Fragestellung nachzugehen, inwieweit die „behinderten" Verhaltensweisen von Kindern in Sondereinrichtungen Ergebnis von Nachahmungslernen sind und in integrativen Einrichtungen weniger vorkommen.

- Es wäre notwendig, die Entwicklungen im Bereich von Sonder- und Regeleinrichtungen, von Frühförderung und von integrativer Erziehung im Elementarbereich zu verfolgen und hinsichtlich der quantitativen Veränderungen sowie der sich wandelnden Verwaltungsregelungen ständig zu beobachten, weiterzuschreiben und in ihrer jeweiligen Bedeutung zu analysieren.

- Es sollte herausgearbeitet werden, welche Rahmenbedingungen sowohl in Regel- wie in integrativen Gruppen erforderlich sind, um alle Kinder – auch schwer- und schwerstbehinderte – integrieren zu können.

– Es sollten Untersuchungen darüber durchgeführt werden, welche Bedeutung den verschiedenen pädagogischen Konzeptionen bei integrativer Erziehung zukommt und wo Unzulänglichkeiten bzw. Probleme liegen. Dabei sollte auch herausgearbeitet werden, wie und mit welchem Erfolg die jeweils angegebenen Erziehungsziele in der täglichen Arbeit umgesetzt werden.

– Es sollten systematische Informationen über die Wandlungsprozesse der Beziehungen zwischen behinderten und nichtbehinderten Kindern im Kindergarten gewonnen werden, die aufgrund der sich verändernden Interessen der Kinder während ihrer Entwicklung eintreten.

– Es wäre notwendig, die Gründe für das Scheitern von integrativen Erziehungsprozessen herauszuarbeiten.

– Es ist erforderlich, die bisher gewonnenen Ergebnisse in angemessene Fort- und Weiterbildungskonzeptionen für integrative Erziehung umzusetzen.

– Des weiteren wäre es sinnvoll, Informationen hinsichtlich der Bewertung der vorhandenen Erziehungsangebote durch die Eltern zu gewinnen sowie bezüglich der Motive ihrer Wahl und ihrer Zufriedenheit mit der getroffenen Entscheidung.

Forschungsaufgaben, die sich auf die genannten Punkte und Bereiche beziehen, könnten wesentlich zu einer angemessenen Bewertung integrativer Erziehung sowie zu einer Verbesserung vorhandener Bedingungen und zu einer breiteren Verankerung beitragen. Forschung und darauf aufbauende Entwicklungen im institutionellen Bereich sind unverzichtbar, wenn integrativer Erziehung nicht nur verschleiernder Alibicharakter eines Sozialstaates zukommen soll, sondern wenn sie für behinderte und nichtbehinderte Kinder gemeinsam angemessene Bildungschancen sicherstellen möchte.

VERZEICHNIS DER BENUTZTEN MATERIALIEN

Abschlußbericht der wissenschaftlichen Begleitung des Modellversuchs Kindertagesstätte Adalbertstr. 23b, Berlin-Kreuzberg. Der Senator für Schulwesen, Jugend und Sport (unveröffentlichtes Manuskript), Berlin 1982

Abschlußbericht des Projekts: Integration von Kindern mit besonderen Problemen, Teil I: „Formen gemeinsamer Erziehung behinderter und nichtbehinderter Kinder im Elementarbereich", München 1985

Alpers, Wilfriede u.a.: Integration. Erste Erfahrungen nach 6 Monaten gemeinsamen Spielens und gemeinsamen Lernens. Hg.: Kindertagesstätte der Spastikerhilfe Bremen e.V., Osterholzer Heerstr. 194, 2800 Bremen 44

Alpers, Wilfriede u.a.: Personelle Voraussetzungen für Integrationsgruppen vor dem Hintergrund der gegenwärtigen pädagogisch-therapeutischen Praxis in der Kindertagessttätte. Hg.: Kindertagesstätte Spastikerhilfe Bremen e.V., Osterholzer Heerstraße 194, 2800 Bremen 44

Arbeiterwohlfahrt Kindertagesstätte Schenefeld, 2000 Hamburg. Bericht über den zweijährigen Verlauf der Integrationsgruppe. September 1977 bis Juli 1979, Schenefeld 1979

Arbeitsgrundlage des Kindergarten Pasing, Pädagogisches Zentrum e.V., München 60, Floßmannstr. 1, München 1974

Bayerischer Jugendring: Für eine Jugendpolitik im Interesse der Kinder. Aufforderungen an Gesellschaft, Politik und Jugendarbeit nach dem Jahr des Kindes, München 1979

Bericht über die Integrations-Kindertagesstätte Adalbertstr. 23b, 1000 Berlin

Deschle, Maria: Die Anpassung einiger Montessori-Materialien an das behinderte Kind (vervielfältigtes Manuskript), 1977

Diakonisch-Soziales Zentrum, 8630 Coburg, Leopoldstraße 61 - 63: Konzeption für die Arbeit im integrierten Kindergarten des Diakonisch-Sozialen Zentrums in Coburg, Januar 1981

Erfahrungsbericht. (Aus der Integrationsgruppe im AWO-Sozialzentrum Gevelsberg-Asbeck e.V.)

Erfahrungsbericht über einen Integrationsversuch im Vorschulalter, bearbeitet von Prof. Dr. Neumann, 1982

Evang. Kindergarten „Mark", Schwerterstraße, 4600 Dortmund-Aplerbeck: Konzept für die pädagogische Arbeit mit behinderten und nichtbehinderten Kindern, März 1979

Evang. Kindertagesstätte für behinderte und nichtbehinderte Kinder, Lerchenweg 2, 4019 Monheim. Integration, Möglichkeit – Grenzen

Gemeinsame Betreuung sprachbehinderter und nichtbehinderter Vorschulkinder. Konzeption und Erfahrungen aus der Praxis der Kindertagesstätte der Arbeiterwohlfahrt. Levester Str. 28, 3000 Hannover 91 (1983)

Gemeinsame Erziehung von nichtbehinderten und behinderten Kindern in der Kindertagesstätte Adalbertstr. 23b

Gesellschaft zur Betreuung entwicklungsgestörter und seelenpflegebedürftiger Kinder e.V. Bremen, 1982. In: Tagesbetreuung von behinderten Kindern in der Stadtgemeinde Bremen. Hg.: Senator für Soziales, Jugend und Sport, Bremen 1983

Haus des Kindes. Sonderkindergarten Rinteln. Ein Erfahrungsbericht. Hg.: Deutscher Paritätischer Wohlfahrtsverband Niedersachsen e.V., Kreisgruppe Schaumburg, 4967 Bückeburg, Schloß

Integration behinderter Menschen. Bücherliste. Hg.: Deutsches Jugendinstitut. Projekt „Integration von Kindern mit besonderen Problemen". Bearbeitung: Gisela Dittrich, München 1984^2

Integrationskindertagesstätte für autistische Kinder, 1000 Berlin 65, Tegeler Str. 43, 1978

Integrativer Kindergarten der evangelischen französisch-reformierten Gemeinde, Eschersheimer Landstr. 393, 6000 Frankfurt/Main 1, 1980

Interview vom November 1980 in der Kindertagesstättenkombination, Schwarzer Weg 6, 6100 Darmstadt

Interview vom 9. November 1980 mit Erzieherinnen der Kindertagesstätte des Elternvereins Klarenthal e.V., 6200 Wiesbaden-Klarenthal, Otto-Wels-Str. 136

Kalender aus dem integrativen Kindergarten der evangelischen französisch-reformierten Gemeinde, Eschersheimer Landstraße 393

Kibelksties, Sabine: Situationsbeschreibung und persönliche Einschätzung der Arbeit mit behinderten Kindern in städtischen Kindertagesheimen in Bremen (unveröffentlichtes Manuskript), Bremen 1980

Kindergarten im Werner Otto Institut der Alsterdorfer Anstalten, Bodelschwinghstr. 23, 2000 Hamburg 60: Gemeinsame Erziehung behinderter und nichtbehinderter Kinder, 1980

Kindergarten Pasing 1979. Pädagogisches Zentrum e.V. gemeinnütziger Verein, Floßmannstr. 1, 8000 München-Pasing

Kindergarten Wenden-Schönau, 1981

Kindergartenordnung (des integrativen Kindergartens der evangelischen französisch-reformierten Gemeinde e.V.). Beschlossen vom Kindergartenausschuß am 5. September 1977

Kindertagesheim „Auf den Hunnen": Integration: Ja! Aber wie? Dietmar Benter für die Mitarbeiter der Integrationsgruppen des Kindertagesheimes „Auf den Hunnen" in Bremen

Konzept des integrierten Kindergartens der Lebenshilfe e.V., Ringallee 64, 6300 Gießen

Konzept für die Integrationsgruppe im AWO-Sozialzentrum Gevelsberg-Asbeck, Neulanderstr. 1 - 3

Lackmann, Leoni: Möglichkeiten und Grenzen des situationsdidaktischen Curriculums, Diplomarbeit Oldenburg

Maar, Gisela: Untersuchung zu altersgemischten Gruppen in NRW — unveröffentlichtes Rundschreiben an die Fachkräfte in sozialpädagogischen Einrichtungen, Münster 1977

Montessori-Kindergarten für behinderte und nichtbehinderte Kinder, Gustav-Heinemann Haus, Bonn 1980

Sonderkindertagesstätte, Schwarzer Weg 6, 6100 Darmstadt: Bericht über den Beginn der integrativen Gruppen an der Kindertagesstätte der katholischen Gemeinde St. Elisabeth und der Sonderkindertagesstätte für geistig behinderte Kinder der Lebenshilfe, Schwarzer Weg, Darmstadt

Stamm, Barbara/Scholz, Hannelore/Merkel, Horst: Fördergruppen für gemeinschaftsschwierige Kinder in Kindertagesstätten, Hannover 1979 mit Ergänzungen von 1981 und 1982

Tagesbetreuung von behinderten Kindern in der Stadtgemeinde Bremen. Hg.: Senator für Soziales, Jugend und Sport, Bremen 1983

Vorläufiges Konzeptionspapier aus dem Kinderhaus Friedenau e.V., Hedwigstraße 13, 1000 Berlin 41.

Vorschläge für die gemeinsame Erziehung von behinderten und nichtbehinderten Kindern in Kindertagesstätten (Integrationsgruppen). Behindertenprojekt, Kernteam, Berlin 1981

Zur Diskussion um die integrierten Gruppen, Braunschweig 1979

Zwischenbericht zur pädagogischen Arbeit mit behinderten und nichtbehinderten Kindern und deren Eltern im evangelischen Kindergarten Dortmund-Aplerbeck-Mark, 1979

LITERATURVERZEICHNIS

Arbeitsgruppe Vorschulerziehung: Anregungen I: Zur pädagogischen Arbeit im Kindergarten, München 1977[5]

Arbeitsgruppe Vorschulerziehung und Erzieherinnen aus Modellkindergärten der Länder Rheinland-Pfalz und Hessen: Curriculum „Soziales Lernen". Didaktische Einheit „Behinderte Kinder", München 1980/81

Arbeitsgruppe Vorschulerziehung und Erzieherinnen aus Modellkindergärten der Länder Rheinland-Pfalz und Hessen: Curriculum „Soziales Lernen". Didaktische Einheit „Behinderte Kinder". Erprobungsfassung, München 1976

Arbeitsgruppe Vorschulerziehung und Erzieherinnen aus Modellkindergärten der Länder Rheinland Pfalz und Hessen: Curriculum „Soziales Lernen". Didaktische Einheit „Große und kleine Kinder", München 1980

Arens, Karin: Ein geglückter und ein mißglückter Versuch der Integration. In: Theorie und Praxis der Sozialpädagogik, 91. Jg., 83/3, S. 130-133

Bambach, Heide/Gerstacker, Ruth: Der Situationsansatz als didaktisches Prinzip: Die Entwicklung didaktischer Einheiten. In: Curriculumentwicklung im Vorschulbereich. Hg.: Jürgen Zimmer. Bd. 1, München 1973, S. 154 - 206

Barow-Bernstorff, Edith u.a. (Hg.): Beiträge zur Geschichte der Vorschulerziehung, Berlin (DDR), 1974

Becker, Klaus: Probleme bei der Betreuung erwachsener Schwerstbehinderter. Referat, gehalten am 12. März 1976 in Bad Kreuznach, vor der „Arbeitsgemeinschaft der Einrichtungen für Körperbehinderte". In: Andreas Fröhlich (Hg.): Dokumentation zur Situation Schwerstbehinderter. Sonderheft der Zeitschrift für Heilerziehung und Rehabilitationshilfen. Staufen/Breisgau 1978, S. 105-109

Becker, Petra: Gemeinsame Erziehung behinderter und nichtbehinderter Kinder in einem Regelkindergarten – exemplarisch dargestellt am Werdegang von Kerstin J. In: Gemeinsam Leben 1/1980, S. 1-19. „Gemeinsam Leben" wird von der Projektgruppe „Integration von Kindern mit besonderen Problemen" am DJI, Freibadstr. 30, 8000 München 90, herausgegeben.

Begemann, Prof. Dr., Ernst: Behinderte – Eine humane Chance unserer Gesellschaft, Berlin 1973

Behinderte im Kindergarten. 1. Zwischenbericht. Entwicklung und Förderung behinderter Kinder im Kindergarten und nichtbehinderter Kinder im Sonderkindergarten. Hg.: Ministerium für Soziales, Gesundheit und Umwelt in Rheinland Pfalz, o.J.

Behinderte in ausländischen Schulen – Wege zur Integration. Marburger Beiträge zur Vergleichenden Erziehungswissenschaft und Bildungsforschung, Bd. 17. Hg.: Viktor von Blumenthal, Bruno Nieser, Heinz Stübig, Bodo Willmann in Verbindung mit Leonhard Froese. Forschungsstelle für Vergleichende Erziehungswissenschaft, Philipps-Universität Marburg, München 1982

Böhm, Winfried: Die Freude, ein Ungleicher unter Gleichen zu sein. Autorität, Disziplin – und die Befreiung des Kindes. In: Sozialmagazin, 4. Jg., 1979/1, S. 23-27

Bonderer, Eduard: Integrationsbegriffe in der Behindertenpädagogik. In: Vierteljahreszeitschrift für Heilpädagogik, 49. Jg., 1980/1, S. 57 - 66; 49. Jg., 1980/2, S. 179 - 190

Brumme, Gertrud-Marie: Maria Montessori. In: Edith Barow-Bernstorff u.a. (Hg.): Beiträge zur Geschichte der Vorschulerziehung, Berlin (DDR) 1974, S. 288 ff.

Buch, Andrea/Heinecke, Birgit u.a.: An den Rand gedrängt. Was Behinderte daran hindert, normal zu leben, Hamburg 1980

Bürli, Alois: Integration Behinderter in Italien am Beispiel der Region Parma. In: Vierteljahresschrift für Heilpädagogik, 53. Jg., 1984/2, S. 178 - 194

Colberg-Schrader, Hedi/Krug, Marianne: Lebensnahes Lernen im Kindergarten. Zur Umsetzung des Curriculum „Soziales Lernen“, München 1980

Deutscher Bildungsrat – Die Bildungskommission: Empfehlungen der Bildungskommission: Zur pädagogischen Förderung behinderter und von Behinderung bedrohter Kinder und Jugendlicher, Bonn 1973

Dittmann, Marianne: Behinderte Kinder in der Gruppe. Fortbildungskurs an fünf einzelnen Tagen. In: Gemeinsam Leben, 5. Jg., 1984, Heft 10, S. 24 - 26

Dittmann, Marianne: Behinderte Kinder in der Gruppe. Konzept einer Fortbildung. In: Theorie und Praxis der Sozialpädagogik, 91. Jg., 1983/3, S. 137 - 140

Dittmann, Marianne: Integration behinderter Kinder. Ein Fortbildungskonzept zu „Gemeinsam leben lernen im Kindergarten“, Darmstadt o.J., (Teile daraus wurden veröffentlicht in Theorie und Praxis der Sozialpädagogik, 91. Jg., 1983/3, S. 137 - 140)

Dittmann, Marianne/Haug, Egbert: Integration und Diakonie. In: Theorie und Praxis der Sozialpädagogik, 91. Jg., 1983/3, S. 141 - 142

Dittrich, Gisela/Miedaner, Lore/Schneider, Kornelia: Auswirkungen des Sozialabbaus im Kindergarten- und Kindertagesstättenbereich. Dokumentation einer Arbeitstagung im Deutschen Jugendinstitut vom 7. bis 9. Juni 1982, DJI-Materialien, München 1982

Dormagen-Kreutzbeck, Inge: Soziologie der Persönlichkeit. Zum Problem der Einzigartigkeit und der gesellschaftlichen Determiniertheit der Menschen. In: Karlheinz Braun/Klaus Holzkamp (Hg.): Kritische Psychologie. Bericht über den 1. Internationalen Kongreß Kritische Psychologie von 13. bis 15. Mai in Marburg. Bd. 2: Diskussion, Köln 1977, S. 338 - 342

Dreyer, Anette u.a.: Warum nicht so? Geistigbehinderte in Dänemark. Behindertenpädagogik in Theorie und Praxis, Bd. 3., Oberbiel 1981

Dürr, Erwin: Anstöße zu einer neuen Praxis evangelischer Kindergärten. In: Diakonie, 9. Jg., 1983/1, S. 13 - 16

Einzelintegration behinderter Kinder in Berliner Kindertagesstätten. Hg.: Der Senator für Schulwesen, Jugend und Sport. Am Karlsbad 8 - 10, 1000 Berlin 30

Eisele, Ursula: Behinderte Kinder im Regelkindergarten. In: Diakonie, 9. Jg., 1983/1, S. 17 - 22

Elkind, David: Zwei entwicklungspsychologische Ansätze: Piaget und Montessori. In: Gerhard Steiner (Hg.): Die Psychologie des 20. Jahrhunderts. VII Piaget und die Folgen, Zürich 1978, S. 584 - 594

Erfahrungen bei Einrichtung und Führung eines integrativen Kindergartens. Schriftenreihe: Lernziel Integration. Heft 1. Hg.: Evangelische französisch-reformierte Gemeinde Frankfurt, Bonn 1980

Erziehung zur Freiheit. Die Pädagogik Rudolf Steiners. Bilder und Berichte aus der internationalen Waldorfschulbewegung, Stuttgart, 1972

Ex, Christa/Strive, Margret: Integrierter Kindergarten. Gemeinsame Erziehung körperlich behinderter und nichtbehinderter Kinder — Erfahrungen mit der integrativen Erziehung in unserem Tageskindergarten von Oktober 1975 bis Dezember 1982. In: Kindergarten heute, 13. Jg., 1983/1, S. 38 - 46

Ex, Christa/Strive, Margret/Zimmermann, Harald: Integrierter Kindergarten. Gemeinsame Erziehung körperlich behinderter und nichtbehinderter Kinder in einem Tageskindergarten. Sonderdruck aus „Kindergarten heute", 8. Jg., 1978/2

Feuser, Georg: Integration = die gemeinsame Tätigkeit (Spielen/Lernen/Arbeit) am gemeinsamen Gegenstand/Produkt in Kooperation von behinderten und nichtbehinderten Menschen. In: Behindertenpädagogik, 21. Jg., 1982/2, S. 86 - 105

Feuser, Georg: Zwischenbericht. Gemeinsame Erziehung behinderter und nichtbehinderter Kinder im Kindertagesheim. Hg.: Diakonisches Werk Bremen e.V., Rembertistr. 64, 2800 Bremen 1 (Selbstverlag), Bremen 1984

Fröhlich, Andreas D. (Hg.): Dokumentation zur Situation Schwerstbehinderter. Sonderheft der Zeitschrift für Heilerziehung und Rehabilitationshilfen, Staufen/Breisgau 1978

Gegen die Logik der Aussonderung. Psychisches Leiden und Behinderung zwischen Ausschluß und Befreiung. Hg.: Arbeitskreis Demokratische Psychiatrie (Jürgen Armbruster, Inge Burbulla, Rose Homburger, Heiner Kallenberg, Werner Schumann, Hans-Jürgen Schwierz), München 1982

Gemeinsam Leben, 1986, 7. Jg., Heft 17

Gerhard, Lore: Der rosa Turm darf nicht umfallen. Wie schwache Kinder stärker werden: Einzel- und Kleingruppenarbeit im Kinderzentrum München. In: Sozialmagazin, 4. Jg., 1979/1, S. 28 - 29

Grah, Erika u.a.: Acht Fragen zu vier Ansätzen der Pädagogik im Kindergarten, Antworten aus der Sicht der Waldorf- und Montessori-Pädagogik, des Situationsansatzes und der Psychoanalytischen Pädagogik. In: Theorie und Praxis der Sozialpädagogik, 93. Jg., 1985/5, S. 242-257

Handbuch der kritischen und materialistischen Behindertenpädagogik und ihrer Nebenwissenschaften. Hg.: Reichmann, Erwin. Oberbiel 1984

Hellbrügge Prof. Dr., Theodor: Unser Montessori-Modell. Erfahrungen mit einem neuen Kindergarten und einer neuen Schule, München 1977

Hemmer, Klaus-Peter/Obereisenbuchner, Matthias: Die Reform der vorschulischen Erziehung. Eine Zwischenbilanz, München 1979

Herzog, Gunter: Integration von behinderten Vorschulkindern in Bremen (unveröffentlichtes Manuskript), 1985. Dieses Manuskript soll demnächst in der Reihe: Integration behinderter Kinder, im DJI Verlag München erscheinen.

Hössl, Alfred: Integration behinderter Kinder in Schweden. Ergebnisse einer Studienreise. Reihe: Integration behinderter Kinder, DJI-Materialien, München 1982

Hundertmarck, Gisela: Die Gruppe im Kindergarten. In: Der Kindergarten, Bd. 2, Freiburg u.a. 1978, S. 127 - 140

Integrative Erziehung von Kindern mit und ohne Behinderung. Das Kinderhaus Friedenau e.V. in Berlin-West. Dokumentation 6. Integration. Hg.: Kinderhaus Friedenau e.V., Hedwigstr. 13, 1000 Berlin 41, mit freundlicher Unterstützung durch den Senator für Schulwesen, Jugend und Sport und die Sparkasse der Stadt Berlin-West

Irskens, Beate: Auswirkungen des Sozialabbaus auf die Fortbildung. In: Gisela Dittrich, Lore Miedaner, Kornelia Schneider (Hg.): Auswirkungen des Sozialabbaus im Kindergarten- und Kindertagesstättenbereich. Dokumentation einer Arbeitstagung im Deutschen Jugendinstitut vom 7. bis 9. Juni 1982, DJI-Materialien, München 1982, S. 389 - 392

Jaffke, Freya: Vom Malen und der Kultivierung durch Kunst. In: Plan und Praxis des Waldorfkindergartens, Stuttgart 1973[3], S. 43 - 46

Jantsch, Hedi/Nouisser-Wiebe, Heidrun: Lernen durch Integration – Sonderkindertagesstätte und Regelkindergarten im Austausch. In: Gisela Hundertmarck (Hg.): Leben lernen in der Gemeinschaft. Behinderte Kinder im Kindergarten, Freiburg i. Breisgau 1981

Jantzen, Wolfgang: Behindertenpädagogik. Persönlichkeitstheorie. Therapie. Vorbereitende Arbeiten zu einer materialistischen Behindertenpädagogik, Köln 1980

Jantzen, Wolfgang: Materialistische Behindertenpädagogik und Therapie. In: Behindertenpädagogik, 17. Jg., 1978/2, S. 78-107

Jantzen, Wolfgang: Menschliche Entwicklung, allgemeine Therapie und allgemeine Pädagogik. Studien zur Entwicklung einer allgemeinen materialistischen Pädagogik, Solms-Oberbiel 1980

Kibler, Ingeburg/Miedaner, Lore: Was soll ich bloß tun? Fortbildung zum Thema „Integration behinderter Kinder" in Form eines einwöchigen Kurses. In: Gemeinsam Leben, 5. Jg., 1984, Heft 10, S. 11 - 23

Ein Kindergarten für behinderte und nichtbehinderte Kinder. Erfahrungen aus integrativen Einrichtungen im Elementarbereich. BMBW-Werkstattberichte 40, Kleve 1982

Klee, Ernst: „Euthanasie" im NS-Staat. Die „Vernichtung lebensunwerten Lebens", Frankfurt/Main 1983

Kniel, Adrian und Christiane: Behinderte Kinder in Regelkindergärten. Eine Untersuchung in Kassel. Reihe: Integration behinderter Kinder, DJI-Materialien, München 1984

Kranich Dr., Ernst Michael: Vorschulerziehung aus den Anforderungen des Kindes. In: Plan und Praxis des Waldorfkindergartens. Hg.: Internationale Vereinigung der Waldorfkindergärten, Stuttgart 1973[3], S. 7 - 19

Kühl, Jürgen: Medizinische Aspekte der gemeinsamen Erziehung behinderter und nichtbehinderter Kinder. Reihe: Integration behinderter Kinder, DJI-Materialien, München 1983

Lindenberg, Christoph: Waldorfschulen: angstfrei lernen, selbstbewußt handeln. Praxis eines verkannten Schulmodells, Hamburg 1975

Lindner, Hedda/Taube, Alexa v.: Thesenpapier. In: Gemeinsame Betreuung behinderter und nichtbehinderter Kinder im Elementarbereich. Berichte und Materialien einer Fachtagung im Deutschen Jugendinstitut München vom 20. bis 22. Mai 1981, DJI-Materialien, München 1981, S. 60/61

Maar, Gisela: Tagesbetreuung von Säuglingen und Kleinstkindern in altersgemischten Gruppen. In: Brigitte Frauenknecht, Beate Irskens: Probleme der Tagesbetreuung von Kindern unter drei Jahren. Hg.:Deutscher Verein für öffentliche und private Fürsorge, Am Stockborn 1-3, 6000 Frankfurt/M. 50, 1979, S. 76-87

Mankiewicz, Wolf: Vorwort. In: Petra Sobcak: Altersgemischt leben, lernen, arbeiten. Erfahrungen mit altersgemischten Gruppen in Kindertagesstätten. Hg.: Amt für Kindertagesstättenarbeit in der EKiBB Goethestr. 85-87, 1000 Berlin 12

Miedaner, Lore: Leben wie andere: Behinderte Kinder in Dänemark. Ergebnisse einer Studienreise. Reihe: Integration behinderter Kinder, DJI-Materialien, München 1982

Mindermann, Robert: Zur Bedeutung von Supervision in einem integrativen Kindergarten aus der Sicht eines Supervisors. In: Gemeinsam Leben, 5. Jg., 1984, Heft 10, S. 27 - 31

Montessori, Maria: Kinder sind anders. Aus dem Italienischen übersetzt und ungekürzt abgedruckt, Stuttgart 1980

Montessori, Renilde/Schneider-Henn, Karen: Uns drückt keine Schulbank, Stuttgart 1983

Muchow, Martha: Allgemeine Würdigung des Montessorischen Versuchs. Kritik der Hauptforderungen Montessoris und ihrer praktischen Durchführung im System des Kinderhauses (1927). In: Günter Schulz-Benesch (Hg.): Montessori, Darmstadt 1970, S. 111 - 154

Piaget, Jean: Nachahmung, Spiel und Traum (1945), Stuttgart 1969

Plan und Praxis des Waldorfkindergartens. Hg.: Internationale Vereinigung der Waldorfkindergärten, Stuttgart 1973[3]

Preuss-Lausitz, Ulf: Fördern ohne Sonderschule. Konzepte und Erfahrungen zur integrativen Förderung der Regelschule. Weinheim und Basel, 1981

Projektgruppe Integration von Kindern mit besonderen Problemen. Gemeinsame Betreuung behinderter und nichtbehinderter Kinder im Elementarbereich. Berichte und Materialien einer Fachtagung im Deutschen Jugendinstitut München vom 20. - 22. Mai 1981, DJI-Materialien, München 1981

Rauschenbach, Thomas/Steinhilber, Horst/Späth, Bernhard: Verhaltensauffällige und behinderte Kinder und Jugendliche. Der gesellschaftliche Umgang mit einem Problem. Materialien zum fünften Jugendbericht, München 1980

Der Regelkindergarten in seiner Bedeutung für die Versorgung behinderter Kinder in einer Region. Ergebnisse einer Untersuchung in Augsburger Regelkindergärten. In: Gemeinsam Leben, 5. Jg., 1984, Heft 12

Renner, Karl: Die Arbeit des Kindes, ein Mensch zu werden. Grundsätze und Hauptelemente der Montessori-Umwelt. In: Sozialmagazin, 4. Jg., 1979/1, S. 20 - 22

Renner, Karl: Vom möglichen Mißbrauch und der Zweischneidigkeit. Überlegungen zur Integration eines alternativen Konzepts in gewohnte Praxis. In: Sozialmagazin, 4. Jg., 1979/1, S. 32 - 33

Roser, Ludwig v.: Wer hat Angst vorm behinderten Schüler. In: Päd. extra, 1981/3, S. 40 - 44

Rothmayr, Angelika: Integration — Supervision. Ein Aspekt von Weiterbildung im Team — als Teammitglied — aus der Sicht der Leiterin eines integrativen Kindergartens. In: Gemeinsam Leben, 5. Jg., 1984, Heft 10, S. 32 - 37

Ruoff, Elsbeth: Zur Situation pädagogischer Förderung geistig Schwerstbehinderter an Schulen für Geistigbehinderte in Baden-Württemberg. In: W. Dittmann, S. Klöpfer, E. Ruoff (Hg.): Zum Problem der pädagogischen Förderung schwerstbehinderter Kinder und Jugendlicher, Rheinstetten-Neu 1979, S. 120 - 130

Saurbier, Helmut: Rechtliche und finanzielle Grundlagen der Integration behinderter Kinder im Kindergarten, Reihe: Integration behinderter Kinder, DJI-Materialien, München 1982

Schöler, Jutta: Von den anderen getrennt? Nein! In: Päd. extra, 1984/6, S. 36 - 40

Schöttner, Ingeborg: Ein Kindergarten-Tageslauf. In: Plan und Praxis des Waldorfkindergartens. Hg.: Internationale Vereinigung der Waldorfkindergärten, Stuttgart 1973[3], S. 28 - 29

Sobcak, Petra: Altersgemischt leben, lernen, arbeiten. Erfahrungen in altersgemischten Gruppen in Kindertagesstätten. Hg.: Amt für Kindertagesstättenarbeit in der EKi BB. Goethestr. 85-87, 1000 Berlin 12

Speck, Otto: Soziale und personale Integration. Grundgedanken zur Erziehung der geistigbehinderten Menschen. In: Lebenshilfe, 14. Jg., 1975/1, S. 18 - 24

Stamm, Barbara: Gemeinsame Erziehung von nichtbehinderten und behinderten Kindern in der Kindertagesstätte Adalbertstraße. Zusammengestellt von Mitarbeitern der Kindertagesstätte Adalbertstr. 23b, 1000 Berlin 36. In: Integration behinderter Kinder in Einrichtungen der Jugendhilfe. Hg.: Pestalozzi-Fröbel-Verband, Berlin 1979, S. 60 - 66

Trautner, Hanns Martin: Lehrbuch der Entwicklungspsychologie, Bd. 1, Göttingen u.a. 1978

Tromeler, Leonhard: Zur Problematik des Schwerbehindertenbegriffs. In: Der gute Wille. Mitteilungslbatt der AG der Deutschen Hauptfürsorgestellen — Informationen, Berichte und Meinungen, 19. Jg., 1983/1

Ullner, Karin und Rolf: Repressionsfreie Förderung von behinderten und nichtbehinderten Kindern im Vorschulalter. Erfahrungen im Kindergarten Pasing, Rheinstetten 1977[3]

Wissenschaftliche Begleitung des Geschehens in einem integrativen Kindergarten. Endbericht. Schriftenreihe: Lernziel Integration. Bd. 3. Hg.: Evang. französ.-reformierte Gemeinde Frankfurt, Bonn 1984

Wissenschaftliche Begleitung des Geschehens in einem integrativen Kindergarten. Zwischenbericht. Schriftenreihe: Lernziel Integration. Heft 2. Hg.: Evang. französ.-reformierte Gemeinde Frankfurt, Bonn 1983

Wolff, Helmut: Erfahrungsbericht über eine Einzelintegration in einer Regelkindertagesstätte. In: dpw Tagungsbericht. Integration in der Kindertagesstätte. Fachtagung Oktober 1983. Hg.: dpw, Deutscher Paritätischer Wohlfahrtsverband Berlin e.V., Brandenburgische Straße 80, 1000 Berlin 31, Berlin 1985, S. 10 - 16

Zimmermann Dr. med., Harald v.: Kindergarten für behinderte und nichtbehinderte Kinder. In: Das Band. Organ des Bundesverbandes für spastisch Gelähmte und andere Körperbehinderte, 1981/5, S. 6 - 8

Zimmers, Anna Maria: Förderungszentrum für körperbehinderte Kinder, Brinckmannstr. 8, Pirolstr. 12 Gedanken zur integrativen Erziehung körperbehinderter Kinder im Kindergarten, Düsseldorf 1979. Hg.: Jugendamt der Landeshauptstadt Düsseldorf